海疆与海外研究丛书

项目基金资助：

教育部人文社会科学基金青年项目"清代福建省民间纠纷及其海疆社会治理"（16YJC770030）

福建省高校杰出青年科研人才培养计划（闽教科〔2017〕52号）

文本、讼争与区域司法实践
——清代福建省法律运作的多面考察

肖丽红 著

图书在版编目(CIP)数据

文本、讼争与区域司法实践:清代福建省法律运作的多面考察/肖丽红著.—厦门:厦门大学出版社,2020.4

(海疆与海外研究丛书)

ISBN 978-7-5615-7765-3

Ⅰ.①文… Ⅱ.①肖… Ⅲ.①法制史—研究—福建—清代 Ⅳ.①D929.49

中国版本图书馆 CIP 数据核字(2020)第 047917 号

出 版 人	郑文礼
责任编辑	章木良
封面设计	李夏凌
技术编辑	朱 楷

出版发行 厦门大学出版社

社　　址	厦门市软件园二期望海路 39 号
邮政编码	361008
总　　机	0592-2181111　0592-2181406(传真)
营销中心	0592-2184458　0592-2181365
网　　址	http://www.xmupress.com
邮　　箱	xmup@xmupress.com
印　　刷	厦门市金凯龙印刷有限公司

开本	720 mm×1 000 mm　1/16
印张	17.75
插页	2
字数	319 千字
版次	2020 年 4 月第 1 版
印次	2020 年 4 月第 1 次印刷
定价	64.00 元

本书如有印装质量问题请直接寄承印厂调换

厦门大学出版社　　厦门大学出版社
微信二维码　　　　微博二维码

总　序

20世纪80年代末90年代初，厦门大学杨国桢教授倡导建立海洋史学科，就海洋史学的基本概念、海洋史学的学科框架、海洋史学研究的学术价值和社会意义等做了系统的阐述，并率先主编《海洋与中国丛书》（8册）和《海洋中国与世界丛书》（12册）。经过20多年的努力，中国海洋史学科已经逐渐明晰，基础工作已初见成效。

厦门大学建设海洋史学科，有其独特的历史和地缘优势。1921年陈嘉庚先生创办厦门大学时，海洋学科就是他想重点发展的学科。厦门大学的海洋学系逐渐发展壮大，如今已衍生出海洋与地球学院、环境与生态学院、海洋与海岸带发展研究院、近海海洋环境科学国家重点实验室等多个研究实体，国家海洋局第三海洋研究所亦与厦大毗连。厦大海洋学的力量还充实到山东大学海洋系，后衍生出青岛海洋大学，再升格为中国海洋大学。厦门大学海洋学的学子还分散到国际上若干知名的海洋研究所从事研究工作，譬如美国加州大学圣地亚哥分校的斯克里普斯（Scripps）海洋研究所就汇集了几代厦大学子。

厦门大学海洋人文学科的历史堪称辉煌，林惠祥教授较早便开创了海洋考古学科，就东南亚的海洋族群、生活方式与习俗进行过大量的探索。顾颉刚、张星烺、叶国庆等开展了东南沿海族群的调查与研究；韩振华对南海地名的考证独具功力，为南海岛屿主权维护做出了巨大的贡献；陈碧笙、陈孔立、陈在正、林仁川等对台湾海疆防卫、海洋移民、海洋开发等领域进行了系统的研究。其后，厦门大学南洋研究院、台湾研究院的若干专家学者，如吴凤斌、李国梁、庄国土、李金明、李明欢、廖大珂、聂德宁等在南洋诸国史、南洋华侨华人研究、南洋经济史、侨乡社会经济史、国际移民史、南洋民族史等领域取得了丰硕的成果。南洋研究院的学子分布到美国、欧洲、新加坡等地,为国家南海主权的政策制定提供了若干有价值的咨询意见。

厦门大学的南海研究院成立于2012年,虽然年轻,却聚集了以傅崐成教授为首的具有国际视野和比较法学理论积淀的一批专家,出版了《中国海洋法学评论》刊物,发行到世界20多个国家和地区。

厦门大学人文学院的海洋研究涉及海岸带、海域和岛屿的开发、管理、主权维护、海洋产业、海洋活动人群、海洋社会组织、海洋科技、海洋灾害与防治、海洋思潮等多个领域,凡海防、海洋贸易、海洋移民等均在研究视野之内。傅衣凌先生较早便开始了有关福建海商的研究,杨国桢教授在开展林则徐研究时便开拓了自己的海洋史视野,陈支平开展了海峡两岸商帮史的研究,王日根开展了明清海疆政策与中国社会发展的研究。近年来我们获得了国家社会基金重大项目资助的课题有:中国海洋文明史、环中国海海洋文化资源的调查与研究、海峡两岸海洋民俗的调查与研究、清代海疆政策与开发研究、台湾先住民研究、中国历史上的滨海地区研究等。这些课题资助的获得为我们研究的深化创造了良好的条件。

我们于2011年成立了海洋文明与战略发展研究中心,于2008年成立了闽商研究中心,目前我们还在积极培育与组建"海上丝绸之路"协同创新中心,积极加强海洋考古学的队伍建设,力求以我们自己的团队力量为基础,更加凝心聚力,更加聚精会神地投入海洋史学的研究之中,形成协同创新的整体合力,构建具有区域性和国际性前沿水平的研究基地。

在这几个板块之中,我们的博士研究生、硕士研究生队伍也在逐渐壮大,他们年轻,富于进取精神和开拓意识,在海港城市发展,海洋区域社会管理,海上力量变迁,海洋区域社会纠纷与调适,海疆区域官僚群体和个体研究,海外移民和华人社会研究,海上灾害与防范研究,海外华商研究,海上人群的生活方式、组织形态和人生礼仪等方面已取得了较为优秀的研究成果,引起了国内外学者的高度重视。

我们拟以"海疆与海外研究丛书"为平台,修改、完善并出版近年来在海疆与海外研究方面卓有成效的优秀学术著作,既作为我们承担若干国家、省市级课题的汇报成果,也力图形成我们明确的学术理路,彰显我们在海洋史研究方面的整体实力。

历史上的海疆与海外界限往往并不明晰,当时的海上丝绸之路向外输出的商品主要有丝绸、瓷器、茶叶和铜铁器之类,往国内运回的商品主要有香料、花草及一些供宫廷赏玩的奇珍异宝,于是海上丝绸之路又有海上香药之路、海上陶瓷之路之称。明初郑和下西洋时,海上丝绸之路发展到巅峰。在西方海上势力东来之前,海上丝绸之路是国际海洋贸易的基本形态,贸易的商品从奢侈品到一般民用商品。参加贸易的商人有阿拉伯商人、波斯商人、南洋各国商人和中国商人,海洋贸易的基本范围在印度洋海域,因此学界称"印度洋海域的海洋贸易时代",随着近代机器航海业的兴起,大西洋各国的海洋势力进入包括印度洋在内的世界各地,开辟了航海事业的大西洋时代。可以这样说:印度洋时代的海洋贸易贯彻了平等、经济的贸易路线,和平的色彩浓厚;大西洋时代的海洋贸易则往往夹带着军事强力,时常表现为殖民掠夺和血腥屠杀。中国传统海洋文明有长期悠远的历史,是我们建设海洋强国的重要本土资源。如果说由哥伦布等开辟新航路所引领的海洋文明属于近代海洋文明的话,那么中国由远古便开始的海洋文明则长期与中国主流文化相互碰撞,也积极地影响着周围各国海洋文明的发展走向。认真梳理我们的海洋文明传统及其对东亚世界的影响乃至对全世界的影响,具有重要意义。

历史上的东南亚地区是较早实现中西文化交融和对接的场域,东南亚各国均有自己的土著文化。从历史渊源看,属于海洋族群,与我国东南沿海存在着某些相通性,中国的先民亦多有移居者分布于东南亚各国,西方殖民者进入之后,大力推行西方文化,势必与中国文化、当地土著文化发生文化间的交流碰撞。从历史事实看,其间尽管多有冲突,但和平交融依然是主旋律,这表明文化的清流是和平,我们当从其中获得经验,汲取教训。

2013年10月3日,习近平主席在印尼国会发表讲话时,回顾了中国与印尼悠久的海上丝绸之路交往历史,站在中国与东盟建立战略伙伴关系十周年这一新的起点上,为进一步深化中国与东盟国家的合作,构建更加紧密的命运共同体,为双方乃至本地区人民共谋福祉,提出设立中国—东盟海上合作基金,发展好海洋合作伙伴关系,共同建设"21世纪海上丝绸之路"。在构建中国与东盟各国关系时,坚持讲信修睦,坚持合作共赢,坚持守望相助,坚持心心相印,体现了中国作为世界第二大经济体的责任担当。如今,世界格局发生复杂变化,重建"21世纪海上丝绸之路"的提出可以为我国全面深化改革创造良好的机遇和外部环境,实现国家和平持续发展,主动创造合作、和平、和谐的对外合作环境。

因此,海上丝绸之路是相对于陆上丝绸之路而言的另一条中国古代对外贸易通道,中国辉煌的文明史中不仅包含灿烂的农业文明发展史,也包含在海疆与海外这个平台上海洋文明的形成和发展史。海上丝绸之路的构建是在中国海洋文明的价值观指引下实现的,与近代以来西方殖民式的海洋文明具有明显的区别。中国海洋文明的主调是相互包容、相互济助、共同成长,这种海洋文明的继承、弘扬将有助于消解当今世界争端中的若干问题,对构建和谐、和平的世界秩序具有积极意义。东南亚是中西海洋文化交融互摄的地区,显示中国海洋文明在其中具有重要的地位。以往在这方面的强调相对较少,应着力给予加强。

21世纪是海洋的世纪,福建处于重建21世纪海上丝绸之路的前沿,我们深感使命的光荣,亦颇生奋力进取的动力。愿我们的努力能开辟一个展示深度研究成果的窗口,打造与国内外学界同行交流互摄的平台,亦期待对政府、社会产生一定的反响,借此提升我们全民族的海洋意识,坚定地走向海洋,建设我们的海洋强国。

王日根

2014年12月

序　言

丽红博士将其书稿《文本、讼争与区域司法实践》送给我的时候,正值我国将国家治理体系和治理能力建设提上重要议事日程的关节点上。我的脑海里也一直在思索中国传统文化中"经国序民"的智慧与实践问题,更加坚信挖掘传统的本土资源,彰显我们文化传统的学术价值和现实意义。

丽红博士是福建南靖县人,曾在华中师范大学就读本科和硕士研究生,在漕运史专家吴琦教授的亲炙下研究清代地方动乱与地方社会秩序,关注清代漕粮征派在基层引发的社会问题、官民间的角色互动和地方社会秩序的变化,这奠定了其在法制史、社会史方面的知识储备和研究基础。2009年9月,丽红进入厦大随我攻读博士学位。我根据其知识积累和擅长,引导其聚焦于清代福建的讼争及其解决的问题,如果说中国传统社会治理是礼治、法治、人治的混合体,那么丽红的研究则侧重于法治角度,强调清代地方治理中司法实践的表现与特征。

推究清代福建民间纠纷相关文献,可见于方志、闽吏文集、谳词、判牍与档案文献之中,丽红博士是个勤奋的人。她依据不同的文本,逐一铺展开以地方志、文集、谳词、判牍与档案文献为基础的考察与研究。这种实证性的研究方法让我们能随着作者有关文本的审视和深入的剖析,进入清代福建社会的实际运行状态之中。

在地方志的《风俗》篇中往往有诸如"健讼""无讼"的判断纷呈,丽红博士则力图透过这些文字考察记录者的价值判断及其文字所要表达的实际内涵,力图阐发清代福建这一海洋环境商品经济繁荣、人员流动大、职业身份变动剧烈等因素对诉讼的影响。

地方官既是地方的主政者,也是地方的首席司法官员。他们留下的治闽政书呈现出清代制度存在的诸多缺陷带给他们的"穷而求卸""病而求卸""难而求卸"困境。推究这些文本背后的内涵或许包含了地方官员实际遭遇的制度工具缺陷,或许也隐藏着地方官员试图推卸责任的辩解,或许还可追溯到清代职官制度的影响。

在地方诉讼实践中,不同身份的人在诉讼中的角色各不相同,绅衿、民众与恶吏往往反复角力,正义与非正义往往也多有交锋,地方政治的清明与黑暗、社会风气的端与邪交替上演,民众只能怀揣遇到循吏的心理期盼。

在清代福建的司法实践中,循吏们记录下大量的谳词,研究者已根据这些谳词总结出为官治民的诸多吏道,不过这些谳词也巧妙地彰显了地方社会治理的成效,表现了他们的理讼智慧及地方司法实践所遭遇的困境。实践中遇到的案件涉及婚讼、水利田土纠纷、债务纠纷、盗窃、诬告、官民相抗、绅衿称霸等方面,随着社会不断融入新的形势,新的案件类型又层出不穷,图赖、越诉、省控、京控等有意无意将案情复杂化的操弄都考验着循吏们,让他们在巨大的挑战与风险中走钢丝,他们要相对精准化地把板子打在负罪者身上、讼棍身上,就必须深入探明案情,绞尽脑汁地遣词造句撰写判牍与谳词,力求使案件尽快判定,且树立起官衙的权威。丽红博士认为,循吏的理讼智慧不仅体现在理讼过程中排除万难,厘清案情,还须落实到理讼结果能够平允民情,使地方社会归于有序。"姑宽"准则往往并不明确,"情理"进入判案的空间也不清晰,这些都需要循吏们智慧拿捏,适度把握。地方惯例、习俗有时也具有强大的力量,地方官员必须了然于胸,方能赢得主动。谳词的记录者们多抱有对自我审案能力的自信,或许还包含美化自我的色彩,表现出的时常是智慧的结晶,多多少少还能产生一些借鉴意义。

多地讼争档案的系统整理与研究已经显示,各地具体案件审理与大清法律规条之间往往呈现出明显的悖离,丽红博士循此也进行了纵深的思考,认为档案材料一方面保留了大量的供叙,可一窥民众诉讼意识与法律态度;另一方面则追求具体审理与大清律例之间的矛盾统一,展现清代地方社会的自我调整、修复能力。丽红博士还认为,法制化是清廷推进地方社会治理的重要途径,同时兼顾地方实际情形,给予地方官员司法实践的巨大灵活性,从而在中央法与地方化之间、官绅民之间、法律精神与地方有效治理之间不断寻求平衡点,也可看作清代法律与司法实践之间的张力与相互因应。这些探讨或包含了对既有研究成果的深化,对该领域的进一步研究形成推进之力。

我觉得从讼争思索地方社会治理是一个很有学术价值与现实意义的工作,尤其是清代福建社会治理的加强,一定程度上还可体现王朝的海疆意识和新的治理模式的摸索。我期待着丽红博士续有新的成果问世。

是为序。

王日根

2020 年 4 月 2 日于厦门大学

目 录

绪 论 ………………………………………………………… 1
 第一节 选题缘起 ………………………………………… 2
 第二节 学术史回顾 ……………………………………… 5
 第三节 研究目标与框架 ………………………………… 20
 第四节 资料介绍与理论方法 …………………………… 23

第一章 清代福建省讼争总况及实证研究
  ——以清代福建省地方志为中心的考察 ……………… 25
 第一节 地方志资料研究区域司法实践的意义 ………… 25
 第二节 清代福建省诉讼实态的多维度考察 …………… 28
 第三节 清代福建省讼起原因的实证分析 ……………… 51
 第四节 小结:清代福建省诉讼环境再思考 …………… 71

第二章 从官吏抱怨看州县制度缺陷对地方司法实践的影响
  ——以清代"治闽政书"为中心的考察 ……………… 74
 第一节 "治闽政书"研究区域司法实践的意义 ………… 75
 第二节 穷而求卸:海疆财政困境影响闽讼处理 ……… 84
 第三节 病而求卸:官吏调任频繁影响闽讼处理 ……… 94
 第四节 难而求卸:闽省地方特性影响闽讼处理 ……… 106
 第五节 小结:官吏以"人治"缓和州县司法运作难题 … 119

第三章 从地方司法实录看地方人群的法律态度与角色互动
  ——以清代福建省民间诉讼录为中心的考察 ………… 125
 第一节 民间诉讼录研究区域司法实践的意义 ………… 125
 第二节 恶吏的诉讼意识与法律角色 …………………… 130
 第三节 绅衿的诉讼意识与法律态度 …………………… 149
 第四节 民众的诉讼意识与法律角色 …………………… 168

第五节　小结:清代福建省官绅民诉讼意识与法律态度反思 ………… 176

第四章　从循吏灵活执法反思清代法律的生命力
　　　　——以清代闽吏判牍为中心的考察 ………………………… 179
　　第一节　判牍资料研究区域司法实践的意义 ………………………… 179
　　第二节　判牍记载反映地方司法实践困境 …………………………… 182
　　第三节　判牍资料所见清代福建省循吏的理讼智慧 ………………… 199
　　第四节　小结:从循吏灵活执法反思清代法律的生命力 …………… 221

第五章　从档案文献反思清代法律表达与实践的矛盾统一
　　　　——以清代福建省讼争相关档案为中心的考察 …………… 223
　　第一节　档案文献研究区域司法实践的资料意义 …………………… 223
　　第二节　民众"愚而讼"与"健讼"的矛盾统一 ……………………… 224
　　第三节　官吏"依法审判"与"灵活执法"的矛盾统一 ……………… 238
　　第四节　小结:从档案文献反思清代法律表达与实践的矛盾统一 … 244

第六章　结　语 ……………………………………………………………… 246

参考文献 …………………………………………………………………… 253
后　记 ……………………………………………………………………… 274

绪 论

中国传统法律史研究深受西方法学理论的影响,研究结果不仅仅注重宏大叙事且缺乏中国本土性的考量。但中国历史上长时段的法律表达变化诸多,大区域的司法实践多种多样,如果没有弄清楚分时空的具体法律实践情况,法律的完整性探讨可能就只能停留在静态的法律条文上。但静态的法律条文不同于动态的司法实践,只满足于探讨长时段静态法律条文的完整性历史,不仅没办法认清传统中国法律的实际运作情况,甚至会误读历史上的法律,因此越来越多学者提倡中国法律史研究应当关注区域司法实践考察。在此基础上,要具备问题意识和全局关怀,要主动与研究不同时空的法律史学者对话,在共同问题意识指导下和综合对比中,概括中国不同区域法律文化与实践的异同点和长时段的法律文化变迁规律,实现中国法律史回归中国本土化的研究。本书希望通过清代福建省民间诉讼的考察,与学界已有区域法律社会史研究成果对话,努力为中国法律史的本土化构建贡献一份薄力。

具体研究中,我们将立足清代福建省,以文本为坐标,以法律社会为视角,通过概括不同类型文本的语言与观点特点,推究影响文本制造的法律、社会、制度因素;并根据不同文本关于讼争的不同描述,概括清代福建省民间诉讼的特点,分析清代福建省区域司法实践的影响因素。我们还将特别注重典型个案的考察,通过对典型个案的多方位分析,探讨官、绅、民围绕讼争展现出的角色意义与互动关系。其意义在于希望通过清代福建省民间诉讼的考察,展现国家的正式司法制度在州县一级的运行情况及地方政府的司法运作方式。说明中央政府与地方政府作为国家的代表,在相关政策的制定与执行中始终存在差异,地方政府面对差异的回应与举措又影响了法律在地方社会的运作状况。

第一节　选题缘起

本书讨论的民间诉讼既包括民间私了纠纷,也包括民间纠纷无法得到有效调解,需要借助官方力量协调解决的矛盾冲突。关注民间诉讼研究主要源于以下几个原因:

第一,细故却滋扰重案。

虽然清代地方官总以"鼠牙雀角细故"评价此类纠纷,但历史上"细故"滋成重案却比比皆是。以中国第一历史档案馆藏的"刑科题本"中的清代福建省发生的刑事案件为例,多数是诸如牲畜踩踏、越界捕鱼、索欠等细故处理不当引发的命案。即便细故一时未滋成重案,日久也可能重新带来翻控之弊,届时"忽起空中楼阁,翻告新案,总不外殴辱残伤占拿肆抢各重情"①,结果地方积案繁多。道光年间担任多地知县的王德茂就感叹道,"承审各属重巨之案,半由已结田土而起",而"田土词牍,易集难讯,易积难了。始则惮其纷纠,继则忽其细近,率就断结,鲜有不事后翻异者,如病留肺腑,愈久愈深,发作不可终遏",因此劝说各地方官要严处"细故",应"勿留罅隙为复乘之机,勿留根株为复萌之地,庶讼局得平,而争端永息",否则"细故"祸必烈于命盗。② 可见,"细故"不细,其事关地方社会秩序的稳定。

第二,民间诉讼的处理过程折射地方人群关系。

法律的运作与执行离不开"人"的因素,正如清末律学专家沈家本所言"人不能无群,有群就有争,有争就有讼"③。民间纠纷一旦进入法领域,地方民众(绅衿)与地方官均牵涉其中,并围绕民间诉讼处理频繁进行角色互动。如讼案中的民众"好斗健讼",形象活跃,改变了只作为"无名者"出现在史料中的形象,其围绕自身利益与官胥、绅衿展开的法律互动十分显眼。还比如地方官作为民间诉讼的仲裁者,为处理"刑名"案件花费了大量时间与精力④,其可能秉

---

① 缪嘉誉:《崇阳客问》,[清]盛康编:《皇朝经世文续编》卷二十六,《吏政九·守令下》,光绪二十三年(1897年)思刊楼刊本。
② 王德茂:《地方初审》,[清]盛康编:《皇朝经世文续编》卷一百一,《刑政四·治狱上》,光绪二十三年(1897年)思刊楼刊本。
③ [清]沈家本:《寄簃文存》卷六,《裁判访问录》,宣统元年(1909年)铅印本。
④ 李石渠曾称其在任期间,每夜忙至夜深,已形成一种习惯,闲则易病。详见[清]黄贻楫编:《李石渠先生治闽政略》,光绪六年(1880年)晋江黄谋烈梅石山房木活字印本,第11页。

公执法,也可能倚法谋求私利。地方绅衿于讼案处理过程中,也充当着秩序的挑战者与维护者的双重角色。所以民间诉讼的处理过程,充满了官绅民之间的法律互动。

更有趣的是,清代官绅民在法律互动过程中留下了对彼此形象的记录,结果总是"互相诋毁"。以地方官为例,绅民笔下的官吏总是"收受贿赂""纵容差役不法""官官相护""以律杀人"。但若查阅闽省官员文集,地方官努力突破地方治理困境,兢兢业业理讼的形象跃然纸上。还比如绅衿的法律形象,地方官总是指责绅衿"不守卧碑""抗帮作讼",民众多指责其"劣衿""恃符侵利"等。但在绅衿自我表述中,其诉诸法律则是"孱儒"在"求伸无门"的情况下"一字一泪"的"无奈叩天",或是秉持读书人"为生民立命"的道义担当而发起的为民请命。再比如民众的法律形象,官绅眼中的民众总是愚昧无知、好气使性、贪小利而兴讼。但在民众的状词中,则是"孱弱"的小民不断乞求大老爷垂怜,诸如"异省孤弱""冤无伸日""势将累毙""情迫汤火""冒死再叩"等词语,在民间诉讼文书中频繁出现。可见考辨"文本与真实"是法律社会史研究避免不开的话题。

第三,民间诉讼的处理过程彰显地方州县治理困境。

"催科抚字"是州县政务中心,清廷总是希望各地地方官能够兼顾"催科"与"抚字",提倡"二者兼之为循吏"。虽然史上对"欲催科必先抚字"还是"寓抚字于催科"的争论不休,但"官与民相接多在词讼"①确是实情。官箴书《外官新任辑要》对地方官的"刑名""钱谷"事务做过概括,其中地方官应处理的"刑名"事务多于"钱谷",且"钱谷"事件中的"盗卖""争地""找价""争产"等项亦是刑名职责。② 可见民间诉讼的处理是各地地方官行政事务中的重要一环,其处理情况深受地方财政、吏治、惯习等因素的干扰。大量的民间诉讼个案解析,彰显了清代地方州县治理困境如何影响民间诉讼处理。进而思考中央政府与地方政府作为国家的代表,在相关政策的制定与执行中始终存在差异,地方政府面对差异的回应与举措又如何影响法律在地方社会的运作状况,由此思考条文的法律在具体实践过程中的变化及影响因素。

第四,区域司法实践特色的探寻。

清代全国各地均热衷标榜当地"健讼",类似"民好健讼,词状繁多"③、"乡

---

① [清]王景贤:《牧民赘语》,羲停山馆集本。
② [清]不著撰人:《外官新任辑要》,《刑名应办事件》《钱谷应办事件》,清钞本。
③ [清]不著撰人:《湖南省例成案》卷八,《刑律诉讼》,据日本东京大学东洋文化研究所刊本影印,收录杨一凡编:《清代成案选编》(甲编),北京:社会科学文献出版社,2014年。

愚无知之民,一有不平,辄尔兴讼"①、"向在宁远,邑素健讼"②、"潮人好讼"③、"闽省俗悍民刁,喜争健讼,遇有些小微嫌,辄敢以伪作真,将无为有,任刁妄之讼师,捉影捕风,架词捏控"④等言辞遍布湖南、江西、山东、四川、安徽、江苏、浙江、福建等地方志。甚至不同省份、不同府县的方志作者都在表达自己治理地区最为"健讼",如安徽省休宁县称"刁健讼之风虽所在有之,从未有如休邑之甚者"⑤,清代闽人陈盛韶称"边海之难治,闽粤为最,闽粤之难治,漳泉惠潮为最"⑥,等等。面对各地普遍的"健讼"评论,不禁疑惑,如此雷同且普遍的"健讼"描述背后,各地的区域司法实践有何不同?"健讼"是种法律评价还是道德评价?⑦普遍的"健讼"言论能否反映地方诉讼实态?嘉庆年间担任福建省多地教谕的谢金銮就感叹"闽俗之刁乃败于官口",认为"健讼"是官吏给闽民强行贴上的标签。⑧所以,"健讼"的定义与标准评判,需要倚靠更为细致的区域法律社会研究。

鉴于上述疑问及笔者长期以来对"清代地方动乱与地方社会秩序"问题的研究兴趣,⑨博士研究生学习期间,笔者选定了清代福建省民间诉讼为研究对象,希望在广泛搜集清代福建省民间文献基础上,反思资料性质,通过概括不同类型文本的语言与观点特点,推究影响文本制造的法律、社会、制度因素;并

---

① [清]黄维翰修,袁付裘纂:《(道光)巨野县志》卷二十三,《风俗》,道光二十六年(1846年)刊本。
② [清]汪辉祖:《学治臆说》卷下,《治地棍讼师之法》,同治十年(1871年)慎间堂刻汪龙庄先生遗书本。
③ [清]蓝鼎元:《鹿洲公案》,《五营兵食》,北京:群众出版社,1985年,第5页。
④ 台湾银行经济研究室编辑:《福建省例》卷二十七,《刑政例上》,《禁健讼》,南投:台湾省文献委员会,1997年。
⑤ [清]吴宏:《纸上经纶》卷五,《词讼条约》,康熙六十年(1721年)刻本。
⑥ [清]陈盛韶:《问俗录》卷六,《鹿港厅》,《大哥》,道光十三年(1833年)刊本。
⑦ "健讼"究竟是道德评价还是法律评价,此说法参考徐忠明的研究,详见徐忠明、杜金:《清代诉讼风气的实证分析与文化解释:以地方志为中心的考察》,《清华法学》2007年第1期。
⑧ [清]谢金銮:《泉漳治法论》,《治南狱事论》,1965年冬据同治七年(1868年)重刊本抄本。
⑨ 笔者于硕士研究生学习期间,曾以"闹漕"为切入点,通过法律社会史、历史人类学等视角剖析漕案,考察了清代漕粮征派在基层引发的社会问题、角色互动及地方社会秩序的变化,探讨国家事务在地方社会的运行情况。在此基础上完成的论文《闹漕与清代地方社会秩序》获评2010年湖北省优秀硕士学位论文,现已结集出版,详见吴琦、肖丽红、杨露春:《清代漕粮征派与地方社会秩序》,北京:中国社会科学出版社,2017年。

根据不同文本关于讼争的不同描述,概括清代福建省民间纠纷的特点,分析清代福建省区域司法实践的影响因素。

第二节　学术史回顾

区域司法实践是法律社会史研究的一个热点。其研究思路可追溯到 1947 年瞿同祖依据大量个案与判例,分析中国古代法律在社会上的实施情况及对人民生活的影响,指出"条文的规定是一回事,法律实施又是一回事……社会现实与法律条文之间,往往存在着一定的差距"①,启示着人们重视地方司法实践研究。20 世纪末,黄宗智利用大量的巴县、宝坻县、淡新等档案,明确指出"我从诉讼档案得出的一个主要结论是:法律制度的实际运作与清代政府的官方表达之间有很大的差距。我这本书称之为'实践'与'表达'之间的'背离'"②。这一档案分析模式及"表达与实践背离"的研究思想,很长一段时间影响着中国法律社会史研究动向。近年来,越来越多中国学者呼吁中国法律史研究应注重本土化构建,回归中国历史现场,综合丰富史料与多元视角,尽可能展示某个地区的基层司法实践实况;并主动与不同时空的法律史学者对话,在共同问题意识指导下和综合对比中,概括中国不同地区区域法律文化与实践的异同点,及长时段的法律文化的变迁规律,进而构建中国本土化法律史研究框架。具体而言,近年来区域司法实践研究的新特点与新取向可以概括为以下几点。

一、拓展研究史料,注重区域司法实践的实证研究

近年来,大量地方档案、民间文书、族谱、碑刻、民间诉讼录、戏曲文本等多元化史料日渐进入法律史研究者视野,掀起了区域法律社会史研究热潮。

---

　① 瞿同祖:《中国法律与中国社会》,导论,北京:中华书局,2003 年,第 2 页。
　② [美]黄宗智:《清代的法律、社会与文化:民法的表达与实践》,重版代序,上海:上海书店出版社,2007 年,第 2 页。黄宗智著有法律三卷本:《清代的法律、社会与文化:民法的表达与实践》,上海:上海书店出版社,2007 年;《法典、习俗与司法实践:清代与民国的比较》,上海:上海书店出版社,2007 年;《过去和现在:中国民事法律实践和探索》,北京:法律出版社,2009 年。

(一)清代地方档案的发掘及广泛使用

20世纪末至21世纪初,黄宗智的档案使用方法及"表达与实践背离"的研究思路极大地启发了其同仁与弟子,一时间美国汉学界出现大量使用清代中国地方档案切入法律社会史研究的成果。如白凯(Kathryn Bernhardt)利用曲阜、巴县、宝坻县、淡水、新竹县和江苏太湖厅的68件宋代至清代的财产继承的司法案件记录,及370件民国时期继承案件的原始法庭档案,从法律与社会习惯两个层面解读了宋至民国期间妇女与财产关系,考察了在男子缺席场合,妇女如何保护自己合法权利的问题。① 白瑞德(Bradly W. Reed)运用大量的巴县档案,考察了清代地方政府运转中书吏与差役的真正角色,及他们的组织与行为如何影响中央与地方关系。② 苏成捷(Matthew H. Sommer)利用大量的巴县、宝坻县及中央一级的档案资料,考察了唐至清代国家对"性"的法律规则及对普通百姓的意义;③并在此研究基础上,进一步利用档案探讨清代中国贫苦阶层生存策略的一妻多夫和卖妻习俗。④ 李怀印利用晚清和民国时期直隶(河北)获鹿县档案,细致描绘了村民治理村社以及与国家打交道的日常实践,详细考察了晚清和民国早期国家的典章制度在基层社会的运作状况,翔实地再现了乡村中国农民生活的真实图景⑤等。

上述研究共同论证了法律条文的"表达与实践背离",研究方法与结论极大地启发了中国学者,21世纪初以来中国法律史学界掀起一股发掘与研究清代地方档案的热潮。且在地方档案的发掘与研究过程中,中国学者慢慢摆脱了黄宗智的"表达与实践背离"研究思路束缚,主张综合地方档案与各类官方、民间文献,对某一历史问题展开深描,解释案件背后的政治、经济、文化、社会等影响因素,通过实证研究,考察地方州县司法审判问题。

---

① [美]白凯著,林枫译:《中国的妇女与财产:960—1949年》,上海:上海书店出版社,2003年。

② Bradly W Reed. *Talons and Teeth:County Clerks and Runners in the Qing Dynasty*. Stanford:Stanford University Press,2000.

③ Matthew H Sommer. *Sex,Law,and Society in Late Imperial China*. Stanford:Stanford University Press,2000.

④ 部分成果可见苏成捷:《清代县衙的卖妻案件审判:以272件巴县南部与宝坻县案件为例证》,邱澎生、陈熙远主编:《明清法律运作中的权力与文化》,台北:联经出版公司,2009年。

⑤ [美]李怀印著,岁有生、王士皓译:《华北村治:晚清和民国时期的国家与乡村》,北京:中华书局,2008年。

首先,利用地方档案思考地方县衙运作与审判活动。

如俞江借助宝坻档案思考清代立继规则与州县审理;①刘昕杰利用南部县档案思考州县官如何凭借律例与情理审断地方诉讼案件;②里赞运用南部县档案分析晚清州县审判依据的多元性,认为州县审断是政务而非司法;③蔡东洲利用南部县档案思考南部县的县衙设置、基层组织等问题,多方位展现了清代县级政府的管理活动;④付春杨依据巴县档案,梳理清代工商业合伙、雇佣、竞争等各种纠纷,探讨纠纷解决的规则和方式;⑤汪雄涛利用巴县档案思考州县讼事中的国家与个人,认为不可高估清代的纠纷解决机制;⑥邓建鹏利用黄岩档案思考清代的诉状风格;⑦李青综合清代巴县、宝坻、冕宁、紫阳、淡新档案,对档案中的民事案件进行了数据和法理分析,概括了清代民事诉讼制度的内容与特点。⑧

其次,利用地方档案思考社会各群体的法律诉讼意识。

如吴欣利用宝坻县档案思考农民的诉讼意识;⑨毛立平利用南部县档案思考清代嘉道时期下层妇女的法律地位和法律意识,展现女性活跃的法律形象;⑩陈韵如利用淡新档案中的拐逃案件,思考台湾官府面对成文法与民间惯习之间发生冲突时的所思所想;⑪林文凯综合淡新档案中的土地控案,认为清代地方官员并不是以"法官"的形象进行听讼活动,而是将听讼视为整体治理

---

① 俞江:《清代的继子孙责任:以顺天宝坻县刑房档为线索》,《现代法学》2007年第6期;《清代的立继规则与州县审理》,《政法论坛》2007年第5期。
② 刘昕杰:《引"情"入法:清代州县诉讼中习惯如何影响审断》,《山东大学学报》2009年第1期。
③ 里赞:《晚清州县诉讼中的审断问题》,北京:法律出版社,2010年。
④ 蔡东洲:《清代南部县衙档案研究》,北京:中华书局,2012年。
⑤ 付春杨:《清代工商业纠纷与裁判:以巴县档案为视角》,武汉:武汉大学出版社,2016年。
⑥ 汪雄涛:《清代州县讼事中的国家与个人》,《法学研究》2018年第5期。
⑦ 邓建鹏:《讼师秘本与清代诉状的风格:以黄岩档案为考察中心》,《浙江社会科学》2005年第4期。
⑧ 李青:《清代档案与民事诉讼制度研究》,北京:中国政法大学出版社,2012年。
⑨ 吴欣:《清代民事诉讼与社会秩序》,北京:中华书局,2007年。
⑩ 毛立平:《"妇愚无知":嘉道时期民事案件审理中的县官与下层妇女》,《清史研究》2012年第3期。
⑪ 陈韵如:《帝国的尽头:淡新档案中的奸拐故事与申冤者》,台北:台湾大学法律学研究所硕士学位论文,2004年。

的一环以做出法律实践;①李艳君综合冕宁、宝坻、巴县、黄岩诉讼档案,系统介绍了清代的民事诉讼制度,并在此基础上分析了当事人及法官的思想行为。②

再次,利用地方档案思考地方社会治理与地方社会秩序的维护。

如王洪兵以宝坻档案中的民事纠纷案件为例,论述了清代华北宗族与乡村社会秩序的建构;③吴佩林运用南部县档案思考清代县域民事纠纷处理方式,并思考纠纷与法律、秩序的关系;④杜正贞等学者利用龙泉档案思考晚清至民国浙江省的区域司法实践与社会变迁的相关问题;⑤艾马克(Mark A. Allee)利用淡新档案研究19世纪北部台湾的法律社会。⑥

地方档案的大规模使用还掀起了地方档案整理出版热潮,如四川省档案馆整理出版了乾隆朝、嘉庆朝、道光朝的巴县司法档案,⑦四川南充市档案局出版了南部县档案目录与部分卷宗,⑧黄岩档案、⑨龙泉档案⑩等也相继出版部分卷宗。近年来,学界围绕地方档案与民间文献的研究,还加强交流,主张不同区域的研究成果展开对话,吴佩林、蔡东洲等连续举办了多届"地方档案与

---

① 林文凯:《土地契约秩序与地方治理:十九世纪台湾淡新地区土地开垦与土地诉讼的历史制度分析》,台北:台湾大学社会学研究所博士学位论文,2006年。

② 李艳君:《从冕宁县档案看清代民事诉讼制度》,昆明:云南大学出版社,2009年。

③ 王洪兵:《清代华北宗族与乡村社会秩序的建构》,《东北师大学报》2014年第6期。

④ 吴佩林:《清代县域民事纠纷与法律秩序考察》,北京:中华书局,2013年;《有序与无序之间:清代州县衙门的分房与串房》,《四川大学学报》2018年第2期;《清代地方民事纠纷何以闹上衙门》,《史林》2010年第4期。

⑤ 杜正贞:《近代山区社会的习惯、契约和权利:龙泉司法档案的社会史研究》,北京:中华书局,2018年;《晚清民国山林所有权的获得与证明》,《近代史研究》2017年第4期。

⑥ [美]艾马克著,王兴安译:《晚清中国的法律与地方社会:19世纪的北部台湾》,台北:播种者文化出版社,2003年。

⑦ 四川省档案馆:《清代巴县档案整理初编·司法卷·乾隆朝》,成都:西南交通大学出版社,2015年;《清代巴县档案整理初编·司法卷·嘉庆朝》,成都:西南交通大学出版社,2018年;《清代巴县档案整理初编·司法卷·道光朝》,成都:西南交通大学出版社,2018年。

⑧ 西华师范大学、南充市档案局:《清代南部县衙档案目录》,北京:中华书局,2010年。南充市档案局:《清代四川南部县衙门档案》,合肥:黄山书社,2015年。

⑨ 田涛、许传玺等主编:《黄岩诉讼档案及调查报告》,北京:法律出版社,2004年。

⑩ 包伟民、吴铮强、杜正贞:《龙泉司法档案选编》,北京:中华书局,2012年。

文献研究"研讨会,整理出版了论文集,对学界启发很大。①

(二)判牍、官箴书、地方志、省例的系统解读

20世纪末至21世纪初,日本学者三木聪、寺田浩明、滋贺秀三等通过地方判牍的解读,认为情理法在地方官审判过程中扮演重要角色。② 此研究思路与结论也启发了中国学者,中国法律史学界掀起判牍、官箴书、地方志利用热潮。

第一,通过判牍与官箴书思考州县官司法审判依据。

如汪雄涛以判牍为中心,认为地方官司法审判的"情理"不仅包括案情和事理,还包括事实和法律;③在此基础上,汪雄涛以亲属争讼为中心,认为明清时期的儒家伦理并没有很好地化解亲属争讼。④ 王新霞、任海涛以大量清代州县判牍为材料,论证了清代基层司法的价值追求,如重调解、重教化等。⑤ 洪佳期以《张船山判牍》为中心,思考了儒家法律价值观在中国传统司法审判中举足轻重的作用。⑥ 张锐智、张宵晓以《清代名吏判牍七种汇编》为例,考察了当堂调处、官批民调、官认民调等多种调处模式,认为官府借助民间力量调处解纷是阐扬清代统治者意志的不二选择。⑦

第二,通过判牍与官箴书思考地方社会各群体的法律意识。

如李相森利用清代司法判牍思考传统司法裁判中的女性形象,认为文献中出现的女性形象本质上是男权社会对女性角色的选择性塑造,对符合期待行为的女性角色给予肯定,不符合的进行打压;⑧吴欣利用判牍,结合档案等

---

① 吴佩林、蔡东洲主编:《地方档案与文献研究·第一辑》,北京:社会科学文献出版社,2014年。吴佩林、蔡东洲主编:《地方档案与文献研究·第二辑》,北京:社会科学文献出版社,2016年。吴佩林、申斌主编:《地方档案与文献研究·第三辑》,北京:国家图书馆出版社,2017年。
② [日]寺田浩明著,王亚新译:《权利与冤抑》,北京:清华大学出版社,2012年。[日]滋贺秀三等著,王亚新、梁治平编,范愉、陈少峰译:《明清时期的民事审判与民间契约》,北京:法律出版社,1998年。
③ 汪雄涛:《明清判牍中的"情理"》,《法学评论》2010年第1期。
④ 汪雄涛:《明清判牍中的亲属争讼》,《环球法律评论》2009年第5期。
⑤ 王新霞、任海涛:《清代基层司法的价值追求及启示》,《兰州大学学报》2012年第6期。
⑥ 洪佳期:《论中国传统司法审判中的儒家法律价值观》,《杭州师范大学学报》2013年第1期。
⑦ 张锐智、张宵晓:《清代中前期官府调处制度研究》,《满族研究》2018年第4期。
⑧ 李相森:《传统司法裁判中的女性因素考量》,《妇女研究论丛》2014年第3期。

其他材料,思考了清代妇女在民事诉讼过程中的主动性;①任海涛利用清代州县判牍思考了清代基层法官的综合素质;②龚汝富通过《福惠全书》思考了黄六鸿的基层司法智慧;③王旭杰利用官箴书中的息讼思想,研究地方官的民本思想;④杜金利用官箴书思考了地方官基层司法过程中的顾忌,既要控制衙役,又得疏通官民感情,建立地方官的司法权威。⑤

第三,通过判牍、官箴书、省例思考地方法律知识传播途径。

如徐忠明与杜金综合各类官箴书材料,思考皇帝、高层官员对地方法律知识传播的态度,及民间资本对地方法律知识传播的助推力;⑥其借助出版史、传播史、阅读史等研究方法,思考官方与民间社会如何影响地方法律知识的生产与传播。⑦ 张婷从法律书籍出版史角度,思考幕友、书商及国家官员在法律知识传播过程中的作用。⑧ 张小也思考了官箴书对法律知识传播的意义⑨,陈利依据幕友秘本与律学著作思考幕友在法律知识生产、传播过程中的作用⑩。

---

① 吴欣:《清代妇女民事诉讼权利考析》,《社会科学》2005年第9期;《婚姻诉讼案件中妇女社会性别的建立》,《妇女研究论丛》2009年第4期。

② 任海涛:《清代基层法官的综合素质及启示》,《法学杂志》2012年第3期。

③ 龚汝富:《从黄六鸿〈福惠全书〉看清代州县吏治的经验智慧》,《江西财经大学学报》2011年第2期。

④ 王旭杰:《中国古代官箴书中的息讼思想探析》,《宁夏社会科学》2014年第6期。

⑤ 杜金:《怀疑与信任:清代地方官员司法权威的构建》,《现代哲学》2012年第1期。

⑥ 徐忠明:《写诗与读律:清代刑部官员的法律素养》,《上海师范大学学报》2019年第3期;杜金:《清代皇权推动下"官箴书"的编撰与传播》,《学术研究》2011年第11期;《清代高层官员推动下的"官箴书"传播》,《华东政法大学学报》2011年第6期;《明清民间商业运作下的"官箴书"传播》,《法制与社会发展》2011年第3期。

⑦ 徐忠明、杜金:《传播与阅读》,北京:北京大学出版社,2012年;徐忠明:《明清时期法律知识的生产、传播与接受》,《华南师范大学学报》2015年第1期;杜金:《故事、图像与法律宣传》,《学术月刊》2019年第3期。

⑧ 张婷:《法典、幕友与书商:论清代江南法律书籍的出版与流通》,《浙江大学学报》2015年第1期。

⑨ 张小也:《儒者之刑名:清代地方官员与法律教育》,《法律史学研究》2004年第1辑。

⑩ 陈利:《知识的力量:清代幕友秘本和公开出版的律学著作对清代司法场域的影响》,《浙江大学学报》2015年第1期。

王钟翰①、张晋藩②、杨一凡③、苏亦工④分别从不同角度介绍了清代省例的内容、性质及与中央法的关系。王志强⑤、胡震⑥、曾哲⑦等分别著文,从地方省例出发,思考地方省例如何补充、细化、拓展中央法,由此思考中央与地方围绕地方法律构建展开的微妙互动。

第四,梳理清代各省地方志反思地方诉讼环境。

地方志考察区域司法实践有独特的资料意义,如徐忠明认为,不管是档案、官箴书、日记还是其他资料,都很难出现一个较长时段关于"健讼"数据的准确记载。他和杜金通过整理清代江苏、上海、山东、广东四省(市)地方志中的"好讼"记载,分析了地方志作者眼中的"好讼"类型及"好讼"原因,得出地方志中的"好讼"言论"道德评价"多于"法律评价"等结论。⑧ 侯欣一查阅了清代浙江、江苏、安徽、江西、湖南、湖北、山东七省方志,概括了其中的"健讼"与"寡讼"记录情况,论述了清代江南地区的"健讼"之风及"健讼"出现的原因。⑨ 乔素玲统计了明清广东地方志中的土地争讼,展现明清广东的"好讼"特性。⑩ 肖丽红利用清代福建省地方志,思考了方志编纂者的政治理念与成文技巧如何让清代福建省呈现"既健讼又寡讼"的矛盾图景。⑪

(三)民间文书、民间诉讼录、戏曲文本、族谱碑刻等民间文献的系统解读

地方档案、判牍、官箴书、地方志虽是地方文献,但还是具备一定的官方色彩;民间文书、民间诉讼录、戏曲文本、族谱碑刻等资料的发掘与整理,让研究

---

① 王钟翰:《清代则例及其与政法关系之研究》,《清史补考》,沈阳:辽宁大学出版社,2003年。

② 张晋藩:《清代民法综论》,北京:中国政法大学出版社,1998年。

③ 杨一凡:《清代的省例》,《中国地方法律文献》,前言,北京:世界图书出版公司,2006年。

④ 苏亦工:《明清律典与条例》,北京:中国政法大学出版社,2000年。

⑤ 王志强:《清代国家法:多元差异与集权统一》,北京:社会科学文献出版社,2017年。

⑥ 胡震:《清代省级地方立法》,北京:社会科学文献出版社,2019年。

⑦ 曾哲、高珂:《清代省例:地方法对中央法的分权》,《武汉大学学报》2011年第5期。

⑧ 徐忠明、杜金:《清代诉讼风气的实证分析与文化解释》,《清华法学》2007年第1期。

⑨ 侯欣一:《清代江南地区民间健讼问题研究》,《法学研究》2006年第4期。

⑩ 乔素玲:《从地方志看土地争讼案件的审判》,《中国地方志》2004年第7期。

⑪ 肖丽红:《区域法律社会史视角下的地方志研究》,《福建省志》2017年第2期。

者更多地从民间视角了解区域司法实践的相关问题。

如民间文书的使用。近年来清水江文书的整理过程中,吴才茂、邓建鹏、王宗勋、钟一苇、林芊、潘志成、冯慧鑫等学者以诉讼文书为切入点,思考少数民族地区如何处理中央法与地方惯习之间的冲突与融合,如何建构民治与法制结合的民间纠纷二元解决机制,进而构建符合清朝利益的民族区域统治秩序。① 还比如运用徽州文书研究地方诉讼,也涌现不少优秀成果。如中岛乐章利用大量的徽州文书,解析了明代徽州社会结构、宗族、佃仆等问题。② 阿风借用徽州文书思考了明清徽州妇女的法律和社会地位与权利,③并通过徽州文书中的讼费合同文约、诉讼个案分析,思考了明清徽州诉讼内容呈现出的时代差异。④ 郑小春利用明清徽州文书中的"讼费账单"思考了基层司法审判的影响因素,⑤等等。此类研究通过细致的地方考察,思考了地方司法实践过程中存在的具体问题。

还比如民间诉讼录的使用。龚汝富以《名花堂录》思考清代江西民间诉讼过程中乡绅与官府的博弈。⑥ 张小也以"钟九闹漕"事件为中心,思考了官府与民间社会在法领域的互动,由此透视国家与社会的关系;⑦还以湖北汉川黄氏宗族围绕汈汊湖水域的纠纷,思考了自然环境、生产方式、基层社会结构与

---

① 吴才茂:《明代以来清水江文书书写格式的变化与民众习惯的变迁》,《西南大学学报》2016年第4期。邓建鹏、邱凯:《从合意到强制:清至民国清水江纠纷文书研究》,《甘肃政法学院学报》2013年第1期。邓建鹏:《清至民国苗族林业纠纷的解决方式》,《湖北大学学报》2013年第4期。吴才茂:《清代清水江流域的"民治"与"法治"》,《原生态民族文化学刊》2013年第2期。张光红:《鸣神与鸣官:清代清水江流域民间纠纷多元解决机制试探》,《贵州大学学报》2017年第2期。王宗勋:《好讼与无讼:清代清水江下游两种不同权利纠纷解决机制下的区域社会》,《贵州大学学报》2016年第6期。钟一苇:《清水江文书中的诉讼及其交易习惯》,《贵州大学学报》2017年第6期。林芊:《从天柱文书看侗族社会日常纠纷与协调机制》,《贵州大学学报》2014年第1期。潘志成、吴大华:《清代开辟苗疆后清水江流域纠纷解决机制变迁研究》,《广西民族研究》2017年第1期。冯慧鑫:《"自发"到"法定":三寨当江与清朝苗疆秩序的构建》,《江汉论坛》2019年第2期。等等。

② [日]中岛乐章著,郭万平、高飞译:《明代乡村纠纷与秩序》,南京:江苏人民出版社,2010年。

③ 阿风:《明清时代妇女的地位与权利》,北京:社会科学文献出版社,2009年。

④ 阿风:《明清徽州诉讼文书研究》,上海:上海古籍出版社,2016年。

⑤ 郑小春:《清代陋规及其对基层司法和地方民情的影响》,《安徽史学》2009年第2期;《从徽州讼费账单看清代基层司法的陋规与潜规则》,《法商研究》2010年第2期。

⑥ 龚汝富:《清代江西赋税讼案浅探》,《中国社会经济史研究》2005年第2期。

⑦ 张小也:《社会冲突中的官、民与法》,《江汉论坛》2006年第4期。

国家制度等的相互作用,如何影响区域社会民事法秩序的具体形态。① 王日根、肖丽红以清末莆田发生的生员告官案件,展现了官吏滥用法律解释权与执行权,寻求官官相护的愚法行为,及生员展现知识积累,举起告官祭旗的有礼有节的抗争。② 此类研究通过具体的个案分析,思考了地方社会各群体的法律意识;通过围绕法律展开的群体互动,思考了法律与秩序之间的关系。

再比如戏曲文本、民间日用类书、讼师秘本的使用。如苏力从文学材料出发,"以案说法",通过具体案件的处理思考时人思想、制度与社会,展现案件背后的社会背景与法制状况。③ 徐忠明结合文学作品、司法档案、诉讼文书、谚语、竹枝词、笑话、地方志、自传、风俗录等资料,希望通过"众声喧哗"的材料,让一些众说纷纭的问题"呈现更为立体、更具有层次感的景象",并"尽可能多向度地把明清时期的法律意识和司法实践的不同侧面展现给我们"。④ 其研究成果往往史料丰富,题材新颖,对学界的启发意义十分明显。⑤ 尤陈俊利用日用类书、讼师秘本分析清代及民国时期的诉讼话语与社会变迁,⑥吴慧芳利用日用类书研究底层民众的"诉讼"过程,⑦龚汝富利用讼师秘本、法律典籍、诉讼档案、民间抄案、契约文书、官方判牍、批词、公案小说、戏曲、谱牒等文献,

---

① 张小也:《明清时期区域社会中的民事法秩序》,《中国社会科学》2005 年第 6 期。
② 王日根、肖丽红:《〈莆田人民公控蒋唐佑呈稿〉所见清末生员与恶吏的斗争》,《安徽史学》2012 年第 1 期。
③ 苏力:《法律与文学》,上海:三联书店,2006 年;《法治及其本土资源》,北京:中国政法大学出版社,2004 年;《传统司法中的"人治"模式:从元杂剧中透视》,《政法论坛》2005 年第 1 期;《制度角色和制度能力》,《法商研究》2005 年第 1 期;《中国传统戏剧与正义观之塑造》,《法学》2005 年第 9 期;《窦娥的悲剧》,《中国社会科学》2005 年第 2 期。
④ 徐忠明:《众声喧哗:明清法律文化的复调叙事》,序,北京:清华大学出版社,2007 年,第 3 页。
⑤ 主要论著有:徐忠明:《案例、故事与明清时期的司法文化》,北京:法律出版社,2006 年;《包公故事:一个考察中国法律文化的视角》,北京:中国政法大学出版社,2002 年;《众声喧哗:明清法律文化的复调叙事》,北京:清华大学出版社,2007 年;《情感、循吏与明清时期司法实践》,上海:三联书店,2009 年。论文亦不少,如《明清刑讯的文学想象:一个新文化史的考察》,《华南师范大学学报》2010 年第 5 期;《中国的"法律与文学"研究述评》,《中山大学学报》2010 年第 6 期;《中国法律史研究的可能前景:超越西方,回归本土?》,《政法论坛》2006 年第 1 期;等等。
⑥ 尤陈俊:《法律知识的文字传播》,上海:上海人民出版社,2013 年。
⑦ 吴慧芳:《万宝全书:明清时期的民间生活实录》,台北:政治大学历史系,2001 年;《明清以来民间生活知识的建构与传递》,台北:学生书局,2007 年。

将讼学研究置于诉讼过程的实际应变中,对其进行动态的全方位考察①等。

史料范围的扩展,极大地拓宽了中国法律史研究者的视野,借助文献学、人类学、社会学等视角重新审视上述资料,给区域司法实践研究带来了不少耳目一新的成果。

二、丰富研究视角,注重考察法律与秩序的关系

(一)考辨史料,思考影响法律表达的社会、文化因素

在拓宽研究史料的同时,也有学者受美国学者戴维斯(N. Z. Davis)的《档案中的虚构》研究结论的启发,思考档案"人为制造"的问题,②反思法律史研究过程中应该如何甄别研究资料。如日本学者唐泽靖彦通过对清代诉状制作过程及诉状显示的语言性和文艺性要素的考察,反思了清代诉讼的文化环境与社会背景。③ 赵晓力的研究说明了通过技术的处理,可以剔除掩盖矛盾、断裂的证据材料,造成"依法断案"的印象。④ 李典蓉通过一起京控文卷的解析,探讨清代官方与民间在司法文书写作上存在的问题,并且分析这些问题对清代司法档案造成的可能影响。⑤ 毛立平分析南部县档案记载的女性涉讼形象,认为官吏"既要维护男性权威","又对妇女抱有一定的同情和包容",最终"在三方的一致'努力'下,档案中的妇女形象趋于一致"。⑥

除此之外,也有学者对比地方志、判牍、档案的写作目的,分析了不同类型资料的不同观点特点。如徐忠明考察了大量地方志、判牍、司法档案等资料,

---

① 龚汝富:《明清讼学研究》,北京:商务印书馆,2008年。

② 该书研究了"档案文字由谁制造,在何种情形下被制造"等问题,反思了档案的"制作"如何影响司法审判。详见[美]娜塔莉·戴维斯著,刘永华译:《马丁·盖尔归来》,代译序,北京:北京大学出版社,2009年,第Ⅸ页。

③ 详见[日]唐泽靖彦著,牛杰译:《清代的诉状及其制作者》,《北大法律评论》2009年第10卷第1辑;[日]唐泽靖彦:《从口供到成文记录:以清代案件为例》,黄宗智、尤陈俊主编:《从诉讼档案出发:中国的法律、社会与文化》,北京:法律出版社,2009年,第80页。

④ 赵晓力:《关系、事件、行动策略和法律的叙事》,王铭铭、王斯福主编:《乡土社会的秩序、公正与权威》,北京:中国政法大学出版社,1997年。

⑤ 李典蓉:《被掩盖的声音:从一件疯病京控案探讨清代司法档案的制作》,《北大法律评论》2009年第10卷第1辑。

⑥ 毛立平:《档案与性别:从〈南部县衙门档案〉看州县司法档案中女性形象的建构》,《北京社会科学》2015年第2期。

认为地方志资料记载往往"相互矛盾而又同时并存"①;判牍是文人作为文章写作锻炼与堆砌辞藻的工具,其反映出来的司法实践也有一个"真实"与"虚构"的问题;②档案资料则充满了"技术处理"的特点。③ 邱澎生详细对比了"刑案汇览"与判牍资料,认为判牍的体例更近似官员个人的"文集",偏重表彰审判者个人善于书写判词的名气与才气。④ 杜正贞也认为,"判牍不仅是官员司法实践的记录,更反映了士大夫观念的改变及复杂性,而族谱和诉讼档案则记录了法律在现实的纠纷和诉讼中,被不同的主体不断利用和诠释的实际状态",所以法律史研究者面对不同类型的史料,"应该首先考虑史料本身的特性和形成过程,而不是将所有史料都用作判断某种权利之有无和地位之升降的证据"。⑤

当然,考辨法律史料"人为制造"的成分并没有否定法律史研究的必要性,反而滋生了新的研究热点。如不少学者虑及不同文本的写作特点,思考文本"修饰"背后的法律与社会影响因素,由此切入区域司法实践研究。如肖丽红结合清代福建省地方志的编纂特点,考察了清代福建省诉讼环境的海疆区域特色。⑥ 杜正贞综合判牍、族谱与诉讼档案,分析了三类文本的不同写作侧重

---

① 徐忠明、杜金:《清代诉讼风气的实证分析与文化解释:以地方志为中心的考察》,《清华法学》2007年第1期。

② 徐忠明:《小事闹大与大事化小:解读一份清代民事调解的法庭记录》,《法制与社会发展》2004年第6期;《关于明清时期司法档案中的虚构与真实》,《法学家》2005年第5期;《案例、故事与明清时期的司法文化》,北京:法律出版社,2006年。

③ 徐忠明从黄宗智的研究出发,认为"我们仔细推敲黄宗智的研究方法,可以发现有些所谓'依法裁决'的案件完全从'判决结果'中推导而得,并非档案的'直接'表述。即便直接表达,也未必确凿无疑。原因在于档案的记载方式,就'巴县档案'而言,作为判决根据的'事实'实际上是经过'技术'处理的",详见徐忠明:《关于中国法律史研究的几点省思》,《现代法学》2001年第1期。

④ 邱澎生:《刑案汇览中的法律推理》,《当法律遇上经济:明清中国的商业法律》,台北:五南图书出版公司,2008年。

⑤ 杜正贞:《宋代以来寡妇立嗣权问题的再研究:基于法典、判牍和档案等史料的反思》,《文史》2014年第2期。

⑥ Lihong Xiao. Analysis of Regional Characteristics of Litigation Environment in Fujian Province in Qing Dynasty. Proceedings of the 4th International Conference on Contemporary Education, Social Sciences and Humanities (ICCESSH 2019), Volume 329, 2019.

点,反思了宋代以来寡妇立嗣问题。① 此类研究有个共性,即虽不追求恢复史料的原貌,却希望通过不同侧面的考察,思考地方法律运作的多面场景,结果往往能从更多维度贴近地方司法实践实况。

(二)区域司法实践过程中的法律与秩序的关系考察

20世纪末黄宗智与滋贺秀三关于"情理法"的讨论,还引起了"国家法与民间法之间关系"的研究热潮。如梁治平通过民间惯习的考察,认为国家法与民间惯习之间是一种多元复杂的关系,它们在长期演进与互动过程中相互渗透。② 卞利通过对明清徽州户婚田土细故处理方式及明清徽州乡规民约的研究,从不同角度思考统治者如何不断调整民事法律规范,从而稳定农村基层社会秩序,并认为这个调整的过程就是国家法与民间法互动的过程,③等等。

法律人类学学者面对民间纠纷,研究的重心更明确指向法律运作背后的权力网络,给区域司法实践的研究带来不少启发。如强世功运用"关系—事件"方法研究法律运作时,多次强调法律实践中权力关系网络的运作逻辑。他说"民间调解是否可以得到有效的推行,关键在于乡村社会是否存在有效的权威人物和组织,因为调解作为纠纷解决的机制总是和权威人物和机构联系在一起的",被实践着的法律"并不像光一样畅通无阻地直射于社会生活,而是在具体场景的权力关系网络的复杂运作中,在种种冲突和妥协中,以迂回曲折的方式触及我们的社会生活"。④ 还比如赵旭东从社会人类学角度切入乡土社会,并以法治建设过程中民间纠纷解决和秩序维持的模式为主要关注点,考察了村落社区与制度转型的关系,在权威多元中理解乡土社会纠纷解决的影响。具体研究中,赵旭东关注的并非纠纷本身,而是纠纷解决过程,展现"共处于一个场域之中的国家权力机构的权威与民间社会的权威,是如何共同对一起纠纷的解决发生效力的"⑤。从民间纠纷关注到纠纷涉及人群的关系,再关注到地方权力运作方式是法律人类学学者常有的思维,杨懋春即称"法律本身不能维持秩序,必须有个权力支持它,它才有力量……这种权力不是操在一个人之手,由一个人去运用。而是操在若干人之手,由若干人去运用,就必须有个安

---

① 杜正贞:《宋代以来寡妇立嗣权问题的再研究:基于法典、判牍和档案等史料的反思》,《文史》2014年第2期。
② 梁治平:《清代习惯法》,桂林:广西师范大学出版社,2015年。
③ 卞利:《国家与社会的冲突和整合》,北京:中国政法大学出版社,2008年。
④ 强世功:《法律是如何实践的》,王铭铭、王斯福主编:《乡土社会的秩序、公正与权威》,北京:中国政法大学出版社,1997年,第489~514页。
⑤ 赵旭东:《权力与公正》,序言,天津:天津古籍出版社,2003年,第6页。

排或秩序,不能乱把持,乱运用。于是在每个社会中都有一个权力架构或运用权力的系统"①。

在法律人类学的启发下,不少法律史研究者从民间文献入手,将个案放在区域的脉络中思考,将官方文献、民间资料与田野调查结合起来,在具体的历史情境中思考法与秩序的关系,张小也的《官、民与法:明清国家与基层社会》一书收集的文章多是此方面的相关成果。② 此外,还比如廖华生的《士绅阶层地方霸权的建构和维护》一文,以明清婺源的保龙诉讼为中心,思考了士绅为争夺地方霸权的所作所为,及其对地方社会秩序的影响,③等等。

(三)眼光向下的地方人群法律关系考察

在地方州县司法运作考察过程中,研究者也日渐将研究焦点集中于涉讼人群的法律关系。如吴欣的《清代民事诉讼与社会秩序》一书,关注重点转向地方法律运作中的人群,从民事诉讼角度出发,"通过对诉讼者的'主体性'分析揭示清代社会中不同群体的诉讼事实,以及社会秩序如何在变化中得到维护"④。韩秀桃的《明清徽州的民间纠纷及其解决》一书,考究徽州民间纠纷解决中诸种势力的反应,希望通过徽州地域环境与历史条件所形成的"独特的诉讼观念、法律意识及其相关的民间社会解纷机制和诉讼实践状况",展现"明清徽州人丰富的法律生活场景"⑤;尤陈俊在明清地方诉讼研究过程中,思考了"简约型司法体制"、官府的诉讼态度、讼费等问题如何影响民众诉讼行为。⑥

境外学者岸本美绪、夫马进、于志嘉、步德茂(Thomas Buoye)、邱澎生、苏成捷等从科考假冒名籍、军户、人命案件、典妻等不同身份的涉讼人群的考究,思考了清代地方法律运作中的权力与文化关系。如苏成捷关于"四川卖妻"现象的研究,步德茂关于18世纪山东杀害亲人案件的研究,赖惠敏关于清末民初下层民众贫困导致妇女无奈走出家庭谋生现象的研究,均从百姓生存现状描述中,述说百姓生存策略引发了什么社会变化、国家与社会对此又有何回

---

① 杨懋春:《一个中国村庄:山东台头》,南京:江苏人民出版社,2001年。
② 张小也:《官、民与法:明清国家与基层社会》,北京:中华书局,2007年。
③ 廖华生:《士绅阶层地方霸权的建构和维护》,《安徽史学》2008年第1期。
④ 吴欣:《清代民事诉讼与社会秩序》,导论,北京:中华书局,2007年,第1页。
⑤ 韩秀桃:《明清徽州的民间纠纷及其解决》,合肥:安徽大学出版社,2004年,第6、22页。
⑥ 尤陈俊:《清代简约型司法体制下的"健讼"问题研究》,《法商研究》2012年第2期;《"厌讼"幻象之下的"健讼"实相?》,《中外法学》2012年第4期;《明清司法经济对民众诉讼策略的影响》,《法商》2019年第3期。

应,从这种互动研究中描绘地方法律运作中的权力与文化问题。①

新视角的启发及多种类型资料的运用,让目前的法律社会史研究开展得如火如荼。但面对丰富的研究成果,不禁感到遗憾,目前多数研究集中于徽州、台湾、四川南部县、贵州清水江等少数几个地区,多数的法律社会史考察还是不定研究区域的"通论"。而法律作为国家制定政策的一种体现,在地方社会执行过程中有很多变通之处,不同的区域社会背景影响着区域司法实践的开展,张应强即强调:"区域历史的研究,不仅要关注国家意识形态在地方社会中的各种表达,还需要把握特定区域的社会文化逻辑及人们的日常生活实践,通过多维度的视角去审视、理解和解释区域社会的历史演变。"②

由此我们希望通过典型区域的司法实践考察,思考清代普遍的"健讼"字眼背后,各地的地方司法实践有何不同,各地独特的区域社会文化因素如何影响清廷统一的治理方针等问题。之所以选取福建省为典型考察区域,源于该地的研究现状与意义。

三、清代福建省区域司法实践的研究现状与意义

福建区域社会史研究过程中,已有不少学者关注到民间纠纷话题。如杨国桢基于"土地契约文书是土地权利关系的法律文书"的认识,试图透过土地契约文书反映出来的土地所有权内部结构及其历史运动,解释明清社会演变的底蕴。③胡炜崟利用台北故宫博物院藏的档案史料,思考了清代闽粤乡族性社会冲突的历史渊源、冲突类型、社会原因,及对社会造成的影响。④徐晓望对闽粤乡族械斗的情形、类型、社会原因做了探讨。⑤郑振满关注闽南大规模的乡族械斗,认为闽南械斗的实质是要争夺基层社会的控制权,根源是官僚政治体制与基层社会自治化之间的内在矛盾。⑥陈金亮以福建械斗为分析材料,总结了清政府对民间械斗的劝诫、调解、弹压三种治理措施。⑦季云飞思考了清代台湾械斗的起因及政府处理措施,认为清代台湾闽粤民人的"分类械

---

① 上述研究详见邱澎生、陈熙远主编:《明清法律运作中的权力与文化》,台北:联经出版公司,2009年。
② 张应强:《历史的社会文化逻辑》,《原生态民族文化学刊》2019年第3期。
③ 杨国桢:《明清土地契约文书研究》,修订版序,北京:中国人民大学出版社,2009年。
④ 胡炜崟:《清代闽粤乡族性冲突之研究》,台北:台湾师范大学历史研究所,1997年。
⑤ 徐晓望:《试论清代闽粤乡族械斗》,《学术研究》1989年第5期。
⑥ 郑振满:《清代闽南乡族械斗的演变》,《中国社会经济史研究》1998年第1期。
⑦ 陈金亮:《试论清政府治理福建民间械斗的措施》,《求是》2009年第11期。

斗",危害海疆稳定,不利于社会安宁和经济发展。① 三木聪对清代福建省的图赖现象做了精细研究,②并从判牍资料出发,分析了海贼案件的处理情况,思考了海疆州县地方统治官与海域世界的纠葛问题。③ 陈支平搜集整理清代闽台商人经济纠纷资料,思考闽台商人经济纠纷呈现出的不同于其他区域商事纠纷的特点。④ 汪毅夫对清代福建省讼师唆讼、典妻、童养媳、溺女、育婴堂、锢婢、乡约等现象分别展开研究,思考了清代闽台民间纠纷类型、讼师的诉讼角色,以及民间纠纷解决过程中,地方政府与民间力量如何看待闽台民间习惯法,肯定了闽台民间习惯法、乡约在维护明清闽台区域社会秩序过程中的作用。⑤ 王日根、肖丽红通过《莆田人民公控蒋唐佑呈稿》的个案分析,思考案件背后体现出的晚清福建省官绅之间的利益纠葛与法律互动。⑥

上述研究虽然考察了清代福建省民间纠纷的诸多类型,但多数研究是将民间纠纷作为考究清代闽台社会经济、文化的切入口,始终缺少将清代福建省民间纠纷作为一个整体进行分析,概括清代福建省民间纠纷的类型、发生原因、解决方式,从中展示清代福建省民间纠纷体现出的地方特性及海疆社会治理特点。与前文论及的徽州、四川等地区的区域司法实践研究成果对比,清代福建省区域司法实践的研究广度与深度显然不足。福建省拥有丰富的清代族谱、契约、碑刻、民间诉讼文书、地方志、判牍、省例、地方司法档案等文献,但多数文献的法律社会意义的研究还十分有限。且爬梳清代福建省的官方与民间文献,我们发现"闽人喜讼"的字眼十分常见。目前清代福建省区域司法实践

---

① 季云飞:《清代台湾民间械斗与清政府的对策》,《社会科学辑刊》1998年第4期。
② [日]三木聪:《明清福建農村社会の研究》,札幌市:北海道大學圖書刊行會,2002年;《清代前期福建汀州府社会与图赖案件》,《史朋》2007年第40号。
③ [日]三木聪:《明末福建海域的倭寇、海贼问题:以〈闽谳〉〈莆阳谳牍〉的分析为中心》,2010年3月11日厦门大学国学研究院讲座。
④ 陈支平:《清代闽台商人间经济纠纷的案例分析》,《中国经济史研究》2008年第3期。
⑤ 汪毅夫:《分爨析产与闽台民间习惯法:以〈泉州、台湾张士箱家族文件汇编〉为中心的研究》,《台湾研究》2003年第4期;《试论明清时期的闽台乡约》,《中国史研究》2002年第1期;《明清乡约制度与闽台乡土社会》,《台湾研究集刊》2001年第3期;《讼师唆使:清代闽省内地和台地的社会问题》,《厦门大学学报》2006年第2期;《清代福建救济女婴的育婴堂及其同类设施》,《中国社会经济史研究》2006年第4期;《清代福建的溺女之风与童养婚俗》,《东南学术》2007年第2期;《性别压迫:"典卖其妻""买女赘婚"和"命长媳转偶"》,《福建论坛》2007年第6期;《赤脚婢、奶丫头及其他:从晚清诗文看闽台两地的锢婢之风》,《福州大学学报》2007年第1期。
⑥ 王日根、肖丽红:《〈莆田人民公控蒋唐佑呈稿〉所见清末生员与恶吏的斗争》,《安徽史学》2012年第1期。

考察的已有成果也显示,清代福建省地方各人群的法律意识较强。我们可以依托福建省丰富的法律民间文献,搜集典型地方诉讼案件,将个案放在区域脉络中分析,体会海疆官绅民的法律意识,及围绕法领域实现的角色互动,体会法如何成为诉讼当事人共同争夺的一种资源,思考纠纷背后除了资源争夺外更加复杂的法律、社会、文化因素。

第三节　研究目标与框架

鉴于清代福建省区域法律社会研究的不足,本书力图以文本为坐标,以法律社会为视角,通过概括不同类型文本的语言与观点特点,推究影响文本制造的法律、社会、制度因素;并根据不同文本关于讼争的不同描述,概括清代福建省民间诉讼的特点,分析清代福建省区域司法实践的影响因素。具体研究过程中,希望重视福建省的海洋区域特性,思考海疆社会的特色纠纷、海疆州县的运作方式如何影响地方司法实践以及海疆官绅民的诉讼意识与法律态度,由此展现清代福建省区域司法实践的海疆特性。

具体文章架构过程中,考虑了文本内容与讼争发生、发展、解决前后顺序的关系。如地方志资料相对系统,希望通过此类资料概括清代福建省诉讼总貌,故将其放在第一章。接着讨论"治闽政书",是因为其记载了大量官吏抱怨州县制度缺陷与海疆治理困境的言辞,州县制度缺陷与海疆治理困境不仅滋生不少闽地纠纷,也直接关系闽讼处理过程,故将其放在第二章。第三章讨论"民间诉讼录",是因为其直接反映了讼争的进展状况,是案件进展的"实录"。第四章与第五章讨论判牍与档案,是因为二者均是地方官理讼之后的文字记录。据此考虑,本书架构如下:

第一章对清代福建省各府县志的"健讼""寡讼"记载情况进行量化分析,概括清代福建省诉讼总貌。通过对"健讼"的文本分析与类型考察,认为虽然清代福建省绅民诉讼频率与规模均较前代增长,但"为生计而讼"的特点十分明显。这与清代福建省商业化倾向日益明显、人地矛盾日益紧张等经济环境直接相关,其中不乏很多绅民"倚法与国家制度互动"的正确利用法律行为。只是绅民一旦诉诸法律,便破坏了儒家官吏"和为贵"的治理理念。保障(或竞求)生存资源的斗争,又破坏了官吏推崇的"重义轻利"的儒家文化观念。所以,不管绅民是否正确利用法律,儒家官吏总以"健讼"评价之,此时的"健讼"评价更像儒家官吏治理理念与地方社会现实冲突时做出的主观批判。且儒家官吏也对"健讼"批判寄予改善社会风化的主观目的,希望借此批判,让部分绅民反思自己行为,甚至召起有志维护地方社会秩序的绅衿加大劝谕百姓的力度,更好维护地方社会治理的安定。

第二章通过分析治闽政书中的"穷而求卸""病而求卸""难而求卸"等官吏抱怨,思考州县制度缺陷与海疆治理困境如何影响地方司法实践。如"穷而求卸"抱怨的是地方衙门办公经费不足,结果影响闽吏与闽民的诉讼行为。如闽吏往往因为州县财政困难而"怠讼",追求"无事为安";闽民则因为州县财政困境而"健讼",如了解了官吏因为"解费"不足而"怠讼"后,不少闽民遇及命盗案件就选择逃亡出海,导致人证不齐,案件无法审理,清代福建省因此积案繁多。为了解决财政难题,清代闽吏积极探索"节约理讼"政策,如加强道德批判,减少诉讼缘起;借助基层组织协助解决纠纷;加快地方经济发展,缓解紧张生存危机;等等。"病而求卸"与"难而求卸",折射了清代"回避制"的任官制度下,福建省的方言、海疆特性、州县制度缺陷等如何加强闽吏理讼难度,结果不少闽吏视海疆福建为畏途,求卸严重,导致地方缺官严重,加强了地方政务开展的难度。"穷而求卸""病而求卸""难而求卸",从地方财政、地方吏治、州县制度缺陷等角度展示了清代福建省官吏的疲惫生活状态,其制度设定及运行结果均影响了官民诉讼态度,最终导致清代福建积案一直无法根除。但要改变积案,除了清廷应改变地方治理政策外,治闽官吏也应增强其"主人公"意识,发挥主观能动性,以"人治"缓和州县司法运作难题。

第三章将眼光投向了诉讼过程,利用的是民间诉讼录。如利用《莆田人民公控蒋唐佑呈稿》《莆田江宁章案情详禀稿底》思考恶吏与绅衿的诉讼意识与法律态度。认为恶吏常常因为私利滋扰讼端,任意升级讼案。而官官相护、执法权的把握又让恶吏徇法有了制度与法律保障。为了伸张正义,绅衿面对恶吏不法,进行了不懈的上控。但不同绅衿于官绅纠葛案中,角色不一,有识趣地妥协,只求恢复衣顶的绅衿;亦有不识趣地利用"口""笔""舌"等资源不懈上控的绅衿。官绅纠葛案中,绅衿利用知识和舆论与官吏之间展开文字游戏,彰显其诉讼意识与法律态度。除此之外,本章还利用建宁府三起民众控诉官绅案件,思考民众的诉讼意识与法律态度。总结而言,本章希望将个案放在区域脉络中考察,体会官绅民之间围绕法领域实现的利益纠葛与角色互动,体会法如何成为诉讼当事人共同争夺的一种资源,思考纠纷背后除了资源争夺外更为复杂的东西,诸如地方社会的法律、社会、文化因素。

第四章利用判牍资料,分析基层官吏如何进行司法实践,并从循吏的灵活执法案例分析中,反思清代法律的生命力。本章首先整理《临汀考言》《巡漳谳词》记载案件涉及的纠纷类型,概括进入官府视野的民间纠纷的一般特征,思考官吏的判牍文字如何反映该地的社会治理难题。并从判牍的案件分类中,思考清代法律运作的"细则化"如何促使官吏日渐走向灵活执法。在此基础上,本章综合《巡漳谳词》与《临汀考言》的相关案件,展示清代福建省循吏如何深入地方,主动融合中央法与地方惯习,致力于更好维护地方社会秩序。且认为,具体区域法律实践中,虽然官绅民关系紧张,但他们的对立关系并非绝对,官绅民都在不断调整自己的法律角色与人际关系。特别是地方政府,承担着联合国家与地方社会的重要功能。多数地方官吏在法律场域都会充分认识中央法与地方惯习的异同点,通过灵活执法,找到二者的平衡点,最终实现对地方绅民的有效管理。地方绅民的法律活动,既彰显了地方群体的利益要求,也在不同程度上影响着中央法,甚至可能由此形成某类地方惯习,弥补中央法的不足,结果提高了清代法律与地方社会的适应度。在官绅民、在清律与地方惯习的张力与合力博弈中,基层社会不断积累着社会治理经验。本章对判牍资料的研究,让我们看到了清代法律的生命力并不体现在官吏"依法审判"的恪守,而是体现在法律与地方社会的适应程度。

第五章通过概括中国第一历史档案馆收藏的清代刑科题本(土地债务类)及朱批奏折、录副中的福建省讼案情况,认为不管是档案记载的对象(民众),还是档案的记载者(官绅),其于现实生活中的法律行为与文献中的法律形象均存在着"实践"与"表达"的矛盾统一。如档案中的民众法律行为活跃,但档案文献总以"愚而讼"或"健讼"笼统概括之。二者之间似有矛盾,但最终统一于官吏的主观意识建构。档案中的官吏,总以"依法审判"的文字表述掩盖"灵活执法"的区域司法实践,二者也是看似矛盾,但又最终统一于地方社会治理与地方社会秩序的维护。清代福建省官绅民的法律形象,虽然都存在法律表达与实践的背离,但恰是这种矛盾统一的关系折射了清代官绅民始终在不断调整自己的法律角色与人际关系,展现了清代地方社会的自我调整、修复能力。

以上分析基础上,第六章总结了地方志、治闽政书、民间诉讼录、判牍、档案等材料的文本特点及由此体现出的清代福建省司法实践特征,认为清代福建省诉讼环境的考察离不开"文本"与"真实"的考辨,推究文本制作背后的法律与社会语境,多维度窥视清代福建省丰富的法律生活场景显得尤为必要;且认为法律的推进是清代国家对地方社会治理的有效路径之一,为了把控地方司法实践环节,朝廷将司法活动与地方官的仕途考评、地方社会治理评估紧密结合,从制度体系保证"依法审判"的贯彻实施。正因如此,地方官为确保治理效果,广泛参考地方风俗实情,努力寻找朝廷法律与地方惯习的平衡点。所以,清代审判依据的"多元化"、清代闽吏灵活执法,展现的并非法律的"无用论",而恰是法律生命力的体现。

第四节　资料介绍与理论方法

一、资料介绍

本书涉及的资料包括清代福建省地方志，几乎遍及福建省各府县。治闽政书包括《闽政领要》《东宁政事集》《福建省例》等官员政录，《斯未信斋文编》《桐轩案牍》等官吏文集，也包括部分闽地官绅撰写的地方风俗录，如《泉俗刺激篇》《问俗录》等。民间诉讼录主要是笔者在国内各大图书馆搜集到的福建省官绅民法律纠纷案件，如《莆田人民公控蒋唐佑呈稿》《莆田江宁章案情详禀稿底》《崇安胡锡轩呈控衷锡猷卷宗》《府宪崇安县孀妇黄氏具控原署台湾教谕吴镇一案》等。判牍资料主要依据的是《巡漳谳词》与《临汀考言》；① 档案资料主要包括中国第一历史档案馆藏的刑科题本（土地债务类）档案、朱批奏折、录副及乾隆、嘉庆、道光、咸丰、光绪朝上谕档中的福建省讼争相关文献，还有地方图书馆搜集到的《晚清福建刑案汇览》一书。此外，民间日用类书、谚语、笑话、契约、碑刻、族谱等资料，因为缺乏系统性，本书将其贯串到各个章节，据实际问题研究，对其资料性质并无具体概括。

二、理论方法

（一）文献学

前文提及的邱澎生、徐忠明、唐泽靖彦等对判牍、地方志、档案的评价，说

---

① 据日本学者三木聪、山本英史、高桥芳郎等编纂的《传统中国判牍资料目录》（东京：汲古书院，2010 年）一书所称，清代福建省判牍资料不多，主要是《巡漳谳词》《临汀考言》《桐轩案牍》《斯未信斋文编》《同安纪略》等几种。因为《巡漳谳词》《临汀考言》所记载的案审记录较为系统、丰富，本书只以这两本判牍资料为主展开第四章的研究。且应说明的是，徐士林的《巡漳谳词》采用的是陈全伦、毕可娟、吕晓东主编的《徐公谳词：清代名吏徐士林判案手记》（济南：齐鲁书社，2001 年）版本，《徐公谳词》包括《巡漳谳词》与《守皖谳词》两部分，分别记述徐士林任职汀漳道及安徽的为官记录，本书涉及的资料多来自《巡漳谳词》，故直接以《巡漳谳词》简称之。

明了文本与真实之间存在一定的差距。这决定我们必须从文献学①视角窥视纠纷,根据不同文献类型的语言风格特点,分析此话语背后的写作指导原则及种种影响因素。虽然不奢求恢复文献原貌,却希望分析同类文献话语特点形成的政治、社会原因,由此窥视地方州县的司法运作状况及影响因素。

(二)法律人类学方法

本研究将深入福建省民间社会,于田野调查中搜集相关诉讼文书、碑刻、族谱等民间资料,并将民间文献与官方文献对比分析,更全面思考清代海疆官绅民的法律意识与法律态度。本书还将特别注重个案分析,努力将个案放于区域的脉络中,体会官绅民之间围绕法领域实现的利益纠葛与角色互动,体会法如何成为诉讼当事人共同争夺的一种资源,思考纠纷背后除了资源争夺外更为复杂的东西,诸如地方社会的法律、制度、文化因素,希望在具体的社会历史情境中思考法与秩序的关系。

(三)计量分析

计量史学最大的特征就是运用自然科学中数字方法对历史资料进行定量分析。定量分析主要研究事物的数量关系,定性分析主要研究事物的性质,传统史学实际上就是运用定性的方法。因此,计量史学方法运用对传统史学有较大补充作用。本书在方志与判牍的研究中,运用计量史学分析方法,概括清代福建省诉讼总貌,分析"健讼"话语背后地方官的思维问题。

---

① 指"这种视野依据文化氛围、文本和时代的不同,诉诸不同的目的。它或是从一个或多个版本出发,试图按照原貌即原创状态,来恢复经过润色的文本,剔除歪曲其本来面目的添加文字和讹误;或是致力于将一个文本保存于一种被判定为初的状态下,以防止任何篡改的风险,对于该著述的传播和使用实施有效的控制;或是对这个文本的形式和意义进行积极的加工、改变、纯化、充实文本,对它进行若干结构的修改或者意识形态和文风的调整"。详见[法]克里斯蒂昂·雅各布著,陆象淦译:《从书籍到文本:文献学比较史刍议》,《第欧根尼》2003年第1期。

第一章

清代福建省讼争总况及实证研究

——以清代福建省地方志为中心的考察

清代福建省地方志资料保留了大量讼争的相关记载,包括"健讼""寡讼"的概述性语言,也包括讼争类型与讼争缘起的详细记载,更充满了地方官理讼情况的概要。因为方志资料相对客观,对其资料性质及讼争情况的梳理,可整体上反映清代福建省诉讼总貌。

第一节 地方志资料研究区域司法实践的意义

一、闽地文献的"喜讼"言论

"闽人喜讼"是清代福建省"讼争"相关文献给我们最直接的印象。如档案称,"闽省内郡则有健讼告讦,好勇斗狠之习"①、闽省"民风尚属好讼"②,等等。特别是漳泉二府"地处海滨,民情刁悍,纠众互斗,结果抢劫之案层见叠出"③。

---

① [清]陈大受:《奏为现办整饬州县各官积弊各事宜事》,乾隆十一年十一月二十九日,档号:04-01-08-0150-007。
② [清]张师诚:《奏为遵旨查明未结案件赶紧清厘事》,嘉庆十五年五月十八日,档号:03-2248-009。
③ [清]温承受:《奏为漳泉府属未结命盗积案参劾前任总督事》,嘉庆十一年六月二十九日,档号:03-2285-007。

嘉庆十二年(1807年)福建巡抚张师诚清理闽省历年积案时,不禁感叹嘉庆元年至十二年(1796—1807年)闽省未结词讼就有2977件。①

治闽政书论及闽省讼状,亦称"闽省俗悍民刁,素称难治"②,"闽省俗悍民刁,喜争健讼,遇有些小微嫌,辄敢以伪作真,将无为有,任刁妄之讼师,捏影捕风,架词捏控"③,等等。论起闽省内部民风差异,批判闽南民风刁悍言辞十分常见,如"泉漳之民性极拙而易怒"④,"边海之难治,闽粤为最,闽粤之难治,漳泉惠潮为最"⑤,等等。

地方志中的"闽人喜讼"言论更为常见。如闽县称"闽俗喜讼,奸者瞰野葛,诬人至有抵死者""闽俗以健讼闻""闽俗多讼,案必速审,立即清查"⑥,侯官县称"闽俗喜讼轻生"⑦,诏安县"词讼烦兴"⑧,泰宁县"健讼喜斗"⑨,宁化县"喜斗健讼,拒捕抗租,亦称强悍难治"⑩,永定县"颇悍勇,轻生喜斗"⑪,龙岩州"岩俗每以细故致雀角"⑫,长汀县"俗虽淳而各属邑不无健讼"⑬,等等。一旦

---

① [清]张师诚:《奏报遵旨查明历任巡抚任内未结词讼起数事》,嘉庆十二年九月十二日,档号:03-2207-001。
② [清]黄贻楫编:《李石渠先生治闽政略》,光绪六年(1880年)晋江黄谋烈梅石山房木活字印本,第2页。
③ 台湾银行经济研究室编辑:《福建省例》卷二十七,《刑政例上》,《禁健讼》,南投:台湾省文献委员会,1997年。
④ [清]谢金銮:《泉漳治法论》,《察甶》,1965年冬据同治七年(1868年)重刊本抄本。
⑤ [清]陈盛韶:《问俗录》卷六,《鹿港厅》,《大哥》,道光十三年(1833年)刊本。
⑥ [清]吕渭英修、郑祖庚等纂:《(光绪)闽县乡土志》,《政绩录三·听讼》,光绪二十九年(1903年)刊本。
⑦ [清]吕渭英修、郑祖庚等纂:《(光绪)侯官县乡土志》卷一,《政绩录·听讼》,光绪二十九年(1903年)刊本。
⑧ [清]秦炯纂修:《(康熙)诏安县志》卷十二,《艺文》,《奏设县治疏》,据同治十三年(1874年)刻本影印。
⑨ [清]王琛等修、张景祁等纂:《(光绪)重纂邵武府志》卷九,《风俗》,光绪二十六年(1900年)刊本。
⑩ [清]曾曰瑛等修、李绂等纂:《(乾隆)汀州府志》卷六,《风俗》,乾隆十七年(1752年)修,同治六年(1867年)刊本。
⑪ [清]曾曰瑛等修、李绂等纂:《(乾隆)汀州府志》卷六,《风俗》,乾隆十七年(1752年)修,同治六年(1867年)刊本。
⑫ [清]彭衍堂等修、陈文衡等纂:《(道光)龙岩州志》卷十,《政绩志》,道光十五年(1835年)修,光绪十六年(1890年)重刊本。
⑬ [清]刘国光等修、谢昌霖等纂:《(光绪)长汀县志》卷十三,《祠庙》,光绪五年(1879年)刊本。

论起漳泉,"俗悍民刁"的文字更为常见。如"闽中下游四府号称难治,以漳泉为最"①,"泉民俗黠悍,讼狱丛滋"②,"泉州府、漳州府俗悍民刁,健讼好斗"③,"漳俗好讼,多讼师主之"④,等等。时人甚至认为本地风俗败坏,源于其地近漳州,如永春州就认为其属州靠近尤溪地区的民风淳朴,靠近漳州地区的民风较为彪悍,即"近尤之民质而鄙,近漳之民健而狡"⑤。

二、地方志研究讼争总况的意义

"闽人喜讼"言论遍布清代福建省各类讼争文献,选择地方志来研究清代福建省的诉讼总貌,是因为此类资料相对客观,较为系统,有较好的可参照性。⑥ 因为与笔记、判牍、日记等其他材料相比,地方志具有更多的写实性与可靠性,章学诚即称"志乃史体"⑦。与档案相比,地方志更为系统与全面,徐忠明即称"虽然司法档案详尽地记录了大量的诉讼活动,但是却不可能概括某一地区诉讼风气的总体面貌;地方志则不同,它不但描绘了某地民众'好讼'的原因,而且还解释了'不好争讼'的原因,这些通常都是难以进入官方诉讼档案的"⑧。

不仅如此,地方志作为官吏理政的指导书籍之一,"地方行政,即引为准

---

① [清]薛凝度修,吴文林等纂:《(嘉庆)云霄厅志》卷二,《学校》,嘉庆二十一年(1816年)修,民国二十四年(1935年)重排印本。
② [清]怀荫布修,黄任、郭赓武纂:《(乾隆)泉州府志》卷三十,《名宦二》,道光八年(1828年)补刻本。
③ [清]郑一崧修,颜璘等纂:《(乾隆)永春州志》卷十三,《艺文二》,《吏部议覆福宁府永春龙岩改升府州疏》,乾隆五十二年(1787年)刊本。
④ [清]陈汝咸修,林登虎纂:《(康熙)漳浦县志》,《风土志》,康熙三十九年(1700年)修,民国十七年(1928年)刊本。
⑤ [清]郑一崧修,颜璘等纂:《(乾隆)永春州志》卷七,《风土志》,乾隆五十二年(1787年)刊本。
⑥ 地方志在区域社会史研究中的重要性已为学界认可,如程美宝称"中国历代编修方志的传统,使得每一地区都有可能通过地方志的编修,以历史记录和叙述的方式,来表达地方文化知识"。详见程美宝:《地域文化与国家认同:晚清以来"广东文化"观的形成》,上海:三联书店,2006年,第261页。
⑦ [清]章学诚:《章氏遗书》卷十五,《方志略例二》,《答甄秀才论修志第一节》,北京:商务印书馆,1936年。
⑧ 徐忠明、杜金:《清代诉讼风气的实证分析与文化解释:以地方志为中心的考察》,《清华法学》2007年第1期。

绳;一切纠纷咸取决于此。此古人所谓'官民设教,体国经野'者,是诚足以当之。名为'地方官吏之资鉴'亦无不可也"①。对地方志中讼争材料的整理分析,亦可管窥地方官的理讼心得与地方治理经验。

当然,地方志资料有其不可避免的缺陷,因为其作者群体决定了其难免夹杂有精英阶层的思想。但总体而言,此类资料记载的内容最为贴近民间社会,②可以借此概括、分析地方诉讼类型与讼起原因。所以,本章希望通过清代福建省地方志资料的整理,概括清代福建地区的诉讼情况,对目前学界还争论不清的"健讼""寡讼"问题做个区域注脚。在此基础上,反思令地方志作者贯以"健讼"之名的究竟是经济因素、民风,抑或是长期以来官场偏见,或方志编撰时的文字抄袭?此外,本章还希望在上述研究中总结清代福建省的诉讼原因、诉讼类型,思考海疆社会特有的纠纷类型与法律生活场景。

第二节 清代福建省诉讼实态的多维度考察

一、清代福建省诉讼规模的量化研究

根据《中国地方志集成·福建府县志辑》与《中国方志丛书·华南地方·福建省》收录的清代福建省府县志,查阅其中的《风俗志》《艺文志》《循吏志》《人物志》《司法志》《学校志》,发现不少方志直接以"健讼"或"寡讼"描述当地诉讼风貌,但也有不少方志描述了当地"既健讼又寡讼"的矛盾图景。为了考量清代福建省各府县志描述"健讼""寡讼""既健讼又寡讼"的频率多寡,我们对清代福建省各府县志的诉讼描述统计见表1-1:

---

① 傅振伦:《中国方志学通论》,北京:商务印书馆,1935年,第11页。
② 徐忠明即称,地方志的这一特点是"其他史料所无","可以在整体上反映当时当地的诉讼风气"。侯欣一亦称,地方志对各地民情、风俗、历史的记载方面,"无论是深度、广度,还是真实性方面,都具有其他史料无法替代的地位和作用"。详见徐忠明、杜金:《清代诉讼风气的实证分析与文化解释:以地方志为中心的考察》,《清华法学》2007年第1期;侯欣一:《清代南方地区民间健讼问题研究:以地方志为中心的考察》,《法学研究》2006年第4期。

表 1-1　清代福建省地方志描述的诉讼情况统计表*

府	县	寡讼	健讼	无描述
福州府	福州府		√	
	闽县		√	
	侯官县		√	
	福清县		√	
	长乐县	√	√	
	平潭县	√	√	
	罗源县	√		
	闽清县			√
	屏南县	√	√	
	永福县	√	√	
	连江县			√
	古田县		√	
兴化府	兴化府			√
	莆田县	√		
	仙游县	√		
泉州府	泉州府	√	√	
	同安县		√	
	惠安县	√	√	
	晋江县		√	
	南安县	√	√	
	安溪县	√	√	
	马巷厅①		√	
漳州府	漳州府		√	
	龙溪县	√	√	
	海澄县		√	
	漳浦县	√	√	
	南靖县		√	
	长泰县	√	√	
	平和县		√	
	诏安县	√	√	
	云霄厅		√	

续表

府	县	寡讼	健讼	无描述
延平府	延平府			√
	南平县	√		
	永安县	√	√	
	沙　县			√
	顺昌县		√	
	将乐县		√	
	尤溪县			√
建宁府	建宁府			√
	松溪县	√	√	
	瓯宁县			√
	建阳县			√
	建安县			√
	政和县			√
	浦城县	√	√	
	崇安县			√
邵武府	邵武府	√	√	
	邵武县	√		
	建宁县		√	
	泰宁县	√	√	
	光泽县	√		
汀州府	汀州府		√	
	长汀县		√	
	上杭县	√	√	
	清流县		√	
	连城县	√	√	
	宁化县		√	
	归化县			√
	武平县			√
	永定县		√	

续表

府	县	寡讼	健讼	无描述
福宁府	福宁府	√	√	
	霞浦县	√		
	宁德县	√		
	福鼎县	√		
	福安县	√		
	寿宁县			√
龙岩州	龙岩州		√	
	龙岩县			√
	漳平县			√
	宁洋县			√
永春州	永春州		√	
	永春县			√
	德化县		√	
	大田县	√	√	

注：*本表不包括台湾府。

①乾隆四十年（1775年）设马家巷，民国元年（1912年）并入同安县。

资料来源：《中国地方志集成·福建府县志辑》与《中国方志丛书·华南地方·福建省》（台湾成文出版社）收录的福建省府县志的《风俗志》《艺文志》《循吏志》《人物志》《司法志》《学校志》等部分。

据表1-1的统计结果，清代福建省各府县志描述"健讼""寡讼""既健讼又寡讼"的频率多寡见表1-2：

表1-2 清代福建省地方志"健讼"与"寡讼"频率统计表

府（方志数）	健讼（方志数）	寡讼（方志数）	既健讼又寡讼的矛盾描述（方志数）	无描述（方志数）
福建省（74）	32.4%（24）	13.5%（10）	28.4%（21）	25.7%（19）
漳州府（9）	55.6%（5）	0%（0）	44.4%（4）	0%（0）
汀州府（9）	55.6%（5）	0%（0）	22.2%（2）	22.2%（2）
永春州（4）	50%（2）	0%（0）	25%（1）	25%（1）
泉州府（7）	42.9%（3）	0%（0）	57.1%（4）	0%（0）
福州府（12）	41.7%（5）	8.3%（1）	33.3%（4）	16.7%（2）

续表

府(方志数)	健讼(方志数)	寡讼(方志数)	既健讼又寡讼的矛盾描述（方志数）	无描述(方志数)
延平府(7)	28.6%(2)	14.3%(1)	14.3%(1)	42.8%(3)
龙岩州(4)	25%(1)	0%(0)	0%(0)	75%(3)
邵武府(5)	20%(1)	40%(2)	40%(2)	0%(0)
兴化府(3)	0%(0)	66.7%(2)	0%(0)	33.3%(1)
福宁府(6)	0%(0)	66.7%(4)	16.7%(1)	16.7%(1)
建宁府(8)	0%(0)	0%(0)	25%(2)	75%(6)

资料来源：表1-1的统计数据。

表1-1、表1-2的统计数据大致呈现了清代福建省各府县志作者对当地诉讼环境的评价。为了更好探究清代福建省各府县诉讼数量多寡，笔者以"福建巡抚"为第一责任者检索中国第一历史档案馆藏的"刑科题本"（土地债务类）档案，获得2165件档案，其分布区域如表1-3统计：

表1-3 刑科题本（土地债务类）记载清代福建省诉讼情况统计①

单位：次数

府	县	乾隆朝	道光朝	咸丰朝	同治朝	光绪朝	合计
福州府	福州府	1	0	0	0	0	1
	闽县	38	7	1	3	2	51
	侯官县	19	7	3	3	0	32
	福清县	24	16	1	5	1	47
	长乐县	12	4	2	7	1	26
	罗源县	8	0	0	1	0	9
	闽清县	6	1	0	3	0	10
	屏南县	6	1	1	0	0	8
	永福县	10	1	1	4	1	17
	连江县	9	5	0	4	0	18
	古田县	11	3	1	3	1	19
	合计	144	45	10	33	6	238

续表

府	县	乾隆朝	道光朝	咸丰朝	同治朝	光绪朝	合计
兴化府	兴化府	1	0	0	0	0	1
	莆田县	50	16	1	1	2	70
	仙游县	40	5	1	4	0	50
	合 计	91	21	2	5	2	121
泉州府	同安县	110	7	5	0	0	122
	惠安县	33	0	4	0	0	37
	晋江县	65	0	3	0	1	69
	南安县	69	2	0	0	0	71
	安溪县	49	0	5	0	0	54
	马巷厅	3	3	1	0	0	7
	合 计	329	12	18	0	1	360
漳州府	龙溪县	109	26	0	1	1	137
	海澄县	14	5	0	0	1	20
	漳浦县	88	5	0	1	0	94
	南靖县	40	4	0	0	0	44
	长泰县	28	0	0	0	0	28
	平和县	55	1	0	0	0	56
	诏安县	39	14	0	0	0	53
	云霄厅	未成厅	3	0	0	0	3
	合 计	373	58	0	2	2	435
延平府	南平县	13	6	2	1	1	23
	永安县	7	2	1	3	1	14
	沙县	7	4	0	0	2	13
	顺昌县	20	6	0	1	0	27
	将乐县	6	2	0	3	0	11
	尤溪县	8	8	0	0	1	17
	合 计	61	28	3	8	5	105

续表

府	县	乾隆朝	道光朝	咸丰朝	同治朝	光绪朝	合计
建宁府	建宁府	7	4	1	0	0	12
	松溪县	7	1	2	1	1	12
	瓯宁县	19	7	0	5	2	33
	建阳县	24	12	0	1	1	38
	建安县	19	10	0	6	2	37
	政和县	7	1	0	1	2	11
	浦城县	27	9	1	2	1	40
	崇安县	18	8	1	3	0	30
	合计	128	52	5	19	9	213
邵武府	邵武县	23	3	1	3	0	30
	建宁县	4	0	0	0	0	4
	泰宁县	1	1	0	0	0	2
	光泽县	12	3	2	3	0	20
	合计	40	7	3	6	0	56
汀州府	长汀县	31	4	7	5	2	49
	上杭县	17	10	1	2	0	30
	清流县	16	3	0	0	0	19
	连城县	9	1	2	3	0	15
	宁化县	22	8	0	0	0	30
	归化县	6	1	0	1	2	10
	武平县	15	12	0	0	0	27
	永定县	7	7	2	2	1	19
	合计	123	46	12	13	5	199

续表

府	县	乾隆朝	道光朝	咸丰朝	同治朝	光绪朝	合计
福宁府	福宁府	2	0	0	0	0	2
	霞浦县	9	3	2	3	1	18
	宁德县	7	8	0	5	1	21
	福鼎县	8	2	1	1	0	12
	福安县	3	3	0	1	2	9
	寿宁县	6	9	0	4	2	21
	合 计	35	25	3	14	6	83
龙岩府	龙岩州	7	6	0	3	1	17
	漳平县	10	4	0	0	1	15
	宁洋县	3	1	0	1	0	5
	合 计	20	11	0	4	2	37
永春州	永春州	27	5	0	1	0	33
	德化县	13	3	0	2	0	18
	大田县	3	3	0	0	0	6
	合 计	43	11	0	3	0	57
台湾府	台湾县	34	12	1	1	1	49
	凤山县	39	5	0	0	0	44
	嘉义县	5+62②	6	0	0	3	76
	彰化县	47	10	0	1	1	59
	澎湖厅③	1	1	0	0	0	2
	噶玛兰厅④	0	2	0	0	0	2
	合 计	188	36	1	2	5	232
台北府	淡水厅	17	8	0	1	1	27
	新竹县	0	0	0	0	1	1
	基隆厅	0	0	0	0	1	1
	合 计	17	8	0	1	3	29

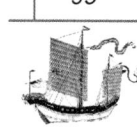

注：①此表并未包括清代福建省的全部府县，只将刑科题本(土地债务类·福建)提及的府、县情况做了概括整理。如福州府的平潭县、福宁府的建瓯县、台北府的宜兰县等因

所查阅的档案均未提及其纠纷情况,故表中并未将其列出。应该说明的是,虽然档案并未提及此地的纠纷,表中不少府、县在不同朝代也常出现纠纷为0的记录,但这并不代表此地此朝并无纠纷,只是纠纷并未进入档案视野罢了。

②5为档案中嘉义县的纠纷数,62为诸罗县的纠纷数,因乾隆五十三年(1788年)才将诸罗县改成嘉义县,故诸罗县的纠纷并入嘉义县。

③雍正五年(1727年)设立澎湖厅,属台湾府管辖,光绪十三年(1887年)台湾建省,于台湾中部新设台湾府(中路),原台湾府(南路)改成台南府,澎湖厅仍属之。

④噶玛兰厅,清初隶属台湾府诸罗县,雍正元年(1723年)改隶淡水厅,嘉庆十七年(1812年)才设为噶玛兰厅。光绪元年(1875年)升格为宜兰县,改隶台北府。因所查阅的档案记载噶玛兰厅的纠纷是在道光年间,恰是其单设为厅,且隶属于台湾府时,故此表将其单独列出。

资料来源:中国第一历史档案馆藏的"刑科题本"(土地债务类)档案。

若以朝代为单位将表1-3的统计结果重新梳理,发现乾隆、道光、咸丰、同治朝福建省各府的土地债务类纠纷数量变化如下:

表1-4 刑科题本(土地债务类)记载清代福建各府分朝代诉讼情况分布表

单位:次数

表1-4-1 乾隆朝

漳州	泉州	台湾	福州	建宁	汀州	兴化	延平	永春	邵武	福宁	龙岩	台北
373	329	188	144	128	123	91	61	43	40	35	20	17

表1-4-2 道光朝

漳州	建宁	汀州	福州	台湾	延平	福宁	兴化	泉州	龙岩	永春	台北	邵武
58	52	46	45	36	28	25	21	12	11	11	8	7

表1-4-3 咸丰朝

泉州	汀州	福州	建宁	延平	邵武	福宁	兴化	台湾	漳州	龙岩	永春	台北
18	12	10	5	3	3	3	2	1	0	0	0	0

表1-4-4 同治朝

福州	建宁	福宁	汀州	延平	邵武	兴化	龙岩	永春	漳州	台湾	台北	泉州
33	19	14	13	8	6	5	4	3	2	2	1	0

表 1-4-5　光绪朝

建宁	福州	福宁	延平	汀州	台湾	台北	兴化	漳州	龙岩	泉州	邵武	永春
9	6	6	5	5	5	3	2	2	2	1	0	0

资料来源：表 1-3 统计数据。

表格为不完全统计，所谓不完全，其一笔者统计遗漏；其二资料固有缺陷。不过作为一种线索和走向，表 1-1 至表 1-4 的数据还是一定程度上揭示了清代福建省的诉讼特征：健讼率高于寡讼率，既健讼又寡讼的频率较高，闽南比闽西健讼。这些诉讼特征常被学者直接引用，但是若细究文本作者眼中的"健讼"概念，我们不禁反思，"健讼"究竟是清代福建省地方诉讼环境的真实描述，还是地方志编纂者有意营造的"官方诉讼"环境？地方志作者的编纂理念如何影响着区域诉讼环境的表达？"健讼"概念的文本分析与健讼案件的类型考察，能让我们更客观地看待地方志资料的统计结果。

二、清代福建省诉讼表达的文本分析

（一）健讼的福建？

对照表 1-1、表 1-2 发现，除兴化府、福宁府、邵武府外，其他府县的健讼率远远高于寡讼率，呈现出"健讼的福建"的画面。"健讼"概念的文本分析，能让我们更客观地看待这一统计结果。

1.方志作者误解了"健讼"含义

"健讼"，最初源自《周易》"讼卦"之"上刚下险，险而健，讼"。后人逐渐将"健讼"连读，用于称好打官司。随着时间的推移，后人对"健讼"的解释也日渐细化，如明人称"讼也者，鸣己之不平，而亦人情之所不得已也。可已不已，谓之好讼。反复诘告，谓之健讼"①。也就是说，"健讼"有两个特征："可已不已""反复诘告"，清代对"健讼"的解释多沿用此观点。但地方志作者对绅民的"健讼"批判并不是都符合这两个特征。

首先，户婚田土控诉并非"可已不已"。

地方志作者批判民众"健讼"是因为民众动辄以细故、睚眦小忿上告，即

---

① 《古歙城东许氏世谱》卷七，《许氏家规》，转引自赵华富：《明代中期徽州宗族统治的加强》，周绍泉、赵华富主编：《'98 国际徽学学术讨论会论文集》，合肥：安徽大学出版社，2000 年，第 240 页。

"邑俗多负气而好争,睚眦之忿,辄架虚渎控,故狱讼滋多"①。所谓"细故",即户、婚、田、土等纠纷类型,此类纠纷"自衙门内视之皆细故也,自百姓视之则利害切已"②,可见"细故"与百姓日常生活利益直接相关。民众因自身利益受损上控,本身即合情合理合法,清代嘉道名吏刘衡即称"钱债、田土、坟山及一切口角细故,原是百姓们常有的,自有一定的道理"③。所以,将民众合情合理的上控行为称为"健讼",有悖"健讼"概念。

且如果我们转眼清代的解纷机制,④更能理解民众遇到纠纷为何更愿意直接诉诸官府。清代充当解纷的有乡老、绅衿、退居乡里的官吏,以及亲朋邻里,并无一定的文化、职业要求。一般印象中,解纷只是言语劝和,但此项工作往往吃力不讨好,清代就不乏"自出资解纷"的案例。如邵武府的贡生危莘遇到"邻有拘讼",就"解囊以息之",贡生璩英彪为了帮助邻里排解纠纷,"或累钱文亦所不计"⑤;沙县庠生吴窑"遇人争斗,反覆开论,捐资以平之"⑥;长乐县的林懋中遇到乡里争讼,常"出资解其纷"⑦;连城县的童南玉"为人排解,间出资以息其争","乐善好施"的项怀"为人排解,辄倾囊以释其争",沈君翰"有结讼,出资排解",吴作周"好行其德,尝出金为人息争"⑧;等等。虽然方志将"自出资解纷"当作地方"义行"推广,但在诉讼数量日多的情况下,若无国家与政府的支撑,任何一名地方调解人员也无财力维系长久的调解工作。不仅如此,一旦调解不当,调解人还可能因此涉讼。如乾隆三十二年(1767年)六月,福建建安县客民林昌都因为调解杨兴伯等人的经济纠纷,不小心伤及杨兴伯,最终被判"绞监侯",⑨这种案例在清代档案中并不少见。可见调解更像"吃力不讨

---

① [清]郑一崧修,颜璘等纂:《(乾隆)永春州志》卷七,《风土志·风俗》,乾隆五十二年(1787年)刊本。

② [清]方大湜:《平平言》卷三,《勿忽细故》,光绪十八年(1892年)资州官廨刊本。

③ [清]刘衡:《州县须知》,《劝民息讼告示》,道光年间刊本。

④ 关于清代"解纷机制"的研究详见陈会林:《地缘社会解纷机制研究》,北京:中国政法大学出版社,2010年。

⑤ [清]王琛等修,张景祁等纂:《(光绪)重纂邵武府志》卷二三,《人物·义序》,光绪二十六年(1900年)刊本。

⑥ 梁伯荫修,罗克涵纂:《(民国)沙县志》卷十,《独行》,民国十七年(1928年)排印本。

⑦ 孟昭涵修,李驹等纂:《(民国)长乐县志》卷二十六,《列传六》,民国六年(1917年)福建印刷所铅印本。

⑧ 陈一堃修,邓光瀛纂:《(民国)连城县志》卷二十三,《乡行下》,民国二十七年(1938年)石印本。

⑨ [清]庄有恭:《题为审理建安县客民林昌都等因拉阻索欠纠纷殴伤杨兴伯案,依律拟绞监侯等请旨事》,乾隆三十二年六月初十日,档号:02-01-07-06248-002。

好"的工作,存在的安全隐患又不少,这更加剧了调解人难求的局面。且经调解而暂时和息的纠纷,往往因为没有解决冲突根源,容易日后再起纠纷。与其日后再斗,不如直接诉诸官府,于是民众面对纠纷往往直接上诉。但官吏却以此批判民众"健讼",是忽视了当时社会欠缺的法律制度建设因素。

所以说,如果民众上告的是法律禁止的事情,官吏批判其行为为"健讼",无疑是正确的。但如果民众上告的是与其日常利益直接相关,且是法律允许的户婚田土案件,他们的上告就是合情合理合法。加上清代地方解纷机制的缺陷,民众想最大限度利用法内路径解决争端,也是合情且合理的。只要多数民众没有反复缠讼地愚法,地方志作者笼统批判民众上控为"健讼",就不是对地方诉讼环境的恰当评价。那么,清代福建省多数民众诉诸法律后,是否反复诘告,缠讼不休?

其次,反复诘告的频率并不明显。

健讼的另一层含义是"反复诘告"。清代福建省民众的上控频率如何?《临汀考言》与《巡漳谳词》这两本保留了大量地方官断案取证的案审记录的分析,可以更好地解释这一问题。①

表1-5 清代福建省民众上告频率概括

单位:起

上控次数	巡漳谳词(共32起)	临汀考言(共93起)
1	6	30
2	14	58
3	5	4
4	3	0
6	1	0
屡次	3	1

资料来源:王廷抡:《临汀考言》;徐士林:《巡漳谳词》。②

---

① 《巡漳谳词》记载了雍正十二年至乾隆元年(1734—1736年)徐士林任职汀漳道期间留下的断案记录,《临汀考言》记载了康熙三十五年(1696年)王廷抡外放汀州府时留下的断案记录。虽然就时间上说,其反映的案件集中于清代中前期,不一定能代表清代福建省整体状况。但有清一代,福建省的判牍资料并不多,有些判牍(如《斯未信斋文编》《桐轩案牍》)还热衷于记载作者的治理经验,而非审案记录。所以在有限资料中,能够较为完整感受清代福建省上告频率的只有《巡漳谳词》与《临汀考言》,故本部分以这两本资料为依据,概括清代福建省绅民上告频率。

② 两本判牍的版本如下:[清]王廷抡:《临汀考言》,康熙三十九年(1700年)刻本;陈全伦、毕可娟、吕晓东主编:《徐公谳词:清代名吏徐士林判案手记》,济南:齐鲁书社,2001年。

从表 1-5 可见,民众控诉三次以上的案件并不多,屡次上告更为少见。普遍现象是民众上控一次或两次,分别占两本书记载的案件总数的 62.5% 和 94.7%。且对案情的进一步分析可见,民众多次上告或者越诉也不能简单等同于"健讼",其背后往往夹杂着司法制度缺陷、府县官吏不法等第三方因素,不得已而上告的成分很浓。如王廷抡记载的康熙年间武平县林文蕃曾与林日旺田租口角,妻饶氏忿愤不甘,服毒殒命,文蕃及嵩生解救不及,投约地,掩埋。但李献生却借命生事,诬控嵩生于县,县昏庸误判,役更以抢犯之词收禁嵩生,嵩生之子只好越诉求伸冤。[①] 还比如康熙年间上杭县劣衿邓士荣见细民饶上锡骤得乃叔资财,捏造上锡之叔欠其父谷价,要求上锡偿还,勾结佐贰控县,上锡被迫府控,[②]等等。

当然,我们不排除屡次上告的案件中确实有愚法的刁讼之徒,但对于绝大多数百姓而言,愚法成分不可能太高。毕竟百姓平时忙于生计,涉讼不仅耽误农时,还会耗费家财。特别是闽地因为官吏难通方言,衙役借差传勒民的情形更为常见,诸如"(差役)一奉传票,动辄苛勒票费"[③]、"一纸下乡,辄尽中人数家之产"[④]、"而又有词讼买票之事……差役买票,于房科皆费十余两,提犯开票先索资本,至审完结局,以家资为重轻"[⑤]等差役扰民的记载,遍及清代福建省历代的各府县方志中。"私费"之外,闽吏还经常动用私刑,福建省不少府县方志记载了形式各异的"老虎洞"等私刑场所,官称"久为民患"。[⑥] 深谙"讼累人"之理的民众还会多次上告,定是希望法律能保障其自身权益。所以,从这个层面上说,绅民多次上告的目的还是解决问题,且诉讼内容也并非"可已不已",构不成"健讼"一说。而历代方志作者往往因为个别缠讼之徒的"反复诘告",否定了绝大多数民众的正确的诉求法律行为,这对绝大多数百姓的涉讼

---

① [清]王廷抡:《临汀考言》卷十二,《审谳》,《武平县民李献生诬首人命》,康熙三十九年(1700年)刻本。

② [清]王廷抡:《临汀考言》卷十三,《审谳》,《上杭县民邓士荣捏造假契诬告饶上锡》,康熙三十九年(1700年)刻本。

③ 林学增等修,吴锡璜等纂:《(民国)同安县志》卷二十,《刑法》,民国十八年(1929年)排印本。

④ [清]周凯纂修:《(道光)厦门志》卷十二,《列传上》,道光十九年(1839年)刊本。

⑤ 陈常夏:《与王太守论保费衙役寇盗三事》,郑丰稔总编纂:《(民国)南靖县志》卷十七,《论著》,民国三十七年(1948年)刊本。

⑥ 林学增等修,吴锡璜等纂:《(民国)同安县志》卷二十八,《人物录·乡贤》,民国十八年(1929年)排印本。

初衷而言,确实有失公允。

对"健讼"概念的文本分析可见,清代福建省地方志作者笔下的"健讼"评价犯了以偏概全的最大错误。且其评价点并非简单的民众诉讼数量暴涨或民众反复缠讼,而是"有否妨碍地方社会治理"。此时的"健讼"评价,指责的就不是这些行为不合法,而是这些行为有悖儒家一直推崇的"和为贵"治理理念。换句话说,就是地方志作者眼中的"健讼"评价,道德谴责多于法律评价。① 如此充满官吏主观色彩的"健讼"批判,只是表达了地方官的批判意向,并不能真实展现地方社会诉讼环境。

2.普遍的"健讼"言辞有文字相袭之嫌

对照不同府县方志的"健讼"记载,其文字"相似度"极高,这与时人的方志编撰理念直接相关。

首先,普遍的文字抄袭。

如福州府称当地"尚气健讼,夙习未革",福清县亦援用此话概述本地诉讼情况。② 漳浦县与云霄县论述本地陋习的言辞完全相同,均称"好胜健讼、赌博,强者武断乡曲,黠者挟持官府,小民因小忿辄服断肠草,图赖官府,有事追呼拒捕,殴打率以为常"③等。

其次,附庸写作时尚的文字表达。

在"闽人喜讼"的文字背景下,清代历朝的福建各府县志作者不约而同地以"好斗""轻生"概括本地的"健讼"面貌。如乾隆朝的古田县称"民俗刁悍""俗又好斗"④,福州府称"好斗喜讼,易动难安"⑤,龙溪县称"强弱相轧,睚眦细

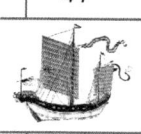

---

① 这一现象普遍存在于清代中国各省方志中,如徐忠明、杜金通过对清代江苏、上海、山东、广东地方志记载的诉讼情况的考察,也认为地方志作者笔下的"健讼"道德谴责多于法律评价,详细研究见徐忠明、杜金:《清代诉讼风气的实证分析与文化解释》,《清华法学》2007 年第 1 期。

② [清]徐景熹修,鲁曾煜、施廷枢等纂:《(乾隆)福州府志》卷二十四,《风俗》,乾隆十九年(1754 年)刊本。另见[清]饶安鼎修,林昂、李修卿纂:《(乾隆)福清县志》卷二,《地舆·风俗》,据光绪二十四年(1898 年)刘玉璋刻本影印。

③ [清]陈汝咸修,林登虎纂:《(康熙)漳浦县志》,《风俗》,康熙三十九年(1700 年)修,民国十七年(1928 年)刊本。另见徐炳文修,郑丰稔纂:《(民国)云霄县志》卷四,《地理下·风土》,民国三十六年(1947 年)排印本。

④ [清]辛竟可修,林咸吉等纂:《(乾隆)古田县志》卷一,《乡图》,乾隆十六年(1751 年)刊本。

⑤ [清]徐景熹修,鲁曾煜、施廷枢等纂:《(乾隆)福州府志》卷二十四,《风俗》,乾隆十九年(1754 年)刊本。

故辄持械若御敌"①,海澄县称"论俗尚则民顽好斗"②,永春州称"喜斗好讼"③,安溪县称"好斗而喜讼"④;嘉庆朝的云霄厅称"俗轻生而能斗"⑤;同治朝的宁化县称"若夫喜斗终讼,肤受求伸"⑥;光绪朝的漳州府称"漳民喜争斗,虽细故多有纠乡族持械相向者"⑦,泰宁县称"健讼喜斗"⑧;等等。以上数县志书言辞的列举,明显可见"轻生""讦讼""健讼""刁健""俗悍民刁"等是历代各地地方志作者惯用的描述字眼。

3."健讼"批判是精英阶层的"特地安排"

首先,"健讼"批判服务了方志作者的"政治理念"。

地方志一般由地方官绅进行纂修,府县官吏进行审核,其读者群体中有相当一部分是地方官吏。所以,地方志还是地方官为政的指导书籍之一,即"地方行政,即引为准绳;一切纠纷,咸取决于此。此古人所谓'官民设教,体国经野'者,是诚足以当之。名为'地方官吏之资鉴'亦无不可也"⑨。正是因为地方志有此功能,地方官绅编纂方志过程中,通常会对自己认为的不良刁风加以强调,甚至夸大,希望由此引起官府的重视。健讼就是地方志作者认为的不良刁风之一,其希望官府能化导风俗,就将民众的所有上告之事都归入"健讼"行列,希望府县官吏在查阅到地方志书籍时,能够意识到"健讼"的严重性,从而采取措施解决这个问题。结果,方志中自然留下了普遍的"健讼"批判。

其次,"健讼"批判与官吏考核制度直接相关。

---

① [清]吴宜燮修,黄惠纂:《(乾隆)龙溪县志》卷十,《风俗》,乾隆二十七年(1762年)修,光绪五年(1879年)补刊本。

② 李英:《请设县治疏》,[清]陈锳等修,叶廷推等纂:《(乾隆)海澄县志》卷二十一,《艺文志·疏》,乾隆二十七年(1762年)刊本。

③ [清]郑一崧修,颜璘等纂:《(乾隆)永春州志》卷七,《风土志·风俗》,乾隆五十二年(1787年)刊本。

④ [清]怀荫布修,黄任、郭赓武纂:《(乾隆)泉州府志》卷二十,《风俗》,道光八年(1828年)补刻本。

⑤ [清]薛凝度修,吴文林等纂:《(嘉庆)云霄厅志》卷三,《民风衣食术业》,嘉庆二十一年(1816年)修,民国二十四年(1935年)重排印本。

⑥ [清]李世熊等纂修:《(同治)宁化县志》卷一,《风俗志》,同治八年(1869年)重刊本。

⑦ [清]李维钰、沈定均续修,吴联薰增纂:《(光绪)漳州府志》卷三十八,《民风》,光绪三年(1877年)芝山书院刻本。

⑧ [清]王琛等修,张景祁等纂:《(光绪)重纂邵武府志》卷九,《风俗》,光绪二十六年(1900年)刊本。

⑨ 傅振伦:《中国方志学通论》,北京:商务印书馆,1935年,第11页。

官为民理讼乃常理,时人称"官之所取于民者甚多,民之所望于官者,惟讼案为最急"①,但讼案处理情况直接关系官吏考核和官声。为了顾及考成,官吏亦热衷感叹民众健讼,世风日下,民俗变差,民性变坏。如建宁县"正德以前风淳俗简,民畏官府追呼,赋税依期而集,乡民有老死不识县门者。今市井无赖尚气图利,拘讼之徒每搜摘细故,罗致成文,刁悍之风日炽"②;漳州府"海滨邹鲁……迨后风俗渐浇,政教未洽,赋役不均,嚣讼大肆"③;等等。甚至不少方志还将本地描述为全省、府最难治之地,如云霄县称"闽中下南四府号称难治,以漳泉为最,而尤以漳州为最,云霄僻处一隅,地割三县,抑又甚焉"④。如此一来,如果地方治理不济,官吏可以由此开脱治理不善之责;如果地方治理和谐,官吏可借此展示自己的治理能力。通过这种寓褒于贬的写作手法,描述了当地民风健讼,贤吏仍治理有方的局面。此时,与其说"健讼"是当时当地的诉讼环境,不如说是管理阶层对话语权的安排。

(二)既健讼又寡讼的福建?

对比表1-2的"健讼"与"既健讼又寡讼"两栏可见,漳州府与福州府的"既健讼又寡讼"频率虽然低于健讼率,但相差幅度很小,而泉州府、福宁府、邵武府、建宁府的"既健讼又寡讼"频率已经高于健讼率。也就是说,清代福建省"既健讼又寡讼"的频率亦不低。既然方志作者希望通过健讼记录启发官府化导风俗,其为何又热衷在"健讼"评论背后加上"寡讼"描述?

1."寡讼"是地方志作者"努力向中央美制靠拢"的编纂结果

若一味地描述地方社会"健讼",地方官亦难以摆脱教化不善之责,进而影响仕途生涯,故以"寡讼"弥补"健讼"是对地方民风最恰当的表达。所以我们看到的文献在描述本地"健讼"时,往往也会描述本地民风淳朴。如漳州府"俗

---

① 何士祁:《清理词讼》,[清]盛康编:《皇朝经世文续编》卷一百一,《刑政四·治狱下》,光绪二十三年(1897年)思刊楼刊本。

② 钱江修,范毓桂纂,吴海清续修,张书简续纂:《(民国)建宁县志》卷五,《风俗》,民国八年(1919年)排印本。

③ [明]罗青霄:《万历癸酉漳郡志序》,[清]李维钰、沈定均续修,吴联薰增纂:《(光绪)漳州府志》卷之首,《旧序》,光绪三年(1877年)芝山书院刻本。

④ [清]薛凝度修,吴文林等纂:《(嘉庆)云霄厅志》卷二,《学校》,《清折稿》,嘉庆二十一年(1816年)修,民国二十四年(1935年)重排印本。

厚讼稀"①、民众"畏法惧讼,罕到公门"②、福州府"风淳讼简,敦尚本业"③、泉州府"民俗爱惜廉耻,畏法度……少争讼"④、福宁府"小人谨事畏法"⑤、罗源县"民淳讼简"⑥、安溪县"民淳讼简,素称易治"⑦、宁德县"其俗俭约自守,不轻讦讼,不敢斗狠"⑧、仙游县"人皆爱身畏法"⑨、瓯宁县"民畏官府"⑩,等等。官吏有为加上民风淳朴,自然"草长讼庭"⑪,地方安定。这些场景与我们在官员文集与档案中看到的官吏理讼情形差异很大,差异的原因即是地方志编撰时努力向中央美制靠拢的编撰理念,正如卜正民(Timothy Brook)所称,"地方志对于社会真实性的定位,既具体又抽象:一方面,在编纂地方志时,地方官员依赖于地方实践;另一方面,地方志却也经常不得不杜撰一些材料,以便使本县的制度看似体现着国家政策"⑫。

2."寡讼"与地方志"厚古薄今"的措辞技巧直接相关

清代福建省地方志充满了世风日下的感慨,如康熙二十四年(1696年)邵武知府张一魁感叹:"余暇读刑志参较近日,昔何以人文蔚起,多忠正经济之

---

① [清]李维钰、沈定均续修,吴联薰增纂:《(光绪)漳州府志》卷三十八,《民风》,光绪三年(1877年)芝山书院刻本。
② [清]李维钰、沈定均续修,吴联薰增纂:《(光绪)漳州府志》卷三十八,《民风》,光绪三年(1877年)芝山书院刻本。
③ [清]徐景熹修,鲁曾煜、施廷枢等纂:《(乾隆)福州府志》卷二十四,《风俗》,乾隆十九年(1754年)刊本。
④ [清]怀荫布修,黄任、郭赓武纂:《(乾隆)泉州府志》卷二十,《风俗》,道光八年(1828年)补刻本。
⑤ [清]李拔纂:《(乾隆)福宁府志》卷十四,《学校志·风俗》,乾隆二十七年(1762年)修,光绪六年(1880年)重刊本。
⑥ [清]王楠修,林乔蕃、王世臣纂:《(康熙)罗源县志》卷二,《俗尚》,康熙六十一年(1722年)刻本。
⑦ [清]庄成修:《(乾隆)安溪县志》卷四,《风土》,厦门:厦门大学出版社,2012年。
⑧ [清]卢建其修,张君宾、胡家琪纂:《(乾隆)宁德县志》卷一,《风俗》,乾隆四十六年(1781年)刻本。
⑨ [清]王椿等修,叶和侃等纂:《(乾隆)仙游县志》卷八,《邑肇志》,乾隆三十六年(1771年)修,同治十二年(1873年)重刊本。
⑩ [清]邓其文纂修:《(康熙)瓯宁县志》卷七,《风俗礼文》,康熙三十三年(1694年)刊本。
⑪ [清]傅尔泰修,陶元藻纂:《(乾隆)延平府志》卷六,《公署》,乾隆三十年(1765年)修,同治十二年(1873年)重刊本。
⑫ [加]卜正民著,陈时龙译:《明代的社会与国家》,合肥:黄山书社,2009年,第28页。

才,今则仕籍寥寥,鲜干国救民之彦;昔何以理学昌明,接濂洛关闽之传,今则文章庸弱,无经术济世之学;昔何以山丹水碧,有环玉停膏之荫,今则崩枯倾泄,有枯涸寒俭之象;昔何以输将恐后,有淳朴驯畏之良,今则鞭扑追呼,有顽梗刁疲之俗。"①"厚古薄今"观念下,方志作者往往感叹本地以前民淳讼简,如今则是"俗日刁,讼日多"。如长泰县"民性勤俭,不好华靡,不事商贾,士敦书诗,民勤耕织,喜于奉公,赋税不后,畏法惧讼,罕到公门……迩来士风不古,民渐诡诈,颇尚刁讼"②;同安县"民之好讼,未有甚于今日也"③;邵武府"当初时词讼简,今案头盈簿卷"④;永福县"非甚难已,鲜履公庭……近乡民亦稍好格斗争讼,俗渐嚣凌"⑤;松溪县"家有诗书,户藏法律,其民之秀者狎于文,负其厉气者亦悍以劲"⑥;等等。"厚古薄今"的地方志措辞技巧,直接导致清代福建省各府县方志呈现"既健讼又寡讼"的矛盾场景。

正因为"健讼"与"寡讼"的表述,均承担着一定的政治目的,地方志作者才会频繁地使用这些看似矛盾的言辞,结果呈现给我们一种"既健讼又寡讼"的地方诉讼场面。可见,清代福建省地方志作者笔下的"健讼"表述主观色彩较为浓厚。

三、清代福建省诉讼类型与"健讼"关系考察

表1-2显示,漳、泉以55.6%与42.9%的健讼率分别列"健讼"排行榜的第一位和第三位。表1-4-1、表1-4-2显示乾隆朝与道光朝讼案最多的均为漳州府。再看闽西,表1-2显示汀州府以55.6%的健讼率与漳州府并列第一,永春州以50%健讼率位居全省第三。表1-4-4、表1-4-5显示同治与光绪朝讼案

---

① 张一魁:《(康熙)丙寅知府张一魁序》,[清]王琛等修,张景祁等纂:《(光绪)重纂邵武府志》,《旧序》,光绪二十六年(1900年)刊本。
② [清]李维钰、沈定均续修,吴联薰增纂:《(光绪)漳州府志》卷三十八,《民风》,光绪三年(1877年)芝山书院刻本。
③ [清]怀荫布修,黄任、郭赓武纂:《(乾隆)泉州府志》卷二十,《风俗》,道光八年(1828年)补刻本。
④ [清]王琛等修,张景祁等纂:《(光绪)重纂邵武府志》卷九,《风俗》,光绪二十六年(1900年)刊本。
⑤ [清]陈焱等修,俞荔等纂:《(乾隆)永福县志》卷一,《风俗》,乾隆十四年(1749年)刊本。
⑥ [清]潘振辰等纂修:《(康熙)松溪县志》卷一,《地理志·风俗》,康熙三十九年(1700年)修,民国十七年(1928年)重印本。

最多的是福州、建宁、福宁、汀州、延平五府,也均位于闽东与闽西。两类数据相较发现,闽西的"健讼率"也不低,为何闽南更多地承担了"健讼"骂名?这一疑问引导我们思考影响"健讼"评价的因素除了以往讨论的诉讼数量、经济因素、民风外,是否跟诉讼类型撩动官府神经的敏感度也直接相关?为此我们整理了清代福建省地方志资料,概括清代福建省诉讼类型如下:

(一)清代福建省诉讼类型统计

表1-6 清代福建省地方志记载的诉讼类型统计表

单位:次数

府县(诉讼总数)	伦常重案		户婚田土				局诈之案			命盗重案	械斗	绅民控官胥	华洋诉讼
	争产	家庭纠纷	田土	山湖等公共资源	水利	坟讼	钱债	图赖	诬告	蛊讼				
福州府(47)		5	4	14	4		8		5	1	4	1	1
兴化府(6)				5					1				
泉州府(54)	2	6	3		7		6	3		3	15		3
漳州府(51)	1	10	7	4	1	1	10		1	2	13		
延平府(11)		1		1	1		2		5		1		
建宁府(6)		3					1			1	1		
邵武府(7)		1		2			3				1		
汀州府(14)		2			5		2			2	2	1	
福宁府(6)	1	1	1		1		1						
龙岩州(16)		5					4		3				
永春州(6)		1		1			1		1		1		
总计	1	3	35	15	32	19	4	37	3	17	9	38	7	4

资料来源:《中国地方志集成·福建府县志辑》与《中国方志丛书·华南地方·福建省》(台湾成文出版社)收录的福建省府县志的《风俗志》《艺文志》《循吏志》《人物志》《司法志》《学校志》等部分。

表 1-6 显示闽南的诉讼数量多于闽西,数量之差确实是闽南承受更多"健讼"骂名的重要原因。但除了诉讼数量,诉讼类型也是地方志作者做出不同程度的"健讼"批判的重要依据。因为综合表 1-6 统计结果可见,闽南的械斗、田土、图赖、水利纠纷尤多,但闽南地方官绅因为械斗不断指责闽南"健讼"的频率最高。如漳州府称"漳民喜争斗,虽细故多有纠乡族持械相向者"①,龙溪县称"在乡则有甲族乙姓,强弱相轧,睚眦细故辄持械若御敌"②,漳浦县称"雀鼠兴微讼,剑戟肆奔驰,哄然一闹"③,泉州府称"每遇迎神,辄与邻境互相格斗,其在乡村大姓聚族而居,睚眦之怨率族持械"④,同安县则械斗不止,一旦酿成命案,"尸亲牵控,差役混拘"⑤,南安县"邑界大小姓斗风不靖"⑥,马巷厅"俗趋利轻生,一言不合,聚众械斗"⑦,等等。虽然械斗不独止于闽南,但闽南械斗的批判远多于闽西。

同理,闽西的田土、坟讼、图赖等案件较为突出,但闽西地方官绅因为图赖指责该地"健讼"的频率最高。如龙岩州称"愚民多因小忿辄竞,或饵断肠草以相图赖"⑧,"每因斗气辄服毒草者十有八九"⑨,"福建诸州皆有蛊毒,而福之古

---

① [清]李维钰、沈定均续修,吴联薰增纂:《(光绪)漳州府志》卷三十八,《民风》,光绪三年(1877年)芝山书院刻本。
② [清]吴宜燮修,黄惠纂:《(乾隆)龙溪县志》卷十,《风俗》,乾隆二十七年(1762年)修,光绪五年(1879年)补刊本。
③ 蔡闻第:《嗟哉吾邑人行》,[清]陈汝咸修,林登虎纂:《(康熙)漳浦县志》,《风土志》,康熙三十九年(1700年)修,民国十七年(1928年)刊本。
④ [清]怀荫布修,黄任、郭赓武纂:《(乾隆)泉州府志》卷二十,《风俗》,道光八年(1828年)补刻本。
⑤ [清]娄云纂修:《(道光)惠安县续志》,据民国二十五年(1936年)林鸿辉铅印本影印。
⑥ 苏镜潭纂修:《(民国)南安县志》卷二十,《职官志之二》,民国四年(1915年)刊本。
⑦ [清]万友正纂修,黄家鼎纂:《(乾隆)马巷厅志》,《原序一》,《泉州马巷厅志原序》,乾隆四十二年(1777年)修,光绪十九年(1893年)补刊本。
⑧ [清]彭衍堂等修,陈文衡等纂:《(道光)龙岩州志》卷七,《风俗志》,道光十五年(1835年)修,光绪十六年(1890年)重刊本。
⑨ [清]彭衍堂等修,陈文衡等纂:《(道光)龙岩州志》卷十,《政绩志》,道光十五年(1835年)修,光绪十六年(1890年)重刊本。

田、闽清,延之沙县、顺昌、永安、将乐,泉之惠安为最"①,"岩俗多讼蛊"②,等等。图赖与蛊讼亦不独止于闽西,云霄厅即颇受图赖之苦,称其为"地方千百年来积习难返之弊"③,但闽西的图赖批判文字远多于闽南,主要原因就是不同诉讼类型撩动官府的理讼神经不同。

相较而言,田土、水利、坟讼等均属诉讼内容,与百姓日常生活直接相关,属法律允许范围内的"户婚田土"诉讼类型。此类纠纷的频发虽然给地方官带来不悦,但只要案件未上升到命案、械斗,其还不至于撩动官府办案神经。而图赖与械斗则属纠纷的开展形式,田土、水利、坟讼等案件一旦升级,往往以图赖或械斗方式呈现,时人即称"(闽省)十案械斗八案水利"。纠纷一旦以图赖、械斗方式呈现,官府理讼过程中的揪心程度则是大大增加。因为相比田土、水利、钱债等其他纠纷,图赖、械斗更容易酿成命案。一旦酿成命案,"鼠牙雀角细故"则成了严重的刑事纠纷,其处理程序及严重程度都是民事纠纷所难对比的。一旦处理不好,更容易影响地方官仕途。也就是说,诉讼类型有可能比诉讼数量更能撩动官府理讼神经,以下以械斗、图赖案为例说明。

(二)诉讼类型更能撩动官府理讼神经的实例分析

以械斗案为例,为了能在械斗中取胜,纠纷双方定要壮大自身的力量,于是宗族、乡族势力参与此类纠纷十分普遍,甚至出现"合众姓为一姓"的现象。如泉州府同安县于雍正六年(1728年)发生"包、齐"二姓大械斗,时人即称,"强斗弱以族胜,名曰'包'。包者,必胜之谓。弱斗强以联族胜,名曰'齐'。齐者,协力取胜之谓"④。合姓械斗愈演愈烈,后来还出现了"同""海""万"等新

---

① 梁伯荫修,罗克涵纂:《(民国)沙县志》卷十二,《杂录》,民国十七年(1928年)排印本。
② [清]彭衍堂等修,陈文衡等纂:《(道光)龙岩州志》卷十二,《杂记志》,道光十五年(1835年)修,光绪十六年(1890年)重刊本。
③ [清]薛凝度修,吴文林等纂:《(嘉庆)云霄厅志》卷二,《学校》,嘉庆二十一年(1816年)修,民国二十四年(1935年)重排印本。
④ 郑振图:《治械斗议》,[清]贺长龄、魏源:《清经世文编》卷二十三,北京:中华书局,1992年。

的合姓。① 一旦发生"合族械斗",纠纷立马升级,如果地方官处理不当,很有可能因此滋生命案与地方社会动乱,惊扰清廷。雍正帝即不止一次指责道:"朕闻闽省漳、泉地方,民俗强悍,好勇斗狠,而族大丁繁之家,往往恃其人力强盛,欺压单寒。偶因雀角小故,动辄纠党械斗,酿成大案。及至官司捕治,又复逃匿抗拒,目无国宪。"②乾隆帝也称:"漳、泉等府民人,凡遇争夺田土、集场及口争等事,辄率多人,执持器械,以决胜负。大姓欺凌小姓,小姓不甘,又复纠集多人,复仇报怨。"③清廷的喜好直接关系地方官仕途生涯的判定,所以面对械斗,地方官府总是神经紧张,倚此批判闽南"健讼"的言辞自然纷至沓来。如"闽省民俗犷悍,械斗相寻"④,云霄县"械斗尤以本县为甚,往往一语言之乖,而遽行掳掠,一睚眦之失,而辄事干戈"⑤,等等。

图赖亦能敏感地撩动官府理讼神经。因为不管图赖有没有发动整个家族、乡族力量参与,其总伴随着尸体呈现,牵扯命案。而清律对命案的处理有严格的法定程序,可于非放告日与命盗、告官差、谋反之类事件一起鸣锣请求官理,是官府眼中的"紧急大事"。不仅如此,图赖还通常伴随抄抢、越诉事件,易引发社会动乱。如康熙年间王廷抡审理的宁化县朱取杀死曾士才一案,朱取与曾士才本无仇隙,朱取盗砍士才柴薪,士才发现,二人扭打,士才被杀,曾家则借尸抄抢朱家。⑥ 还比如康熙年间王廷抡审理的宁化县民王发弑父图赖邹敬建一案,王发与邹敬建比邻而居,有至戚邓攸曾欠敬建田租未楚,控县追比,因而怀隙。康熙三十五年(1696年),王发乘邹敬建修盖门楼,前往指责邹侵占其家花台,并携父母前往争闹,接着藏父于族弟之家,捏命案控县,悬案未审。王发自虑情虚,杀父图赖,并抄抢邹家,将前往说和的李应用掳至家中,勒

---

① 到了雍正七年(1729年),福建观风整俗使刘师恕奏道:"查泉属七县,晋江、南安、同安最为难治,安溪、惠安次之,永春、德化又次之。其初,大姓欺压小姓,小姓又连合众姓为一姓以抗之。从前以'包'为姓,以'齐'为姓,近日又有以'同'为姓,以'海'为姓,以'万'为姓者。"详见故宫博物院编:《宫中档雍正朝奏折》(第十四辑),北京:故宫博物院,1979年,第717页。
② [清]乾隆:《清世宗圣训》卷二十六,《厚风俗》,台北:文海出版社,1980年。
③ 《清高宗实录》卷一四六,乾隆六年七月乙丑上谕,北京:中华书局,1985年。
④ [清]浦霖:《奏为审明诏安县民黄汉等械斗伤毙四命案,按例定拟事》,乾隆五十六年四月二十九日,档号:04-01-26-0011-011。
⑤ 徐炳文修,郑丰稔纂:《(民国)云霄县志》卷四,《地理下·风土》,民国三十六年(1947年)排印本。
⑥ [清]王廷抡:《临汀考言》卷九,《审谳》,《宁化县民朱取盗砍柴山拒捕,杀死曾士才》,康熙三十九年(1700年)刻本。

索赎金,①等等。王廷抡即痛斥道,汀州地区"凡有命案,无不以抄抢为诉也"②,地方官办案难度大大增加。

可见,图赖与械斗因为涉及命案、乡族、宗族等因素,更容易引发社会动乱,对地方官仕途考评的冲击力肯定更大。为了仕途生涯的考虑,地方官对此类案件往往投入了更多热情。为此,地方官的仕途生涯更加繁忙,且充满了更多的挑战与风险。此时,不管是出自解愤的心理,还是为自己可能落下的"治理不善"后果做好铺垫,减少上司责罚,地方官笔下的地方社会总是"健讼好斗"。

可见地方官绅的"健讼"评价与诉讼类型直接相关,所以有些地区户婚田土控诉可能很多,但纠纷形式却停留在户婚田土控诉层面,地方官可能不会因此大加批判其"健讼"。但有些地区可能户婚田土等诉讼数量并不典型,但却因便利的毒草,强大的宗族、乡族,得以用图赖、械斗方式升级案件,结果诉讼数量可能并不突出,但却会被冠以"健讼"之名。如此标准下的"健讼"描述,充满了地方官的主观评价,并非对地方诉讼场景的客观表达。此现象也印证了学者们论述的"地方志作者所关注的是他们感受较深的社会现象,或许是他们觉得必须予以记录的社会现象,而非基于当时当地的司法实践的全面调查与完整的记录"③。可以说这种充满主观印象的"健讼"评价不仅存在于地方志,其他文献也广泛存在。

"健讼"的概念解析与类型考察可见,清代福建省地方志等文献中出现的"健讼"评价,并非简单地概括绅民的法律意识,它更像地方官儒家治理理念与地方社会现实冲突时做出的主观批判。当绅民行为有违"和为贵"的儒家治理理念,或者对地方社会治理造成威胁时,地方官随即而来的大量"健讼"批判会让部分绅民反思自己的行为,甚至召起有志维护地方社会秩序的绅衿加大劝谕百姓力度,更好地维护地方社会治理安定。所以,地方志中充满主观印象的"健讼"批判其实很难如实概述清代福建省的诉讼环境。那么地方志作者眼中的闽民"健讼"的原因又有哪些?

---

① [清]王廷抡:《临汀考言》卷八,《审谳》,《宁化县民王发弑父图赖邹敬建暨王宁都等杀死李应用、曾万二命》,康熙三十九年(1700年)刻本。
② [清]王廷抡:《临汀考言》卷六,《详议》,《咨访利弊八条议》,康熙三十九年(1700年)刻本。
③ 徐忠明、杜金:《清代诉讼风气的实证分析与文化解释》,《清华法学》2007年第1期。

第三节　清代福建省讼起原因的实证分析

地方志不仅概括纠纷类型,亦记载纠纷引起的种种原因。目前学界倚靠地方志研究讼起原因,多是针对全国或者南方数省而言,如侯欣一反对从道德角度解释中国南方健讼的原因,认为特殊的民风、人口增长的压力、现行体制的弊端共同营造了一个健讼的南方社会。① 徐忠明则认为负气好斗的性格因素、土客冲突及讼师唆使是造成民众好讼的三大因素,而族党帮和、诬告、谎告、人口问题亦加剧了健讼。② 清代福建省诉讼频发,有特殊的区域特性,也有全国各地普遍存在的致讼原因。

一、区域环境

(一)自然环境的影响

表1-6统计显示,清代福建省的主要纠纷类型有争产、家庭纠纷、田土、山湖等公共资源争夺、水利、坟讼、钱债、图赖、诬告、蛊讼、命盗重案、械斗、绅民控官胥、华洋诉讼等。除了华洋诉讼、海洋资源争夺等几类纠纷外,其他纠纷普遍存在于全国各地,只是不同纠纷在各地的严重程度不同罢了,时人何士祁即感叹,各地纠纷多有不同,但"其紧要者,不过数端。一为上控之案,一为伦常重案,一为殴伤重之案,一为近于局诈之案,与命案盗案而已"。③ 但清代福建省的海疆边陲特性,让该地的纠纷类型也存在一定区域特色,如与海洋相关的纠纷不同程度存在。

首先是华洋诉讼。如靠近海疆的平潭县,泉州府的同安县、南安县均发生过华洋纠纷。晚清时期,此类纠纷日渐增多。

---

① 侯欣一:《清代南方地区民间健讼问题研究:以地方志为中心的考察》,《法学研究》2006年第4期。
② 徐忠明、杜金:《清代诉讼风气的实证分析与文化解释》,《清华法学》2007年第1期。
③ 何士祁:《清理词讼》,[清]盛康:《皇朝经世文续编》卷一百一,《刑政四·治狱下》,光绪二十三年(1897年)思刊楼刊本。

其次是海洋资源争夺纠纷。如民众越界捕鱼,①争夺州田蠔蝗埕及地头渡舡之利,②或者争夺傍海洲田③等。福建省宗族力量的强大加剧了此类纠纷,因为势宦豪民与强宗大族往往倚势侵占此类海洋资源,影响小民生计,纠纷由此爆发。诏安县即将此状称为本地之"积弊"。④

再次,出洋带来的纠纷。海疆福建,不管是偷渡还是其他途径,民众出洋十分普遍。出洋久而不归,家人误认为此人已死,由此改嫁其妻,或者变卖家产,等出洋人归来,发现一切都变了,只能希冀讼争能帮其讨回原来的一切。这类案件在判牍、档案中均有实例。

除了诉讼种类具有区域特色外,清代福建省频发的纠纷也不尽相同。据表1-6统计,清代福建省最为频发的诉讼类型包括械斗(38起,占总数16.9%)、图赖(37起,占总数16.4%)、田土(35起,占总数15.6%)、水利纠纷(32起,占总数14.2%),四类纠纷占统计总数的63.1%。与他省相较,清代福建省频发的纠纷类型还是有一定的区域特色。⑤

不仅如此,清代福建本省不同区域频发的纠纷类型与讼起原因也不尽相同。表1-6显示,械斗、田土纠纷、图赖、坟讼、蛊讼、水利纠纷普遍存在清代福建省各个府县,但各个地区对其记载的笔墨不同。以闽南为例,不管是漳州府还是泉州府,械斗的数量都最为典型,田土、图赖、坟讼、水利等纠纷的数量也较其他纠纷多一些。以闽中为例,不管是福州府还是兴化府,水利纠纷的数量都最为典型,图赖、蛊讼、田土、械斗、山湖等公共资源争夺纠纷的数量也较其他纠纷多一些。再看闽西,坟讼、田土、图赖等纠纷类型普遍存在于汀州与龙岩州,等等。文献作者"有失偏重"的笔墨记录,除了受自然环境影响外,与该地不同的社会环境也直接相关。

---

① [清]王楠修,林乔蕃、王世臣纂:《(康熙)罗源县志》卷十六,《政绩》,康熙六十一年(1722年)刻本。

② [清]李维钰、沈定均续修,吴联薰增纂:《(光绪)漳州府志》卷三十八,《民风》,光绪三年(1877年)芝山书院刻本。

③ [清]李维钰、沈定均续修,吴联薰增纂:《(光绪)漳州府志》卷十四,《赋役上》,光绪三年(1877年)芝山书院刻本。

④ [清]秦炯纂修:《(康熙)诏安县志》卷三,《方舆》,据同治十三年(1874年)刻本影印。

⑤ 据徐忠明先生对清代上海、山东、广东等地方志"风俗卷"的统计,清代上海、山东的田讼数量最为典型,清代广东的图赖数量最为典型。详见徐忠明、杜金:《清代诉讼风气的实证分析与文化解释》,《清华法学》2007年第1期。

(二)社会环境的影响

以闽南为例,闽南频发械斗、田土、图赖、坟讼、水利纠纷,与该地的社会环境直接相关。

闽南地处沿海,平原少,山地多,人口相对集中,人地矛盾较为紧张。清代漳泉两地不断感叹耕地不足,如泉州府称"地隘而硗瘠,濒海之邑耕四而渔六,山县田于亩者十三,田于山者十七"①。结果自然田讼频发,漳州府即称"亩值稍贵,田讼尤多"②。为了让有限的土地生产出更多粮食,满足不断膨胀的人口需求,土地持有者往往十分重视水利灌溉。而水利乃公共资源,往往一条水利资源要穿越几个乡村,我们很难对其产权做出明确的划分。③ 福建省的山地地形尤多,加剧此问题的严重性。当水利资源不足且水利产权很难做出明确划分的情况下,各种围绕水资源的纠纷自然兴起。为了解决生存危机,人们除了付诸劳动努力外,也会求助玄学,希望占据风水宝地,让整个家族交好运,于是争占风水好地的坟讼等争地斗争频发。

闽南的田讼、坟讼、水利纠纷一旦爆发,往往伴随着强大的宗族与乡族势力,于是械斗、图赖紧随发生。如同安县称,"及既卜地,又或以冲伤煞向为冲突,小则经官兴讼,大则纠斗攻围,甚至破家荡产,至死不悟"④。部分地区的小姓为了与大姓抗争,甚至淡化宗族的血缘观念,出现"合众姓为一姓"的合族械斗,前文已有述及此内容。所以闽南频发的械斗,除了是因为紧张的生存资源争夺外,还与该地强大的宗族、乡族势力的混入有直接关系。其诉讼类型与讼起原因具有典型的区域特色。

再看闽西,山地多、平原少,耕地不足导致该地田讼数量不少。但除了田讼外,该地的图赖与坟讼尤多,这与闽西的地理环境、社会习俗密切相关。

以图赖为例。前文已经提及,清代闽西府县多深受图赖困扰,与该地遍地可得的断肠草直接相关。龙岩县称"山僻,地产断肠草,食之辄死,盖乡愚恃此

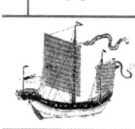

---

① [清]怀荫布修,黄任、郭赓武纂:《(乾隆)泉州府志》卷二十,《风俗》,道光八年(1828年)补刻本。
② [清]李维钰、沈定均续修,吴联薰增纂:《(光绪)漳州府志》卷三十八,《民风》,光绪三年(1877年)芝山书院刻本。
③ 如赵世瑜先生称,水利"与土地、森林、矿山等其他资源不同的是,水资源与空气等一样都属于公共资源中的'公共物品',在产权划分上是非常特殊和困难的",详见赵世瑜:《分水之争:公共资源与乡土社会的权力和象征》,《中国社会科学》2005年第2期。
④ 林学增等修,吴锡璜等纂:《(民国)同安县志》卷二十二,《礼俗》,民国十八年(1929年)排印本。

为先发制人之策,地棍借此为骗诈图害之媒",结果往往"每因断气辄服断肠草者十有八九"①。为了减少图赖,地方官不仅痛斥图赖实在是"其情则可恶,而其愚则可矜"②,称"最不解者,赖命之风"③。还常将人犯罚去拔毒草,或令乡保"平时到处留心细看,凡遇毒草根苗,立即挖抢,既免伤人,且免累己"④。或不断劝谕乡民,称服毒草并不能骗过官胥验尸,只会徒然身死,难以累及仇家,因为服毒草的症状为"色青唇裂,相验官一目了然"⑤。闽吏希望假借言语劝谕,根绝此"弃性命如敝屣,视诳诈为生涯"⑥的恶习。

　　再看闽西坟讼,该地坟讼频发与其浓郁的风水观念密切相关。在古代风水学上,江西派和福建派最为出名,而闽西不少府县毗邻江西,杂糅不同派别的风水观念,让该地的风水观尤为复杂,风水滋讼十分常见。汀州府上杭县称"邑人以重视坟墓之故,往往有因而结讼且械斗者,盖俗溺风水之说,或利他人之吉壤而谋占之,或以祖坟为吉壤,而他人前后左右建筑不论远近,概指为有碍风水而阻之,诚恶俗也"⑦。有清一代,福建与江西官吏均对两省毗邻地区的风水滋讼感到无奈,如福建省官吏称"闽省逼近江西,恒惑于地师之说,不但愚民牢不可破,即身列衣冠,富家巨族,亦无不酷信风水,谋买强挖"⑧。江西赣南道官员也称"赣南为闽粤毗连之区,其士气浇薄不能文,民情强悍,习于斗,健于讼,耻于奉法,风气之败坏久已"⑨。惑于风水观,该地的坟讼频发。

---

① [清]彭衍堂等修,陈文衡等纂:《(道光)龙岩州志》卷十,《政绩志》,道光十五年(1835年)修,光绪十六年(1890年)重刊本。
② 台湾银行经济研究室编辑:《福建省例》卷二十七,《刑政例上》,《禁服毒草轻生》,南投:台湾省文献委员会,1997年。
③ 陈荫祖修,吴名世纂:《(民国)诏安县志》上编卷一,《天文》,据民国三十一年(1942年)诏安青年印务公司铅印本影印。
④ 台湾银行经济研究室编辑:《福建省例》卷二十七,《刑政例上》,《禁服毒草轻生》,南投:台湾省文献委员会,1997年。
⑤ 台湾银行经济研究室编辑:《福建省例》卷二十七,《刑政例上》,《禁服毒草轻生》,南投:台湾省文献委员会,1997年。
⑥ 台湾银行经济研究室编辑:《福建省例》卷二十八,《刑政例下》,《禁服毒草毙命图赖》,南投:台湾省文献委员会,1997年。
⑦ 张汉等修,丘复等纂:《(民国)上杭县志》卷二十,《礼俗上》,据民国二十八年(1939年)上杭启文书局铅印本影印。
⑧ 台湾银行经济研究室编辑:《福建省例》卷十四,《田宅例》,《严禁争坟》,南投:台湾省文献委员会,1997年。
⑨ 李象鹍:《棣怀堂随笔》,转引自陈海滨:《清代赣南民风健讼问题研究》,《嘉应学院学报》2014年第9期。

所以闽西频发的图赖与坟讼,除了与紧张的生存资源争夺相关外,还与该地适合断肠草生长的自然环境、浓郁的风水观念的社会环境直接相关。其诉讼类型与讼起原因也体现出明显的区域特色。

二、地方陋习

清代福建省频发的械斗、田讼、图赖、坟讼与各地陋习亦脱离不开关系。陋习滋讼也成了地方志作者颇在意的一类讼起原因。如论起淫祠演戏,地方官称其有八大坏处,其中之一即是"州县二庭纷纷起狱讼之繁,甚至有假托报私仇,击杀人无所惮者"①。论起赌博,官吏称"斗殴由此而生,争讼由此而起,盗贼由此而多,匪类由此而聚,其为人心风俗之害,诚不可以悉数也"②。清代福建省地方官只能不断出告示除陋规、正风俗,以少讼端。下文以风水观导致的坟讼,经界不清导致的田土之讼为例说明。

(一)风水观导致的坟讼

闽人信巫,注重风水。为求得吉穴,停棺不葬、盗砍荫木、盗葬、挖人骸骨等事件不断。风水观导致的讼争首先体现在抢占吉穴,一旦强者恋及某块吉穴,往往"恣意占葬,牙角交讼,虚词限迁,破耗资产不恤"③。若未及时找到吉穴,乡民可能停棺数十年,甚至纠众械斗、阻葬、盗葬,对地方社会造成诸多不利影响。如停棺不葬日久,可能丢骸,结果至亲诉诸官府,导致借尸图赖、诬告、缠讼不断。道光十年(1830年)周凯任福建兴泉永道期间,深感此弊严重,称"近山大姓恃众负嵎,遇人丧葬,或借界址不清,或借损伤坟荫,辄行阻止,得赂乃已"④。为此出台禁文,希望朝廷三尺之法能警醒犯者。

且一旦宗族势力加入坟讼,谋求吉穴纠纷很快升级为械斗。如光绪四年(1878年)郑宗瑞知永福县时处理一起风水结怨、械斗案,称"甲固理直词壮

---

① [清]李维钰、沈定均续修,吴联薰增纂:《(光绪)漳州府志》卷三十八,《民风》,《宋陈淳与傅寺丞论淫戏书》,光绪三年(1877年)芝山书院刻本。
② [清]饶安鼎修,林昂、李修卿纂:《(乾隆)福清县志》卷一,《典谟》,《谕禁赌博》,据光绪二十四年(1898年)刘玉璋刻本影印。
③ [清]林焜熿修纂:《(光绪)金门志》卷十四,《风俗记》,台湾中华丛书委员会印行,1956年。
④ [清]周凯纂修:《(道光)厦门志》卷十五,《俗尚》,道光十九年(1839年)刊本。

也,而乙恃其族大列械入乡"①,因此大加斥责闽地风水与械斗的普遍。地方官绅往往希望通过严厉斥责与地方禁令重申,减少风水观滋讼。如康熙《泰宁县志》作者称,谋人已葬之风水,为地方"最可恨"②之风俗。光绪《金门志》作者也批判该地惑于风水,"借伤煞为词,挟制阻挠,指索贿赂,不厌不止,最当痛惩"③,等等。

当然,风水滋讼并不仅限于清代福建省,而是遍及中国古代各省份。但如前文所说,杂糅江西派与福建派不同的风水观念,让清代福建省不少地区的风水滋讼较他地更为典型。

(二)一田多主导致的田讼

清代福建省田讼尤多,除了前文提及的尖锐人地矛盾外,田契不清、一田多主等地方陋习也滋生不少讼端。

清代福建省一田多主现象普遍,如云霄厅"一业三主,或有赋无田,或有田无赋,或田赋俱无"④,沙县"田有骨皮佃三则"⑤,长乐县"长乐之田,有面有根,富者买面收租,贫者买根耕种,且有不自种而令他人代佃"⑥,等等。一田多主导致田赋征收混乱,如沙县因为有田皮骨三则,"国初民苦客债,割皮偿息,不顾苗骨,以致苗主赔粮,家倾逃绝,责及里排,官累考成"⑦。一旦田产转卖变更,田赋与钱粮分离,赋税征收更为混乱。如长乐县称,"佃户一还面租,一还根租,或总输租于根主,而根主分还。面主者,承佃既久,私令他人转佃,则又

---

① 董秉清等修,王绍沂纂:《(民国)永泰县志》卷十一,《循吏传》,民国十一年(1922年)排印本。

② [清]洪济修,江应昌等纂:《(康熙)泰宁县志》卷一,《舆地志》,康熙十一年(1672年)问心堂刻本。

③ [清]林焜熿修纂:《(光绪)金门志》卷十四,《风俗记》,台湾中华丛书委员会印行,1956年。

④ [清]薛凝度修,吴文林等纂:《(嘉庆)云霄厅志》卷四,《土田》,嘉庆二十一年(1816年)修,民国二十四年(1935年)重排印本。

⑤ [清]傅尔泰修,陶元藻纂:《(乾隆)延平府志》卷三十五,《名宦》,乾隆三十年(1765年)修,同治十二年(1873年)重刊本。

⑥ 孟昭涵修,李驹等纂:《(民国)长乐县志》卷三十,《杂录》,民国六年(1917年)福建印刷所铅印本。

⑦ [清]傅尔泰修,陶元藻纂:《(乾隆)延平府志》卷三十五,《名宦》,乾隆三十年(1765年)修,同治十二年(1873年)重刊本。

有小根焉,名曰让耕,日久弊生,田主苦之"①。为了杜绝此弊,清廷及地方各官不断改革,要么严置买卖典让田产的契据,②要么禁革田皮田根,不许私相买卖。③ 希望经界明,则"诉讼不繁,公私之间两得其利"④。但改革效果还是有限,《福建省例》即称,"闽省词讼,半由田产契载不清,以致雀角纷争"⑤。

为了明经界、少田讼,地方官还进行清丈,但闽地的山地地形让清丈尤难操作,如南平县之田"大半高岩险陇,即有平畴,其丘之广不过数丈而止,若山陇梯坎,或二三尺为一坯,或一二尺为一坯,从下登上,岭级不啻数百余层,履亩之艰难"⑥。清代福建省素有"八山一水一分田"之称,山地、丘陵占全省总面积的80％以上,清丈田地之难成了全省共同特点。光绪《漳州府志》作者就感叹,"经界一事,最为民间莫大之利……独此漳汀州不曾推行"⑦。

三、私利竞求

人是法律实践的主体,多数纠纷的兴起与发展均离不开涉讼人群的利益竞求。

(一)恶吏借理讼权谋利

官吏理应认真理讼,为民做主。不少官吏为了更好地处理民间诉讼,上任

---

① 孟昭涵修,李驹等纂:《(民国)长乐县志》卷三十,《杂录》,民国六年(1917年)福建印刷所铅印本。
② 即"除卖断者原系永不取赎,应照闽俗向例,仍只立契一张交买主收执外,如系暂典田房产业,则令中见人等一手缮写二纸,中间大书'合同上下典契'字样。如系先典后卖者,亦即另立卖契,并将从前典契、老契一并归于买主。如此则卖者既不得执废契以滋讼,而典产者仍得执下契以取赎,似于民俗为便"。详见台湾银行经济研究室编辑:《福建省例》卷十四,《田宅例》,《典卖契式》,南投:台湾省文献委员会,1997年。
③ 台湾银行经济研究室编辑:《福建省例》卷十四,《田宅例》,《禁革田皮田根,不许私相买卖,佃户若不欠租,不许田主额外加增》,南投:台湾省文献委员会,1997年。
④ [清]陈锳等修,叶廷推等纂:《(乾隆)海澄县志》卷四,《赋役上》,乾隆二十七年(1762年)刊本。
⑤ 台湾银行经济研究室编辑:《福建省例》卷十四,《田宅例》,《典卖契式》,南投:台湾省文献委员会,1997年。
⑥ 吴栻等修,蔡建贤等纂:《(民国)南平县志》卷五,《田赋志第八》,民国十年(1921年)排印本。
⑦ [清]李维钰、沈定均续修,吴联薰增纂:《(光绪)漳州府志》卷十四,《赋役上》,光绪三年(1877年)芝山书院刻本。

伊始即"步行郊野,询民间疾苦"①,希望穷尽地方风俗,实现"稔知人情风土,及为郡片言折狱,无敢欺者"②。且须尽可能熟读律例,做到案审有理有据。所以不少地方官为了理讼,劳心劳力劳神,通常"日坐堂谳狱,自辰至戌",每日"计一日事件,预登牌示,届时按早晚逐一讯结"③。所以,乾隆名吏陈宏谋认为官吏审案必须"耐烦劳",须"勤",他说:

> 看案而耐烦劳,则原委透明;审事而耐烦劳,则虚实可辨;立谳而耐烦劳,则供看明切;检验而耐烦劳,则尸伤明确,后来案无疑窦;鞫囚而耐烦劳,则反覆研讯,不事刑求,真情可得;批词而耐烦劳,则批断切中,小民不致守候再告;禀覆而耐烦劳,则确切对针,不致答非所问;踏勘而耐烦劳,则界址分明,堂审更有把握;签票而耐烦劳,则票内字句轻重,名目多寡,俱有斟酌,胥役不能朦混,而里民免无端之惊扰。④

如此一来,认真理讼的地方官可能积劳成疾,甚至因此"卒于官"⑤。于是为官素质堪忧的地方官开始消极怠讼,甚至凭借其官方身份,借讼勒民。如清代云霄厅械斗案件不断,嘉庆年间云霄厅同知薛凝度就称,该地械斗案一方面源于"闽人喜斗",另一方面则是"由地方官有意酿成之也"⑥。因为民间诉讼一旦发生,恶吏可以争端为奇货,索诈两造,株连牵告富户,谋取私利。民众见官府无能解决争端,只好私斗,结果官府又找到借口勒索乡民,即"利其犯法而后逼其行贿"。所以,民众为了求得胜诉,即便是理直者,亦上贿官员,官差均从中得实惠。如此一来,办械斗成了官府勒民的途径之一。薛凝度对地方恶吏借讼谋私利的过程描述得十分具体,称:

> 雀角鼠牙,其始不过两言而决,乃急缓者,既不能早为清理,而不肖者更得赃鬻狱,颠倒而失其平,官府之公道不昭,百姓之私怨日积,弱者饮泣吞声,强者乃攘臂呼群,列械而争先报逞矣。漳泉积习,盖非一朝一夕之

---

① 钱江修,范毓桂纂,吴海清续修,张书简续纂:《(民国)建宁县志》卷八,《名宦》,民国八年(1919年)排印本。
② [清]吕渭英修,郑祖庚等纂:《(光绪)闽县乡土志》,《政绩录三》,《听讼》,光绪二十九年(1903年)刊本。
③ 苏镜潭纂修:《(民国)南安县志》卷二十,《职官志之二》,民国四年(1915年)刊本。
④ 陈宏谋:《申饬官箴檄》,[清]贺长龄编:《皇朝经世文编》卷二十一,《吏政七·守令上》,光绪十七年(1891年)上海广百宋齐桥印。
⑤ [清]张琦修,邹山、蔡登龙纂:《(康熙)建宁府志》卷廿八,《补遗》,据康熙三十二年(1693年)刻本影印。
⑥ [清]薛凝度修,吴文林等纂:《(嘉庆)云霄厅志》卷二,《学校》,嘉庆二十一年(1816年)修,民国二十四年(1935年)重排印本。

故焉,乃地方官不以械斗为地方之祸端,而转以械斗为官府之利薮,利其犯法而后逼其行贿,故虽有可以禁止之械斗,文武衙门坐视不救,以待其成,而后统率兵役到乡,不拘正凶,但逼勒富户,派出兵费差费盈千累万,不从则延烧遍抢,玉石俱焚,富户不得已敛钱送官,求安买静,尸亲亦得钱息讼。①

如此一来,许多非械斗案也被办成械斗,即"若数人各持竹铳入山打雀,忽然相遇口角,致成命案,此实非械斗也,乃转亦虚张声势,欲详办械斗讹钱入手,依然命案,民于是知有钱者之械斗可办命案也,无钱之命案可办械斗也"②。诸如"贪官爱尔斗蚌鹬两相持,尔身膏草野,奇货官得之"③、"县官不以人命为奇货,谁肯轻生者"④等文字,均说明了清代福建省恶吏以械斗为奇货,借讼勒索民众的普遍存在。

地方恶吏借助理讼权力不仅能够在经济上谋利,也能为自己的政治生涯谋利。如不少地方官进行地方人际周旋时,为了不得罪权贵,或巴结某些势力,可能伙同犯法者制造冤狱。如康熙年间,晋江四十七都的谢拔,借族弟谢世⑤淫威,逼迫原主人黄姓将六岁幼女爱娘许配其子,欲借此洗脱其族世为婢仆的羞耻。黄姓忍辱屈从,及爱娘稍长,决意不嫁,以免辱身,谢拔以悔婚叠控。邑令不顾名分,反代送币聘,爱娘当堂剪发,以死自誓。官竟令差押爱娘,逼其成婚,爱娘情急,服毒自尽,邑令反以"尸兄黄捷抄抢赖命"判处此案。⑥

不管是出自经济利益还是仕途考虑,地方恶吏都借助理讼特权展开种种蚀法行为,结果不仅不利于民间纠纷的合理解决,甚至还引发了新纠纷。地方官出自私利的蚀法,是清代福建省地方诉讼不靖的重要原因之一。

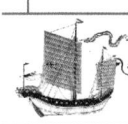

---

① [清]薛凝度修,吴文林等纂:《(嘉庆)云霄厅志》卷二,《学校》,嘉庆二十一年(1816年)修,民国二十四年(1935年)重排印本。
② [清]薛凝度修,吴文林等纂:《(嘉庆)云霄厅志》卷二,《学校》,嘉庆二十一年(1816年)修,民国二十四年(1935年)重排印本。
③ 蔡闻第:《嗟哉吾邑人行》,[清]陈汝咸修,林登虎纂:《(康熙)漳浦县志》卷一七,《艺文志》,康熙三十九年(1700年)修,民国十七年(1928年)刊本。
④ 曹刚等修,邱景雍纂:《(民国)连江县志》卷二十五,《清循吏》,民国十六年(1927年)排印本。
⑤ 海上伪目。
⑥ [清]吴之锳修,周学曾、尤逊恭等纂:《(道光)晋江县志》卷三十四,《政绩志》,《文秩之一》,道光十年(1830年)刊本。

(二) 胥吏借中介人身份兴讼

福建省地方方言众多,回避制的任官制度下,官民之间语言障碍明显,官民信息沟通时常须借助胥吏,嘉庆年间云霄厅同知薛凝度就称"漳民不习官音,每有争讼,堂讯之时,全恃吏胥为之传译,轻重详略易以为奸"①。也就是说,胥吏在州县讼案处理过程中起到的作用如社会学关系上的"桥"②,联系了两个分离的团体之间的信息交流,这给胥吏侵法、谋私利提供了可能性。加上胥吏属于"编外人员",收入一般,生活窘境也加剧胥吏侵法、谋私利的可能性。具体而言,煽惑官吏捕犯、煽惑民众上诉,是胥吏借中介人身份兴讼渔利的两大措施。

其一,煽惑官吏捕犯。

胥吏一旦经手讼案,可以借助"差传"与"私刑"索诈,结果"一纸下乡,辄尽中人数家之产"③。所以,一旦民众上诉官府,胥吏常常不惜一切努力请求官吏出票差传,甚至于官吏下乡捕盗时,吓诈官吏,令其多带差役下乡,清代嘉道贤吏刘衡称,"迨官往验,差恐少带人役,不能任意索诈,辄吓禀本官,妄称风闻尸亲纠约多人,恐不逊,宜多带丁役以助威。官有戒心,辄带领百十人或数十人,肩舆怒马,蜂拥而来,所到之乡,鸡犬惊匿,任役诈扰,不饱不休"④。闽地胥吏熟悉地方方言,是地方官下乡验案的必备随从人员,煽惑官吏下乡捕犯是闽胥苛勒乡民的常见途径。

"私刑索诈"亦是胥吏煽惑官吏捕犯的原因之一。康熙初年,陈常夏卸官回到家乡南靖县,深感胥吏私刑扰民的严重性,称:

> 原各衙门差役拘提民犯,轻则绳之,重则锁之,跟其赴官齐候审鞠耳。未闻官法未加,差刑已烂也!今日大衙门太多,兵卒差官动捆细民,吊之拷之,随其生死,府县衙役遂依此例,凡开票之时即狠力吊捆,送礼满愿,

---

① [清]薛凝度修,吴文林等纂:《(嘉庆)云霄厅志》卷三,《论俗文》,嘉庆二十一年(1816年)修,民国二十四年(1935年)重排印本。

② 在社会关系学上,如果有一个人在两个分离的组件中间形成了一个连带的话,这个人就是一个切点(cut point),也就是我们俗称的桥(bridge,学理上桥是沟通的线,而不是节点)。且如果两个分离的大团体间彼此的信息交流、意见沟通、行动协调均需要"桥"的话,就说明了这个"桥"的中介性极高。详见罗家德:《社会网分析讲义》,北京:中国社会科学出版社,2005年,第156页。

③ [清]周凯纂修:《(道光)厦门志》卷十二,《列传上》,道光十九年(1839年)刊本。

④ 刘衡:《饬各属命案相验遵例少带人役札》,[清]盛康:《皇朝经世文续编》卷一百三,《刑政六·治狱下》,光绪二十三年(1897年)思刊楼刊本。

徐释其痛。入城之后，未许见官，另禁私室，酷虐百端，哀号莫救，积弊有年亦不以为怪矣。①

福建省不少府县方志记载了形式各异的"老虎洞"等私刑场所，官称"私刑索诈""久为民患"②。

其二，煽惑民众上诉。

煽惑官吏捕犯带来的私利，让胥吏乐于看到民诉。于是运用各种手段不断煽惑民众上诉，将简单的讼案升级扩大。一旦胥吏与官长、无赖勾结，民众面对奸胥往往无所控告，时人称"不怕官，只怕役，官存父母心，役如虎狼逼"③。甚至不少官吏称自己于胥吏面前"无敢如何"④、"不能自保"⑤，因为奸胥往往"藐宪禁如弁髦，视府县为木偶"⑥。此状之下，官胥合污，也是"官受其名而奸胥蠹吏获其利矣"⑦。

胥吏煽讼也是导致清代福建省民间诉讼不断、积案繁多的重要因素之一。

（三）讼师借法律知识兴讼

有清一代，清廷为了减少民间诉讼，对状纸字数与格式做了相关限定。此改革本意是减少民间诉状，结果却滋长了讼师介入诉讼。因为如此严格的字数与措辞限定，普通百姓受教育程度不够的话，很难完成专业诉状写作，于是讼师可以凭借其法律知识索取利益，时人称"限字之法立，字限减少，愚民每每不能自伸其词说，不已而求之能者。奈何浅见陋习之士人，不能以数十字概括

---

① 陈常夏：《与王太守论保费衙役寇盗三事》，郑丰稔总编纂：《（民国）南靖县志》卷十七，《论著》，民国三十七年（1948年）刊本。

② 林学增等修，吴锡璜等纂：《（民国）同安县志》卷二十八，《人物录·乡贤》，民国十八年（1929年）排印本。

③ 陈一堃修，邓光瀛纂：《（民国）连城县志》卷十七，《礼俗志》，民国二十七年（1938年）石印本。

④ 如雍正年间漳州府诏安县有恶棍结交衙蠹，聚徒数十人分踞城市，恃强横买，结果民不敢控，吏无如何。详见[清]李维钰、沈定均续修，吴联薰增纂：《（光绪）漳州府志》卷二十六，《宦绩三》，光绪三年（1877年）芝山书院刻本。

⑤ 陈常夏：《与王太守论保费衙役寇盗三事》，郑丰稔总编纂：《（民国）南靖县志》卷十七，《论著》，民国三十七年（1948年）刊本。

⑥ [清]鲁鼎梅主修：《（乾隆）德化县志》卷六，《民赋志》，乾隆十二年（1747年）刊本。

⑦ [清]陈汝咸修，林登虎纂：《（康熙）漳浦县志》，《告示》，康熙三十九年（1700年）修，民国十七年（1928年）刊本。

情词,往往付人者多矣"①。

讼师做状,收取一定酬劳,本属正常,清代也不乏遵纪守法的讼师,他们"同意法律具有效力,并期待法律效力"②。但因为讼师的身份没有得到清廷认可,其工作与词讼起灭又有直接关系,所以官方话语对讼师总是充满"妖魔化"的记述。如嘉庆年间福建巡抚李殿图将讼师与械斗、纠抢、洋匪、会匪、闽棍、花会、蠹役一起列为"闽政之大端",认为"公署案卷经胥把持之,被证投审蠹役把持之,丁耗征输图承把持之,词讼起灭制堂把持之,关津渡口地棍把持之",导致官吏理政"左右前后,无非通风走气之人"③。福建各府县志更是充斥对讼师唆讼的批判。

如漳州府称,"漳俗好讼,多讼师主之,甚且有包讼之弊,盖村民何能终讼,惟讼师主持,故讼遂不可止"④。讼师的唆使,让漳州府"词状日几至三四百",官民咸受其害。光绪《漳州府志》对讼师危害描述如下:

> 盖缘一种人,长于词理,熟公门事体浅深,识案分人物高下,专教人词讼……凡有词讼者,必倚之为盟主,谓之主人头,皆于影下教唆。或小事妆为大事,或无伤损妆为几丧性命,或一词实而妆九虚以夹之,或一事切而妆九不切以文之,承行之吏亦乐其人为鹰犬,而其人亦乐于挟村人之财与之对分。此词讼之所以日繁一日,听断之所以徒为虚劳,而善良之所以虚被其扰也。⑤

相同的文字在嘉庆《云霄厅志》中同样存在,相似的文字在漳州府的其他县志中也同样存在。

泉州府地方志有不少批判讼师的言辞,如乾隆《泉州府志》称,"民之好讼,

---

① 《珥笔肯綮》之《珥笔肯綮序》,转引自[日]夫马进著,李力译:《讼师秘本〈珥笔肯綮〉所见的讼师实象》,邱澎生、陈熙远编:《明清法律运作中的权力与文化》,台北:联经出版公司,2009年,第26页。

② [日]夫马进著,李力译:《讼师秘本〈珥笔肯綮〉所见的讼师实象》,邱澎生、陈熙远主编:《明清法律运作中的权力与文化》,台北:联经出版公司,2009年,第26页。

③ [清]黄贻楫编:《李石渠先生治闽政略》,光绪六年(1880年)晋江黄谋烈梅石山房木活字印本,第4页。

④ [清]薛凝度修,吴文林等纂:《(嘉庆)云霄厅志》卷三,《敝俗》,嘉庆二十一年(1816年)修,民国二十四年(1935年)重排印本。[清]陈汝咸修,林登虎纂:《(康熙)漳浦县志》,卷二十一,《再续志·风土》,康熙三十九年(1700年)修,民国十七年(1928年)刊本。

⑤ [清]李维钰、沈定均续修,吴联薰增纂:《(光绪)漳州府志》卷三十八,《民风》,光绪三年(1877年)芝山书院刻本。

未有甚于今日者也,都由积恶讼师恣弄刀笔,布成陷阱"①。讼师一旦为乱,"颠倒黑白,变乱是非,其实图准不图讯,于律例全然不晓,亦不计及反坐之罪"②。甚至"通同胥吏,高下其手,复混扯多人,使有司不能速结,而彼得久渔其利"③,结果"两造经年累月,骨尽皮穿"④。一旦讼师与闽棍、衙役合二为一,有司往往难以禁绝,称其为"合虎药"⑤,民众更不敢反抗,时人称"厦民有不怕官怕讼师之语"⑥。

闽西的地方志书同样批判讼师。如龙岩州称,讼师"以刀笔为生涯,视狱讼为儿戏,深文以冀其巧中,构衅而图其重酬"⑦,乡里畏之。武平县称,讼师一旦介入图赖案,百姓不堪其扰。因为一旦图赖,尸亲于未告官前,即"率领多人,抬尸于凶犯之家,擒男捉女,破家洗巢,所有家赀什物任其席卷无遗,辱及事外之同居,抢及无辜之邻佑",即便告官,"更罗织多人,与平日有仇,及殷实可啖,尽入词内,地棍讼师从中簸弄,或调处烧埋,或局劝买休,将吓诈银两,分瓜肥己,以致倾家产,害性命,天日为昏"⑧。康熙年间王廷抡任汀州知府时,就批判汀州府"劣衿势恶","皆借刀笔以谋生,恃此护符以唆讼而网利",结果讼师与地棍里应外合,贻害地方,即"遂饰小忿为大冤,或翻旧案为新题,口角争端动云捆锁吊拷,地界接壤指称挖冢抛骸,田土之交易未清便言霸占,钱债之利息不楚捏告诈赃"⑨。

兴化府亦批判讼师唆讼。如仙游县称,讼师做状:

> 一案投门或千余金,或数百金,约定不贰。案内人用费尽向渠说,初不知有主人翁。间有先不约定,零星花用,以少报多,与书差三七、四六分费,而案益纠葛不清。甫闻县令访拿,即惶然鼠匿兔奔。见官时,中无主

---

① [清]怀荫布修,黄任、郭赓武纂:《(乾隆)泉州府志》卷二十,《风俗》,道光八年(1828年)补刻本。
② [清]周凯纂修:《(道光)厦门志》卷十五,《俗尚》,道光十九年(1839年)刊本。
③ 苏镜潭纂修:《(民国)南安县志》卷九,《风俗志之二》,民国四年(1915年)刊本。
④ [清]怀荫布修,黄任、郭赓武纂:《(乾隆)泉州府志》卷二十,《风俗》,道光八年(1828年)补刻本。
⑤ [清]周凯纂修:《(道光)厦门志》卷十五,《俗尚》,道光十九年(1839年)刊本。
⑥ [清]周凯纂修:《(道光)厦门志》卷十五,《俗尚》,道光十九年(1839年)刊本。
⑦ [清]彭衍堂等修,陈文衡等纂:《(道光)龙岩州志》卷四,《学校志》,道光十五年(1835年)修,光绪十六年(1890年)重刊本。
⑧ [清]刘昫纂修,赵良生续纂修:《(康熙)武平县志》卷十,《艺文志》,据民国十九年(1930年)钟干丞铅印本影印。
⑨ [清]王廷抡:《临汀考言》卷六,《详议》,《谘访利弊八条议》,康熙三十九年(1700年)刻本。

张,俯首喘息,推原其故。①

台湾府亦批判讼师,称:

> 台地此风尤盛,翻百余年之旧案以为冤甚覆盆,联数十辈之姓名以为事出公论。树空中之楼阁,笔快于刀;起平地之风波,身都是胆。豪恶中有犯此者,重则详褫请斥,次则书其名字于街弹碑,以为蠹民害政者戒。②

上述言论的普遍存在,彰显了清代福建省讼师唆讼的普遍性。讼师能够广泛介入民众诉讼,与清代福建省普通民众的知识水平有限,官府却对状纸字数与格式有明确要求等情况直接相关。但代理词讼带来的经济利益,是讼师屡禁不绝的最主要原因。龚汝富的研究指出,讼师"以各种身份及存在方式活跃在诉讼展开的每个环节",如于书铺代写词状,于酒肆茶楼包揽词讼,于歇家打点衙门,于衙门周围"垄断"讼事等,每个环节均能获取一定的经济利益。③康熙年间王廷抡任汀州知府时,处理多起讼师唆讼案件,讼师借讼渔利十分典型。如康熙三十五年(1696年),宁化县民朱取杀死曾士才,曾家移尸抄抢朱家,朱章、朱献因为无辜被牵连,继而赴县上控。讼师伊奎遂于二姓中调停,希图从中攫利。曾姓不听从调和,直接上诉至汀州府。朱姓为救朱取,求助伊奎,伊奎为此多方恐吓朱姓,先后令朱章、朱献向族人筹款,并令其变卖田产,获取一百二十两银子。之后,伊奎又多次迫使朱章等向族人收取讼费,"尽饱其腹"。甚至逼朱取妻子改嫁,朱取妹妹出嫁,并将彩礼钱占为己有。五个月间就从朱家获得银两"二百九十两",除了在县候审饭食及解审途中往返盘费共用去银子八十两之外,其余二百一十两银子都被伊奎占为己有。而朱取明知被骗,却"因身系囹圄,不敢轻举,是以饮泣吞声"。④

包揽词讼带来的可观经济利益,让很多讼师即便明知唆讼会被官府处罚,但还是铤而走险一试。

(四)民众因好气使性与贪小利而兴讼

上述的胥吏、讼师、贪官等人群是引发民众兴讼的外在因素,普通民众会被煽惑,甚至无理上告,还源于其自身的好气使性与贪小利的性格弱点。

---

① [清]陈盛韶:《问俗录》卷三,《仙游县》,《师傅》,道光十三年(1833年)刊本。
② [清]吴子光:《台湾纪事》,收录台湾银行经济研究室编:《台湾文献丛刊》第三十六种,台北:台湾银行经济研究室,1959年。
③ 龚汝富:《明清讼学研究》,北京:商务印书馆,2008年,第63页。
④ [清]王廷抡:《临汀考言》卷十一,《审谳》,《宁化县民伊奎诈欺取财》,康熙三十九年(1700年)刻本。

因为好气使性，许多普通百姓容易情绪激动，激发争端。清人称，闽民"遇事辄与人忤，有少忿必争，争不胜必讼，讼不胜不休，必得其人慴服而后快"①。清人论起长乐县械斗之风，也称"械斗之端，多起于拦抢，或因一人之事迁怒通乡，或因一时之争结衅数载，狭路相逢，辄遭毒手，私刑吊拷"②。因为贪小利，许多普通百姓喜欢小事闹大，重利轻义，也容易激发甚至扩大争端。光绪《漳州府志》作者称，"讫其余词状，亦有只是争竞些少钱米田宅，以致互相诬赖，结成仇雠，迷失邻里之欢，且亏廉耻之节，甚至忘骨肉之恩，又甚则犯尊卑之分"③。

尤其是地方豪强与地方无赖，更是倚讼攫取不利之财。一旦乡民不遂其愿，"辄出一牒投官，又得狐鼠为之羽翼"④，准备以讼累拖垮乡民，乡民无奈妥协，破财消灾。此辈还常藐视官府权威，遇事则"轻辱官司，公肆咆哮，把持告讦，无所不至，始则诡名下状，终则将身藏闪，及至州县察其欺诈，追捕紧急，则便闭门聚众，持杖斗敌"⑤。如果事情愈演愈烈，莠民甚至闹署逼官，⑥越诉讼官。官吏总是感叹，要除冤狱，必"锄豪右奸宄"⑦。各地官绅批判此类豪强与无赖的言论十分普遍，同治年间游历福建多时的浙江庠生施鸿保就说：

地方恶少，游手觅食，讹索诈骗，官法惩之。不悛者，律称地棍。吾乡谓之聊荡，言无聊赖好游荡也。亦曰滥聊，则尤甚之词。江南人谓之泼皮，亦曰赖皮。江西人谓之棍，亦曰老表。广东人谓之滥仔，亦曰泥腿。盖皆古人所称破落户也。闽中上诸府谓之打溜，亦曰搭流；下诸府谓之阃棍，亦曰匪仔。兴化人又谓之狼狗，言凶如狼，贱如狗也。惟福州人谓之

---

① 陈庆镛：《陈生润渠殉难纪遗》，[清]万友正纂修，黄家鼎纂：《(乾隆)马巷厅志》，《附录中》，乾隆四十二年(1777年)修，光绪十九年(1893年)补刊本。
② 孟昭涵修，李驹等纂：《(民国)长乐县志》卷三十，《杂录》，民国六年(1917年)福建印刷所铅印本。
③ [清]李维钰、沈定均续修，吴联薰增纂：《(光绪)漳州府志》卷三十八，《民风》，光绪三年(1877年)芝山书院刻本。
④ 陈荫祖修，吴名世纂：《(民国)诏安县志》上编卷一，《天文·民风》，据民国三十一年(1942年)诏安青年印务公司铅印本影印。
⑤ [清]彭衍堂等修，陈文衡等纂：《(道光)龙岩州志》卷十，《政绩志》，道光十五年(1835年)修，光绪十六年(1890年)重刊本。
⑥ [清]盛朝辅等原修，李麟瑞等增修：《(光绪)光泽县志》卷一，《时事表》，光绪二十三年(1897年)刊本。
⑦ 李懋桧：《明令章廷训重建三坛碑记》，[清]庄成修：《(乾隆)安溪县志》卷十一，《艺文上》，厦门：厦门大学出版社，2012年。

野仙,亦曰罗汉脚,其义乃不可解。①

为了减少百姓因为好气使性及贪小利而滋扰讼端,地方志作者总是劝谕乡民"毋犯嚣凌之戒,毋蹈纵恣之愆,毋肆一念之贪遂成抢夺,毋逞一时之忿致启纷争,毋因贫富异形有蔑视之意,毋见强弱异势起迫胁之心"②,希望通过道德劝谕,减少百姓争利行为。但如前文所述,在清代福建省人地矛盾紧张带来的严峻生存危机的大背景下,要以道德约束百姓利益竞求,不仅难度很大,且效果也日渐一般,清代福建省地方志作者常见"厚古薄今""世风日下"感叹也是这一背景下的无奈言辞。

四、国家政策的"反效应"

国家政策直接影响百姓生活,古谚称:"朝廷一点墨,清早起来跑到黑。朝里一张纸,天下百姓忙到死。"③百姓受国家政策支配的同时,亦会反向利用国家政策,钻法律、制度之空,倚法谋私利。下文举两个例子说明。

（一）重视命案政策的反利用

清代对命案处理高度重视,制定了一整套自动覆转、秋审、皇帝勾决相互配合的严格的审案程序。④且命案审理不仅可以于非放告日鸣锣请求官理,且办理过程中不准民间私和。乾隆中叶法学家王友槐撰写的《办案要略》记载道,按照大清律例,命案私和、诬告均应受到严格处罚,他说:

> 命案有并未报官私自掩埋者,或经访闻,或尸亲告发,如审有谋故斗殴重情,则先开棺验明尸伤,若尸久腐烂无从相验,即叙明凶犯证佐各供通详请检。如审无别故,尸亲狡供不服,即令尸亲指明伤痕器械,取具切供甘结,然后开棺验尸,有伤则究明正凶详报,无伤则将尸亲坐诬。至死者年久无凭相验,或系原被在外张扬以致访闻,则将原由叙明讯取切实各供详明开检。⑤

可见,清廷及各级州县十分重视命案审理,各级州县也多将"州、县所司,

---

① [清]施鸿保:《闽杂记》卷七,《恶少异称》,福州:福建人民出版社,1985年。
② [清]彭衍堂等修,陈文衡等纂:《（道光）龙岩州志》卷四,《学校志》,道光十五年（1835年）修,光绪十六年（1890年）重刊本。
③ 何学威编著:《中国古代谚语词典》,长沙:湖南出版社,1991年,第50页。
④ 茆巍:《清代命案私和中的法律与权力》,《社会科学研究》2016年第4期。
⑤ [清]王又槐:《办案要略》,《论命案》,光绪十八年（1892年）浙江书局刊本。

不外刑名、钱谷。而刑名之重者,莫若人命"①的治理经验视为州县政务准绳。

正是清廷与各级州县对"人命"与"户婚田土"案件的差别待遇,人命成了民众反抗地方官不理细故的策略,希望用"命"唤起官府的重视,换来与官府的对话,于是图赖案件层见叠出。加上清代福建省风水观严重,闽吏与民众对"命"的敏感度更强烈,所以表1-6显示图赖成了清代福建省最常见的四大诉讼类型之一。也就是说,民众面对国家政策并非简单地被动接受,而是会据当地情况,反向理解与利用国家政策。

图赖案整理过程中,我们还发现,反向利用清廷重视命案政策的不仅有民众,还有负有执法责任的官府。因为民众一旦图赖,尸亲可能舍正犯而牵控殷实富户,富户为了免受牵连,可能不断上贿官吏以求免,结果恶吏可借此肥己。这一客观得利也让不少官吏喜欢办命案,道光年间历任福建建阳、古田、仙游、诏安知县的陈盛韶就说:"然漳泉作宰,不准图赖系命案,则良田变为石田,丁胥皆垂首丧气,啧有烦言,非主人把握先定不行也。"②云霄县亦称"云霄向来命案五六日一报,或一二日一报,而实真命案少假命案多耳"③,究其原因,是因为一旦诬富图赖,尸亲"利其赔赃",差役"利富户之可勒索",官吏"亦利富户之可以勒索"④。所以清代福建省诬富案件屡禁不绝,同样成了该地一大特色。

(二)"限制妇女诉讼"政策的反利用

清代从中央到地方都希望妇女能够守礼节,远离诉讼。道光十年(1830年)周凯任福建兴泉永道,提倡"妇女……以见客为耻,道路遇官长,背身远立,在家起避未见当门倨坐也"⑤。一旦妇女涉讼,一登公堂,"便损其一分廉耻"⑥,不少女性因为颜面损失而轻生。时人曰,女性涉讼,"不死于拘挛桎梏

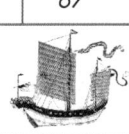

---

① [清]田文镜:《钦颁州县事宜》,同治戊辰(1868年)首夏江苏书局重刊本。
② [清]陈盛韶:《问俗录》卷四,《诏安县》,《作饷》,道光十三年(1833年)刊本。
③ [清]薛凝度修,吴文林等纂:《(嘉庆)云霄厅志》卷二,《学校》,嘉庆二十一年(1816年)修,民国二十四年(1935年)重排印本。
④ 薛凝度:《云霄命盗杂论》,[清]薛凝度修,吴文林等纂:《(嘉庆)云霄厅志》卷三,《命盗》,嘉庆二十一年(1816年)修,民国二十四年(1935年)重排印本。
⑤ [清]周凯纂修:《(道光)厦门志》卷十五,《俗尚》,道光十九年(1839年)刊本。
⑥ [清]王景贤:《牧民赘语》,羲停山馆集本。

之时,而死于羞愧悔恨之后"①。加上即便妇女遣抱告②上控,官吏理案亦有诸多不便,时人称:

> 妇女控案,收词时总云夫病子病,或夫与子被人殴伤,逼逃在外。集讯之下,必系极无理之事。抱告又系极老极幼之人,无从处治。倘若不接呈词,拦舆哀告。勉强批理,总不投审者,十有八九,一纸伪词冤苦百姓甚矣。③

所以,面对妇女控案,官吏总是提醒自己慎重办理,称"事涉妇女,尤宜详审,非万不得已,断断不宜转传对簿"④,或"案关妇女,不轻传到,细故尤不轻用刑,以为笞杖之痕,终身留玷"⑤。也就是说,清律及地方官的种种顾虑给了妇女某些身份特权,让其涉讼时可以免到堂,甚至减免刑罚。于是民众(包括妇女本人)利用女性身份特权,不断蚀法侵利。中国第一历史档案馆藏的清代"刑科题本"(福建卷)记载了大量清代福建女性主动、被动涉讼的案例,可倚此分析妇女及社会其他人群反利用国家政策展开私利竞求的行为。

首先,女性积极主动上诉。

如道光二十四年(1844年)江西宜黄县民妇黄邹氏的诬告案。黄邹氏称,夫兄黄东阳在福建崇安县租赁暨姓房屋开张茶栈,暨姓借端勒借,黄东阳故后,监生吴加牛贪业,贿串暨丕熙等纠众凶殴,匿约捏控,县受贿不察,将伊夫黄茂采押追毙命,尸棺无着。府提集人犯,审讯结果却是黄东阳、黄茂采乃拘案押追时因病取保身故,官衙亦无贿断。府将讯断结果对质黄邹氏时,"黄邹氏任意狡辩,坚称所控属实",府继续访查,查出有监生张廷珍从中教唆,于是褫革生员,并对质黄邹氏,"该氏仍不服输,且以黄茂采尸棺无着狡辩"。为了查明真相,福州府知府参与研讯,"黄邹氏仍执有京控原词,坚不承招,诘以所告各情有何证据,该氏又不能指出,惟称并无诬告等语",官衙只好以"该氏恃

---

① 李渔:《详刑末议》,[清]贺长龄编:《皇朝经世文编》卷九十四,《刑政五·治狱下》,光绪十七年(1891年)上海广百宋斋桥印。

② 大清律例规定,生监、妇女、老幼、废疾等几类主体在诉讼时,均需由其族属或家丁代为呈告,此制度称"抱告"。

③ 缪嘉誉:《崇阳客问》,[清]盛康编:《皇朝经世文续编》卷二十六《吏政九·守令下》,光绪二十三年(1897年)思刊楼刊本。

④ 汪辉祖:《佐治药言》,[清]贺长龄编:《皇朝经世文编》卷二十五,《吏政十一·幕友》,光绪十七年(1891年)上海广百宋斋桥印。

⑤ 欧阳佣民修,陈衍纂:《(民国)闽侯县志》卷六九,《列传五下》,民国二十二年(1933年)刊本。

妇逞刁,援例拟详请勘奏"上报。①

刑科题本中还保留了不少女性逼男性做抱告、京控的案例。如嘉庆十四年(1809年)安溪县民妇许李氏呈控伊夫、子先后被许宅等殴毙一案,许李氏不仅架构案情,且"逼令儿子许玩赴京递呈",其子供称"伊父许哄身死时,年才五岁,不知细底,实系伊母许李氏逼令作抱告京控,并非自己主意"②。另外,许多案件虽然未用到"逼"的字眼,但确也是妇女遣子、孙或邻做抱告京控,这类案件更为常见。

清代福建省女性积极涉足,甚至出现了所谓的"女讼师"。嘉庆初年李殿图治闽期间,"访得省垣有寡妇党,以告讦为生涯,甚或投认蠹役土棍为干女,以肆蛰毒"③。这类女性不仅能言巧辩,且与衙役勾结,欺诈乡民。如李殿图处理的李潘氏,在第二任丈夫死后,逼走丈夫弟弟,占据族产,并与衙役陈姓勾结,逃避官府追捕。在行迹败露、被捕后,巧言善辩,希图脱罪。李殿图对审讯过程记载如下:"诘以何与某役同居,则云与役母作伴。诘以役母何在,则称前年亡故矣。诘以屋止一间,氏与役夜间如何回避,乃各辞诎。"④案件中李潘氏不仅不怕官,且能言巧辩,"恃妇逞刁",体现了刁妇对自身身份特权的反利用。

其次,妇女被唆使上讼。

女性可以利用法律怜悯弱者的特点,减轻刑罚,许多人即倚此制度规定,遣妇女上诉。如嘉庆二十三年(1818年)军配刘儒恒控诉县令一案,缘于刘儒恒生前私开小押典质杂物,二十二年(1817年)三月七日张满仔携有布短衫一件,想向刘儒恒典当三百文,刘儒恒不允,其子刘荣与满仔扭打,被殴,后来县役赶至,一同劝阻,刘荣斥责其他县役帮护,县役不服,拳殴刘荣,刘儒恒即以殴抢等情禀县。县验明伤,斥责刘儒恒妄控,刘儒恒又添砌该府回护情词,令妻汪氏赴督臣衙门翻控。⑤ 还比如嘉庆二十二年(1817年)宁化县民妇徐李氏京控一案,府县再讯的结果却是徐协宗、徐超宗往赴徐荣悬祖坟拾柴,被徐荣

---

① [清]刘鸿翱:《奏为京控案件原告江西宜黄县民妇邹黄氏诬告拖累,固执逞刁,众证确凿,循例定拟事》,道光二十四年十二月初八日,档号:04-01-01-0818-024。

② [清]史致光:《奏为遵旨查明安溪民妇许李氏呈控伊夫子先后被许宅等殴毙该县受贿案,依律分别定拟事》,嘉庆十四年三月二十八日,档号:04-01-01-0592-005。

③ [清]黄贻楫编:《李石渠先生治闽政略》,光绪六年(1880年)晋江黄谋烈梅石山房木活字印本,第50页。

④ [清]黄贻楫编:《李石渠先生治闽政略》,光绪六年(1880年)晋江黄谋烈梅石山房木活字印本,第50~51页。

⑤ [清]史致光:《奏为遵旨审明军配刘儒恒生前禀控福安县令挟仇重责及在押身死一案,按律定拟事》,嘉庆二十三年十一月二十四日,档号:04-01-01-0583-019。

悬喝阻,徐超宗因未拾到柴,怕回家遭继母詈骂,即逃往山内稻草堆,夜深被虎食残。徐兴赞见徐超宗血衣,知被虎食,欲令徐荣悬之父出钱文收敛埋葬,徐荣悬拒绝,徐兴赞即唆使徐李氏翻控①等。

王廷抡的《临汀考言》也记载了数起讼师借用妇女身份滋讼案件。如康熙三十四年(1695年)上杭县民曾荣兰曾为林宗玉盖造土楼,后曾荣兰前往广东,其妻陈氏向宗玉索取工资,宗玉不给,陈氏遂持毒草登门,以图赖相威胁。宗玉与陈氏二人扭打,弄坏陈氏裙子。宗玉妻子给陈氏银两与裙子,希望平息争端。宗玉却认为陈氏拿来的草只是为了恐吓他们,未必有毒,"夺而食之",次日殒命。宗玉儿子林瀚将事情告知丘娄上,丘娄上唆使林瀚控雪父冤。林瀚认为事情源于父亲自己误食断肠草,不欲兴词构讼。丘娄上反而前往曾荣兰家,要荣兰取银两与裙子,控诉林瀚强奸陈氏,曾荣兰亦不敢虚词诬告。丘娄上与讼师丘品上勾结,"先捏乡约具词禀报人命,继唆荣兰出名告林瀚以强奸、陷父,迫之以不得不告之势",最后从两造中攫取钱财。② 案件中,丘娄上多次利用陈氏女性身份架构讼起原因,是以妇女为武器进行诉讼的典型体现。

所以,清代妇女有可能已经积极投身法律领域。但是面对妇女积极涉讼,清代官吏多不愿多花笔墨描述。因为如果传统印象中的"爱颜面""深居简出"的女性都可以公然出入公庭,且与男性、社会对抗,官吏极容易因此被清廷责备为治理不善、化导风俗失败,进而影响考成。所以在妇女积极涉讼面前,官吏常常淡化处理,或者突出其背后的男性唆使,麦柯丽(Melissa Macauley)即称,官员的这种态度不一定是在刻意回避,而是"他们是在以一种惯用的只字不提的缄默来处理的"③。

综上所述,民众面对国家政策,并非被动接受,反而积极利用制度规定与国家实现互动。这种国家政策的"反利用",给地方社会带来了截然不同的两面影响。一方面有利于弥补中央法的不足,解决争端,保障百姓生存资源,改善基层民众生存处境。如前文提及的对清廷与地方州县的"重命案"政策的正确利用,会引发清廷与地方政府重视地方细故的处理,一定程度上纠正"细故不理"的基层普遍做法,有助于实现"法"为民服务。但另一方面,地方恶吏、土

---

① [清]王绍兰:《奏为审明宁化县民妇徐李氏遭报告徐宗煖京控徐荣悬扎死徐超宗,该县不为拟抵案,按律定拟事》,嘉庆二十二年五月二十八日,档号:04-01-01-0573-037。
② [清]王廷抡:《临汀考言》卷十一,《审谳》,《上杭县讼师丘娄上等赃罪》,康熙三十九年(1700年)刻本。
③ [美]麦柯丽:《挑战权威——清代法上的寡妇和讼师》,高道蕴、高鸿钧、贺卫方主编:《美国学者论中国法律传统》,北京:清华大学出版社,2004年,第578页。

棍、势豪、刁民等一味地钻法律制度空子,蚀法谋利,却也加剧了普通百姓的讼累,且不利于地方社会的有效治理。

第四节　小结:清代福建省诉讼环境再思考

清代福建省诉讼实态与讼起原因的实证分析可见,与全国相比,清代福建省的诉讼类型与讼起原因有共性之处,也有地方特性可循。既然清代福建省大量讼争相关文献频繁出现的"健讼"批判很难真实反映地方社会诉讼实态,那么清代福建省到底是"健讼社会"还是"寡讼社会"呢?对此我们很难做出一个明确的定量回复,但不可否认的是,相较于前代,清代福建省绅民的法律行为确实增多了,只是积极利用法律与"健讼"中间并不能简单画上等号,且其社会意义完全不同。

首先,清代闽地诉讼日多,但仍是围绕"生存资源"而讼。

清代福建省人口基数普遍增长,据梁方仲先生研究,清顺治十八年(1661年),闽省人口密度为每平方公里12.48人,咸丰元年(1851年)则已经上升到172.31人,是原数的14倍。但田地数却并没有依此幅度增长,明代弘治年间福建省有耕田1351多万亩,清代咸丰元年(1851年)却只有1306万亩。① 人口的膨胀与土地资源的不足,必定会引发更多生计问题。为了争夺土地,田土纠纷自然频发。已有土地不足的情况下,沿海府县还会大量争夺滩涂这一额外增加的土地,进而引发了更多的田讼,漳州府即称"闽海滨犬牙争狺,至纷斗相贼杀,又莫如埭田"②。这也是表1-6显示的福州、漳州、泉州等地田土诉讼尤其多的重要原因之一。

可见,虽然清代闽地诉讼数量较前代增多了,但这却是人口膨胀后争夺生存资源的结果。且伴随着人口总数的增加,人均诉讼数量却不一定呈现大规模增长。当然,因为目前存留的资料的限制,我们很难对地方社会的诉讼规模做出精确判定,也很难对人均诉讼数量做出估摸,但不管清代闽地人均诉讼数量是否增长,其诉讼的主要目的还是生计。即使是地方官深恶痛绝的图赖案件,也多与"贫"直接相关,《福建省例》即称图赖乃"半为饥寒所迫,半由恶习所

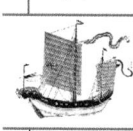

① 梁方仲:《中国历代户口、田地、田赋统计》,北京:中华书局,2008年,第272页。
② [清]魏荔彤修,蔡世远等纂:《(康熙)漳州府志》卷十一,《赋役》,康熙五十四年(1715年)刻本。

移",是清代闽省"生齿日繁,生计日蹙,富者朘削积委而罔知任恤,贫者穷极愁苦而无可告诉"①的结果。为生计而讼,还是符合"户婚田土"的诉讼范围,此时民众的法律行为还是合情合理合法的。所以,诉讼数量增多并不简单等同于"健讼"。吴佩林的研究也指出,健讼与无讼"实则是一个话语的表达,官方及书写者关于'健讼'的描述与'无讼'一样,是一个基于道德和现实层面的价值判断,它并非指可以测算的诉讼规模"②。但是只要绅民诉诸公堂,自然破坏了儒家官吏一直推崇的"和为贵"的社会秩序建立原则。且为生计而讼,又破坏了儒家"重义轻利"的道德典范,结果官吏自然大量批判民众求法行为。加上明清以来,福建省商业化倾向日渐明显,儒家伦理道德在福建省的约束力也相对减弱,福建省商民围绕自己经济生活,总有不断的"争利"事件发生,而这在传统儒家官吏眼中,就是"健讼",于是普遍的"闽人喜讼"言辞自然出现,但这种批判对民众而言,是有失公允的。

其次,清代闽地诉讼日多,也是清代法律建设日益发展的结果。

虽然诉讼数量增多并不简单等同于"健讼",但却可以认为清代闽人法律意识明显增强了。因为面对纠纷,民众并非被动接受,而是会有意识地选择究竟是要接受乡民调解、民间惯习仲裁,还是直接武力冲突,或者诉诸中央法。最终表明,在清代的福建省,法律已经能够成为绝大多数百姓争取的资源之一。因为相较于地方调解、地方惯习等多元化的民间纠纷解决方式,法律的权威性会被更多人认同,这本身就是中央与地方政府法律建设的最主要目的之一。只是民众的这种法律意识增强,很少能给中央与地方官衙自豪感,认为自己"送法下乡"的努力取得成功。相反,这种积极利用法律的行为更容易成为民刁、民风变坏的证据来源。这也说明了历来文献的"(民)愚而讼""民风刁悍"解释讼争的说法并不确切,绅民能够诉诸法律本身即是其文教水平、法律意识增强的客观体现。明白了这点,我们就更能理解为何清代福建省社学最集中的福州、泉州、漳州府,也同时是讼争频发区域。

所以,如果说民众积极诉诸法律的行为称得上"健讼"的话,那"健讼"并不是一个贬义词。因为相较纯粹的械斗、命案,它更不易对地方社会的稳定造成冲击。但毕竟理讼的过程让官吏疲于奔命,且承担着影响仕途生涯的风险,所

---

① 台湾银行经济研究室编辑:《福建省例》卷二十八,《刑政例下》,《禁服毒草毙命图赖》,南投:台湾省文献委员会,1997年。

② 吴佩林:《清代地方社会的诉讼实态》,《清史研究》2013年第4期。

以地方官会本能地排斥"诉讼",结果留在文书上的即是大量的"健讼"文字。"健讼"只是表达了地方官的批判意向,其对社会发展并非毫无益处。因为它能给地方社会与清廷的治理方针与制度调整提供较好的时机,也为地方官社会治理能力的提高提供了绝好的"实习机会",其对社会进步不无益处。所以清代闽省虽然"健讼"不断,但地方社会同样可以照样运转。

第二章

从官吏抱怨看州县制度缺陷对地方司法实践的影响

——以清代"治闽政书"为中心的考察

有清一代,州县官承担着地方社会治理全责,实在是"一方之民命,俱在此人身上"①。地方行政大权的把握,让不少官吏找到"权力寻租"之道,努力保持自己仕途晋升。但在清代闽吏文集中,我们却看到了"治闽伤身""官累求卸""视治闽为畏途"的闽吏形象。初遇此类"官累"文字描述,颇觉矫情,以为"官累求卸"或"因病求卸"只是官吏的牢骚之语,或者官吏以退为进的官场周旋技巧。但有清一代,清廷对官吏的任期考核及告病请辞都有严格的制度规定。如果官吏诈病,罚俸、降职将紧随而来。所以,清代闽吏文献中留下的大量的"伤身""患病""请辞"言论应该不是不痛不痒的抱怨之举,而是以卸任为目标的请求,其背后折射了清代福建省地方官吏艰难的生存状态与海疆社会治理的诸种难题。此海疆治理困境又进一步影响了闽讼处理及官吏对清代福建省诉讼环境的评价。

本章所涉"治闽政书"包括治闽官吏的政事集、政府公牍、官员文集及风俗录,时间涉及清代前期、中期、后期。具体而言,主要包括以下文献:《按闽奏议》(朱克简,顺治朝)、《东宁政事集》(季麒光,康熙朝)、《临汀考言》(王廷抡,康熙朝)、《闽政领要》(德福,乾隆朝)、《李石渠先生治闽政略》(李殿图,嘉庆朝)、《泉漳治法论》(谢金銮,嘉庆朝)、《问俗录》(陈盛韶,道光朝)、《舌击编》(沈儲,咸丰朝)、《王靖毅公年谱》(王懿德,咸丰朝)、《斯未信斋文编》(徐宗干,道咸时期)、《桐轩案牍》(程荣春,咸同年间)、《泉俗刺激篇》(古丰州人,光绪朝)等。此外,还参考了清代官箴书及经世文编,希望通过官吏的闽讼难理、闽

---

① [清]王景贤:《牧民赘语》,羲停山馆集本。

政刁败的抱怨文字,思考地方州县运作的内在问题,及其对地方司法实践的影响。

第一节 "治闽政书"研究区域司法实践的意义

一、作者群体与词讼起灭的多重关系

康熙名吏李光地说,"吏治民生之要,莫如钱粮刑名二事"①,虽然刑名、钱谷于地方政务中孰轻孰重并无一定标准,但对照地方官应办的刑名与钱谷事项,刑名事件远多于钱谷,且钱谷中的"盗买""盗卖""争地""钱债""争产""找价"等项最终亦属刑名范围,②所以说"讼狱乃居官之首务"③。具体而言,官吏在讼案中的角色主要有以下几种:一是循吏化导风俗,减少讼争;二是劣吏怠讼,细故滋成大案;三是官吏不才,滋长讼风;四是官吏蚀法,以律杀人。讼争处理情况,直接关系地方官考成与地方社会治乱,为何官吏面对讼案仍怠慢不理,甚至制造冤狱,扩大讼争?官吏与讼案关系的分析能更好地透视地方司法实践问题。

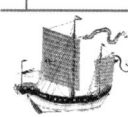

(一)循吏化导风俗,减少讼争

有清一代,闽吏普遍批判漳泉民风刁悍,咸丰年间徐宗干治闽时却感叹,漳民虽俗悍难驯,却畏长官,长官治理应讲究策略,"须先攻其心,而后绳之法,如专事严酷,愈以激其犯上作乱之气"④。认为只要官吏尽心办实事,民众自会敬官、爱官,治理效果事半功倍,即"官尽一分心,民已说十分好,愈难治愈易见效"⑤。咸同年间程荣春治理福宁府期间,亦称州县贤,民必亲之,犯上作

---

① 李光地:《请严定承审命案处分疏》,[清]贺长龄编:《皇朝经世文编》卷九十三,《刑政四·治狱上》,光绪十七年(1891年)上海广百宋斋桥印。
② [清]不著撰人:《外官新任辑要》,《刑名应办事件》《钱谷应办事件》,清钞本。
③ [清]郑兆瀛编:《慎刑篇》,《慎讼狱说》,民国二十年(1931年)刻本。
④ [清]徐宗干:《斯未信斋文编》卷三,《官牍》,《上刘玉坡制军书》,咸丰五年(1855年)刻本。
⑤ [清]徐宗干:《斯未信斋文编》卷六,《官牍》,《与门人王子勤》,咸丰五年(1855年)刻本。

乱之事必不敢兴起。①俟其移任泉州府后,再叹"县令必得其人,乃可防患于未发"②。因为循吏当政,会实心为民办事,以求问心无愧。徐宗干治理台湾府时,即感叹"升官不难,而去官难,去官何难,难在去之而心安理得耳"③。王廷抡治理汀州府时,也称为政时"凡有益于郡民者,莫不尽心力而为之,每视郡事一如家事,不敢稍存怠忽之念,兢兢焉惟恐上负吾君,中负吾亲,下负吾民也"④。

本书第四章将借用雍正年间徐士林任职汀漳道,康熙年间王廷抡任职汀州府知府的理讼经历,以具体实例进一步展示循吏如何化导风俗,减少讼争。

(二)劣吏怠讼,细故滋成大案

民间纠纷多缘起于户婚田土等细故,难以进入地方官理讼视野,地方官吏因此怠讼普遍。同治年间缪嘉誉感叹百姓诉讼之难,称:"竟有控经三五任,未得一讯。当被告数年,从未见官者,理词讼之难如此。"⑤《福建省例》亦批判闽吏多怠讼,曰:"无如闽省州县,办事每多迟玩,其借称犯病,希图延案之弊,恐不能免,以致重案人犯,报病之文无日不有,诚如宪批,相习成风,牢不可破,实属不成事体。"⑥官吏怠讼对地方社会产生不少负面影响。

首先,民众废业失时,讼累加剧。

雍正十二年(1734年)徐士林治理漳州期间,不断批判县级官吏办案拖延,如陈日驹告陈长人占夺塘田一案,历经八年;⑦余份告张起明夺房产一案,

---

① [清]程荣春:《桐轩案牍》,《禀覆饬查所属贤否,请容详察密挈》,福建师范大学图书馆抄本。
② [清]程荣春:《桐轩案牍》,《禀请饬原署吴令接署或遴员委署》,福建师范大学图书馆抄本。
③ [清]徐宗干:《斯未信斋文编》卷四,《官牍》,《答王素园同年书》,咸丰五年(1855年)刻本。
④ [清]王廷抡:《临汀考言》卷一,《碑记》,《重修万魁塔记》,康熙三十九年(1700年)刻本。
⑤ 缪嘉誉:《崇阳客问》,[清]盛康编:《皇朝经世文续编》卷二十六,《吏政九·守令下》,光绪二十三年(1897年)思刊楼刊本。
⑥ 台湾银行经济研究室编辑:《福建省例》卷二十八,《刑政例下》,《承审命盗重案,不得借扣犯病日期咨展》,南投:台湾省文献委员会,1997年。
⑦ 陈全伦、毕可娟、吕晓东主编:《徐公谳词》,《陈日驹告陈长人案》,济南:齐鲁书社,2001年,第449页。

案经十年,历任四个县令①等。咸丰年间徐宗干治闽,亦不断控诉地方衙门怠讼,称:"(案件)历控各衙门,呈词前后已百数十纸,枝节横生,纠缠未了。"②案件拖延不结,导致"两造经年累月,骨尽皮穿"③,滋扰讼累。这一现象在全国各地普遍存在,乾隆进士周锡溥称,民众一旦涉讼,即"日聚数十人于市而食,废三时之农功而无所告诉也,不幸官又他出,则不得不归,甫及门而催差在户矣"④,只能再次奔赴衙门。

基层官吏怠讼,民众只能越诉至省、府衙门,以求公正审理。结果每控及一层官吏,即须请讼师写状,代书盖戳,讼费层出不穷,即"承科挂号,未必无费。已递词而守候批示,岂能无费。差役执票到家,何能无饮馔馈赠之费。请公亲,延词证,又何能无往返供给之费"⑤。结果一案下来,"在城之银钱,靡费若干。在乡之田畴,荒芜无算。一讼之累,有假子钱以剂者,有鬻田产犹不能尽偿者"⑥,纵是富户也倾尽家产了。可见,讼案拖延时间越长,民众废业失时时间越长,讼累越大。

其次,滋长诬告、越诉之风。

官吏不理细故,民众只好寻求讼师帮忙,架构虚诬,或以"命"唤起官府的重视,或不断株连牵告,严重化案情以引起官府重视,结果民间诬告不断。清代福建官绅即不断批判闽民好株连牵告,如永春县称"每一状列名原被或数十人,蔓引文致不可究诘,暗弱者多为所眩"⑦,云霄县称"一行告讦,株连殆遍,

---

① 陈全伦、毕可娟、吕晓东主编:《徐公谳词》,《余份告张起明等案》,济南:齐鲁书社,2001年,第495页。

② [清]徐宗干:《斯未信斋文编》卷五,《官牍》,《争产控案判》,咸丰五年(1855年)刻本。

③ [清]万友正纂修,黄家鼎纂:《(乾隆)马巷厅志》卷十一,《风俗》,乾隆四十二年(1777年)修,光绪十九年(1893年)补刊本。

④ 周锡溥:《复秦小岘廉使论吏弊书》,[清]贺长龄编:《皇朝经世文编》卷二十,《吏政六·大吏》,光绪十七年(1891年)上海广百宋齐桥印。

⑤ 武穆淳:《劝息讼说》,[清]盛康编:《皇朝经世文续编》卷一百一,《刑政四·治狱上》,光绪二十三年(1897年)思刊楼刊本。

⑥ 武穆淳:《劝息讼说》,[清]盛康编:《皇朝经世文续编》卷一百一,《刑政四·治狱上》,光绪二十三年(1897年)思刊楼刊本。

⑦ 郑翘松纂修:《(民国)永春县志》卷二十六,《循吏传》,民国十九年(1930年)排印本。

豪恣而不可戢"①,泉州府称"俗多訐讼,片纸株连,拘为陷阱"②。小事闹大,的确让民间诉讼进入了官府理讼视野,减少了因讼废业失时的可能性,但伴随而生的诉讼成本也不断增大。毕竟官府处理细故与命盗重案所需调用成本也不同,光绪《金门志》即称:"小案票签六七名,民尚易勉强饱其溪壑。若波累命盗巨案,则全班尽出,辄破人产。"③结果,往往一案下来,"诬者抵法,被诬者家已付之乌有矣"④,讼累同样很大。

除了诬告,越诉也是民众对付官吏怠讼的常用手段。但清律规定,细故不准越过县审直接诉府,于是在讼师、胥吏的操作下,越诉与诬告杂糅,虽让民间细故讼争进入官府理讼视野,但也给普通百姓带来了无穷讼累。因为胥吏可借传票索诈,自然乐意看到民众不断越诉,甚至唆使民众"留此案根,换官再告",因为"书役多承一票,多享一票之利"⑤。这种现象在清代全国各地普遍存在,清人马相如称:

> 乃近来各省积习,非徇情枉断,任性刑求,即漫不经心,因循延搁。于命盗重案,或称人证未齐,或称供词未确,百端借口。至寻常户婚田土钱债细故,一任胥吏朦蔽,累月经年,不为审理,差役因而吓诈,讼师因而主唆。更有贪黩之吏,不分黑白,惟揣其肥瘠而搏噬之,以致小民负屈含冤,

---

① 刘庭芥:《议云霄镇事纪》,徐炳文修,郑丰稔纂:《(民国)云霄县志》卷十七,《艺文》,民国三十六年(1947年)排印本。

② [清]怀荫布修,黄任、郭赓武纂:《(乾隆)泉州府志》卷三十,《名宦二》,道光八年(1828年)补刻本。

③ [清]林焜熿修纂:《(光绪)金门志》卷十四,《风俗记》,台湾中华丛书委员会印行,1956年。

④ [清]徐观海主修:《(乾隆)将乐县志》卷一,《风俗》,厦门:厦门大学出版社,2009年。时人对诉讼的主要花费及民众的筹钱过程做过概括:"一经涉讼,往来盘费,在城饭食,及书差临时之索诈,私锁私押,百般凌辱威吓,非钱不行。有事后之酬谢,案结后仍然私押,不肯释令归家,种种花销,大约一讼之费,至少亦须数十金。而此数十金者,富民未必储之于家也,必临时借贷。彼放债者,难得仁厚之人,大率乘人之危急,多索子息,扣去本钱,往往七折八扣。良民需用甚急,图救目前之厄,不得已含泪书券。大抵讼者借得实在钱不过三五十千文,而券必浮书八九十千或百数十千不等。此债既借之后,变为附骨恶疽,偿过本钱,又将尾欠之利息卷算作本,勒令另换一券。不出十年,积至四五百金,而富民鬻产矣,产一动,不至家业尽绝不止。"详见刘衡:《蜀僚问答》,[清]盛康编:《皇朝经世文续编》卷二十五,《吏政八·守令中》,光绪二十三年(1897年)思刊楼刊本。

⑤ 缪嘉誉:《崇阳客问》,[清]盛康编:《皇朝经世文续编》卷二十六,《吏政九·守令下》,光绪二十三年(1897年)思刊楼刊本。

无从申诉,京控之案,迭见层出。①

可见,官吏的怠讼让民众要么越诉,要么诬告,甚至民间私斗,结果细故滋成大案。

(三)官吏不才,滋长讼风

地方官为政素质直接关系地方风俗化导,嘉庆时期李殿图治闽就感叹严肃漳泉官吏治理能力的重要性,称:

> 漳州与泉州接壤,风俗相同。两年之前,泉州不及漳州。兹泉郡吏治民风,远胜于前。而漳郡愈趋愈下,其咎安在?兹访闻漳郡地方官,如海澄杨令,才具虽非开展,而操守尚称廉洁。其余有始勤终怠,致失民望者;有本无才干,而又性耽安逸者;有疲软无能,受制于官亲书役者;有酷以济贪,四民怨望者;现已将贪劣任性最甚之员弁,会同督部堂参奏革职究审,惩一儆百。②

具体而言,官吏不才滋扰讼案,主要体现在以下几个方面:

首先,治狱不严,姑宽不当。

虑及多数民讼多起于一时之愤,不少官吏喜用"姑宽"判处,给乡民改过自新的机会。但如果"姑宽"不当,易给乡民带来"将来不过罚得一二百千耳,何所畏惮"③的心理暗示,反倒滋长讼风。如嘉庆七年(1802年)南安县大小姓斗风不靖,焚毁掳掠不断,其源头就是"前任率疲玩不治"。现任县令柳成梅办案只好"按律究治,不稍姑容",结果"数十年浇风得以稍戢"。④ 咸丰年间徐宗干治闽时也感悟,若面对捏砌谎词怂准之案,官吏不根究坐诬之罪,会造成诬控者以刁控为儿戏,久而久之,犯者日众。⑤ 所以,只有严格律法,治理以猛,久之才能"恶者渐向善,善者不为恶,官民渐相浃洽"⑥。县令的为官能力与素质

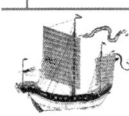

---

① 马相如:《请勒限清理积案疏》,[清]盛康编:《皇朝经世文续编》卷一百二,《刑部五·治狱中》,光绪二十三年(1897年)思刊楼刊本。

② [清]黄贻楫编:《李石渠先生治闽政略》,光绪六年(1880年)晋江黄谋烈梅石山房木活字印本,第46页。

③ [清]吴宜燮修,黄惠纂:《(乾隆)龙溪县志》卷十,《风俗》,乾隆二十七年(1762年)修,光绪五年(1879年)补刊本。

④ 苏镜潭纂修:《(民国)南安县志》卷二十,《职官志之二》,民国四年(1915年)刊本。

⑤ [清]徐宗干:《斯未信斋文编》卷六,《官牍》,《节办掳禁勒赎案札》,咸丰五年(1855年)刻本。

⑥ [清]徐宗干:《斯未信斋文编》卷四,《官牍》,《上刘玉坡制军书》,咸丰五年(1855年)刻本。

直接影响其能否在"严律"与"姑宽"中找到合适的"度",进而影响讼案后续进展与地方社会治理。

其次,以讼为利薮,不能持平。

民众遇到纠纷,常常诉诸官府,但如果官吏"不能均平",导致怨气充塞,"不但不能除盗安良,并恐地方变乱叠起"①。徐宗干即称,漳民难治,并非民刁,而是官吏以民为仇,即"漳民非不畏官也,其不畏官也,官不为雪仇,而反与之为仇,且因以为利也"②。谢金銮任泉、漳教谕时,亦感叹官吏"凡有下乡皆为得钱而来,不得钱不知有百姓也"③。结果官视民为鱼肉,民视官为虎狼,民众可能因此对官府理讼失去信心。且不少纠纷即便有了官吏判处,判词亦流于形式,不能落实地方。久而久之,民众遇到纠纷,反而乐意以民间"私了"方式解决,或直接展开民间私斗。

即便私斗酿成命案,劣吏亦不能持平处理。因为只要通过行贿,毙命灭尸者可以不到案,到案亦可以"贿以免矣"④,即"官既受其贿,则必脱其罪"⑤。结果民间私斗屡禁不止,谢金銮称之为"官不能,则移其权于民而已"⑥,其详细论述了民众寻求"私了"的心理:

夫民有屈抑则讼之官者,势也。乃讼之官而官不能治,曰犯不到案也,悍而不可捕也。捕矣到案矣,又或贿之而不持其平也,民以为信矣。官不能捕,吾将自捕之,于是乎有掳禁之事,有私刑拷掠毙命灭尸之事,以为犯罪而官不能治,则虽毙命灭尸无患也。⑦

为了肃清民众不经官府即直接私斗解决纠纷,《福建省例》不断出告示劝谕,称:

凡民间户婚、田土雀角细故,不先赴县具呈,及呈控在官,辄敢彼此互斗,应如该县所请,审明之日,将先行动手殴打之人,于该犯所住村庄众人瞩目之地,枷号一个月,取具地保收管,满日重责三十板。如该犯亦被殴

---

① [清]徐宗干:《斯未信斋文编》卷七,《官牍》,《清理积案章程》,咸丰五年(1855年)刻本。
② [清]徐宗干:《斯未信斋文编》卷四,《官牍》,《上梁楚香中丞书》,咸丰五年(1855年)刻本。
③ [清]谢金銮:《泉漳治法论》,《亲民》,1965年冬据同治七年(1868年)重刊本抄本。
④ [清]谢金銮:《泉漳治法论》,《察由》,1965年冬据同治七年(1868年)重刊本抄本。
⑤ [清]谢金銮:《泉漳治法论》,《抗官拒捕夺犯杀差》,1965年冬据同治七年(1868年)重刊本抄本。
⑥ [清]谢金銮:《泉漳治法论》,《察由》,1965年冬据同治七年(1868年)重刊本抄本。
⑦ [清]谢金銮:《泉漳治法论》,《察由》,1965年冬据同治七年(1868年)重刊本抄本。

伤,俟伤瘥之日枷责示众,至于回打之人,分别伤之轻重,情之是非,亦加重惩发落,庶顽民畏法,共知儆戒,是亦除暴安民之一道也。①

省例花费如此大篇幅禁止民间私斗,并要求闽吏严厉处置此类案件,从另一侧面印证了官吏不才导致闽省械斗不断的普遍性。

(四)官吏蚀法,以律杀人

地方官作为中央法律在地方运作的解释人,拥有法律解释权与执行权,这给其滥用法律提供了极大的便利。不管是地方志书还是治闽政书,均记载了大量官吏蚀法,以律杀人的案例。

如有些官吏,因为断谳有误,怕因此"自毁官声",就私改供语、捏造檄驳,甚至制造证据诬告乡民。如乾隆年间上杭县的顾县令误认命案,擅开民棺,见尸无伤痕,"知己误,恐刘姓以无故械良发棺上控",回署后即"密遣亲信访求沿街乞食老妇,饵以重金,使认死丐为夫,申状言夫为逆子殴死,惧罪远逃,族人畏罪蔽冤",制造冤案。②

还有些官吏因为受贿,需要包庇人犯,办案存有私心,官诬即紧随而来。为了掩饰官诬,官吏利用种种策略威逼人犯,清代长乐人郑兆瀛编辑出版《慎刑篇》一书,对官吏"刑及无辜"描述如下:

> 倘有性情执拗者;有误听左右者;有限期迫促,逼打成招者;有情面嘱托,故入人罪者;有私怨小隙,乘机下石者;有不能听讼,潦草塞责者。一时勒取口供,便欲据为铁案。每解审上官之时,不许犯人改口,官吏当堂嘱之,刑房私下嘱之,禁子于出监之时又嘱之,原差捕役解子人等,于上司挂审之时又嘱之,胁之以必不改口之威,惧之以立时置死之语。犯人一到法堂,刑具在前,虎牙在侧,惟将原问口供,背诵如流,以求稍缓须臾而已。犯人如此,上官不疑,止须数行勘语,绞斩凌迟,只在一笔间矣。③

如果受害者因此喋喋不休,官吏则刑及受害者,令其降服,即"乃有司本欲讳盗,而失主喋喋不休。有司本欲讳强为窃,而失主坚称焚杀大伙,则因强盗而刑及失主矣"④。

---

① 台湾银行经济研究室编辑:《福建省例》卷二十七,《刑政例上》,《户婚、田土雀角细故,辄敢彼此持械互斗,审明惩究》,南投:台湾省文献委员会,1997年。
② 张汉等修,丘复等纂:《(民国)上杭县志》卷卅六,《杂录》,据民国二十八年(1939年)上杭启文书局铅印本影印。
③ [清]郑兆瀛编:《慎刑篇》,《刑及无辜解》,民国二十年(1931年)刻本。
④ [清]郑兆瀛编:《慎刑篇》,《刑及无辜解》,民国二十年(1931年)刻本。

一旦官吏习惯了滥用法律,"以律杀人"即成了其最为便捷的"蚀法而又得以自保"途径,郑兆璜就感叹:"为官者,不滥受词讼,即是盛德。"①

　　以上分析可见,官吏于讼争中的角色十分多样。不管是片言折狱之循吏,还是以民讼为利薮之劣官,均在处理民讼过程中与民众频繁互动。官吏的治理经验及对不法官吏蚀法行径的批判形诸文字后,即为治闽政书的主要内容。所以说,治闽政书的资料意义,首先就在于其作者群体与词讼起灭有直接关系。

二、记载内容彰显闽地讼案处理情况

　　方志惯以"健讼""喜讼"笼统概括闽人诉讼态度,治闽政书则是感叹"积案繁多"②。但与地方志书相比,治闽政书作者在感叹之余,往往会分析积案繁多的原因,并记载闽吏的不同解决措施。

　　如面对闽省积案难除的现象,治闽政书作者首先批判闽地风俗浇漓、民风败坏。如康熙初年闽浙总督刘兆麒称,"南方风俗虚嚣,人心狙诈,诸凡遇事生风,不一而足"③,"南方风俗虚嚣,士民逞刁健讼"④。嘉庆年间李殿图也称,"闽省俗悍民刁,素称难治,地方官非贪黩虐民,即委靡自弃,不特小民无所敬惮,抑且视若仇雠,以致盗窃肆行,械斗结会等案层见叠出"⑤。特别是漳泉地区,对民风败坏的批判更多,如福建巡抚称"何为敝俗,乃萃泉漳"⑥。《泉俗刺激篇》称,泉郡"此邦人士漠然惘法"⑦。道光年间先后任职福建建阳、古田、仙游、诏安、邵武等地的陈盛韶称,"边海之难治,闽粤为最,闽粤之难治,漳泉惠潮为最"⑧。咸同年间程荣春治理马巷厅时,称"民风之顽梗,习俗之嚣凌,以

---

① [清]郑兆璜编:《慎刑篇》,《慎讼狱说》,民国二十年(1931年)刻本。
② [清]黄贻楫编:《李石渠先生治闽政略》,光绪六年(1880年)晋江黄谋烈梅石山房木活字印本,第2页。
③ [清]刘兆麒:《总制浙闽文檄》卷四,《禁逐抽丰游客》,康熙十一年(1672年)刻本。
④ [清]刘兆麒:《总制浙闽文檄》卷六,《再布告期条约》,康熙十一年(1672年)刻本。
⑤ [清]黄贻楫编:《李石渠先生治闽政略》,光绪六年(1880年)晋江黄谋烈梅石山房木活字印本,第1页。
⑥ 南靖县地方志编纂委员会整理:《清代官文范稿》,《劝禁械斗四言诗》,漳州:南靖县地方志编纂委员会,2005年,第16页。
⑦ [清]古丰州人撰:《泉俗刺激篇》,序言,福建省图书馆抄本。
⑧ [清]陈盛韶:《问俗录》卷六,《鹿港厅》,《大哥》,道光十三年(1833年)刊本。

盗贼械斗为生涯,以抗官欠银为能事,既为下游难治之区,复为通省瘠苦之缺"①。嘉庆年间担任福建省多地教谕的谢金銮称,"泉漳之民,性极拙而易怒,拙则暗于利害而无远图,易怒则不可矶也,不可矶则少屈抑而发之暴矣"②。

但与地方志有别的是,治闽政书在寻求闽地健讼原因时,除了考虑民风,更侧重从自己的治理经验出发,思考治理区域特色,总结地方治理经验。如清初朱克简巡按福建时,曾认真考察漳州府、延平府、汀州府、兴化府、泉州府、福州府的地域特色,认为福州府居上下之冲,为闽省根本,主要防御的是山寇扰民及海寇登岸掠民;③兴化府虽只辖两郡,驿站之苦及安抚战后败状是清初主要任务;④漳州府则应特别肃清衙役干扰,清保甲,办案省株连;⑤延平府则应严禁轻生之弊、埠头之弊及练总之弊。⑥

当然,多数闽吏在寻找清代福建省区域特色,并探求行之有效的治理措施时,并非一帆风顺,各种"危疆难理""土音隔阂""官累求卸"等官吏抱怨紧随而来。到了清代中后期,此类抱怨言论越来越普遍。如记录了咸同年间程荣春等官吏治闽经历的《桐轩案牍》,40余封的为政公文中,涉及"官累求卸"的多达12件;记录咸丰年间徐宗干治台经历的《斯未信斋文编》更是充满"州县难为无米之炊"的抱怨。对此类抱怨文字的分析,感受到了清代福建省地方官吏艰难的生存状态与海疆社会治理的诸种难题,此海疆治理困境又进一步影响了闽讼处理及官吏对清代福建省诉讼环境的评价,给研究者思考清代福建省区域司法实践提供了有效的地方史料来源。

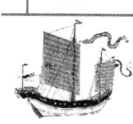

---

① [清]程荣春:《桐轩案牍》,《署马巷厅禀奏销案已垫解,赔累难支,恳请遴员接署由》,福建师范大学图书馆抄本。

② [清]谢金銮:《泉漳治法论》,《察由》,1965年冬据同治七年(1868年)重刊本抄本。

③ [清]朱克简:《按闽奏议》卷二,《福郡情形疏》,收录陈支平主编:《台湾文献汇刊》,第2辑第13册,厦门:厦门大学出版社,2004年。

④ [清]朱克简:《按闽奏议》卷二,《福郡情形疏》,收录陈支平主编:《台湾文献汇刊》,第2辑第13册,厦门:厦门大学出版社,2004年。

⑤ [清]朱克简:《按闽奏议》卷二,《福郡情形疏》,收录陈支平主编:《台湾文献汇刊》,第2辑第13册,厦门:厦门大学出版社,2004年。

⑥ [清]朱克简:《按闽奏议》卷二,《延郡情形疏》,收录陈支平主编:《台湾文献汇刊》,第2辑第13册,厦门:厦门大学出版社,2004年。

第二节 穷而求卸:海疆财政困境影响闽讼处理

"州县难为无米之炊"是清代闽吏文集最常见的"官累求卸"理由之一。以咸丰年间程荣春的《桐轩案牍》为例,12 篇求卸文字中,7 篇明白表达了作者为地方政务陷入"剜肉补疮"的财政困境,无奈只能求卸任。

一、"州县难为无米之炊"抱怨折射清代福建省的地方财政困境

以程荣春的《桐轩案牍》为例。

咸丰七年(1857 年)马巷厅署令程荣春称,地方官不是任劳任怨就能让地方治理万世太平,若没有一定的经费支持地方办公,许多地方政务无法开展。因为清代官员俸禄相对较低,平日里地方办公"公则有兵勇之费、器械之费、摊捐之费,私则有修脯之需、应酬之需、食用之需",支出款项居多,结果"计厅缺进项仅有应领捕费银二千两,而所出则不下万余金"。无奈之下,程荣春自己出资支持地方行政事务,但有限的官员俸禄又让他倍感压力巨大,称若短期在任,"或可竭蹙支持,为剜肉补疮之举",但若长期在任,必定不堪其扰。① 果然,在马巷厅任上二十一月后,已经"告贷无门","一切公私费用竭蹶不遑,无米难炊,虽欲聚精会神,为地方兴利除弊,力图整顿,而费无所出,束手焦心,因而中止"②,在"公私交困,心力难支"③情况下,只能请求卸任。

咸丰十年(1860 年)龙溪县令程锡畴也发表过类似的担忧。在龙溪县任职一年期间,他为了募勇防剿太平军,"共垫军需四万五千余两",现在"无从报销",结果"一介微员,何堪负此重累",因此希望求卸。④ 程锡畴调离龙溪县后,咸丰十一年(1861 年)十二月龙溪代理县令上台,同样要筹措兵饷,"办团练以资捍卫,联保甲以固疆围,鞿辖奔驰,不敢稍涉松懈,及经费无出,无不罗掘为之",好不容易将动乱稍微平息,但"地方未靖,民多观望,催征不前",州县

---

① [清]程荣春:《桐轩案牍》,《署马巷厅禀求卸事由》,福建师范大学图书馆抄本。
② [清]程荣春:《桐轩案牍》,《署马巷厅禀求卸事由》,福建师范大学图书馆抄本。
③ [清]程荣春:《桐轩案牍》,《署马巷厅禀奏销业已解赔累难支恳请遴员接署由》,福建师范大学图书馆抄本。
④ [清]程荣春:《桐轩案牍》,《请将垫用军需划抵奏销并附求交卸由》,福建师范大学图书馆抄本。

无米之炊现象还是没有改变,因此感叹自己自上任以来,"俭以律己,勤以奉公","惟办公之费入不敷出,挪垫之款累益加赠,竭蹶情形,委难展布",于是求卸。①

还比如同治三年(1864年)同安县代理县令②于四月十二日上任后,十二月初七日即请求卸任,理由即是同安县经费短缺,为了催粮及平息抗粮,他"调兵募勇筹办,防堵接应兵差",却又面临兵饷无从筹措,兵勇因口粮积欠不愿履职等问题,不堪重负下只能求卸。③ 咸丰末年晋江县令也称,自其上任以来,"承办来往兵差、接递军饷,及垫给防海兵勇口粮银数,已逾四万,叠次禀请经费,从无分毫给发"。所以每遇催科抚字,都是心有余而力不足,因为"官欲从严惩办,每苦经费乏资,犹虞急则生变,酿成巨衅,反蹈办理不善之愆",于是官累求卸。④

再比如咸丰年间沈储为清剿泉州府小刀会等起义,雇水陆乡勇二百名"昼夜搜巡"郡城四隅,会同营委各员"督办团练",再派兵丁"侦探贼踪",雇壮勇四百名防守扼要之处,⑤结果军费开支巨大,沈储深感"点金乏术,无米难炊"⑥。为了弥补剿灭地方动乱导致的财政亏空,沈储加紧钱粮征收工作,结果"马巷正杂丁耗额解五千八百余两,而征收不及其半,应放兵米二千七百余石,而征收仅足三分",无奈"官累求卸"。⑦

除《桐轩案牍》外,其他闽吏文集也普遍存在"州县难为无米之炊"抱怨。特别是台湾府,康熙二十三年(1684年)清政府在台湾设立一府三县,行使政权统治。台湾府诸罗县首任知县季麒光就称,其上任以来,"殚心察核,茫无措乎,正苦无征者,断难无米为炊"⑧。"孤悬海外"的地理环境,让台湾官吏对当地财政状况更为敏感,从不同侧面提醒清廷,台湾不可贫穷。如咸同年间徐宗干治台,不断感叹台湾办公经费不足,他说:

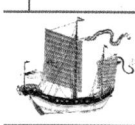

① [清]程荣春:《桐轩案牍》,《求交卸并饬新任到任由》,福建师范大学图书馆抄本。
② 查民国《同安县志》,咸同年间,册籍丢失,同安县记载不全,无法确定此代理县令身份。
③ [清]程荣春:《桐轩案牍》,《求交卸恳饬补授赴任禀》,福建师范大学图书馆抄本。
④ [清]程荣春:《桐轩案牍》,《晋江县禀苦累难支,请予卸篆委员接署由》,福建师范大学图书馆抄本。
⑤ [清]程荣春:《桐轩案牍》,《筹防办理情形禀》,福建师范大学图书馆抄本。
⑥ [清]沈储:《舌击编》卷一,咸丰三年七月□日,厦门:厦门大学出版社,2014年。
⑦ [清]程荣春:《桐轩案牍》,《署马巷厅禀求卸事由》,福建师范大学图书馆抄本。
⑧ [清]季麒光:《东宁政事集》,《覆议二十四年饷税文》,收录陈支平主编:《台湾文献汇刊》,第4辑第2册,厦门:厦门大学出版社,2004年。

> 以干一身言之,台地每年养廉止一千六百两,而职兼臬司学政谳员薪水幕友修脯,在在需资,加以船工例价不敷,兼捐养精兵各款,全恃各属旧例,致送公费应用,其实即陋规也,因不敢踵而加增,有无亦悉听其便,仅仅敷衍办公。①

因此徐宗干不停表达"台湾穷而难治",其僻处海外,一旦经费不足,只能亏挪告贷,结果加剧民穷。而海疆民众一旦穷困,要钱不要命;海疆官吏则出于经费不足,以钱了事,结果自然是一片治理混乱,即:

> 疏防之咎,参劾未定,尚在后日工食赏耗,日前别无经费。宦于海外已舍性命而来,无从亏挪告贷,只可苟且姑安。是官以穷而不能驭劫之,不能自新举之,亦复如旧,此为官之难也。事莫重于人命,而不求偿命,但求得钱,岂真重财不重命,穷到无可奈何只好要钱,不要命。且地方官不能振刷精神,为其伸冤理枉,只可以钱了之。官不知民之代为将就,以保全考成,反谓轻命重财之民不可治,甚且有此成见而亦置之不治。②

可见,一旦官民皆穷,二者不得不舍命求钱,结果官府因此激起民众反抗。一旦民众树旗反抗,官府又因为无足够的经费与兵粮而无法应对,陈盛韶即称:

> 善居官者贵而能贫,而台湾之官不可贫,台湾府尤不可贫。台地远隔重洋,海外顽民树旗分类,越数年而一见。兵马未动,粮饷先运。县库不敷支应,则取诸府库。府库不敷支应,则取诸藩库,海洋风帆潮信两相隔违,动经数月,惟府县财不患贫,兵不患寡,文武协心,可以随时惩办,不然而无米炊妇,畏首畏尾,早为外间所窥伺,势甚可虑。③

所以,台吏文集中频繁可见各种财政困境抱怨,如"台地孤悬海外,为最难治亦最易治,财用足则易,不足则难,无财可理,则无人可用"④、"各省吏治之坏,至闽而极。闽中吏治之坏,至台湾而极。然犹是民也,犹是官也,岂真无可治之民,无可用之官,而卒至束手无策者,一言以蔽之,曰穷而已矣"⑤。财政压力让台吏地方政务处理过程中,掣肘诸多,于是不断求卸。

---

① [清]徐宗干:《斯未信斋文编》卷六,《官牍》,《请加增养廉议》,咸丰五年(1855年)刻本。
② [清]徐宗干:《斯未信斋文编》卷四,《官牍》,《答王素园同年书》,咸丰五年(1855年)刻本。
③ [清]陈盛韶:《问俗录》卷六,《鹿港厅》,《判产》,道光十三年(1833年)刊本。
④ [清]徐宗干:《斯未信斋文编》卷六,《官牍》,《请加增养廉议》,咸丰五年(1855年)刻本。
⑤ [清]徐宗干:《斯未信斋文编》卷四,《官牍》,《答王素园同年书》,咸丰五年(1855年)刻本。

上述列举的形式各异的"州县难为无米之炊"抱怨,折射了清代福建省各府县普遍面临的财政困境。清代中后期为了防剿太平天国等地方动乱,地方存留比例越来越低,地方政府面临的财政困境愈加严重。但清代中前期,福建省各府县地方政府同样面临财政困境。郑振满先生的研究就指出,清前期为了解决地方财政经费不足,"福建各级地方政府一度恢复向里甲派役的做法,即由各里甲轮流承担各种额外的地方行政费用,时称'大当'之役",直到康熙后期,"这一违背'一条鞭法'原意的'大当'之役受到了严令禁止",之后福建地方政府又征收"加耗",弥补地方财政的亏空。①

紧张的地方财政压力,不仅影响了清代闽吏的理讼做法,还影响了民众的诉讼行为及国家对地方社会治理的态度。

二、海疆财政难题影响闽讼处理

(一)闽吏可能因为州县财政困境而"怠讼"

讼案的办理在在需费,以命盗案件为例,从求证到捕犯、解犯再到行刑,都需要一定经费支撑。如"求证"阶段,地方官吏除了下乡实地勘验外,还得找"线人"花钱买线索,结果"饬令重出赏格花红,购线缉拏,动辄数百两"②。确定嫌疑人后,地方官即着手"捕犯","兵勇之费"随之而来。程荣春任职马巷厅时即害怕下乡捕犯,因为马巷"一清如洗","所恃者仅一缉捕经费,而钱粮之领抵在是,捕勇之费用在是,本署捐款以及一切支应无不在于是"③。捕犯后,官吏需支付囚犯关、押过程中的各项开支,清代漳州府南靖县对此曾做过详细记录,称:"命盗犯每日每名口粮钱三十文。在府候审一个月,口粮钱共九百文,交差按日散给。在省候审两个月,共口粮钱一千八百文;包封、缴验、用印、花司、书册费银六钱正包封。系经承出自出命犯在木笼一乘抬二名,每名每日夫价钱一百二十文。"④ 到了"行刑"环节,经费开支同样少不了。清代南靖县记载,行刑时,"正剑手,每名赏银二元,一名。副剑手,每名赏银二元,一名。绑

---

① 郑振满:《清代福建地方财政与政府职能的演变》,《清史研究》2002年第2期。
② [清]褚瑛:《州县初仕小补》卷上,《毋惜赏费》,光绪十年(1884年)森宝阁排印本。
③ [清]程荣春:《桐轩案牍》,《署马巷厅禀奏销业已解赔累难支恳请遴员接署由》,福建师范大学图书馆抄本。
④ 南靖县地方志编纂委员会整理:《清代官文范稿》,《犯人解审路程口粮夫价》,漳州:南靖县地方志编纂委员会,2005年,第61页。

手,每名赏银一中元,一名。掌号赏银一中元,一名。炮手赏银二钱。府差赍文赏银四元"①。可见,历经求证到捕犯、解犯再到行刑的讼案处理,需耗费不少地方办公经费。咸丰年间给事中陈坛也曾对州县审理命盗案件的开支做过统计,称:"州县审理命盗及一切杂案,自获犯拟罪后,徒流以上,皆须招解府省,往返囚笼扛夫之费,长解差役饭食之费,省监囚粮之费,贴监差役、雇送差役饭食之费,半年不转,则一犯有数犯之费。再次审驳,则一案有数案之费。故州县每办一案,多则需四五百金,少亦一二百金。若逆伦重案,亲身解省,则需七八百金。以州县廉俸计之,每年所入,不敷办五六案之费矣。"②

频繁的理讼支出与州县财政压力之间的矛盾,让不少闽吏处理讼案时追求"无事为安"。如地方治理颇有政绩的徐宗干称自己治理台湾时,秉承的是"得忍且忍,姑求无事,为福苟安"原则。因为在地方财政压力之下,如果官吏要认真理讼,又"不肯令民间受累"③,结果只能自己赔钱,否则"缉捕之不可惜费,绳以词讼之不可累民,无非托之空言耳"④。甚至有些官吏极力劝说百姓改变诉讼类型,"命案则欲百姓私和,而盗案则欲百姓改窃,于逆伦重案亦或敢置之不问"⑤,希望将命盗案件改为州县自理的户婚田土类型,减少拘犯、押解过程中的经费开支。这些做法往往会导致错过理讼的最佳时期,结果积案繁多。徐宗干即称,州县捕盗时"一由于不耐烦,一由于惜费",导致捕务废弛。⑥即便捕盗在案,亦"虑招解之费,驳发之烦,一闻重办,先犯人而生畏矣"⑦。站在地方财政制度困境前,这些做法或许有值得同情之理,但对地方政务处理却无裨益。晚清曾于广东任知县的褚瑛就建议各省州县官,"断不可以经费无

---

① 南靖县地方志编纂委员会整理:《清代官文范稿》,《死刑犯正法事宜》,漳州:南靖县地方志编纂委员会,2005年,第81页。
② 陈坛:《请拨州县罚俸银两为解案经费疏》,[清]盛康编:《皇朝经世文续编》卷一百二,《刑部五·治狱中》,光绪二十三年(1897年)思刊楼刊本。
③ [清]徐宗干:《斯未信斋文编》卷五,《官牍》,《致兆松厓廉访书》,咸丰五年(1855年)刻本。
④ [清]徐宗干:《斯未信斋文编》卷六,《官牍》,《请加增养廉议》,咸丰五年(1855年)刻本。
⑤ 陈坛:《请拨州县罚俸银两为解案经费疏》,[清]盛康编:《皇朝经世文续编》卷一百二,《刑部五·治狱中》,光绪二十三年(1897年)思刊楼刊本。
⑥ [清]徐宗干:《斯未信斋文编》卷六,《官牍》,《寄嘉义丁令述安书》,咸丰五年(1855年)刻本。
⑦ [清]徐宗干:《斯未信斋文编》卷三,《官牍》,《寄松龛方伯书二》,咸丰五年(1855年)刻本。

出,苦诉艰难,一味吝惜,推延不办,恐迁延日久必致别生事端,难以收手"①。可见因为州县财政危机,匿、改案件于清代地方社会有一定普遍性,只是僻处海疆的福建省,财政协济较为不易,会尤其重视地方财政充足程度。

(二)民众可能因为州县财政困境而"健讼"

有清一代,州县财政困境影响闽吏理讼行为已是公开事实,《福建省例》即公开批判官吏吝于解费而怠讼,曰:"乃闽省各属疲玩成风,遇有缉获案犯,或怠于审办,或吝惜解费,往往久逾例限,延不审解。"②特别是驳回之案,更"吝惜解费,匿报居多,历来驳回之案,鲜有审解"③。与此同时,民众却钻制度之空,利用州县财政困境而"健讼"。下文举数例说明。

其一,遇到命盗案件,不少闽民选择逃亡出海,规避处罚。

闽地的海洋环境,让很多民众一旦涉及纠纷,往往逃往海外,嘉庆十五年(1810年)福建巡抚张师诚称"漳泉民人犯案,闻擒紧急,往往窜逃入海"④。越洋捕犯的花销与难度,降低了官吏捕捉正犯的积极性,结果此类正犯"远扬漏网,未获者尚复不少"⑤。咸丰末年程荣春署官马巷厅时,也称马巷厅多"聚族而居",好械斗与诬富,且"濒临大海",一旦合族犯案,地方官亲赴擒拿,"则丁壮航海,女稚应门",合族配合利用海滨地理位置,帮助人犯逃窜。一旦官府要认真追究此事,必定得派出"营兵弁水陆"进行团捕,不仅耗费军费,加剧州县财政紧张,且结果并不是很理想,因为"该乡民人在各营入伍者,实繁有徒,而仕之偏裨者有人。该匪徒非其宗族,即其姻娅。大义灭亲,古今有几?"⑥最后一句"大义灭亲,古今有几"表达了地方官的无奈。徐宗干治台期间,也是不断感叹福建省讼案难理,因为人犯经常逃窜出海,抗不到案十分严重。⑦ 如果官

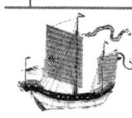

---

① [清]褚瑛:《州县初仕小补》卷上,《毋惜赏费》,光绪十年(1884年)森宝阁排印本。
② 台湾银行经济研究室编辑:《福建省例》卷二十八,《刑政例下》,《详定命盗等案犯解费章程》,南投:台湾省文献委员会,1997年。
③ 台湾银行经济研究室编辑:《福建省例》卷二十八,《刑政例下》,《各属解省案件发审章程》,南投:台湾省文献委员会,1997年。
④ [清]张师诚:《奏为遵旨派员查拿惠安县械斗命犯庄三等现办情形事》,嘉庆十五年二月十五日,档号:04-01-01-0524-032。
⑤ [清]温承惠:《奏为漳泉府属未结命盗积案参办前任总督事》,嘉庆十一年六月二十九日,档号:03-2285-007。
⑥ [清]程荣春:《桐轩案牍》,《署马巷厅禀求卸事由》,福建师范大学图书馆抄本。
⑦ [清]徐宗干:《斯未信斋文编》卷三,《官牍》,《寄松龛方伯书二》,咸丰五年(1855年)刻本。

吏要出洋捕盗，捕费与押解之费又无从筹措，财政压力下，只能放任不管，而奸徒又"明白官之无可如何，于是律例煌煌皆成虚设，各属又恃有重洋，事事得亦推托"①。结果，逃匿海外的案件往往成为衙门束之高阁的积案。

其二，"诬富"案件始终无法根绝。

清代福建省"诬富"案件十分典型，一旦出现械斗、图赖等案件，"穷民挟仇诈讹，砌词上控，希图拖累富民"②。面对诬富，闽吏常常十分矛盾，毕竟地方财政危机下，富户乃"地方元气"，徐宗干就于不同场合表达了"联富治理"的重要性，他说："台民则无业者十之七，皆仰食于富民，富民贫，贫民益贫，而官亦因之而贫。"③所以遇有剿匪事件，徐宗干总向富户求捐；遇有无业游民作乱，他也是劝谕台湾富户出钱将无业游民招为"社丁"，以避免他们因为"无业忍饥"，"怨而通贼"④。但面对民众的"诬富"行为，官吏却没法"保富"，而是不断劝说富户"破财消灾"。徐宗干说，民众因为穷而流亡海外，"无恒业"，也"无身家可恋"，穷至极点时，不会"坐守饥毙"，而是铤而走险，于是地方户婚田土纠纷、命盗案件不断。一旦出现民命，百姓也是"不求偿命，但求得钱"，因为"穷到无可奈何，只好要钱不要命"。而官以"宦于海外"，"舍性命而来，无从亏挪告贷，只可苟且姑安"。所以面对民众的"求财不求命"做法，地方官只能默许，"以钱了事"，希望富户能破财为地方消灾。这种"委屈"富户的做法，实在是州县财政困境时的无奈之举，徐宗干即说："是官以穷而不能驭劫之，不能自新举之，亦复如旧，此为官之难也。"⑤徐宗干的这一治理思路在清代福建省具有一定的普遍性，熟悉了官吏这一理政思路后，清代福建省"诬富"案件始终无法根绝。

可见，海疆财政困境极大地影响了闽讼处理，当州县难为无米之炊已成地方社会治理面临的共同难题，而国家又无法从制度规定上真正保障地方"存留"的财政来源，地方官吏面对财政紧张，政务又日益增多的状况，自然感觉官

---

① ［清］徐宗干：《斯未信斋文编》卷五，《官牍》，《禀清理递解人犯禁止浮费由》，咸丰五年（1855年）刻本。

② 台湾银行经济研究室编辑：《福建省例》卷二十八，《刑政例下》，《计开清讼事宜八条》，南投：台湾省文献委员会，1997年。

③ ［清］徐宗干：《斯未信斋文编》卷五，《官牍》，《请筹议积储》，咸丰五年（1855年）刻本。

④ ［清］徐宗干：《斯未信斋文编》卷六，《官牍》，《论各社家长》，咸丰五年（1855年）刻本。

⑤ ［清］徐宗干：《斯未信斋文编》卷四，《官牍》，《答王素园同年书》，咸丰五年（1855年）刻本。

累,希望求卸。

三、清代闽吏积极探索"节约理讼"措施

鉴于清代福建省各府县普遍存在的财政困境,闽吏不断尝试道德融合制度、经济与社会,探索各种"节约理讼"措施。

(一)加强道德批判,减少诉讼缘起

闽吏如果要认真处理每一起田土、钱财争竞纠纷,国家与基层政府就得进一步扩大与专业化执法人员,健全国家法律制度与违法惩罚机制,结果无疑加大了国家与基层政府的负担,于是他们不约而同选择了一些较节约的社会治理方法。如加强"健讼"批判,希望通过道德宣扬,"柔化人际关系、调适民众心情、降低个人私欲、抚慰个体心灵",最终建立一套道德辅助社会治理的"德法共治"机制。① 于是地方官不断宣传讼累,批判"健讼",希望由此激起民众的道德羞耻感,最终因为"惧怕"或者"悔悟"而远离诉讼。第一章的研究显示,"闽人喜讼"是清代福建省地方志书常见的表述,结合本章研究来看,此时的"健讼"更似表达官吏的治理困境,及希望以道德约束减少民间纠纷的策略。正如尤陈俊研究所称,"健讼"是"当时的司法体制,在'制度资源'方面逐渐无法有效地应对社会情势变迁之时,用来弥补其正当性和合理性的一种'话语资源'"②。

以道德批判减少诉讼缘起,降低理讼成本,还是取得了一定的实践效果。毕竟正如黄宗智的研究所称,"法律如果以保护人权和产权作为基础,则一次诉讼所需的详尽审查和参考成例,必致使用众多的人力和消耗大量的费用,这不仅为县令一人所不能胜任,也为收入有限的地方政府所不能负担"③。所以明代政府奉献的"以道德代替法律"的地方治理节约原则,于清代同样适用。

虽然道德融合法律的"健讼"批判,让部分绅民远离诉讼,减少地方政府的理讼成本,但清代时期,儒家治理理念已经无法拥有像内地或汉唐时期对民众的约束力,且试想在"山顶已殖黍稷,江中已有洲田,川中已辟老林,苗洞已开

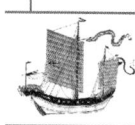

---

① 朱勇:《中国古代社会基于人文精神的道德法律共同治理》,《中国社会科学》2017年第12期。
② 尤陈俊:《清代简约型司法体制下的"健讼"问题研究》,《法商研究》2012年第2期。
③ 黄仁宇:《万历十五年》,上海:三联书店,1997年,第157~158页。

深菁,犹不足养,天地之力穷矣"①背景下,劝说百姓"以和为贵",不要保障自身生存资源,已经无法服众。所以,闽吏除了"健讼"批判,还充分利用乡族、宗族等基层组织协助解决纠纷。

(二)借用基层组织协助解决纠纷

清代福建省乡族、宗族势力发达,与地方官府的"有意扶持"离不开关系。因为相较于增加政府理讼人员带来的财政负担,官吏还是倾向节约治理策略,借助乡族、宗族等基层组织协助解决纠纷。常建华先生的研究就指出,清政府控制乡村社会秩序最重要的手段是推行保甲制,而在福建这种聚族而居地区,则变通为"族正制"②。从乾隆朝到道光朝,福建省地方文献留下大量地方官府令闽地族正协助理讼的记载。如嘉庆初年谢金銮任泉州府安溪知县时,向知府建议选取族正与族副,"凡乡有讼事,族人以告族正,小事族正判其曲直,大事则族正自诣县告,或率其人俱至,以俟知县听断"③。嘉庆十九年(1814年)薛凝度任漳州府云霄厅同知,在六十保十三个村庄推行族正族副制度。④道光二年(1822年)许原清在福建泉州府同安县任官时,也称同安民情好讼,向来难治,"君先立条约,责族正副约束"⑤。为了加强宗族调解的有效性,地方政府还展开"官方授印",如同治九年(1870年)台湾淡水分府曾发给族长一枚戳记,命其"如有细故,即排解息事"⑥,让地方调解拥有一定的半官方色彩。责令族正协助地方理讼在清代福建省有一定普遍性,以至被刊入《福建省例》,责令全省推行,即"如族内遇有雀角争论一应细微事故,即令族正随事诚谕处释,毋使架词涉讼"⑦。如果族人遇到纠纷直接诉官,"即为目无尊长",要先受

---

① [清]汪士铎:《汪梅翁乙丙日记》,民国三十五年(1946年)印本。
② 常建华:《近代闽台族正制考述》,《中国社会经济史研究》2006年第1期。
③ 转引自常建华:《近代闽台族正制考述》,《中国社会经济史研究》2006年第1期。
④ 薛凝度:《谕云霄六十保一十三村族正族副》,[清]薛凝度修,吴文林等纂:《(嘉庆)云霄厅志》卷三,《谕禁》,嘉庆二十一年(1816年)修,民国二十四年(1935年)重排印本。
⑤ [清]周凯:《内自讼斋文选》,《诰授朝议华亭许君墓志铭》,收录台湾银行经济研究室编:《台湾文献丛刊》第八十二种,台北:台湾银行经济研究室,1960年,第47页。
⑥ 《淡新档案选录行政编初集》,第386—391号,转引自常建华:《近代闽台族正制考述》,《中国社会经济史研究》2006年第1期。
⑦ 台湾银行经济研究室编辑:《福建省例》卷十三,《户口例》,南投:台湾省文献委员会,1997年。

处罚,"而后评其是非"①。

借用地方基层组织协助解决纠纷,一定程度上减少了地方官的人员与财政支出,减少官府对乡村基层社会的管理成本。民众也因此减少与官胥接触,避免讼累负担,双赢格局有利于地方社会秩序的共同维护。正如范忠信所言:"古代中国人是以自己的利害为出发点,而不是以对诉讼本身的道德或价值评价为出发点去贱讼。"②

(三)加快地方经济发展

除了展开"健讼"批判及鼓励地方基层组织协助理讼外,闽吏也明白单纯依靠道德与制度没法消除纠纷,要真正减少纠纷还需缓解绅民的生存危机。正如明末冯梦龙治理福建寿宁时所称,解决百姓温饱,才能避免百姓为生计铤而走险,走向诉讼,即"险其走集,可使无寇;宽其赋税,可使无饥;省其谳牍,可使无讼"③。还比如道光年间徐宗干治理台湾时,也不停感叹民众纠纷不断,主要是因为"穷"。所以在此治理困境中,闽吏还是较好地接受了清代福建日益商业化的环境,鼓励民间商业发展,缓解生存危机。如王廷抡治理汀州期间,责令严惩"贻累商梢""措索商货"的汛兵胥役,打造便商环境。徐宗干治理台湾时,不停表示"富户"乃地方之元气,地方官要会"保富",并善于"联富治理"。还比如晋江县提高了商人地位,将其列入四民之列,不得区别对待,等等。不同的政策、做法共同促进了清代福建省工商业的发展。

但仅鼓励商业发展,还会带来钱财争竞纠纷。所以,闽吏在接受清代福建省商业环境基础上,广泛宣传儒商结合。如通过私塾、宗族渗透儒家理念,要求商人共同遵守,如闽西四堡邹氏宗族的商贾与士儒均视《家训》中的宗族规范为行为准则,最终"诸昆叔侄身虽业贾,而雍容谦逊有甚于学士"④。还比如各类文献大量记载"弃儒从贾"的商人的种种"义行",鼓励儒商结合。如乾隆《连城县志》载,罗学仕"事亲以孝闻,少习儒,以贫改服贾,家渐丰,养亲多致珍味"⑤。徐宗干也不断劝说富户要热衷地方公益,即便面对民众的"诬富",也要"破财消灾",不要诉诸法律。最终"儒商并重"成了明清福建商人的重要文

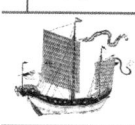

---

① 光绪《永定邵氏世谱》首卷,转引自蒋国河:《赣南闽西地区宗族规范取向的现代转型》,《古今农业》2010年第1期。
② 范忠信:《中国法律传统的基本精神》,济南:山东人民出版社,2001年,第247页。
③ [明]冯梦龙:《寿宁待志》,福州:福建人民出版社,1983年。
④ 光绪《四堡马氏族谱》,孝思堂刻本。
⑤ [清]李龙官、徐尚忠修纂:《(乾隆)连城县志》卷八,《人物志》,乾隆十六年(1751年)刊本。

化特征。

保障地方商业发展,一定程度上缓和了清代福建省的紧张生存资源争夺现状。以道德融合经济,鼓励儒商结合,又从思想上尽量减少民众的争利意识。这亦是清代闽吏力图缓解州县财政困境,解决当地"健讼"的有为的尝试。

以上分析可见,海疆治理困境与州县财政困境影响了闽讼的处理。部分官吏不想赔钱办案,选择了怠讼,以无事为苟安,结果就出现了文献中官吏"漫不经心"办案的批责言辞。部分官吏面对此困境,则努力改革,希望缓解无米之炊的治理困境,但过程亦十分不易,自身也会留下诸多的"难为无米之炊""闽政难理"的抱怨。于是各种批判闽政、闽吏的言辞,自然普遍出现于各类治闽政书中。

第三节 病而求卸:官吏调任频繁影响闽讼处理

一、"因病求卸"折射了清代闽吏的生存状态

(一)清代闽吏"因病求卸"个案举例

繁忙的政务加上巨大的工作压力,不少闽吏不堪重负病倒了,"因病求卸"成了闽吏政书的另一特色。如咸丰末年福宁镇的钟室山称其自上任以来,经常"巡洋缉剿上下游会匪,久历风霜,染成咳疾之症,现在年逾六旬,气血两亏,操劳过甚,即形气喘"。几个月前已经"奉赏假回郡医治",但觉得巡洋紧要,病好了点就又前往三沙督缉。无奈身体还是不堪重负,如今"晚间批阅公牍,霎时头晕眼花,躺倒在地,不省人事,经家人扶起移时始醒,即赴郡延医来沙诊视,据医者云劳心过度,腠理不密,内亏外感,营结而成,非静心调养,难冀速痊",于是再次求卸。①

咸丰十一年(1861年)顺昌县令颜寿芝的求卸文字对其病体的描述更为精彩。其称自上任之后,他"兢兢业业,不敢怠荒",在"精神已惫而难支"情况下,又"于城内徒步巡查,彻夜不息,披星沐月,蒙露凌风",结果"忽于本月十五日饮食不进,寒热间异"。为此,他一边工作一边调理,无奈病情继续加重,"气

---

① [清]程荣春:《桐轩案牍》,《病躯实难供职,乞准告假回籍调理,一面遴员接署镇篆禀》,福建师范大学图书馆抄本。

逆上冲,腹痛下痢,头目晕眩,手足麻痹"。经多次请医生诊视,最终明白"病虽发于感冒,原实由于虚劳阴阳两损,内外俱伤,度其形势,急切难瘳"。无奈顺昌太偏僻,"医药绝少精良",所以希望上宪能够准其卸任,回省医治,否则"弥留既久,生气莫回"。① 在颜令精密言辞下,这封求卸禀文很快有了结果,同治元年(1862年)顺昌县已易新令。经过一段时间调理,颜寿芝身体也大有改善,于同治五年(1866年)出任江西于都县令,后来还成为一代贤令。

还比如咸丰元年(1851年)王懿德任福建巡抚,兢兢业业为政,咸丰五年(1855年)擢升闽浙总督,其"因病求卸"之艰难颇具代表性。

咸丰五年(1855年),王懿德因病请改京职,清廷不许。咸丰七年(1857年)闰五月,王懿德再次因病请假,称"(臣)抵延以来,先因途次感冒风寒患病,旬余旋患胃气不舒脾泄,日久未愈,延医诊调,据称肝木上冲,思虑过甚,必须精心调摄,方可渐次复原",但却因为全省骚动,军情紧要,"何敢顾惜躯命,稍耽安逸"。只是现在"年六十,气体素弱",且自咸丰三年(1853年)于泉州剿办会匪以来,"两耳渐觉重听,精力较前已逊"。本次剿灭太平余军,"江右逆匪窜扰闽疆,土匪乘机蜂起",加上闽省"饷乏堪虞""万分拮据",形势颇感棘手。为此他废寝忘食剿匪,备感心力交瘁,希望能请假两个月调理身体,即"在危迫之际,固已寝馈俱忘,当凯捷之时,委觉心力交惫,现在饮食颇减,核办紧要公牍,几无片刻暇晷,惟镇日披览,辄觉目迷头晕,闽浙政务殷繁,诚恐病体支持,精神未能周至,设有贻误,所关匪细第军务未竣,筹办维艰,断不敢畏难苟安,借图自逸,再四思维,惟有仰乞鸿慈,俯念臣孱体抱病,赏假两个月,俾得静为调理"。且说明休假期间,"有关军务及一切重大事件,均由臣自行力疾筹办,断不敢稍有延误,一俟病体稍瘳,即行奏明销假,照常供职。如果假满,病势缠绵,精力委难专注海疆重地,亦断不敢以病躯恋栈,惟有再行据实奏恳圣恩"。最终终于得到清廷准假。②

咸丰七年(1857年)八月,王懿德病痊愈,销假。但王懿德还是说,虽然稍微痊愈,但"年已六十,气体素弱",加上自咸丰三年(1853年)以来两次督师剿办逆匪,操劳过甚,"据医者云,并非感冒风寒,乃气血渐衰,精神不固,以致重听健忘,各病层见叠出",现在虽然逆匪稍微肃清,但善后事宜还是不少,"海疆重地,关紧甚重,若以衰迈之躯恋栈,又恐贻误糜浅",希望清廷能够令派官员

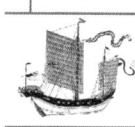

---

① [清]程荣春:《桐轩案牍》,《禀请卸事养病》,福建师范大学图书馆抄本。
② [清]王家勤:《王靖毅公年谱》卷下,北京图书馆藏珍本年谱丛刊,第150册,北京:北京图书馆出版社,1999年,第101~104页。

接任。此奏并未得到清廷回应。①

咸丰八年(1858年)五月,王懿德再因病请假两个月。病因是"自二月以来,警报日恒数十,至调兵筹饷不遑食息,以至心力交瘁",并说自己自咸丰元年(1851年)正月到任福建以来,"朝夕兢兢,不敢稍耽安逸",只是因为咸丰三年(1853年)剿泉匪,昼夜辛劳。咸丰七年(1857年)因为江西逆匪逃窜福建作乱,他又"冒暑遄征在军营","水土既不相调,饮食因而顿减,几成噎嗝之症,回省医调,稍健痊可,但两眼愈见昏花,两耳重听更甚"。之前两次请求卸任,清廷却说"卿之精力虽较前稍差,然遇事勇往,正资倚任,善为调护,以慰朕念"。今年(1858年)三月请求休假,清廷又令其"勉力支持,慎自调摄"。到了五月,"右骨不能举动,寸步难移,而又不知痛痒,渐及右手亦觉麻木,气短舌涩,随即延医诊视,据云脉伏欠神,先因气血两亏,偶触不正之气,致有次病,其症有似于偏风,现已数日连次服药,均不见有效",恐病体难以支撑海疆事务,希望能再请假两个月,精心调理。到了八月,虽然精心调养,病仍未好,但"军务十分紧急",王懿德不得不继续出师驻军延平。②

咸丰九年(1859年)四月闽浙两省匪徒渐肃清,王懿德再次上请回籍调理病情。再次强调年逾六十,气血日亏,福建乃海疆重地,总是怕有贻误,为政精神压力巨大,现在军务稍缓,希望能赏假六个月,回籍调理,并另选贤吏继任。终于于咸丰九年(1859年)四月二十二日恩准回籍。咸丰十一年(1861年)卒。③ 王懿德前后五年的"因病求卸"经历,足以反映其为政压力之大及"求卸"之难,彰显其艰难的生存状态。

有清一代,清廷对官吏的告病请辞有严格的制度规定。如康熙九年(1670年)议准,"总督患病,巡抚验明具题;巡抚患病,总督验明具题;如无总督之省,巡抚自行具奏"。若"告病官员托故诈病者,发觉之日,令本官赴部验看,如无疾病,将本官革职,验看官、保结官各降一级调用,代题督抚罚俸一年","官员身无大病,托故回籍者,革职"。④ 所以上文提及的钟室山、颜寿芝请病后,上宪还是认真验证其病情,如程荣春就禀请上宪,钟室山已"力不能胜任"御敌之

---

① [清]王家勤:《王靖毅公年谱》卷下,北京图书馆藏珍本年谱丛刊,第150册,北京:北京图书馆出版社,1999年,第109页。

② [清]王家勤:《王靖毅公年谱》卷下,北京图书馆藏珍本年谱丛刊,第150册,北京:北京图书馆出版社,1999年,第128~129页。

③ [清]王家勤:《王靖毅公年谱》卷下,北京图书馆藏珍本年谱丛刊,第150册,北京:北京图书馆出版社,1999年,第155~156页。

④ 《大清会典则例》卷十四,《吏部》。

事①,希望上宪能够准其卸任。所以,闽吏文集中多数的"伤身""患病""请辞"言论并非不痛不痒的抱怨之举,而是以卸任为目标的请求。其小心翼翼的言辞,折射了清代闽吏身体难堪繁忙的政务及沉重的工作压力,彰显清代闽吏的生存状态。有清一代,闽吏"因病求卸"是否具有普遍性?

(二)清代闽吏"因病求卸"的普遍性探索

为了进一步探究清代福建省官吏的生存状态,我们整理了清代福建巡抚的仕途考评及身体健康情况,②希望通过对清代福建巡抚的考核结果的量化分析,从另一个视角看看其"治闽伤身""因病求卸"是否具有普遍性。

表 2-1 清代福建巡抚任职情况表

	宜永贵:顺治十二年(1655年)上任,十三年(1656年)因病免
	董国兴:康熙二十一年(1682年)上任,二十二年(1683年)因病免
	增福:康熙四十四年(1705年)上任,三个月后因病免
	杨魁:乾隆四十六年(1781年)上任,四十七年(1782年)四月因病免,六月卒
	姚棻:乾隆六十年(1795年)上任,嘉庆二年(1797年)因病免
病免	汪志伊:嘉庆二年(1797年)上任,六年(1801年)因病被解职
	温承惠:嘉庆十一年(1816年)因病未上任
	刘鸿翱:道光二十年(1840年)上任,二十五年(1845年)因病告退
	吕佺孙:咸丰四年(1854年)上任,七年(1857年)以病乞归,不久卒
	卞宝第:同治六年(1867年)上任,九年(1870年)因病乞养
	丁日昌:光绪元年(1875年)上任,三年(1877年)因病离职回籍休养
	吴赞成:光绪四年(1878年)上任,因病卸署

---

① [清]程荣春:《桐轩案牍》,《禀钟镇病形》,福建师范大学图书馆抄本。
② 严格意义上说,此处应该整理清代福建省各地方知县(知府)的任职情况,但如此细致的考察会面临资料缺失、太过烦琐等相关问题,所以本书只考察清代福建巡抚的任职情况。一则因为资料的完整性较有保障,二则福建巡抚直接经理福建军政事务,其遇到的治闽困境也是普通府县官吏遇到的难题的集合,有一定代表意义。

续表

卒于任	许世昌:顺治十八年(1661年)上任,康熙五年(1666年)病免,卒 李斯义:康熙四十三年(1704年)上任,四十六年(1707年)卒 陈瑸:康熙五十四年(1715年)上任,五十七年(1718年)卒 朱纲:雍正六年(1728年)正月上任,十月卒 潘思榘:乾隆十二年(1747年)上任,十七年(1752年)卒 庄有恭:乾隆三十一年(1766年)上任,三十二年(1767年)卒 叶世倬:道光二年(1822年)上任,三年(1823年)卒 徐宗干:同治元年(1862年)上任,五年(1866年)卒 王凯泰:同治九年(1870年)上任,后渡台任职,光绪元年(1875年)扶病返闽,不久病逝
平级调动	佟国器,金铉,张志栋,张伯行,吕犹龙,常赉,赵国麟,卢焯,刘于义,周兴健,陈宏谋,钟音,富尼汉,鄂宝,浦霖,费淳,李殿图,张师诚,陈预,史致光,李尧栋,韩克均,吴文镕,吴其浚,郑祖琛,瑞璸(未任,调浙江),李福泰,何璟,裕宽,李明墀,勒方锜
升	吴兴祚,梅铤,满保,毛文铨,刘世民,陈大受,定长,崔应阶,温福,钟音,余文仪,德保,富纲,雅德,吴邦庆,颜检,孙尔准,魏元烺,徐继畬,王懿德,庆端,岑毓英
免(除去"病免"),革,降,休,及其他	佟国萧(免),张仲举(解),宫梦仁(谢),许嗣兴(谢),黄国材(免),王恕(解),孙嘉淦(召回京师),张学圣(革),刘秉政(革),黄秉中(革),王仕任(革),吴士功(革),鄂宁(革),黄检(革),王绍兰(革),张兆栋(革),李因培(降),徐嗣曾(降),浦霖(降),刘汉祚(休),徐永祯(休),杨熙(休),韩克均(休),瑞璸(休),惠吉(未任),卞永誉(丁忧,免),绰奇(丁忧,免),周琬(丁忧,免),田凤仪(丁忧,未任)

资料来源:《福建通志》《清史稿·列传》《国朝耆献类征初编》《清史列传》《碑传集》《清代职官年表》。

清代于顺治四年(1647年)开始设置福建巡抚,光绪十一年(1885年)改设台湾巡抚,福建巡抚由总督兼理,238年间共设置了105名巡抚。① 表2-1的分析可见,这105名巡抚任职结局各异,其中"因病免职"共有12名,占总巡抚数的11.4%,其中增福、吴赞成上任未满一年,宜永贵、董国兴、杨魁上任才满

---

① 其中钟音、浦霖、韩克均等人两次出任福建巡抚。

一年。105名福建巡抚中,"卒于任"共有9名,占总巡抚数的8.6%,其中朱纲、庄有恭、叶世倬上任不到一年。除了上述9位"卒于任"的闽吏,另有5位福建巡抚离任后不久死亡,如吴士功于乾隆二十六年(1761年)被革职,二十七年(1762年)卒;鄂宁于乾隆三十四年(1769年)被革职,不久卒;杨魁于乾隆四十七年(1782年)四月因病被免职,六月卒;李因培于乾隆五十五年(1790年)被贬官,不久病死;吕佺孙于咸丰七年(1857年)以病乞归,不久卒。也就是说,清代105名福建巡抚中,于巡抚任上因病被免职、或卒于任、或离任不久死亡的巡抚人数达到24人,占巡抚总数的22.9%。所占比例之高,十分出乎我们意料。

此外,表2-1还显示,福建巡抚任上被提拔的有10名,占总人数的9.6%;被革、免(除去因病被免、丁忧被免)、休、降的官员有25人,占总人数的23.8%;平级调动的有31人,占总人数的29.5%。虽然表格统计的是清代福建巡抚的仕途情况,但结合前文列及的闽吏的各种"治闽伤身""因病求卸"言论,我们可以感知以上反映的巡抚的生存状态于清代福建官吏群体中有一定的普遍性。

(三)清代闽吏"因病求卸"普遍存在的原因分析

年老身体不堪重负是清代福建省官吏频繁"因病求卸"的重要原因之一,从上文提及的王懿德、钟室山的求卸文字可见,"年过六十"是其求卸的共同理由之一。确实,以清代任官体制而言,读书人经过复杂的科举制度层层选拔,能够担任知府、巡抚时,其年龄已经不小,清人梁章钜即称:"古人以四十为强壮之始,以五十为服官政之年,以七十为致仕之期。"① 因上述引用的"因病求卸"文字多出自咸同时期闽吏之手,我们就以咸同年间福建巡抚任职年龄为例,统计见表2-2:

表2-2 咸同年间福建巡抚任职年龄情况

姓 名	任福建巡抚的年龄	去世年龄	福建巡抚任上时间
王懿德	53岁	63岁	4年
吕佺孙	48岁	53岁	3年
徐宗干	65岁	70岁	5年
李福泰	60岁	65岁	1年

---

① [清]梁章钜:《退庵随笔》,《官常一》,南京:江苏广陵古籍刻印社,1997年。

续表

姓　名	任福建巡抚的年龄	去世年龄	福建巡抚任上时间
卞宝第	43岁	69岁	3年
何璟	54岁	72岁	不到1年
王凯泰	47岁	52岁	5年

资料来源：《福建通志》《清史稿·列传》《国朝耆献类征初编》《清史列传》《碑传集》《清代职官年表》。

统计结果显示，咸同年间福建巡抚60岁以上的有2人，占比22.2%；50~60岁之间的有2人，占比22.2%；40~50岁之间的有3人，占比33.3%。可见，其总体任职年龄偏大。中老年的身体一旦不堪繁忙的政务，求卸心理很容易产生。

如果进一步统计清代福建省"病免""卒于任"巡抚的病、死年龄，可更好地感受这点。

表2-3　清代福建巡抚"病免"年龄统计

姓名	任福建巡抚的年龄	去世年龄	福建巡抚任上时间
宜永贵 （？—1667）	顺治十二年（1655年）任	出生年龄不详，康熙六年（1667年）去世	1年
董国兴 （生卒不详）	康熙二十一年（1682年）任	生卒不详	1年
增福 （生卒不详）	康熙四十四年（1705年）任	生卒不详	3个月
杨魁 （？—1782）	乾隆四十六年（1781年）任	出生年龄不详，乾隆四十七年（1782年）去世	1年
姚棻 （？—1801）	乾隆六十年（1795年）任	出生年龄不详，嘉庆六年（1801年）卒	2年

续表

姓名	任福建巡抚的年龄	去世年龄	福建巡抚任上时间
汪志伊 (1743—1818)	54岁	75岁	4年
温承惠 (1755—1832)	51岁	77岁	因病未上任
刘鸿翱 (1778—1849)	62岁	71岁	5年(腿疾复发,因病乞养)
吕佺孙 (1806—1859)	48岁	53岁	3年(因病乞归,不久卒)
卞宝第 (1824—1893)	43岁	69岁	3年(因病乞养)
丁日昌 (1823—1882)	52岁	59岁	3年
吴赞成 (生卒不详)	光绪四年(1878年)任	生卒不详	不到1年

资料来源:《福建通志》《清史稿·列传》《国朝耆献类征初编》《清史列传》《碑传集》《清代职官年表》。

表格统计可见,12名"病免"巡抚中,除去6位生卒不详,无法判定任职福建巡抚时的年龄,其余6位"病免"巡抚中40～50岁的有2名,50～60岁的有3名,60～70岁的有1名,普遍任职年龄均较高。

再看"病死"巡抚的年龄情况:

表 2-4 清代福建巡抚"卒于任"年龄统计

姓名	任福建巡抚的年龄	去世年龄	福建巡抚任上时间
许世昌 (?—1666)	顺治十八年(1661年)任	出生年龄不详,康熙五年(1666年)病免,卒	6年
李斯义 (1644—1707)	60岁	63岁	3年

续表

姓名	任福建巡抚的年龄	去世年龄	福建巡抚任上时间
陈瑸（1656—1718）	59岁	62岁	3年
朱纲（1674—1728）	54岁	54岁	10个月
潘思榘（1695—1752）	52岁	57岁	5年
庄有恭（1713—1767）	54岁	55岁	1年
叶世倬（1752—1823）	70岁	71岁	1年
徐宗干（1796—1866）	65岁	70岁	5年
王凯泰（1823—1875）	47岁	52岁	5年

资料来源：《福建通志》《清史稿·列传》《国朝耆献类征初编》《清史列传》《碑传集》《清代职官年表》。

对比"病免"数据，"病死"巡抚的"年老"情况更为典型，9名"病死"巡抚中，除去出生年龄不详的许世昌，8名"病死"巡抚中4名年龄位于50～59岁，2名位于60～69岁，1名70岁，1名47岁，"老龄化"更为严重。

且治理政绩越好的官吏，求卸（包括因病求卸）之路越难。因为此时的官吏凭借前期的工作，已获取了地方社会治理的有效经验，加上清廷对海疆的日渐重视，对此类官吏治理海疆尤为倚重，即便其因病乞养，清廷也希望其能坚守岗位，前文提及的王懿德的艰难"求假"乃至"求卸"道路，就是典型案例。对照上文的统计表格，我们也发现"病死"的许世昌治理政绩优良，曾入福建名宦祠。陈瑸也曾入贤良祠，朱纲、潘思榘死后均有谥号，体现了清廷对此类海疆官吏的重视，加剧了其求卸难度。

除了年老身体不堪重负外，清代闽省治理之艰也是官吏患病乃至求卸不断的重要原因。从前文列举的钟室山、颜寿芝、王懿德几个求卸人物的个案分析，明显看出地方动乱不断、财政困境、海疆难理等均是其患病乃至求卸的关键因素。

不管出自何种原因,清代闽吏"因病求卸"的普遍性可见,其结果导致闽吏调任频繁,直接影响了闽讼处理。

二、闽吏调任频繁影响闽讼处理

(一)地方缺官严重,不利于地方政务开展

频繁的"因病求卸"导致闽吏调动频繁。如咸丰末年晋江县令称自咸丰三年(1853年)动乱以来,晋江县"民情愈坏,则施治愈难;用度日巨,而设筹愈困",来此地任职的官吏"无不棘然忧心,坎窞莫提,是以视兹缺为畏途,捧委书而胆落",晋江县也因此"十余年来,先后易七八令,均至一蹶莫振,无不因此受累、因此挂误,卒之无可伸诉,而极济无由"①。还比如同安县于咸丰四年(1854年)、五年(1855年)、六年(1856年)、七年(1857年)、八年(1858年)、九年(1859年)、十年(1860年)、十一年(1861年),同治五年(1866年)、六年(1867年)、七年(1868年)、八年(1869年)、九年(1870年)是年易一令。②漳州府于咸丰八年(1858年)、十年(1860年)、十一年(1861年)每年更换一名知府,同治十一年(1872年)更是一年内更换三名知府。③龙溪县于咸丰二年(1852年)、六年(1856年)、七年(1857年)、八年(1858年)、九年(1859年),同治二年(1863年)、六年(1867年)、七年(1868年)、八年(1869年)、十年(1871年)、十一年(1872年)、十二年(1873年)年易一令;咸丰三年(1853年)、十年(1860年),同治三年(1864年)更是一年易两令。④顺昌县于咸丰八年(1858年)一年易三令;咸丰十一年(1861年),同治七年(1868年)、九年(1870年)、十一年(1872年)是一年易两令。⑤

---

① [清]程荣春:《桐轩案牍》,《晋江县禀苦累难支,请予卸篆委员接署由》,福建师范大学图书馆抄本。
② 林学增等修,吴锡璜等纂:《(民国)同安县志》卷十三,《职官》,民国十八年(1929年)排印本。
③ [清]李维钰、沈定均续修,吴联薰增纂:《(光绪)漳州府志》卷十二,《秩官四》,光绪三年(1877年)芝山书院刻本。
④ [清]李维钰、沈定均续修,吴联薰增纂:《(光绪)漳州府志》卷十二,《秩官四》,光绪三年(1877年)芝山书院刻本。
⑤ 高登艇、潘先龙修,刘敬等纂:《(民国)顺昌县志》卷十五,《职官》,据民国二十五年(1936年)铅印本影印。

虽然上述案例多出现于咸同时期,但清朝前期与后期因为"易令频繁"导致缺官严重的现象同样普遍存在。如顺治二十年(1655年)朱克简巡按福建省时,焦心不少官吏不愿赴闽上任,结果"晨星落落,或一人而兼数事,或数百里而共一官"①。康熙五十二年(1713年),闽浙总督、福建巡抚不顾台厦道官员"三年一任"的规定,以"台湾系海外要地,道员尤属僚表率,遴选恒难其人"②为由,请旨让陈璸再任三年。嘉庆二年(1797年)汪志伊巡抚福建时,称漳泉二府所属各县,素称难治,如果知县频繁调动,"不得久于其任,整饬难而化导尤难"③,所以上请"郡守县令当久于其任,以历俸三年始,准调繁,宜其吏习民安,以收绩效"④。到了咸同年间,程荣春署事福宁府时,也忧心"闽省向例自守牧至州县以下缺分实授者少,而署事代理者多"⑤,导致地方政务废弛,因此希望上宪能够委派官员,延长官吏任期,随时稽查。且官吏处罚过于频繁之后,可能导致官吏害怕处罚而不敢为实政,李之芳即称:"近年以来,外官参罚处分,日密一日,降级革职,动出意外,是以各官救过不暇,徒务虚文以为弥缝旦夕之计,不能为地方尽心爱民。"⑥所以,清代不少地方督抚总是建议官吏不应如此频繁调任,因为"官不久于其任,虽敏才未有能裨于地方也"⑦。

但在地方财政压力及繁忙的政务生活中,福建省各级官吏还是不断求卸,且求卸心理还颇为急迫。如同治三年(1864年)四月同安县代理知县⑧上任后,十二月即求卸,上宪因此调安溪县魏令接任。结果过了好些天,魏令始终未上任,代理县令着急了,称:"卑职瓜期可待,聊解愁怀,乃盼望多日,未见履

---

① [清]朱克简:《按闽奏议》卷一,《请补缺员疏》,收录陈支平主编:《台湾文献汇刊》,第2辑第13册,厦门:厦门大学出版社,2004年。
② [清]陈璸:《陈清端公文稿》,道光六年(1826年)沛上东署不负斋刻本。
③ 汪志伊:《敬陈吏治三事疏》,[清]贺长龄编:《皇朝经世文编》卷十六,《吏政二·吏论下》,光绪十七年(1891年)上海广百宋齐桥印。
④ 汪志伊:《敬陈吏治三事疏》,[清]贺长龄编:《皇朝经世文编》卷十六,《吏政二·吏论下》,光绪十七年(1891年)上海广百宋齐桥印。
⑤ [清]程荣春:《桐轩案牍》,《晋江县禀苦累难支,请予卸篆委员接署由》,福建师范大学图书馆抄本。
⑥ 李之芳:《请除无益条例疏》,[清]贺长龄编:《皇朝经世文编》卷十五,《吏政一·吏论上》,光绪十七年(1891年)上海广百宋齐桥印。
⑦ 谢振定:《察吏八则》,[清]贺长龄编:《皇朝经世文编》卷二十,《吏政六·大吏》,光绪十七年(1891年)上海广百宋齐桥印。
⑧ 因咸同年间,同安动乱,册籍丢失,无法考察其真实姓名。

新,就近函催,亦未大幅,深恐挨延,转怅疑虑。"①无奈之下,只能再请求上宪帮忙催促。这种旧官想快点离开福建省,新官又延不到任的场景,确实让我们感叹"闽吏难求"。

(二)影响官民对待诉讼的态度

首先,影响官吏理讼心态。

如前文研究所称,官吏理讼在在需费,在"州县难为无米之炊"的大背景下,不少闽吏不是尽最大努力解决积案,而是以无事为苟安,不敢有所作为。加上频繁的官吏调任,让闽吏认为"为时未久官又换,管汝仇雠结不断,管汝百姓咨且怨"②,结果"非止一官一任,依样葫芦,据详率转,并不核实抽查,亦未从严参办,以致各属无所顾忌,相率怠玩"③。面对地方官吏的怠玩,清廷本应立即降职官吏,但频繁的官吏调动又不利于纠纷的处理。徐宗干治理台湾期间,不断感叹两任交卸之时,最容易形成积案,称吏治"一有更动",旧案"又将高搁"④。因为面对前任留下的积案,后任官吏往往因为考成、经费等问题,以"事非己任"⑤而不愿处理。徐宗干曾经批判台吏解犯往往迟至四五年以上,迟滞的原因并非只是因为"风汛阻滞",还有"历任积压,解费未交,交代未结,年复一年,陈陈相因"⑥。但面对州县普遍存在的无米之炊困局,徐宗干也客观地说,"如费用浩繁,果系前任无从着追者,将来或设法议摊交册可以列抵。如无从设措,先由道署代垫,亦无不可",希望各府县能够尽早解犯,尽量清理积案。⑦但其实践效果并不理想。

其次,影响民众的诉讼态度。

熟知闽吏调任频繁,及对待前任积案的态度后,民众的诉讼策略也会随之发生改变。如以抗不到案、逃亡出海等方式拖延案件,制造积案,而频繁的易令则加剧了积案难理程度,最终导致清代福建省积案繁多难以改变。

---

① [清]程荣春:《桐轩案牍》,《禀福州府新任延不到任请转禀藩宪迅饬赴任》,福建师范大学图书馆抄本。
② [清]古丰州人撰:《泉俗刺激篇》,《悬案》,福建省图书馆抄本。
③ 台湾银行经济研究室编辑:《福建省例》卷十三,《户口例》,《保甲通饬事件》,南投:台湾省文献委员会,1997年。
④ [清]徐宗干:《斯未信斋文编》卷四,《官牍》,《致方伯书》,咸丰五年(1855年)刻本。
⑤ 台湾银行经济研究室编辑:《福建省例》卷二十八,《刑政例下》,《详定命盗等案犯解费章程》,南投:台湾省文献委员会,1997年。
⑥ [清]徐宗干:《斯未信斋文编》卷五,《官牍》,《与各厅县书》,咸丰五年(1855年)刻本。
⑦ [清]徐宗干:《斯未信斋文编》卷五,《官牍》,《与各厅县书》,咸丰五年(1855年)刻本。

"因病求卸""易令频繁""闽吏难求",体现了清代地方任官制度的缺陷。特别是清代中后期,福建省地方动乱日益增多,地方治理压力日益增大,但清廷体恤地方的举措却并不明显,官吏为政压力日增,在影响其身体健康及仕途晋升概率的双重担忧下,闽吏理讼积极性与效率都受到影响,自然也加剧了闽省积案繁多。

第四节 难而求卸:闽省地方特性影响闽讼处理

一、清代闽吏"难而求卸"言论举例

清代治闽政书中频繁可见闽吏为了地方治理忙得焦头烂额的言论。如康熙九年(1670年)闽浙总督刘兆麒称,其治闽以来,"水陆奔驰,夜以继日,目不停瞬,手不停批,即舟舆鞍马之顷,起居服食之时,略无片刻休暇",结果身体难堪重负,"官累求卸"。① 咸丰七年(1857年)马巷厅署令程荣春称自上任以来,他"大小公事,无不随时整饬"②,治事兢兢业业:

> 视事以来,兢兢业业。遇有盗贼不除,则惧良弱不安,则惧械斗不止,则惧狱讼不结,则惧催科不力,则惧费用浩繁,则惧耗官项拟自盗,则惧不能远察为仆隶所欺陷于贪,则惧不能依律为时势所迫近于酷,则惧赴乡弹压,轻生冒险,立于枪炮瓦石之间,万一损身则又以辱亲为惧。治民之道,首重除暴安良。官斯土者,深知盗贼不除,则善良受害;械斗不止,则狱讼滋繁;钱粮不究,则考成攸系,未始不竭尽精神,力图整顿。乃严于治盗贼,而抢掠如故;严于治械斗,而扰攘如故;严于征钱粮,而遗欠如故,何也? 盖比以盗贼为生涯,械斗为恒业,抗粮为锢习,治之虽严刑峻法不能止也,化之虽披肝沥胆不能悟也。③

还比如咸丰十一年(1861年)龙溪县代理县令④称其上任以来,"首尾两载,俭以律己,勤以奉公,遇有盗贼即密速请擒,遇有械斗则迅往弹压,词讼禀

---

① [清]刘兆麒:《总制浙闽文檄》卷二,《饬催钦件》,康熙十一年(1672年)刻本。
② [清]程荣春:《桐轩案牍》,《署马巷厅禀奏销业已解赔累难支恳请遴员接署由》,福建师范大学图书馆抄本。
③ [清]程荣春:《桐轩案牍》,《署马巷厅禀求卸事由》,福建师范大学图书馆抄本。
④ 方志并未记载其姓名。

到即予审理",日月劳累导致心力俱瘁,结果"每阅文案,精神不充,恍惚若不顾",无奈只能"求卸仔肩,暂弛负担"。①

具体到讼案处理,地方官"两为难"的矛盾心理也加剧地方理政的心理负担。如康熙年间历任多地知县的陆陇其称官吏处理命案,不能表现出太重视,也不能表现出不重视,表现不当可能滋生其他讼端,即"问官太不重人命,则势豪以人命为儿戏。太重人命,则刁民以人命为奇货。只须平心问理,真者偿,伪者出,全虚者反坐,乃不滋弊"。②这一理讼心理普遍存在于清代各省各府县官吏中,如康熙九年(1670年)闽浙总督刘兆麒面对放告日收状,心情十分复杂,称:

  今二月初二日届当放告之期,若概行停止,则恐小民冤抑不得上达。若不加禁约,又虑奸徒驾欺罔之词,讼棍造迷瞒之谎,使良民枉受陷害,胥役借为生涯,甚非本部院息讼安民之至意。③

结果官吏理讼往往背负了极大的心理负担,加剧官累,"难而求卸"言论更为普遍了。

"难而求卸"折射了清代闽吏治理海疆的艰辛与困惑,很多官吏视治闽为畏途,不肯赴任。顺治年间朱克简即称:"其中或有已经部选,或未经铨补。乃新除者既以地处边圉,各怀观望。而升迁者,又以时方多事,易起淹留,大约视闽为畏途,视官如敝帚。"④这一心理的出现有全国基层社会治理困境的共性,也有闽省特性。

二、清代闽吏"难而求卸"言论的出现原因及影响

清代官吏任命实行"回避制",闽吏多来自外乡,言语、风俗之异给地方官治理带来了不少障碍。

(一)方言之异,加剧闽讼难理

闽省方言向来以复杂著称,不仅有闽南话、客家话、莆仙话、福州话等不同

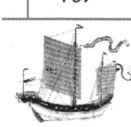

---

① [清]程荣春:《桐轩案牍》,《求交卸并饬新任到任由》,福建师范大学图书馆抄本。
② [清]陆陇其:《莅政摘要》卷下,《余健吾先生治谱》《平心》,光绪八年(1882年)津河广仁堂刊本。
③ [清]刘兆麒:《总制浙闽文檄》卷六,《再布告期条约》,康熙十一年(1672年)刻本。
④ [清]朱克简:《按闽奏议》卷一,《请补缺员疏》,收录陈支平主编:《台湾文献汇刊》,第2辑第13册,厦门:厦门大学出版社,2004年,第311页。

方言，且持同一类方言的不同府县的口音还各不一样。明代万历十二年（1584年）河南人杨四知巡按福建，深感闽省方言复杂，称：

>　　乃闽中以方言读之，一字而汀、漳殊音，一物而泉、兴异名。是以俚语亵诗书，以圣经就方言也。圣人之言，岂有二三之乘哉！盖倡自俗儒，踵讹后人，沿习既远，莫知其非。及其筮仕应对，上官不知也，听断狱讼不知也。始欲变故习而学正音。夫以性成之语而骤学于半生之后，刿劂喔嚅，焦唇励齿，能变者十之六七，不能变者十常三四，往往弃官而归。虽怀八斗之才，竟阻三寸之舌；始学之误如此，良可惜已。①

这种外来官吏碍于方言困扰，无法有效治理地方的现象到了清代同样存在。咸丰年间江苏人徐宗干治台，不断感叹言语不通，治理不便。因为面对讼案，即便官吏想进一步深究案情，常常止于言语不通。② 久而久之，官吏慑于言语不通的尴尬，处理政事反倒以任期内无事为追求目标，即"诸僚属并非不肯办事者，一则言语不通，难得其情，一则动辄会带兵勇……即招解一切种种为难，得忍且忍，姑求无事，为福苟安"③。

为了改变言语不通带来的治理困境，清代不少闽吏上任伊始即认真学习当地方言。但绝大多数地方官面对复杂多变的闽地方言，感叹"东西南北土音不一"④，慑于"一语之差，毫厘千里"⑤，往往面露难色。也有闽吏在认真熟悉闽地方言的同时，响应清廷号召，在闽省推广官话，希望"所属各府州县有司及教官，遍为传示，多方教导，务期语言明白，使人通晓，不得仍前习为乡"，以此改变"（编氓）不能明白官附之意""上下之情捍格不通，其为不便实甚"⑥的治理困境，但实践效果还是较为一般。

方言学习不易、官话推广遇挫，有些官吏则变通治理措施，重视"告示"张

---

① 杨四知：《兴礼教正风俗议》，[清]徐观海主修：《（乾隆）将乐县志》卷十四，《书院》，厦门：厦门大学出版社，2009年。
② [清]徐宗干：《斯未信斋文编》卷四，《官牍》，《上廖仪卿师书》，咸丰五年（1855年）刻本。
③ [清]徐宗干：《斯未信斋文编》卷五，《官牍》，《致兆松厓廉访书》，咸丰五年（1855年）刻本。
④ [清]孙义修、陈树兰纂：《（道光）永安县续志》卷九，《风俗》，道光十四年（1834年）刊本。
⑤ 汪辉祖：《论治讼》，[清]贺长龄编：《皇朝经世文编》卷二十二，《吏政八·守令中》，光绪十七年（1891年）上海广百宋齐桥印。
⑥ [清]饶安鼎修，林昂、李修卿纂：《（乾隆）福清县志》卷一，《典谟》，《谕闽广正乡音》，据光绪二十四年（1898年）刘玉璋刻本影印。

贴,公开政事,以减少胥吏从中滋事。如徐宗干治台期间,十分重视告示的力量,希望能"以笔代舌"①,弥补言语不通之弊。他多次表达,"言语不通,动烦文告,生童等即良莠不齐,究系读书之人,非不识字之罗汉脚,而为匪类者之不可以理谕也"②,"官民言语不通,不能不借告谕,虚文不尽能感悟,实由诚信未格耳"③,等等。但实践过程中,又因为普通民众并不识字,无法通过文告了解官意。于是徐宗干又不断告示文人,希望文人能向民众传达官意,即"言语不通,手书示识字者"④,但实践效果也与文人学识、社会责任感的多寡直接相关。

于是在官民言语不通背景下,许多地方官理讼只得借用胥吏从中传达信息,结果给胥吏渔利扰民提供了机会。漳州府即称:"漳民不习官音,每有争讼堂讯之时,全恃吏胥为之传译,轻重详略,易以为奸。"⑤徐宗干治台期间,也感叹因为言语不通,借吏传达信息,结果胥吏欺官"似与宰杀羊豕无异"⑥。雍正六年(1728年),清帝下令闽广推广官话,也是希望改变官民上下语言不通,导致胥吏"添饰假借,百弊丛生,而事理之贻误者多矣"⑦的状况。但若闽吏在倚重胥吏的同时,无法有效控制胥吏行为,胥吏扰讼导致审案不公,京控案也会随之而来,《福建省例》记载道:

> 盖闽省地方官于词讼事件,率多漫不经心。放告则委诸捕衙,呈词辄滥行批准。出票之后,置若罔闻。因此奸刁棍徒,稔知其故,凭空构造,肆行陷害。而衙蠹借以鱼肉乡懦,票到手即为支钱凭据。多方索诈,不饱其欲,即捺搁不提。每有被告之人,经年累月,求审不得,即幸而集讯,又苦

---

① [清]徐宗干:《斯未信斋文编》卷六,《官牍》,《上廖仪卿师书》,咸丰五年(1855年)刻本。
② [清]徐宗干:《斯未信斋文编》卷六,《官牍》,《庚戌岁试手谕》,咸丰五年(1855年)刻本。
③ [清]徐宗干:《斯未信斋文编》卷二,《军书》,《复晋江县韩渌琴明府书》,咸丰五年(1855年)刻本。
④ [清]徐宗干:《斯未信斋文编》卷二,《军书》,《雪夜探营图自记》,咸丰五年(1855年)刻本。
⑤ [清]李维钰、沈定均续修,吴联薰增纂:《(光绪)漳州府志》卷三十八,《民风》,光绪三年(1877年)芝山书院刻本。
⑥ [清]徐宗干:《斯未信斋文编》卷四,《官牍》,《致方伯书》,咸丰五年(1855年)刻本。
⑦ [清]饶安鼎修,林昂、李修卿纂:《(乾隆)福清县志》卷一,《典谟》,《谕闽广正乡音》,据光绪二十四年(1898年)刘玉璋刻本影印。

于言语不通,情难上达。覆盆之下,不平则鸣。是以上诉京控之案,纷至沓来。①

（二）海疆特性,加剧闽讼难理

首先,清代福建省民风刁悍。

不管是清代福建省地方志、官吏政书,还是闽吏文集,类似"(闽省)环山滨海,地窄民稠,食指繁多,风俗慓悍,号称难治"②、"同邑民情刁悍,素称难治"③、"俗习日久,锢弊日深,令之不能行,禁之不能止"④等批判频繁可见。咸丰年间程荣春初到闽地,天真地认为"天下无不可治之地,无不可化之民,特患不能势利导耳",结果无奈感叹:"迨亲履斯土,始知积蠹之久,锢弊之深,虽竭虑殚神,多方厘剔,毫无成效"。⑤

其次,清代福建省的海疆边陲等特性加剧了闽省难治。

如清代福建省宗族势力强大,地方官往往倚靠宗族、乡族力量协助治理地方。但一旦宗族利益与地方治理出现矛盾时,地方官的治理难度无形中就加大了。咸丰末年程荣春署官马巷厅期间就称,马巷厅"族大丁强"、"聚族而居,习尚嚣凌,以强欺弱、以众暴寡,睚眦之仇,动辄列械互斗,其无业棍徒,故挑衅端,彼此勒令本乡殷户出资助斗,迨伤毙人命,尸亲亦舍正凶而控殷户"⑥。而且"濒临大海",一旦族人犯案,合族帮其逃亡。地方官又碍于地方财政困境,无法出洋捕犯,影响闽讼处理。本章第二节已对此问题做过专门研究。

特别是台湾府官吏,更频繁表露任职海疆边陲的悲凉心情,称其是"僻处海疆"⑦、"地处边圉"⑧、"新辟之疆"⑨,字里行间透露了"孤悬海外"的无奈。如

---

① 台湾银行经济研究室编辑:《福建省例》卷二十八,《刑政例下》,《各属清理词讼,严定考核功过及裁汰白役》,南投:台湾省文献委员会,1997年。
② 陈宏谋:《咨询民情土俗谕》,[清]贺长龄编:《皇朝经世文编》卷二十,《吏政六·大吏》,光绪十七年(1891年)上海广百宋齐桥印。
③ [清]程荣春:《桐轩案牍》,《求交卸垦饬补授赴任禀》,福建师范大学图书馆抄本。
④ [清]程荣春:《桐轩案牍》,《署马巷厅禀求卸事由》,福建师范大学图书馆抄本。
⑤ [清]程荣春:《桐轩案牍》,《署马巷厅禀求卸事由》,福建师范大学图书馆抄本。
⑥ [清]程荣春:《桐轩案牍》,《署马巷厅禀求卸事由》,福建师范大学图书馆抄本。
⑦ [清]徐宗干:《斯未信斋文编》卷四,《官牍》,《答王素园同年书》,咸丰五年(1855年)刻本。
⑧ [清]朱克简:《按闽奏议》卷一,《请补缺员疏》,收录陈支平主编:《台湾文献汇刊》,第2辑第13册,厦门:厦门大学出版社,2004年。
⑨ [清]季麒光:《东宁政事集》,《覆议留配船丁事文》,收录陈支平主编:《台湾文献汇刊》,第4辑第2册,厦门:厦门大学出版社,2004年。

康熙二十三年(1684年)台湾府诸罗县首任知县季麒光称,台湾乃"新辟之疆,既无绅士,又无殷实文武官僚,亦皆经营草昧,寝食不安,更欲劝而莫可劝也"①。咸丰年间徐宗干称:"总之台地之难,难于孤悬海外,非内地辅车相依可比,谚云三年一小反,五年一大反,岂真气数使然耶。"②等等。不得不说,这很大程度上是因为台湾僻处海外,与大陆府县协济较为困难,加剧海疆府县难理。

(三)位卑权重的清代州县制度之弊

州县官负责地方事务的方方面面,"曰田赋,曰地丁,曰粮米,曰田功,曰粮价,曰垦殖,曰物产,曰仓储,曰社谷,曰生计,曰钱法,曰杂税,曰食盐,曰街市,曰桥路,曰河海,曰城垣,曰官署,曰防兵,曰坛庙,曰文风,曰民俗,曰乡约,曰氏族,曰命盗,曰词讼,曰军流,曰匪类,曰邪教"③,直接对地方社会治理状况负责。但此职设置有位卑权重之弊,州县处理政务常常面临上下制约与左右钳制,掣肘诸多。位卑权重的清代州县制度之弊,也是闽吏感到治闽艰辛,进而希望求卸的关键因素之一。客观地说,位卑权重的清代州县制度之弊普遍存在于清代各省各府县。

1. 地方行政权力不足

以驳案制度为例。州县审案需按时造册上报,一旦上宪不认可州县官的审判,可以将案件驳回重审。案审一旦被驳,州县官得负担公文传递、解犯及再审犯的种种费用,不仅影响了地方官考成,亦增加了地方财政支出。不仅如此,州县官如果不合理应对驳案,可能因此恶化与上宪的关系,影响自身仕途。所以,官箴书告诫州县官即便面对不合理的驳案,亦应小心言辞,不可语涉过激,即"驳审案件,虽驳词内有不合情理律例者,只可按照情理,援引律例,委婉其词,曲折其笔以覆之,若语涉过激,则失事上敬重之体,纵顶得住结得案,而触怒招尤,祸不旋踵而至矣"④。

为了减少上司驳案,地方官往往遵从"法律八股"的公文写作模式,《福建省例》记载:

---

① [清]季麒光:《东宁政事集》,《覆议留配船丁事文》,收录陈支平主编:《台湾文献汇刊》,第4辑第2册,厦门:厦门大学出版社,2004年。
② [清]徐宗干:《斯未信斋文编》卷五,《官箴》,《论筹议积储》,咸丰五年(1855年)刻本。
③ 陈宏谋:《咨询民情土俗谕》,[清]贺长龄编:《皇朝经世文编》卷二十,《吏政六·大吏》,光绪十七年(1891年)上海广百宋斋桥印。
④ [清]王又槐:《办案要略》,《论驳案》,光绪十八年(1892年)浙江书局刊本。

凡审解重案，录取供词，务须挨顺情节，详细供明。间或加一二诘问，毋许问一句答一句，零星填砌。看语务必与所供情节彼此划一，毋得供看不符。如有经府驳审者，即照驳正情由逐一添叙，仍作初招呈解。其覆审供词，随招另文详覆，毋许抛撇初招，止用截详了事。其有再驳三驳者，均照此一体查办。①

或者投上司所好，呈文中故露一处不大不小的破绽，给上司批驳，避免上司无中生有。②

甚至有些官吏为避免驳案，还倚卖人情拉拢与上司的关系。如嘉庆年间李殿图治闽就称许多不肖州县，为求照应，明知上司荐友是为分肥州县，还不断向上司求荐幕友，即"上司幕宾多有包揽学习之人，勒荐州县从中提掇，希冀分肥，所属之幕，非其党与，一切详案立意苛驳，不肖之州县，向上司禀请荐幕，以图照应，勾通信息，巧为弥缝，互相挟制，贻害地方"③。结果丧失一定的地方行政用人自主权。

可见，驳案制度本是为了更好地监督州县官办案，但实践结果可能加大地方政府审案过程中的财政开支，也可能剥夺了州县官办案自主权、用人自主权，给地方官地方政务处理、地方社会治理带来了额外的负担。

有清一代，闽讼难理是事实，但如果官吏手中有足够的行政权力，即便闽讼难理，可能亦只是多花些时间与精力罢了，地方官行政权力的不足无疑也是造成闽讼难理的原因之一。民国《云霄县志》作者评价云霄县司法情况，称："奸民刁告，讼棍播弄，上宪驳诘，严限迫其前，严议随其后，皆足以掣有司之肘，虽有大舜孔子之圣，而共欢世胄，恐难俯首。"④是以该县命盗案难理，源于地方官权轻，即：

然则命盗案，不可治乎？曰，此皆地方官权轻，而多掣肘有以致之也。若地方官有杀人之权，兴其利，而利即兴；去其害，而害斯去，则奠其身家，而无饥寒之患，命盗之源清矣。地方官有杀人之权，狡供不得逞其奸，刁

---

① 台湾银行经济研究室编辑：《福建省例》卷二十七，《刑政例上》，《审解重案务须挨顺情节详细供明》，南投：台湾省文献委员会，1997年。
② 黄六鸿：《看审辨体》，[清]张鉴瀛：《宦乡要则》卷一，光绪十六年（1890年）刊本。
③ [清]黄贻楫编：《李石渠先生治闽政略》，光绪六年（1880年）晋江黄谋烈梅石山房木活字印本，第16页。
④ 徐炳文修，郑丰稔纂：《(民国)云霄县志》卷十五，《司法》，民国三十六年（1947年）排印本。

告不得肆其毒,承审招解,不得掣其肘,则命盗之流塞矣。①

闽吏事重权轻的感叹普遍存在于闽地文献,如清流县称:"县令责重而权轻,责重,则一方之钱谷簿书与百姓之悲愉肥瘠实倚赖之;权轻,则自中丞、御史及监司使者二千石以下诸上台咸得统辖,以掣吾肘。"②等等。

2.考成制约与"官非一任"

为了避免州县"以自理为无关考成,视巡道为虚文塞责"③,清廷以考成约束州县官的户婚田土案件处理。如州县办案草率,延误上报日期,"迟至一月之后始行出详者,每一案记过一次,迟至两月以上者记过两次。倘能实心遵办,依期通详,而覆审招解亦无迟误者,每五案准予记功一次"④。一旦官吏积案太多,亦应接受相应处罚,即"一承审题咨案件逾限不结,应照例查参,以肃吏治。一行查紧要事件,玩劣不覆,宜严定处分,以整颓风。一提省委审案件,应勒限完结,以专责成"⑤。可见,"考成"是为了更好地约束官吏行为,令其认真执法,但在"官非一任"的弊端面前,许多官吏为了考成,反倒以无事为苟安。

因为案件审理需费繁多,州县官为了避免陷入无米之炊的困境,面对讼案往往置身事外,甚至恐遭指摘,索性"任意隐匿",造册时任意遗漏。⑥光绪初年广东南海知县徐赓陛将官吏的匿报案件心理总结如下:

> 今一案报,而令受申斥矣。两案报,而令摘顶戴矣。倘将到任一月之内,境内盗案,悉数报闻,则席不暇暖,而撤参随之矣。故官无论智愚,皆相率以讳,不知盗案一经讳报,则文武伴作不知,置诸度外,其无兵差缉捕

---

① 徐炳文修,郑丰稔纂:《(民国)云霄县志》卷十五,《司法》,民国三十六年(1947年)排印本。

② 吴廷云:《题杨公去思碑记》,[清]乔有豫编:《(道光)清流县志》卷四,《职官志·生祠》,道光九年(1829年)刻本。

③ 台湾银行经济研究室编辑:《福建省例》卷二十七,《刑政例上》,《州县自理词讼,按月造报管收除在四柱,依限审结,分别功过,责成府州一体稽查》,南投:台湾省文献委员会,1997年。

④ 台湾银行经济研究室编辑:《福建省例》卷二十八,《刑政例下》,《各属办理命盗词讼委审一切件,议立章程造册送司考校功过,汇详参处鼓励》,南投:台湾省文献委员会,1997年。

⑤ [清]黄贻楫编:《李石渠先生治闽政略》,光绪六年(1880年)晋江黄谋烈梅石山房木活字印本,第3页。

⑥ 台湾银行经济研究室编辑:《福建省例》卷二十七,《刑政例上》,《州县自理词讼,按月造报管收除在四柱,依限审结,分别功过,责成府州一体稽查》,南投:台湾省文献委员会,1997年。

可知,盗贼又安不得肆。①

这种心理在清代各省各府县官吏中均普遍存在。如果案发时恰逢官吏调任,此类案件往往被官吏拒之门外。这种案件又以积案方式出现在下任手中,而接任之官又以事非己任而不愿处理,案件就因此被束之高阁。这种现象在清代福建各府县十分普遍,徐宗干治台期间,处理地方积案过程中,就感叹现有积案"多非现任各令任内之事"②。《福建省例》亦称,"乃闽省各属疲玩成风,遇有缉获案犯,或怠于审办,或吝惜解费,往往久逾例限,延不审解。一俟瓜代有期,即可置身事外。接任之员,以事非己任,相率因循"③。

可见,考成的制约及"官非一任"的制度缺陷,滋生闽吏怠政情绪,加剧地方积案。

三、清代闽吏舒缓"难而求卸"困境的措施探索

为了减少"事繁任艰""位卑权重"的州县制度缺陷带来的负面影响,闽吏不断徘徊于倚胥与防胥中间。倚胥是为扩大辅政力量,寻求官场潜规则应付上司考核。在倚胥的同时,闽吏还不断扬法以立官威,防止胥吏欺瞒,把握地方行政主权。

(一)倚胥以扩大辅政力量

州县事务繁多,"一人政府"根本无法应对,只能倚靠胥吏、幕友等的帮忙。以"叙供"写作为例,清代实行"逐级覆审"制度,杖一百以上的案件要经过层层衙门的覆审,"叙供"就是上级官吏了解案情的直接依据。如果叙供写作不得体,案件往往会被上级驳回重审,官吏的仕途可能因此受到影响。但"叙供"的写作原则并非秉笔直书,而有许多技巧,需"晓得裁剪",即:

> 先确定所拟适用的制定法规则,然后决定剪裁的内容,对情节、供词、人证、物证、书证,甚至伤痕、尸体的检查结果,都可以大刀阔斧地删削,这样既天衣无缝,铸成铁案,又能左右逢源,回旋有路,非但犯人无从翻异,

---

① 徐庚陛:《覆本府条陈积弊禀》,[清]盛康编:《皇朝经世文续编》卷二十六,《吏政九·守令下》,光绪二十三年(1897年)思刊楼刊本。

② [清]徐宗干:《斯未信斋文编》卷五《官牍》,《致兆松厓廉访书》,咸丰五年(1855年)刻本。

③ 台湾银行经济研究室编辑:《福建省例》卷二十八,《刑政例下》,《详定命盗等案犯解费章程》,南投:台湾省文献委员会,1997年。

就是同为办案老手的上级幕友也难以识破。①

不仅如此,供词写作还得讲究通俗易懂,需更换难晓土语,即"删改供词,久有例禁,然闲冗处不必多叙,令人阅之烦闷,并意到而词不达者,必须改定,土语难晓者,亦须换出,但不可太文耳"②。这对不通方言的闽吏,确是一大难题,结果闽吏更大程度上需倚胥理讼、做"叙供"。乾隆十七年(1752年)陈宏谋任职福建巡抚,叹称"闽省官吏,历经整饬,经理庶务,且有条理,见之案牍,情文兼至,本部院检阅之下,时为欣佩",但面对官吏本人,却又"就现行之事,一加咨询,竟多茫然不知"③,原因就是闽吏文书多为胥吏所做,即:

> 不但细小事件如此,紧要大事无不如此。不但存案不须查办之事如此,而必须查办,难以空言了事者,亦无不如此。细揣其故,皆由奉到一切批檄,官多未尽寓目,即或寓目,判日发房,不求甚解,及至胥吏送稿,幕友阅定,即便回覆。其实本官于文稿始终全未经心,所以问辄茫然。上行之件如此,平行可知,民间呈状更可知。每每有堂审与断案互异,讯供与详文迥别,小民有武断捏详之控,皆此故也。④

当然,胥吏利用得当,也是解决清代"一人政府"困境的重要方式之一。美国学者白瑞德在四川巴县档案研究过程中,就高度评价了四川巴县胥吏在县衙运作中的作用,具有一种"非正当的正当性"⑤。清代著名的官箴书也纷纷表达了倚胥治理地方的必要性,如壁昌称州县官"一人之耳目心思,何能周知,不能不博采下问于幕丁胥吏"⑥。褚瑛称,"州县事大任繁,一己之精神耳目,难以周知,必须得人相助,为理方能有济,访延幕友为第一要务"⑦。汪辉祖称,"一身之精力有限,众人之耳目无穷,各执事分办于下,一人察核于上,彼焉

---

① 高浣月:《清代刑名幕友研究》,北京:中国政法大学出版社,2000年,第78~81页。
② [清]万维翰:《幕学举要》,《总论》,光绪十八年(1892年)浙江书局刊本。
③ 陈宏谋:《申饬闽属不阅文稿陋习檄》,[清]贺长龄编:《皇朝经世文编》卷二十二,《吏政八·守令中》,光绪十七年(1891年)上海广百宋齐桥印。
④ 陈宏谋:《申饬闽属不阅文稿陋习檄》,[清]贺长龄编:《皇朝经世文编》卷二十二,《吏政八·守令中》,光绪十七年(1891年)上海广百宋齐桥印。
⑤ 即虽然不被国家正式认可,却是衙门正常运作中不可或缺的非正当的正当科层制人员。见 Bradly W. Reed. *Talons and Teeth: County Clerks and Runners in the Qing Dynasty*, Stanford: Stanford University Press, 2000.
⑥ [清]壁昌:《牧令要诀》,序言,清道光刊本。
⑦ [清]褚瑛:《州县初仕小补》卷上,《幕友相助》,光绪十年(1884年)森宝阁排印本。

瘦哉"①。

但如何在倚胥的同时,保持让胥吏成为地方治理的正面协助力量,约束胥吏的蚀法行为,是摆在闽吏面前的重要问题。

(二)防胥以减少胥吏欺瞒

在充分发挥胥吏辅政作用的同时,面对胥吏的不法,如果官吏直接采取严厉措施,可能引来"吏胥即吊同土棍哄堂毁辱",滋生事端。② 所以面对胥吏的诸多不法,不少官吏"畏惮之而不敢发"③。闽吏为了引导胥吏成为地方官的正面辅政力量,往往穷尽脑汁,通过道德劝谕、严词批判、禁令防范、私下提防等措施约束胥吏行为。

第一,多面改革,架空胥吏权力。

为避免被胥吏欺瞒,地方官到任伊始往往下访民情,避免为官时风俗不知,民情不晓,思虑难周,结果被胥吏欺瞒而不知。咸丰年间徐宗干治台时就曾感慨,为何自己勤心为民,却遭民众误解,即:"官曰我廉,百姓曰尔贪之又贪;官曰我苦,百姓曰尔甘之又甘。"④细究之下才知道,台地不少胥吏于监狱外复设"卡",拘留牵连之人,私刑索诈,而官吏往往被蒙鼓中。⑤ 所以感慨地方官下任伊始,就应该体察民间。乾隆朝进士陈道也劝谕各省州县官"初到地方,宜博访僚属,察其俗尚美恶"⑥,碰到案件,亦应将刑钱幕友请至公馆,"朝夕盘问本省风土人情",由此避免胥吏欺瞒,干扰州县地方政务。

地方官还可以扩大地方协助治理力量,如依靠地方绅衿、宗族、乡族组织协助治理,避免胥吏专权。前文分析的清初至清代中后期,福建省饶有特色地

---

① 于成龙:《上徐方伯书》,[清]贺长龄编:《皇朝经世文编》卷二十二,《吏政八·守令中》,光绪十七年(1891年)上海广百宋齐桥印。

② 林则徐:《覆奏查办灾赈情形疏》,[清]盛康编:《皇朝经世文续编》卷四十五,《户政十七·荒政中》,光绪二十三年(1897年)思刊楼刊本。

③ 费庚吉即称,胥吏理讼时,索费不少,"有房费,有差规,胥役之囊橐不饱,即讼狱之审办无期,更于地方殷实之家,串同讼师捏词控告,谓之图准不图审,差票一发,便可任意索诈,得钱分用,谓之坐地分赃,至办理命案,书役等又借查传邻右之名,挨门传唤,累及无辜,民间有告状破一家,人命破一村之语",对此,官吏往往"畏惮之而不敢发"。详见费庚吉:《请严定惩创书役扰害章程疏》,[清]盛康编:《皇朝经世文续编》卷二十八,《吏政十一·吏胥》,光绪二十三年(1897年)思刊楼刊本。

④ [清]古丰州人撰:《泉俗刺激篇》,《斗签》,福建省图书馆抄本。

⑤ [清]徐宗干:《斯未信斋文编》卷三,《官牍》,《禁滥押札》,咸丰五年(1855年)刻本。

⑥ 陈道:《官戒示长儿》,[清]贺长龄编:《皇朝经世文编》卷二十一,《吏政七·守令上》,光绪十七年(1891年)上海广百宋齐桥印。

广泛推行族正、族副制度,就是地方官结合地方特色,扩大地方协助治理力量的典型例证。

地方官还可以"勤政",以免胥吏干涉政务。如办案时亲验、亲勘,少带书胥、乡勇下乡,道光年间陈盛韶任职建阳时,"勘验命案,自乘小轿,带跟班一人、刑房兼值堂一人、仵作一人,夫价火食皆官自给,随到随验,不许刻延滋扰,袖出告示贴诸勘所,严禁需索"①。

地方官还可以加大地方政务公开力度,减少民众不了解政务而被胥吏欺瞒。如南靖县为了规范讼费收取,不断出告示告知乡民,称奉官谕下乡的差役、县令均已拨给饭食之费,乡民无须再招待,即:"正堂鲍谕家丁并各头役知悉,所带乡勇由本县自给饭食,毋任借端滋扰,务须严行看管。如有吵扰滋事及私窃瓜果,攫取什物,致累居民,惟尔等是问。"②或者鼓励民众发挥民间监督作用,如康熙初年卸官回乡的陈常夏就建议漳州府学习泉州府,于各村设立循环簿,"某日某兵丁某差役下乡,索取何物,奉何票,答应何事,皆着誊明簿上,于每月三十日将簿送府,即于此月初一会公衙门,将簿查看,其诈冒多索者,随有纪法,民咸称便"③。

但上述架空胥吏权力的改革难度还是较大,因为官吏一旦得罪胥吏,可能处于"本官孤立无援,又苦摒档脩金倍于廉俸,左右支绌,挪移仓库,颠倒是非,供此无益之费"④的境地。所以,官吏的很多改革只能秘密行之,刘衡即称其在四川巴县改革时,"默识于心,不与一人言及,亦不令一人知,仍唤书吏侪与之曰,吾欲传行户验帖,尔可将行户领帖旧卷送核,迨该吏送到卷宗,予抽卷入密室亲核,得旧领行帖若干张,现存行户何人,开张何处,录一清单,乃自作免验行帖告示"⑤。

第二,严词批判,以儆效尤。

面对民间纠纷的发生,胥吏往往以纠纷为喜事,"一闻某乡械斗,则鼓掌相

---

① [清]陈盛韶:《问俗录》卷二,《古田县》,《十邻》,道光十三年(1833年)刊本。
② 南靖县地方志编纂委员会整理:《清代官文范稿》,《公差下乡禁例文》,漳州:南靖县地方志编纂委员会,2005年,第62页。
③ 陈常夏:《与王太守论保费衙役盗寇三事》,[清]李维钰、沈定均续修,吴联薰增纂:《(光绪)漳州府志》卷四十二,《艺文二》,光绪三年(1877年)芝山书院刻本。
④ [清]黄贻楫编:《李石渠先生治闽政略》,光绪六年(1880年)晋江黄谋烈梅石山房木活字印本,第17页。
⑤ 刘衡:《蜀僚问答》,[清]盛康编:《皇朝经世文续编》卷二十五,《吏政八·守令中》,光绪二十三年(1897年)思刊楼刊本。

庆,否则疾首蹙额,若不可终日"①。因为其可以怂恿官吏票传人犯,胥吏从中蚀法侵利随即而来。咸同年间程荣春治闽期间,就概括了福建省普通百姓涉讼的花费情况:

> 自告状之日起,到结案之日止,无事不要花钱。递一呈,先要状式钱,讼师要做状钱,代书要戳记钱,差役要保家钱。此状不准倒也罢了,一经批准,又要抄批钱,差票一出,又要草鞋钱、差礼钱。此案不审倒也罢了,一经传审,就要禀到钱、干证钱、歇家钱、铺堂钱、甘结钱。讼事不问是输是赢,尔家产已卖去了,尔身体已折磨了。②

徐宗干治台期间也称,他常常未及详察卷宗,即被胥吏怂恿,"一经票传,又复生出枝节,遂致讦告,终无了期"③。结果"海外愚民死于水火寇贼者半,死于若辈者半,且此等唆讼杀人无形之害,视斗抢掳劫为尤烈"④。清末泉州还出现官差出钱买纠纷怪事,时人称:

> 咄咄真怪异,官差出钱买差事,差有钱,不苦饥,何故作犬马,效驱驰,时时供鞭笞,呜呼嘻嘻我知之,日前某乡里,官府去验尸,所控主令与凶首,大半出洋年已久,除却妇孺更无人,铜片银员无不有,出差买得来,衙门九湾十八曲,以钱买差未为错。⑤

所以面对清代福建省胥吏的种种不法行径,闽吏往往严词批判。如嘉庆年间李殿图称闽省长班、胥役,恃土著之便,胡作非为:

> 讵闽省风气积年败坏,匪伊朝夕躁进之州县丞倅,或探听署缺之美恶以为趋避,或密侦上司之嗜好以为逢迎,长班听役恃其土著,熟悉人情,结交丁胥,诈传消息,撞骗浮销,无所不至,甚至州县解省钱粮,私向倾销,银店坐得厘头,节经刊示,通饬革除。⑥

(三)官吏扬法以立官威,把握地方行政主权

首先,扬法以立官威。

治闽政书记载了不少官吏扬法以立官威的案例。如咸丰朝徐宗干治台期

---

① [清]谢金銮:《泉漳治法论》,《治南狱事论》,1965年冬据同治七年(1868年)重刊本抄本。
② [清]程荣春:《泉州从政纪略》卷二,《劝民息讼示》,同治五年(1866年)刊本。
③ [清]徐宗干:《斯未信斋文编》卷三,《官牍》,《禁翻旧案示》,咸丰五年(1855年)刻本。
④ [清]徐宗干:《斯未信斋文编》卷五,《官牍》,《争产控案判》,咸丰五年(1855年)刻本。
⑤ [清]古丰州人撰:《泉俗刺激篇》,《买差》,福建省图书馆抄本。
⑥ [清]黄贻楫编:《李石渠先生治闽政略》,光绪六年(1880年)晋江黄谋烈梅石山房木活字印本,第14页。

间,劝谕百姓兵丁毋违法,称"不服本官,便是不服王法"①。所以,讼案一旦涉及拒捕、殴官情节,判处往往较重,因为其挑战了官府权威而引起官府更大程度的愤怒,徐宗干就规定"擅自聚众至四五十人,并未殴官者,照光棍例,为首斩立决,为从绞候,如逞凶殴官,斩决枭示,同谋聚众转扭纠约者斩立决"。②

其次,明刑以立官威。

刑罚是官吏为政的重要辅助工具,虽然有些官吏会感叹用刑的无可奈何,如徐宗干称:"在官府岂不知爱惜你一样的皮肉,只是法上去不得了,没奈何只得将刑罚加在你身。"③但不少官吏却热衷刑罚,清代长乐人郑兆瀛就称,初入仕途的官吏,"未能深通律例,自恃聪明,卖弄小巧,揣摩臆断,三尺妄施矣"④。更有一些官吏,"不喜亲审,止招详定罪,或刑或决,一成难改。又如上官不耐烦,一应解审罪犯,非不亲理,止云狱重初情,威严之下,犯人悉照原供,葫芦结案,殊不知下司问断,其廉明公直者,所不待言"⑤。不管是有意滥刑,还是无意用刑,官吏以刑辅政十分普遍,郑兆瀛称"非刑不能定案"⑥,甚至出现了"以律杀人"⑦的现象。而利用刑罚的缘由,即是官吏想利用自己手中的此种特权强调官威,减少胥吏、绅民欺官的可能性。

第五节 小结:官吏以"人治"缓和州县司法运作难题

"穷而求卸""病而求卸""难而求卸",从地方财政、地方吏治、州县制度缺陷等角度,思考了清代海疆治理困境与州县制度缺陷如何影响闽讼的处理,加剧福建省积案难除。但要改变地方积案状况,除了清廷应改变地方治理政策外,治闽官吏也应增强其"主人公"意识,发挥主观能动性,以"人治"缓和州县司法运作难题。

---

① [清]徐宗干:《斯未信斋文编》卷五,《官牍》,《谕兵丁》,咸丰五年(1855年)刻本。
② [清]徐宗干:《斯未信斋文编》卷三,《官牍》,《禁纠众示》,咸丰五年(1855年)刻本。
③ [清]徐宗干:《斯未信斋文编》卷六,《官牍》,《发各属陆稼书先生劝谕监犯文》,咸丰五年(1855年)刻本。
④ [清]郑兆瀛编:《慎刑篇》,《刑及无辜解》,民国二十年(1931年)刻本。
⑤ [清]郑兆瀛编:《慎刑篇》,《刑及无辜解》,民国二十年(1931年)刻本。
⑥ [清]郑兆瀛编:《慎刑篇》,《林学川先生刑诫》,民国二十年(1931年)刻本。
⑦ 《莆田人民公控蒋唐佑呈稿》,民国间抄本,福建省图书馆藏。

一、树立海疆官吏的"主人公"意识

"视治闽为畏途"的过程中,清代福建省地方官吏治闽的"主人公"意识十分不够,所以上文提及的各种"官累求卸"文字中,多数地方官表达的是,想求卸,一去了之,却始终缺乏思考如何开展地方变革,改变地方治理困境。如咸丰十一年(1861年)宁化县县令任职三年后,苦恼地方频遭动乱,经费不足。但面对难题,他的做法就是告诉上宪,他太熟悉宁化县了,熟悉到难以威慑、整顿民众,只能求卸,让新人来做,即"卑职抵任已历三载,一切民间刁悍性情,俱已熟惯,实难整顿。莫若更易生手,使彼都人士耳目一新,或可治理起色"①。还比如同治三年(1864年)同安县代理县令任职八个月后即求卸任,上宪因此调安溪县魏县令接任,结果魏县令延不到任。同安县代理县令着急了,称八个月期间,他"挖肉补疮,伎俩殆尽","现有交卸之信,不特更难设法,即各项公务亦呼应不灵,倘魏令延不赴任,眼见贻误"②。字里行间表达的好像是对地方事务的担忧,但通读代理县令求卸全文,却又让我们疑惑,官吏真正关心的到底是仕途、身体,还是地方治理?因为文中的官吏并没有身体不适,只是同安县的财政困境限制其仕途发展,于是不停求卸。当接任官未如期上任时,他就着急了,以已交求卸信件,公务呼应不灵为由再次请求上宪督促新官速速接任。这个催促过程中,我们并没有看到其为地方财政危机努力寻求解决措施,而是焦虑地想快点离开同安任上。

且有意思的是,求卸官吏往往以自身能力有限为由请求辞去难理州县的官职,但也会适时表达自己希望能在"完善之区"继续效忠朝廷。如上文提及的同安县代理县令因财政难题请求卸任时,不忘为自己谋求新差,称:"情愿晋省当差,或赴军营候遣,则卑职有生之日,皆出自鸿慈之所施也"③。还比如咸丰末年龙溪县令程锡畴称自己"菲才",恐难胜任"冲途累缺"的龙溪县,但求卸的同时也恳请大人"逾恒栽植,待至岁底察看情形,或可量移一缺,否则调省当差,俾释担荷"④。还比如咸丰十一年(1861年)宁化县知县以州县难为无米之

---

① [清]程荣春:《桐轩案牍》,《历陈苦情禀求调剂》,福建师范大学图书馆抄本。
② [清]程荣春:《桐轩案牍》,《禀福州府新任延不到任请转禀藩宪迅饬赴任》,福建师范大学图书馆抄本。
③ [清]程荣春:《桐轩案牍》,《求交卸恳饬补授赴任禀》,福建师范大学图书馆抄本。
④ [清]程荣春:《桐轩案牍》,《请将垫用军需划抵奏销并附求交卸由》,福建师范大学图书馆抄本。

炊为由请求卸任时,也没忘记表达自己的官场愿望,"卑职亦非敢奢望优缺,不过冀求量移完善之区,得以从容措施,不致贻累"①。此类言辞会让读者减少对求卸官吏的同情,反而多了一种"避重就轻"的官场恶习的反感。不过人非圣贤,我们也不能要求闽吏都有这种"我不下地狱,谁下地狱"的心理,即便是贤吏,其不堪其扰,同样可能求卸。如咸丰六年(1856年)任职马巷厅的程荣春深得百姓爱戴,咸丰七年(1857年)离任马巷厅时,马巷厅百姓还为其设立德政碑,但程荣春于咸丰七年(1857年)请求卸任马巷厅时,同样请求上宪能够遴员接署,"以均苦乐,而节逸劳"②。

对上述求卸文字的分析,确实让我们看到清代福建省官吏治闽的"主人公"意识还是不够。面对治闽的困难与风险,多数闽吏还是希望求卸规避,而不是立身其中,继续探求各种解决困境的办法。且最终闽吏不管是因为身体难堪重负求卸,还是能力难以胜任求卸,还是规避苦差而求卸,最终都导致地方社会易令频繁,加剧"视治闽为畏途"与"闽吏难求",影响了海疆社会治理,当然也包括了闽讼的处理,于是清代福建省积案清除工作始终效率低下。这也说明清代福建省积案繁多,除了闽吏政书一直批判的"闽人喜讼"原因外,制度缺陷、社会现实,及清廷与闽吏的人为因素同样是原因之一。

当同样面临财政困境的清廷无法在地方财政与吏治上改变海疆社会治理困局时,建立闽吏对海疆边陲的认同感与主人公意识,或许就成了突破清代福建省海疆社会治理困境的最可行路径。所以,清廷与有治理经验的闽吏总是劝说其他官吏,治闽一定要改变自己的思维,立政应有主人公意识。如徐宗干不断劝说其他台吏,"不以海洋为化外"③,要尽心办事,才能官民相安。当然,闽吏素质会直接影响其立政主人公意识的构建。

二、灵活执法,以"人治"缓解州县司法运作难题

除了树立"主人公意识"外,闽吏还应该立足清代福建省情,灵活司法,以弥补州县制度缺陷。

首先,因地制宜。

不同的地理环境有不同的地方社会问题,乾隆时期德福治理福建省期间,

---

① [清]程荣春:《桐轩案牍》,《历陈苦情禀求调剂》,福建师范大学图书馆抄本。
② [清]程荣春:《桐轩案牍》,《署马巷厅禀求卸事由》,福建师范大学图书馆抄本。
③ [清]徐宗干:《斯未信斋文编》卷四,《官牍》,《答王素园同年书》,咸丰五年(1855年)刻本。

认为福建省各府风气不一,各地纠纷类型不同,即:

> 福州为十闽都会,人犹循理守法,惟器识褊浅锱铢之利必较,睚眦之忿必争;福宁一府民性柔懦,向称循谨;兴化、永春及上游延建邵等府,俱以耕种为业,俗尚稍驯。惟汀漳泉及龙岩诸府州,纷争健讼,好勇斗狠,乃俗之最下者。台湾越在海外,居民大半皆漳泉惠潮之民,兼杂以生熟各番,故性尤喜斗。①

所以,闽省九府二州"情形各别也"。针对不同的地理形势及民风情形,自然应采取不同的处理方法。嘉庆年间曾在闽南多地担任教谕的谢金銮对械斗案处理办法的分析,尤有启发意义,其称,漳浦与同安县之械斗,起于积怨深仇,或是冤家结仇多年,有杀父杀兄之仇,或者"刳及数代之祖坟,出其骸鬻诸市,题曰某人之几世祖骨出卖,列诸墟众偏观之",争端属于不同戴天之仇,"非国法所能止也"。此类械斗若捕获一二人诛之,往往不能清其仇恨根源,所以只能治之以缓,"积诚相感,涕泣以道"。而闽省其他地区械斗只起于细故,或是争坟田、水谷之利,或是一时口角之争,因羞忿恨怨,一时激愤,激成械斗。因为此类械斗并无根蒂,"断之得其平,则冤可释,偿治之稍缓,则流毒既深,势难卒解,严以处之,则知所忌惮,而其风可熄,此为上者,所宜尽心也"。所以此类械斗治之宜猛,将争端消灭于萌起时。②

其次,因事制宜。

不同的案件有不同取证标准,清代官员褚瑛称:

> 告婚姻者,批查有无婚书庚帖媒妁,何人何年月日完婚。山场田园地土,令其呈验契据,绘图注说。账目牵扯,问其有无合同约据。争继霸产,饬其呈验族谱,昭穆是否相当,其有无关紧要之事,或批乡族老调处,或令地保查覆,酌量办理。惟坟山之案,情弊最多,初呈先批绅耆,约同坟邻查明秉公调处,察看有无碑记界址,兼询附近彼处之绅衿,真情何如,先有几分主宰,俾传讯勘验时,得有把握,此皆批呈之大节目,幕友自能逐一批明。③

《临汀考言》《巡漳谳词》这两本清代闽吏判牍也向我们展示了官吏审理不同案件时的不同取证渠道,本书第四章将有详细分析。只有因事制宜,分清哪些案件该理,如何理,官吏才能从积案如山的治理困境中脱身而出。

---

① [清]德福辑:《闽政领要》卷中,《民风好尚》,收录陈支平主编:《台湾文献汇刊》,第4辑第15册,厦门:厦门大学出版社,2004年。
② [清]谢金銮:《泉漳治法论》,《械斗》,1965年冬据同治七年(1868年)重刊本抄本。
③ [清]褚瑛:《州县初仕小补》卷上,《批阅呈词》,光绪十年(1884年)森宝阁排印本。

且地方官吏只有做到因事制宜,才能不拘泥于中央法,灵活理讼。道光年间陈盛韶治闽,以实例说明官吏在皇帝未明示可以斟酌的情形下,可以自作主张地不依律办案,但有些事情却需严格按律办事。所以官吏是否依法办事,需"临事处斩"①。如果官吏理讼处处以律条为准则,"泥律例以入人于法,真是枉读十年书矣"②。且清代各地方风俗差异很大,案件表现形式不一,更不能以一法绳之,清代中期官员颜检称:"一郡与一郡,事例不同。一邑与一邑,章程互异。甚至一村与一村,情事亦不能相合,今欲执一法以绳之,恐不能强以相从,民不能从,事多掣肘,此又不可行也。"③王景贤亦称:"各省之风土人情多相悬殊,但当相其所宜而设施,不容泥定一律。"④于是官吏执法过程中,总是参照地方惯习,因地、因事制宜。

再次,因时制宜。

官吏理讼有一定技巧,先理何类案件,同类案件如何区分处理,均有讲究。如新官上任,头几起案件的审理情况直接关系其任后数年的理讼情况。毕竟新官上任,民众、讼棍及地方其他人群均在观望县官的素质。若断案如神,可能"民服教则讼自少"⑤。若新官面对案件茫无头绪,讼棍可能以为官愚,进而不法。所以许多官吏十分重视下车后头几起讼案的处理情况,甚至提出新官面对积案应先审理小而容易的案子,后审理上司批饬的案件,认为只有塑造官吏审案"神速"的印象,民众才不敢欺官。若一开始即审理疑难杂案,可能许久不能了结,于百姓面前"使不雅观",且讼棍刁民会认为官愚而欺官。⑥清代官员褚瑛也称新官上任,绅民、讼棍、积匪均视官吏行为判断官吏能力,以决定是否为不法以欺官,即"到任之始,绅民欲看新官之作为,以为展施之地步。讼棍

---

① 陈盛韶不依法办事的例子是,违反清例规定,允许蕃地典卖,即"蕃地例禁典卖,官何勿禁乎?……因其俗而抚恤则安,如必事事执例过求,反致纷纷争讼,嚣然不靖"。详见王泰升《来回穿梭于法律与历史之间》,《新史学》2010年第21卷第3期,第219页。官吏需严格依法办事的例子,则是陈盛韶严格处理螟蛉子不许乱宗之案,即"台民无子者买异姓为子……谓螟蛉子……平时三令五申,听讼时复照异姓不准乱宗例断之,此风庶可稍回"。详见[清]陈盛韶:《问俗录》卷六,《鹿港厅》,《螟儿》,道光十三年(1833年)刊本。
② [清]王景贤:《牧民赘语》,羲停山馆集本。
③ 颜检:《覆议减差均徭利弊疏》,[清]贺长龄编:《皇朝经世文编》卷三十三,《户政八·赋役五》,光绪十七年(1891年)上海广百宋齐桥印。
④ [清]王景贤:《牧民赘语》,羲停山馆集本。
⑤ [清]盘峤野人:《居官寡过录》卷一,《狱讼》,青照堂丛书本。
⑥ [明]余自强:《治谱》卷四,《词讼门·初到审讼》,崇祯十二年(1639年)呈祥馆重刊本。

烂匪观刑罚之严否,预备唆摆之奸计。书办之舞弊,差役之狡猾,一则情形不熟,二则茫无头绪,若不于立法之初,稍立声威,嗣后振作为难",所以劝谕官吏到任应先综合所收案件情况,先判处几起较易处理的案件,如此一来,"使众人咸知此官精明,不敢起轻慢之心,嗣后公事即不难办矣"。① 程荣春亦以实践证明,其到任马巷厅后,立马处办林禄抗粮拒捕事件,结果"民情颇为允服,其余大小公事无不随时整饬,所属地方幸俱安静"②。这一思想在清代十分普遍,不少官吏甚至萌生了"集讯之后便要断结,断错胜于永远不断"③的错误观念。

不仅如此,官吏理讼还应善于把握案件进展的火候,争端初见端倪时即劝谕以和为贵,争端已萌又劝民间机构进行解纷。一旦争端扩大至一定程度,官府则出面干预。如何把握争端的进展程度,并因时制宜做出判处,直接关系官吏的治理情况,时人即称"要在因时制宜,看事体之缓急,情理之真伪,推情度理,既不可偏执己见,尤不可格外苛求"④。

总之,官吏不管因地因事,还是因时司法,其理讼都有个终极目标,即追求地方治理稳定及自身考成能够实现双赢。所以,不管是依法还是依照成案、惯习,地方官均是从本地实际情况出发,寻找一种成本最低、结果较好的解决途径。毕竟法律在地方运作,清廷重视的是治理效果,治理过程是由地方官负责。但地方官为了考成,灵活执法的背后往往伴随有善后措施,如修辞公文以免被上司驳案等。官吏的素质决定了其在中央与地方的双重约束下执法的灵活程度。而且,在此我们也不应夸大地方官在选择审判依据时的矛盾心理,因为清律对地方官的"人治"本身即持肯定态度,地方官的多重证据审判法本身即为社会所认同,如苏成捷称:"在裁断现场中律例的沉默似乎显示县官的裁断实际上的依据真的是暧昧不明——可能是社会规范或者大清律例,也可能两者皆有。换句话说,当社会规范与律例一致时,县官无须在两者之间作出明白的选择。"⑤但地方审判中"人治"参与,确实灵活了法律,缓解不合理的州县设置带来的治理难题。

---

① [清]褚瑛:《州县初仕小补》卷上,《宜立声威》,光绪十年(1884年)森宝阁排印本。
② [清]程荣春:《桐轩案牍》,《署马巷厅禀奏销案已垫解,赔累难支,恳请遴员接署由》,福建师范大学图书馆抄本。
③ 转引自龚汝富:《明清讼学研究》,北京:商务印书馆,2008年,第31页。
④ [清]褚瑛:《州县初仕小补》卷上,《批阅呈词》,光绪十年(1884年)森宝阁排印本。
⑤ 苏成捷:《清代县衙的卖妻案件审判:以272件巴县、南部和宝坻县案子为例证》,邱澎生、陈熙远编:《明清法律运作中的权力与文化》,台北:联经出版公司,2009年,第386页。

第三章

从地方司法实录看地方人群的法律态度与角色互动

——以清代福建省民间诉讼录为中心的考察

"民间诉讼录"是指在地方图书馆与田野调查过程中搜集到的民间诉讼案卷集子。相对于档案与判牍,这类司法材料对案件的记录更为详细,语言亦更接近民间诉状的实况。近年来,在历史人类学思潮影响下,利用民间诉讼录进行法律社会史研究的成果日益增多,给区域司法实践研究带来新活力。本章希望通过整理清代福建省几个民间诉讼个案,将个案放在区域脉络中考察,分析诉讼人群的诉讼意识与法律态度,体会官绅民之间围绕法领域实现的角色互动,体会法如何成为诉讼当事人共同争夺的一种资源,思考纠纷背后除了资源争夺外更为复杂的东西,诸如地方社会的法律、制度、文化因素。

第一节 民间诉讼录研究区域司法实践的意义

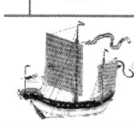

福建省各地方图书馆及省图书馆收藏的清代福建司法文献并不丰富,但有限的几个案卷记载的纠纷类型却十分多样,包括民告绅衿、民告官吏、绅衿告官、官诬告绅衿,及生员互控等类型,展现了官绅民围绕利益纠葛在法领域的互动。本章利用的民间诉讼录如下:

《建安周元章控吴秉照案》记载了嘉庆二十三年(1818年)六月,初八日至道光元年(1821年)五月十九日崇安县星村发生的一起民告绅衿案件。案件有明显的两个阶段,前一个阶段乃民告绅衿,是周元章控诉绅衿吴秉照拐藏发妻。围绕周元章与周仁茂是否同一人,府衙不断批饬县衙集讯,不断批驳县衙息玩。后一阶段则是绅衿互控,是吴秉照反驳县判不公,控诉吴志刚贿赂县令,挟仇冒用周元章之名打击异己,造成冤判。本案府宪的批词带有浓厚情绪,不断批责县衙与差役怠玩成风。①

《崇安胡锡轩呈控衷锡猷卷宗》记载了道光元年(1821年)十二月十三日至道光二年(1822年)五月二十八日民众控诉势豪的一起案件。江西籍县民胡锡轩上控本地势豪衷锡猷带领妇女占领其行屋,且变行屋为赌局,胡锡轩控县,县受贿不理,胡锡轩再控府,府又批县断,且控府县过程中,衷锡猷遍布恶势力于府城、县城,胡锡轩冒着生命危险去申冤。②

《府宪崇安县孀妇黄氏具控原署台湾教谕吴镇一案》记载了道光四年(1824年)八月二十四日至道光五年(1825年)十月十三日饶黄氏五次向建宁府知府上诉的过程。饶黄氏称原台湾教谕吴镇乘其扶夫柩回江西期间,捏称氏欠租,贿赂分县主将店内什物判抵欠租。为求判回原物,饶黄氏连续五次向府宪上呈。此案中,府宪的态度与其他案件不同,府宪很少批判县衙怠玩,或批责告状人多渎、越诉,而是不断催促县衙尽快集齐人证讯究,只在接到第五封呈状时才斥责饶黄氏"恃妇越渎,希图准提,殊属怠玩"。③

《莆田江宁章案情详禀稿底》④记载了光绪二十六年(1900年)十一月至二十七年(1901年)六月莆田县发生的一起官绅纠葛案。稿件的作者乃江宁章,但其在案件中只是个导火索与插曲,真正的斗争主力是江春澍。案件历时七个来月,留下了41封呈、禀文,每封呈词背后多附有各级上宪的批文,让我们能重构出此案的大致情节。案件隐约可见两条主线,前期是吕县令以律杀人,将一起销赃窝盗案变成了请求褫革生员案;后期则是生员江宁章与江春澍不懈上控,不仅控诉胥吏、县主,还控诉各级上宪。来来回回的四十来封呈词、批文,充满了官绅之间的文字游戏。文字游戏的背后展现了案件的发展历程,及当时莆田县地方权力群体之间的互动关系。因为本案是本章第二、三节(官、绅诉讼态度分析)的主要依托材料之一,原稿并未按时间顺序编纂,显得十分凌乱,为方便阅读及整理案件原委,按照时间顺序将41封呈词整理如下:

---

① [清]周元章:《建安周元章控吴秉照案》,抄本,福建省图书馆藏。
② [清]胡锡轩:《崇安胡锡轩呈控衷锡猷卷宗》,道光五年(1825年)抄本,福建省图书馆藏。
③ 《府宪崇安县孀妇黄氏具控原署台湾教谕吴镇一案》,道光二年(1822年)抄本,福建省图书馆藏。
④ [清]江宁章:《莆田江宁章案情详禀稿底》,福建师范大学图书馆藏。

表 3-1 《莆田江宁章案情详禀稿底》包含的呈词表

原文顺序	上呈者	呈词题目
1	江春澍	廿六年（1900年）十一月澍陆续递督、学、藩、臬、府各宪呈
2	江春澍	二十六年（1900年）十一月廿八日同日递督、学、藩、臬各宪呈
3	江春澍	本年正月廿三日递藩宪呈
21	江春澍	本年正月廿三日递藩司宪呈
30	江春澍	本年正月廿三日澍递学宪呈
32	江宁章	本年正月廿三宁章递督宪呈
4	江春澍	本年二月初三日递臬宪呈
33	江宁章	本年二月初三日递督宪
9	江春澍	本年二月初八日澍呈
22	江春澍	本年二月初八日递藩宪呈
34	江宁章	本年二月初八日宁章递臬宪呈
5	江春澍	本年二月十八日澍递臬辕呈
31	江春澍	本年二月十九日澍递学宪禀
6	江春澍	本年二月廿三日赴福州府投到，禀未收，粘臬辕递
8	江春澍	本年二月廿四日澍叩府宪未收，粘臬宪禀
7	江春澍	本年二月廿五日递臬辕投到传禀
23	江春澍	本年二月二十八日递藩辕呈
14	江春澍	本年二月廿九日澍叩福州府谢禀
10	江宁章、江春澍	本年三月初一日澍、章呈臬宪杨
15	江春澍	本三月十九日澍叩福州府谢禀
28	江春澍	本年三月廿八日澍叩督宪
29	江春澍	四月十八日呈督宪
24	江春澍	本年四月二十八日澍呈藩宪
16	江春澍	本年五月初一日澍叩福州府宪禀
11	江春澍	本五月初三日澍呈臬宪吴

续表

原文顺序	上呈者	呈词题目
17	江春澍	本年五月初十日澍禀福州府宪
18	江春澍	本五月十四日澍禀福州府宪
25	江春澍	本五月十八日澍叩藩宪呈
12	江春澍	本五月十八日澍叩臬宪吴
19	江春澍	本五月二十日澍禀福州府宪
20	江春澍	本五月二十五日澍禀福州府宪
26	江春澍	本六月初三日澍叩藩宪呈
27	江春澍	本六月□日叩藩宪周呈
13	江春澍	本六月十三日澍呈臬宪吴
35	江宁章	（原文无题目）
36①	吕兆璜	莆田县吕兆璜禀
37	吕兆璜	莆田县吕密禀
38	吕兆璜	县吕兆璜禀
39	吕兆璜	县吕兆璜覆
40	兴化府知府	兴化府详文
41	杨按司	按司杨钉封密札

注：①第36～41封吕兆璜与兴化府知府的禀、详文等，因为《莆田江宁章案情详禀稿底》未写明具体时间，故按原文顺序放于表的最后。

资料来源：［清］江宁章：《莆田江宁章案情详禀稿底》，福建师范大学图书馆藏。

《莆田人民公控蒋唐佑呈稿》①记载了光绪二十七年（1901年）十二月十三日至光绪二十八年（1902年）正月二十四日莆田县的一起生员控诉官吏案件，41天里生员共有11封呈文。案中刘玉粦等5名生员公控县主蒋唐佑的艰难道路，展现了不法州县官如何倚仗势力，操弄法律条文，屡屡滥用法律解释权与执行权，并寻求官官相护，置控告他的生员们于被动局面的过程。州县官不法的另一面是生员的不懈上控，以生员为主体的民间力量祭起告官的旗帜，展现了自己的知识积累，抗争亦显得有理有节，抗争的过程既是州县官吏罪恶昭

---

① 《莆田人民公控蒋唐佑呈稿》，民国间抄本，福建省图书馆藏。

彰的过程,也是民众自我保护意识增强的一种训练。因为本案是本章第二、三节(官、绅诉讼态度分析)的主要依托材料之一,故将11封生员呈文整理如下:

表 3-2 《莆田人民公控蒋唐佑呈稿》包含的呈词表

1	廿七年(1901年)十二月十三日控蒋县主唐佑呈稿	8	廿三日㮸等禀
2	十二月十八日㮸等禀	9	廿三日惠等禀
3	廿六日㮸等投到呈	10	正月廿二日举人肖睿颐等禀
4	正月初一日㮸等呈	11	廿四日刘ムム等禀
5	初六日苏以惠等禀	12①	涵江司禀
6	初十日㮸等呈	13	典史禀
7	廿三日㮸等呈		

注①:《莆田人民公控蒋唐佑呈稿》共有13封呈(禀)文,其中1~11封为生员控诉县主蒋唐佑的呈文,12、13封为涵江司与典史对蒋唐佑前往省城之际,莆田县人民到衙署闹事殴差事件的记述。

资料来源:《莆田人民公控蒋唐佑呈稿》,民国间抄本,福建省图书馆藏。

以上几本民间诉讼录均为不完整的案件记录,案件结局均无从得知。从案件题材上看,这些民间诉讼录的时代与区域烙印明显。如饶黄氏与胡锡轩两案是土客矛盾引发的纠纷,二者均发生于崇安县星村,这恰是嘉道时期江西人大规模涌入建宁府引发社会问题的反映。① 从案件内容上看,这些民间诉讼录保留了不少民间司法实践记录。不管是民众与官绅之间的法律互动,还是生员与官府之间的法律纠葛,整个诉讼案卷较为详细地记载了诉讼进展的过程,更直接展现了地方司法实践情况。民间诉讼录对区域司法实践的研究有重要意义,因为与档案、判牍相比,民间诉讼录更详细地记载了案件的发展过程,且民间诉讼录中的状词更多地保留了民众诉讼的原貌,可以从中窥视涉讼人群的诉讼态度与法律意识。

具体分析中,因为《莆田人民公控蒋唐佑呈稿》《莆田江宁章案情详禀稿底》两本案卷记载的内容最为详尽,且案件主题均是官绅纠葛个案,对二案的分析能更好地展现官吏(主要是恶吏)与绅衿的诉讼意识与法律态度。而建宁

① 陈盛韶称"建阳山多田少,荒山无粮,以历来管业者为之主,近多租与江西人开垦种茶,其租息颇廉,其产殖颇肥,春二月突添江右人数十万,通衢市集,饭店渡口有毂击肩摩之势"。详见[清]陈盛韶:《问俗录》卷一,《建阳县》,《茶山》,道光十三年(1833年)刊本。

府的三起民众控诉官绅案件则可以用来分析民众的诉讼意识与法律态度。

第二节 恶吏的诉讼意识与法律角色

清代州县官的职责是"掌一县管理,决讼断辟,劝农赈贫,讨猾除奸,兴养立教。凡贡士、读法、养老、祀神,靡所不综"①。也就是说,行政、司法、教化等皆在州县官的权限范围内。循吏可结合中央法律与地方实际,灵活执法,老百姓便能享受福泽。但如果绅民碰上的是恶吏,很容易陷入无穷无尽的讼累中,比如被恶吏激怒进而控官,或者被恶吏诬告在案等。《莆田人民公控蒋唐佑呈稿》与《莆田江宁章案情详禀稿底》两案均是恶吏倚仗权势,操弄法律条文,屡屡滥用法律解释权与执行权,并寻求官官相护,诬告生员的案例。对两案中恶吏角色的分析,可以管窥清末福建省恶吏的诉讼意识与法律角色。

一、恶吏滋扰讼端、升级讼案

《莆田人民公控蒋唐佑呈稿》缘起于县主蒋唐佑为政期间的种种劣迹引发公愤,绅衿怒而控官。《莆田江宁章案情详禀稿底》则缘起于莆田县令以律杀人,将一起销赃窝盗案变成请求褫革生员案。

(一)恶吏蚀法,讼端产生

《莆田人民公控蒋唐佑呈稿》记载了蒋唐佑侵吞捐款、苛勒勇费、增税浮收、冤平民以护回守、违通分以括呈候等八项劣迹,其中五项控诉的是蒋唐佑的谋经济私利行为。经济私利的诱惑力,往往让地方官知法而犯法。

1.侵吞捐款、增税浮收:恶吏借国难发财

"疲"是清代诸多地方的县政遇到的共同问题,"无米之炊"的感叹充斥着清代闽吏政书,清末的莆田县即面临这一问题。如清末莆田"额征地丁银六万一千三百余两,奏销限完四万二千三百余两,存留各款七千两,实征银四万九千三百余两",地方治理过程中已经有"无米之炊"的困扰。所以州县常常以报解不敷,递加规例。② 如此大背景下的莆田县,摊上了三万两白银的庚子赔

---

① 赵尔巽:《清史稿》,《职官三》,北京:中华书局,1976年。
② 卢金城注:《江春霖御史奏稿简注》,《奏劾莆田田赋不均,请饬量为增减疏》,厦门:厦门大学出版社,2001年,第5页。

款,无疑雪上加霜。为了摊得捐款,莆田县新增了随粮捐、铺捐、酒捐、膏捐、贾捐等五项捐税,绅民已经奄奄一息。此时,蒋唐佑还不断借国难大幅度浮收,莆田县众绅控诉道,"莆田税契旧例契尾每张六百五十文,税身每两七千五文,每百办补水十六文,洋艮一呈当制□九百八十五文,向无随封,今城中每亩随封小洋二角,乡村小洋四角,店面每间三员不等,契尾加至六百六十文,税身加至八十文,补水加至二十文";①苏以惠更以详细的数字对比,说明蒋唐佑在各捐项征收时的浮收幅度。② 当浮收的"度"超过绅民接受程度时,绅民的反抗随即而来,于是莆田县众绅公开控诉蒋唐佑。

借国事浮收,在清末莆田并不罕见。光绪三十二年至三十四年(1906—1908年),御史江春霖连续上奏参劾莆田田赋不均,就多次谈及地方官员如何利用时局需索民众。如莆田县广业里区的大洋村本应完地丁一两,知县先是勒纳制钱五千。光绪二十八年(1902年)又以庚子摊捐为借口,加制钱四百。光绪三十二年(1906年)又为筹造全闽铁路,"复有每两加二百之议",结果"合以前数,非五千余文不能完一两。茕茕者氓,其何以堪"。所以光绪三十二年(1906年)春夏间,县属各绅士以年来饥荒频仍,民生凋敝,援照前署县陆藻章③通禀,五钱以上大户,每两折纳洋银二圆;五钱以下小户,每两折纳制钱三千,联名上控,请禁加勒,却仍遭拒,还发生了林应同京控案。④

2.违通分以括呈候:有恃无恐的贿卖官差

"违通分以括呈候"控诉的是蒋唐佑的贿卖"代书"行为。

本书第一章的研究已经指出清代福建省讼师唆讼十分普遍,嘉庆年间李殿图治闽就感叹:

> 余初见闽省控词,无不悚心骇目。及平心研讯,或家无斗筲而妄称抢劫;或户无租赋而具控浮收;格填两三伤,必称群猛攒殴;产无立锥地,必引丁胥朋诈;冒充先儒之子孙,以争祀田,而忍忘其祖;冒认他人之丘垄以夺山场,而自乱其宗;孀妇未云改适,而三党意在分甘,多方促迫,未亡人欲终服制而不能;一夫或被殴毙,而尸属皆存奢望,牵引富饶。⑤

---

① 《莆田人民公控蒋唐佑呈稿》,《廿七年十二月十三日控蒋县主唐佑呈稿》,民国间抄本,福建省图书馆藏。
② 《莆田人民公控蒋唐佑呈稿》,《廿三日惠等禀》,民国间抄本,福建省图书馆藏。
③ 光绪二十一年(1905年)任。
④ 卢金城注:《江春霖御史奏稿简注》,《奏劾莆田田赋不均,请饬量为增减疏》,厦门:厦门大学出版社,2001年,第5页。
⑤ [清]黄贻楫编:《李石渠先生治闽政略》,光绪六年(1880年)晋江黄谋烈梅石山房木活字印本。

为了减少讼师唆讼,清代闽吏大力推广"代书"做状。但到了道光年间,莆仙地区的代书不解作词已经十分普遍,陈盛韶称:"仙游代书不解作词,惟终日守官戳,别有讼师作词,称曰师傅,又曰制堂。"①莆田与仙游毗连,诸多习俗相近,此代书职能转化亦相同。"只守官戳",可见代书职能单一,如此一职还能"贿卖",说明代书仍能从"盖官戳"中得到不少需索,否则职位就失去了贿卖的吸引力。毕竟同官吏贿买官职一般,如果该差衔不能为买差者带来好处,民众不可能以闲钱投资此行为。普遍贿卖的结果导致差役素质低下,不仅不恤民生,更以民为利薮,制造种种机会索诈乡民。

清末莆田县不仅贿卖"代书",官职贿卖同样普遍,如光绪二十七年(1901年),莆田县令吕兆璜被控后仍可买署诏安,二十八年(1902年)蒋唐佑被控后仍可捐升知府,等等。如此不讲为官素质,只求获得银钱,让地方吏治更加败坏。且庚子摊捐让官吏可以以国难为借口,进行多方位需索。如本案,自玉贵莅任兴化府以来,已经通分莆、仙两邑,"呈限八百二十文,传呈限一千二百文"。蒋唐佑莅任莆田期间,还在此基础上另加"小费","盖戳计期呈指候二员,传呈括候四员"②。所以,民众一旦涉讼,不仅需承担蒋唐佑的小费需索,更需填满代书的私欲,"县呈稿贵"现象自然产生了。加上国难当前,往往"官民皆沦,胥以败矣,暇讲吏治哉"③,官吏借此寻租更为便利。

3. 冤平民以护回守、苛勒勇费:官与委弁之间的权力与经济交易

"冤平民以护回守"控诉的是蒋唐佑的护委弁行为。当巡检李鹏带勇往办东蔡、北赖等村命案,铳毙与案无干一民众,尸母呈控,蒋、李反诬该民众拒捕,且开板戮尸。此外,当练兵吴捷登离伍回家犯奸被控,营弁反越俎械捕铳毙乡民,且诬乡民拒捕格杀致死,蒋唐佑也没有为百姓主持公道。

巡检、营弁干涉词讼,本来即为法律所禁止,康熙二十三年(1684年)台湾府诸罗县知县季麒光称,"巡检一官,原因邑界辽远,非县令一人所能控御,故设为巡检以分任之,所以防缉盗贼稽查奸宄,不受民词,不理民事,止奉行上令而已"④。季麒光还曾因为巡检干预词讼,责备道:"该司虽属长才,善于厘察,然官箴所系,亦宜自知爱惜,本府前日之批当亦略有见闻乎,特行饬谕,如再蹈

---

① [清]陈盛韶:《问俗录》卷三,《仙游县》,《师傅》,道光十三年(1833年)刊本。
② 《莆田人民公控蒋唐佑呈稿》,《廿七年十二月十三日控蒋县主唐佑呈稿》,民国间抄本,福建省图书馆藏。
③ [清]徐宗干:《斯未信斋文编》卷五,《官牍》,《请筹议积储》,咸丰五年(1855年)刻本。
④ [清]季麒光:《东宁政事集》,《论孙巡检札》,收录陈支平主编:《台湾文献汇刊》,第4辑第2册,厦门:厦门大学出版社,2004年。

前辙,不自检束,本县惟有详揭而已,勿谓本县之不情也。"①嘉庆年间李殿图治闽也称,武弁亦"缉匪安良,是其专责","勿得干预民事"②,等等。但上述两案中,蒋唐佑不仅纵容巡检、营弁越俎,且回护委弁,冤及平民。回护的背后又有怎样的利益关系?

且看清末福建省营弁招募的三大弊端:

> 一因各官招募兵丁,多有买充,一经入伍,即恃众滋事,而营中弁目皆受其资财,以有恃而无恐;一曰营中游守所以愿招此等棍徒入伍者,利其不以饷米为重,可以借词不发,既沾其利,不能不回护其短,每遇因案移提,辄庇护不肯移送;一因各营季饷不能按时给发,月米又多延欠,安分良民莫肯充伍,所募充者非无赖之人,即曾经犯案之徒,倚营弁为护符,各差不敢拘拿,如果要案万难徇护,兵则逃去,而营中即假充误公开革蒙混移护。③

换句话说,地方官招募特定的人员入伍,既可得到贿卖差职的银钱,又可克扣饷米,贪污季饷。既受其利,不能不为其护短。所以蒋唐佑案中,蒋唐佑才会对营弁和兵丁的诸多不法行为给予回护,而营弁即以部分勇费报酬蒋令。这种报酬在众绅的控诉中即成了蒋唐佑"苛勒勇费"的劣迹。

也正因为营弁与地方官之间有此层利益关系,营弁才敢"干预词讼,日见猖横"④,不法种种。清代才会出现诸如"并以闽省营兵借端勒索滋事之案层见叠出"⑤、"兴化营兵控案累累"⑥的种种描述。为了革除此弊,清廷于嘉庆十年(1805年)下诏"凡有控告营中弁得赃滋事等案,把总以上应由道员提讯,外委及兵丁等由府提讯,不得批县厅□,以符体制"⑦。但从本案情形上看,此规定亦未严格执行。

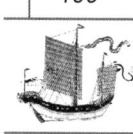

---

① [清]季麒光:《东宁政事集》,《论孙巡检札》,收录陈支平主编:《台湾文献汇刊》,第4辑第2册,厦门:厦门大学出版社,2004年。

② [清]黄贻楫编:《李石渠先生治闽政略》,光绪六年(1880年)晋江黄谋烈梅石山房木活字印本。

③ [清]程荣春:《桐轩案牍》,《遵札会议整饬营务,剔弊章程稿》,福建师范大学图书馆抄本。

④ [清]程荣春:《桐轩案牍》,《文武办事和衷》,福建师范大学图书馆抄本。

⑤ 台湾银行经济研究室编辑:《福建省例》卷二十八,《刑政例下》,《营兵滋事,文武约束参罚章程》,南投:台湾省文献委员会,1997年。

⑥ 台湾银行经济研究室编辑:《福建省例》卷二十八,《刑政例下》,《营兵被控即革名粮解讯,如有庇护,将该管将弁严处》,南投:台湾省文献委员会,1997年。

⑦ [清]佚名编:《福建度支备览》,《词讼》,抄本。

不管是侵吞捐款、苛勒勇费、增税浮收、冤平民以护回守，还是违通分以括呈候，蒋唐佑均利用权势，借用庚子摊捐的国难与清末地方疲状的社会大背景，谋求私利。当这种借国难发财行为影响到绅民利益时，绅民群起控诉，讼案发生。

（二）恶吏"借法杀人"，任意升级案件

《莆田江宁章案情详禀稿底》记载的官绅纠葛案缘起于一场销赃窝盗案，因为官吏的"借法杀人"，绅衿才被牵涉入案，并遭身份褫革。

光绪二十六年（1900年）九月，莆田县的南日岛一带发生商船被劫案，吕兆璜与莆捕务王士骏及福清县令进行清查，究出何普一、大头宣、蔡沛七等几位知情接赃大犯，其中"又以蔡沛七为甚"①。为了追回赃款，吕县令会同王士骏，令巡检李鹏前往三江口涵江一带，速将案内有名销赃及贼供之窝户严行追办。在查追蔡沛七过程中，江宁章闯入了此案。② 这种现象在南日一带的劫匪案史上并不特殊，吕兆璜曾感叹办理南日抢劫案时，常常"非生监从中包庇，即教士出为阻挠"③，所以即便谆谆劝谕至舌敝唇焦，效果却不明显。但因为当时莆田地方权力群体及官场的特殊人际关系让吕兆璜格外注意此案，决意"借法杀人"，将江宁章拉入此案，并将斗争矛头转向了江宁章的胞侄江春澍，销赃窝盗案开始逐渐变味。

1.诬告绅衿以打击官场异己

吕兆璜之所以选择江春澍作为抨击对象，除了受密友杨中楷的唆使外，还

---

① ［清］江宁章：《莆田江宁章案情详禀稿底》，《县吕兆璜禀》，福建师范大学图书馆藏。

② 关于此，江宁章与吕兆璜给出了完全不同的解释。吕兆璜称，莆田一地"民情刁蛮，办事本非容易，而追赃尤属为难"，在同捕务办理追赃案时，"非生监从中包庇，即教士出为阻挠，舌敝唇焦"，故所获不多。特别是在"设法开导"蔡沛七时，"突有生员江宁章贸然而来，无理取闹，惟有婉言遣去，讵其反敢捏情妄控"，恰逢撤委入城，"各家见江宁章控准撤委，刁风更长"，导致了追赃案"万难办理"。而江宁章却称，捕委因为追罚款不遂，突降至其学馆，"当时章仅对差勇婉辞，并无与委主争闹，委主见章遂跳下轿，亲用扶手殴打"，详见［清］江宁章：《莆田江宁章案情详禀稿底》，《莆田县吕兆璜禀》《本年二月初三日递督宪》，福建师范大学图书馆藏。

③ ［清］江宁章：《莆田江宁章案情详禀稿底》，《莆田县吕密禀》，福建师范大学图书馆藏。

因为江春澍的特殊身份。江春澍乃江春霖①弟弟,江氏兄弟均热衷家乡事务,也因此屡次与地方权力群体结仇。如光绪十九年(1893年)因为佥追书院公款与杨中楷结仇,光绪二十一年(1895年)因参折县主寇宗华擅烧民房,得罪县令等。特别是江春霖因为率直的个性,已为当时莆田地方权力群体忌恨在心,江春霖即自称:"四年台谏,未进寸阶,而以戆直浪得虚名,久为当道忌。吾闽官场中,闻亦有之,特律己甚严,立言有体,欲报复而无隙可乘耳。"②所以,借亲属打击江春霖,以进行官场报复十分常见。此案发生之前,江春澍已经多次成为官场打击江春霖的对象,如苏杨氏控陈菊案中,江春澍被勒罚银一百两,罚后无事,但官吏仍给其扣上"澍兄乞免"的字样。③江春霖亦不断安慰家人毋为此事烦恼,也不断劝谕家人毋多管闲事,以免"被奸人持作证据",即:

> 当今人情偷薄,反覆无常,朝为友朋,暮作仇敌。兄且勿论其他,但以吾兄弟在东华事言之,一切可以勘破矣。况此时邮传四通八达,造谣之报,匿名之书,无日不有达兄之处。语虽毁谤,要不失为爱我者之言。倘用宣布各处,一犬吠形,百犬吠声,能向人人而辩之乎?畏寒莫如重裘,止谤莫如自修,二语不可不三复也。④

2.诬告绅衿以报复其争夺地方公共事务的处理权

虽然无法获得更多江春澍的人物介绍,但从其佥追书院公款,及"首捐巨金"倡修莆田东岳观⑤的侧面信息,可见江春澍亦热心地方公事。虽然清廷一直鼓励士绅应该协助地方官治理地方社会,以往的诸多研究亦肯定了士绅在地方公共事务中的领导权。但从此案研究可见,地方官对士绅在地方公务中的作用仍有很多限制。清代《福建省例》即对生员在地方公务的活动做了规定,不准公呈保结、不准派充调处公亲、不准派充族房家长、不准着令跟拘等。

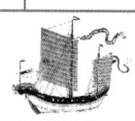

① 江春霖:光绪二十年(1894年)进士,历任翰林院检讨、武英殿纂修、国史馆协修,官至新疆道,兼署辽沈、河南、四川、江南道监察御史。访察吏治,不避权贵。前后六年,封奏六十多起,与庆亲王、袁世凯、徐世昌、孙宝琦等权贵抗争,声震朝野。本案发生时,其任新疆道监察御史。
② [清]江春霖:《江春霖集》卷四,《家书》,《宣统己酉八月十八日》,马来西亚:马来西亚兴安会馆总会文化委员会,1990年,第525页。
③ [清]江宁章:《莆田江宁章案情详禀稿底》,《本三月十九日澍叩福州府谢禀》,福建师范大学图书馆藏。
④ [清]江春霖:《江春霖集》卷四,《家书》,《宣统己酉八月十八日》,马来西亚:马来西亚兴安会馆总会文化委员会,1990年,第525页。
⑤ 同治元年《兴化府为文昌东岳行宫示禁碑》,此碑尚存。转引自郑振满:《神庙祭典与社区空间秩序——莆田江口平原的例证》,《史林》1995年第1期。

特别是生员的"公呈保结"行为,被认为是在"擅夺州县之权"。时人称绅衿"虽同官一城,无承审之责者,尚不得越俎而代",一旦干预地方命盗案件,或者联名上控,"系进士、举人、职员、贡监、由州县详革,系生员由教官详革。事之是非,言之曲直,俱所不论,但治其朋比为奸,越分妄言之罪。若承审官派令地方绅士公呈保结,一经查出,并予严参"①。江春澍对地方公事的诸多热心,可能亦是其得罪吕县令,屡次被牵涉入讼案的一大原因。

3. 诬告绅衿以寻找积案如山的替罪羊

清代福建省积案繁多,莆田县也不例外。积案太多必定影响到州县官的考成、仕途,寻找替罪羔羊是县令常有的举措。于是绅衿不守卧碑成了官吏分析积案原因的常见理由,且看吕兆璜如何将笔锋从江宁章转向江春澍。其称,江宁章"在学三十年,恪守卧碑,并无控案"②,"年老在痒,声名尚不狼藉"③,"其所以妄行无忌者,恃有廪生江春澍从中主持耳"④。江春澍不仅在江宁章与捕委发生冲突后,"邀江口绅衿入署来见,不讲情理,坚请严办兵勇……尤敢捏词上控,意在挟制,以遂其包庇之欲"⑤。而江春澍之所以敢如此不法,就是因为他"恃兄翰苑声势"⑥,平素"视官长如髦弁,武断乡曲,蛮不讲理,平昔包揽词讼,无所不至"⑦。通过此控诉,吕兆璜将斗争的矛头从江宁章转向江春澍,继而影射江春霖,实现了官场上的打击异己。

为了引起上宪的同感,吕兆璜加大笔墨强调本案必须严办。认为南日一带之所以劫案不断,就是因为生监从中包庇,"若不将江春澍、江宁章禀请斥

---

① 台湾银行经济研究室编辑:《福建省例》卷二十八,《刑政例下》,《禁革生员公呈保结干预官事等款》,南投:台湾省文献委员会,1997年。

② [清]江宁章:《莆田江宁章案情详禀稿底》,《本年二月初八日宁章递臬宪呈》,福建师范大学图书馆藏。

③ [清]江宁章:《莆田江宁章案情详禀稿底》,《莆田县吕密禀》,福建师范大学图书馆藏。

④ [清]江宁章:《莆田江宁章案情详禀稿底》,《县吕兆璜禀》,福建师范大学图书馆藏。

⑤ [清]江宁章:《莆田江宁章案情详禀稿底》,《县吕兆璜禀》,福建师范大学图书馆藏。

⑥ [清]江宁章:《莆田江宁章案情详禀稿底》,《莆田县吕密禀》,福建师范大学图书馆藏。

⑦ [清]江宁章:《莆田江宁章案情详禀稿底》,《县吕兆璜禀》,福建师范大学图书馆藏。

革,则沛七有恃不恐,行若无事,何以清盗源而挽颓风"①。生员的被褫革,让一起销赃窝盗案发展成褫革生员案。

二、官官相护是恶吏徇法的有力保障

不管是蒋唐佑一案,还是江宁章、江春澍一案,生员一旦控诉官吏,各级机构均视此类案件为猛兽,直接的反应便是建立攻守同盟,共同掐灭民众之怒火。人们的共识是:"在官人役,不难立刻拘解,而终因任锢习,肆意延宕,谓非有心庇护,其谁信之?"②许多人常以官场积习对其含混解释,称:"总由积习既深,官官相护。平时因循疲玩,置民瘼于不问。遇有案件,又务博宽厚之名,扶同徇隐,以致各州县中多有昏愦不职,颠倒是非,甚成恣意贪婪,肆无忌惮。"③官官相护于清代官场普遍存在的原因如下。

(一)不愿揭开的面纱:责任连带制度下的官官相护

一旦讼官,揭发的往往不止该官吏恶行,官僚体制背后千丝万缕的人际关系与权力运作方式,往往让简单的讼案变得复杂。一旦案件剖开,从知县到知府、藩司、臬司、督抚均可能涉入其中。清代不乏细故经不懈上控,最终成为一场官僚政治案的案例。所以面对讼官,官官相护将案件掐灭在萌起阶段是诸上宪自保的最好办法。因为清代任何一个官吏也不敢保证自己毫无浮收,康熙帝曾经说过:"所谓廉吏者,亦非一文不取之谓……如州县官只取一分,此外不收,便是好官。"④美国学者密迪乐(Thomas Meadows)也称:"所有中国官员除了薪俸都要拿外快及养廉银,中国人所谓'清官'与'贪官',最大的区别就在于前者使百姓为公道而付钱,而后者则贩卖不公道给最高的出价者。"⑤所以,任何一名上宪也不敢保证此类讼官案件的剖开不会连累及自己。既然如此,

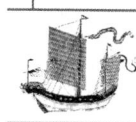

---

① [清]江宁章:《莆田江宁章案情详禀稿底》,《县吕兆璜禀》,福建师范大学图书馆藏。
② 台湾银行经济研究室编辑:《福建省例》卷二十八,《刑政例下》,《凡蠹役滋事诈赃罪犯在徒罪以下,分别锁挂铁铃》,南投:台湾省文献委员会,1997年。
③ 台湾银行经济研究室编辑:《福建省例》卷二十八,《刑政例下》,《各省有将关系生死出入大案审出实情者督抚核实题奏》,南投:台湾省文献委员会,1997年。
④ [清]蒋良骐:《东华录》,康熙三十四年(1696年),济南:齐鲁书社,2005年。
⑤ 密迪乐:《中国政府、人民……杂录》,第114~115页。转引自约翰·R.瓦特:《衙门与城市行政管理》,注释24,[美]施坚雅主编,叶光庭等译:《中华帝国晚期的城市》,北京:中华书局,2001年,第462页。

何不一开始即官官相护,及早掐灭讼案? 如果生员足够"识趣",可能因此妥协,斗争转向了"求开复衣顶",案情就不会继续深究下去。若遇及"不识趣"的生员,案件才有可能进一步升级,官绅斗争会更为激烈。

如蒋唐佑一案,案件一开始,众绅即罗列蒋唐佑的八项劣迹,但臬宪以"事不干己"褫革了生员,企图掐灭案情。众绅却始终"不惜衣顶",不懈上控,许督宪干脆提集生员讯究。府讯并未遏止生员的言行,众绅再次以详细的证据、证人情况①,及蒋唐佑在庚子摊捐中的浮收数字②反驳上宪的"毫无实在证据"批词。但在如此翔实的证人罗列与数字分析面前,府宪与督宪还是为蒋唐佑层层开脱。首先批责此事应由受害人上控,接着说明蒋令"捐项统归省委收解,与县主无涉"③,生员的"八项劣迹"乃捕风捉影。不仅如此,府宪还以"官员近在同城,上宪自会自行纠察",批责生员不得再上渎。但此"自会自行纠察"竟是令蒋唐佑自行禀复,甚至在蒋唐佑怀印逃至省时,藩司还为其处理种种善后事宜,将其留省署任,且派委员接其眷属回省,以免遭县民的阻拦,所以张之洞叹道"袒庇若此"。如此的袒庇,并非完全出于官吏之间的交情,官场的责任连带是诸上宪不愿处理此案的主要原因。从案件的结局亦可见,当福建御史李灼华弹劾许应骙的奏章上交至清廷,揭开的就是整个官僚人际的面纱。许应骙遭查参,杨文鼎的劣迹被一一发掘,蒋唐佑事件亦遭重新调查,最后被革职。

虽然本案中众绅获得成功,许应骙、杨文鼎等为其官官相护付出了代价。但客观而言,此胜利纯属意外之果,许应骙等被查参,更多还是因为光绪二十九年(1903年)仙游县民抗捐斗争中,许应骙应仙游县令王士骏之请,派兵镇压民乱,激发民怒,最终引起了御史李灼华、江春霖的注意。时人的记述也展示,如果许应骙没被查参,蒋唐佑不仅仍逍遥法外,得到藩司等上宪的诸多回护,更可以"以巨绅唆使民叛变为词"上报督宪,以剿灭绅民叛乱结束此案。所以,诸上宪遇及讼官案的第一反应还是官官相护,掐灭案情于萌起阶段。

(二)中央与地方信息沟通权的把握

官官相护网络的坚固,还在于清廷信息的受阻隔。天子难以周知天下事,所以有了督抚、州县等层级的地方代理人。代理人方便了地方治理,也造成了

---

① 《莆田人民公控蒋唐佑呈稿》,《廿六日舜等投到呈》,民国间抄本,福建省图书馆藏。
② 《莆田人民公控蒋唐佑呈稿》,《廿三日惠等禀》,民国间抄本,福建省图书馆藏。
③ 《莆田人民公控蒋唐佑呈稿》,《廿三日惠等禀》《批文》,民国间抄本,福建省图书馆藏。

信息的垄断。

如蒋唐佑一案,光绪二十九年(1903年)二月张之洞查参许应骙以前,自蒋唐佑至杨文鼎均在清廷档案中留下至优至良的记录。如杨文鼎"器识宏通,心思精细,练兵筹饷,规划周详,且于外国情形均能洞悉"①,玉贵"才具优长,心思精细,宽猛相济,措置合宜"②,蒋唐佑"才具优长,肯任劳怨"③,三者均属"材堪造就,为通省出色人员"④。可是在张之洞查参许应骙之后,许应骙成了"资老年高,不免自负,大率好谄而恶直,是官而非民,此其用人行政不能允协之病根……其为用人太偏,下情壅蔽,以致舆论不孚"⑤。杨文鼎成了"恃才傲物,多揽权利,豪纵娱乐,喜人应酬,偏徇属员,轻革诸生,于上控各案,动辄批驳,不恤民隐,实非掌刑狱、司风宪之官所宜"⑥。蒋唐佑则是"卑鄙妄为,劣迹多端,舆情怨愤,应请旨革职,永不叙用"⑦。玉贵也成了乡民眼中的"酷吏"⑧。前后截然相反的官吏评价,客观上反映了清廷信息很大程度上被各级地方官吏阻隔,如果所用非人,清廷很难得到地方社会的真实全面信息。

有清一代,信息沟通受阻酿成冤案十分常见。如光绪二十八年(1902年)五月仙游县民群起反抗王士骏借摊捐庚子赔款浮收,闯入县署,拆毁征税局。王士骏恼羞成怒,向兴化府及省里请兵剿民,格杀二十余名完案,事后还令乡民摊赔兵费一万八千两白银。案情起因本是县令浮收过渡,但上达许应骙时,许应骙不仅全信王士骏之词,且立即派兵支持,令王士骏将"滋事抗捐之犯"立即就地正法。还上奏清廷,称莆仙二邑民情强悍,抗官藐法由来已久,这次抗捐斗争,王士骏进行了多方解谕,却无法防止,幸而"王士骏本系闽省老吏,夙

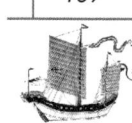

---

① 中国第一历史档案馆编:《(光绪)朝朱批奏折》第18辑,《内政·职官》,北京:中华书局,1996年,第236页。
② 中国第一历史档案馆编:《(光绪)朝朱批奏折》第15辑,《内政·职官》,北京:中华书局,1996年,第198页。
③ 中国第一历史档案馆编:《(光绪)朝朱批奏折》第15辑,《内政·职官》,北京:中华书局,1996年,第198页。
④ 《清德宗实录》卷四百八十八,光绪二十七年己未,北京:中华书局,1987年。
⑤ 赵德馨主编:《张之洞全集》第四册,《奏议》,《查明许应骙参款折》,武汉:武汉大学出版社,2008年,第140页。
⑥ 赵德馨主编:《张之洞全集》第四册,《奏议》,《查明许应骙参款折》,武汉:武汉大学出版社,2008年,第141页。
⑦ 赵德馨主编:《张之洞全集》第四册,《奏议》,《查明许应骙参款折》,武汉:武汉大学出版社,2008年,第141页。
⑧ 宋增佑:《江梅阳侍御轶事》,[清]江春霖:《江春霖集》,附录,马来西亚:马来西亚兴安会馆总会文化委员会,1990年,第41页。

着贤能,此次变起仓猝,竭力防御,衙署仓库均未被扰,城厢各处教堂一律保护平稳,其余各项捐输亦系照章办理,并无不合,应免置议"①。若不是有福建道御史李灼华的弹劾许应骙之折,及江春霖携村民京控之事,恐怕仙游民变不可能有澄清之日。还比如刘正刚先生研究的晚清台湾林戴氏京控案,也说明了"地方官为了维护自身利益而巧妙与朝廷周旋,而案情的话语权完全由地方官府掌握,他们的资讯又直接影响到朝廷的判断"②。

(三)"官非一任"制度缺陷下的官官相护

本书第二章论述了"官非一任"的州县制度缺陷如何影响闽讼处理,本章可借用蒋唐佑与江宁章两案,以实例说明此问题。

既然官吏为政存在"官非一任"的心理,办案时即以"只求在任日久,斗者解散,抢者屏息,一二年内不出竖旗聚众之案"作为为官目标。因为即便实心为政,以猛治县,可"恶者渐向善,善者不为恶,官民渐相浃洽",但"此官此境谈何容易"③。相较之下,"种种为难,得忍且忍,姑求无事,为福苟安"④更为保险。一旦有此思想,地方官对待公事,往往"但求出门,不求了事",办案善于推诿,"院仰司,司仰府,府仰县之类。一经转行,即算办毕"⑤。审案亦自命为和事之人,"奏交之案,十审九虚,刁讼之民,十虚九赦"⑥。如此治理下的州县,必定积案日多。面对积案,接任之员又以事非己任,往往"或怠于审办,或吝惜解费"⑦,置身事外。

这种"官非一任"的思想在督抚一层同样存在,既然如此,何不于任内处理

---

① 中国第一历史档案馆、北京师范大学历史系编选:《辛亥革命前十年间民变档案史料》,《闽浙总督许应骙奏仙游县民闭肆哄署抗官拒捕折》,北京:中华书局,1985年,第390页。

② 刘正刚、杨彦立:《晚清妇女京控案探析:以台湾林戴氏为中心》,收录马明达、纪宗安编:《暨南史学(第八辑)》,桂林:广西师范大学出版社,2013年。

③ [清]徐宗干:《斯未信斋文编》卷四,《官牍》,《上刘玉坡制军书》,咸丰五年(1855年)刻本。

④ [清]徐宗干:《斯未信斋文编》卷五,《官牍》,《致兆松厓廉访书》,咸丰五年(1855年)刻本。

⑤ 台湾银行经济研究室编辑:《福建省例》卷二十八,《刑政例下》,《清讼事宜八条》,南投:台湾省文献委员会,1997年。

⑥ 台湾银行经济研究室编辑:《福建省例》卷二十八,《刑政例下》,《清讼事宜八条》,南投:台湾省文献委员会,1997年。

⑦ 台湾银行经济研究室编辑:《福建省例》卷二十八,《刑政例下》,《详定命盗案犯解费章程》,南投:台湾省文献委员会,1997年。

好官僚人际关系,"扶同徇隐"①,既能博宽厚之名,也为自己将来的仕途买个保险。于是官吏办理官绅纠葛案时,开始常以"少株连""不越俎"为由,进行官官相护。

1.办案少株连成了官官相护的法律保障

办案少株连本是为了减少讼累,因为一旦办案株连多人,"衙门丁胥勾串奸徒,牵引索诈,讦讼不休,拖累致毙者,又不知凡几"②。所以,清廷及各省督抚不断提倡办案少株连,规定如有牵告,定治以杖刑,即"如系田土细故,每牵告一名者杖六十。每一名加一等,五名杖一百。仍究主唆讼棍,一体治罪。倘承审官曲于开脱,分别参惩,以挽颓风"③。咸丰年间徐宗干治台,亦多次提及办案少株连,认为"新案除告窃盗匪徒外,被告不准过三人,干证不准过二人,一命指告一人拟抵,即有帮凶亦不得过三人,其平空罗织多人者,先提原告亲讯,偶升大堂,举国骇为异事,新案之无情者可减矣"④。

但此良法美意在官绅纠葛案中,却成了官官相护的法律保障。如江宁章一案,江春澍控告吕县主纳部民之女为妾,已经违犯律例,各级上宪却将该女子当成案外之人,不能牵控在案。如府宪批"来呈任意牵控,试问是何意见"⑤,督宪批"何得将案外之人,率请补提,致滋拖累,殊属不合"⑥,藩宪批"案既由府移提,就事论事,应俟提到质讯,乃现呈混行牵扯,殊属逞刁"⑦,臬宪批"案外之人,不得牵累"⑧等。

---

① 台湾银行经济研究室编辑:《福建省例》卷二十八,《刑政例下》,《各省有将关系生死出入大案审出实情着督抚核实题奏》,南投:台湾省文献委员会,1997年。
② 台湾银行经济研究室编辑:《福建省例》卷二十八,《刑政例下》,《命案只准指告正凶》,南投:台湾省文献委员会,1997年。
③ 台湾银行经济研究室编辑:《福建省例》卷二十七,《刑政例上》,《刁告抗审等事,诚属闽民恶习,亟为整饬条款》,南投:台湾省文献委员会,1997年。
④ [清]徐宗干:《斯未信斋文编》卷三,《官牍》,《答徐松龛方伯书》,咸丰五年(1855年)刻本。
⑤ [清]江宁章:《莆田江宁章案情详禀稿底》,《廿六年十一月澍陆续递督、学、藩、臬、府各宪呈》,福建师范大学图书馆藏。
⑥ [清]江宁章:《莆田江宁章案情详禀稿底》,《本年三月廿八日澍呈督宪》,福建师范大学图书馆藏。
⑦ [清]江宁章:《莆田江宁章案情详禀稿底》,《本年四月二十八日澍呈藩宪》,福建师范大学图书馆藏。
⑧ [清]江宁章:《莆田江宁章案情详禀稿底》,《本五月初三日澍呈臬宪吴》,福建师范大学图书馆藏。

2.以不越俎的官场潜规则掩护官官相护

清廷规定,"朝廷设官,各有体统,各有职司,尊卑上下相互弹制,即相为维系"①,所以官吏办案常以"不越俎"为基本原则。如嘉庆年间担任福建省多地教谕的谢金銮虽然焦虑闽省办案混拘生员,却叹称:"吏治之事,吾不敢干,吾以明吾学而已。"②《福建省例》亦多次重申佐贰与武职不得干涉词讼,即:

> 照得设官分职,各有专司。有刑讯之权者,则设立刑具。有抚字之责者,则审理民词。他如武职大小员弁,职在修明武备,训练巡防;文职佐杂各官,或分司缉捕,或专管监狱,均不得私设刑具,擅受民词。乃本兼署部堂、部院风闻闽省各营武职暨各属佐杂,竟有违例私设擅受情事,而台湾为尤甚。……武职员弁及文职佐杂,遇有擒获命盗等项人犯,均即解交有司衙门审办,毋得私设刑具,擅自刑讯。其民间词讼,更不准擅受干预。③

但在官绅纠葛案中,此规定成了掩护官官相护的潜规则。如江宁章一案,当江春澍寻求学宪、藩宪、福州府知府帮助时,以上诸官均以不越俎为由拒绝江春澍的请求。众官的不越俎,并非碍于制度规定,而只是官官相护的搪塞。如当江春澍向福州府求请保释在外时,知府玉贵批示:"该革生等系奉臬宪发府看管,准否取保,应候详请宪示办理。"④但随着江春澍的继续上渎,福州府还是批准了其保释在外的请求。

三、滥用执法权是恶吏徇法的有力武器

(一)对生员的言语斥责与身份褫革

不管是蒋唐佑还是江宁章案件,面对生员的控诉,各级上宪只以"哓哓上诉""刁健""混渎"等毫无说服力的批词回驳。如蒋唐佑一案,各级上宪责备刘玉粦等五名生员"事不干己""抗帮作讼""不守卧碑"。江宁章一案更为典型,面对江春澍的不懈上控,各级上宪不断批责其"任意妄控"。如江春澍的第一封呈词送达兴化府后,知府批"来呈任意牵控,试问是何意见";送达臬宪后,臬

---

① [清]季麒光:《东宁政事集》,《论孙巡检札》,收录陈支平主编:《台湾文献汇刊》,第4辑第2册,厦门:厦门大学出版社,2004年。
② [清]谢金銮:《泉漳治法论》,《自序》,1965年冬据同治七年(1868年)重刊本抄本。
③ 台湾银行经济研究室编辑:《福建省例》卷二十八,《刑政例下》,《严禁武职及文职佐杂各官私设刑具擅受民词》,南投:台湾省文献委员会,1997年。
④ [清]江宁章:《莆田江宁章案情详禀稿底》,《本五月二十日澍禀福州府宪》,福建师范大学图书馆藏。

宪批"公道自在人心,自能查明察释,何必急为辩渎"。① 第二封呈词送到藩宪时,藩宪批"是非自无不白,乃前呈甫经批发,何又汲汲具呈"②。总之,"哓哓不已""又赴刁混渎""毋庸多渎""复行上渎"等毫无说服力的批词与江春澍慷慨激昂的呈词的巨大反差,构成了本案的另一个显著特点。

一旦言语批责不能钳制民口,地方官员不惜擅改法律条文以震慑绅民。如蒋唐佑案中,诸上宪为了钳制民口,回护蒋唐佑恶行,直接篡改法律条文以震慑绅民。如苏以惠指出:

> 枭批所引例载"官民人等"改作"民人",而不问虚实,立案不究……生员抗帮作证,句脱"代人"二字,而地方立引详请斥革衣顶,上文又节去"审属虚诬"一语,骗诈挟仇,厶等固无□□,审属虚诬,厶等又未经讯不引则已斥革。③

刘玉舜等亦引用"官民人等告讦之条"及"抗帮作证"的例文,批判上宪的擅改行为。可见,地方官为了私利,可以滥用法律解释权,擅改法律规定,任意取舍而做解释。若擅改的是《大清律例》,或许部分绅民会有察觉。若是省例或暂流通于官僚阶层的通例,这种随意曲解可能就不会被察觉。尽管《大清律例》规定:"若官吏人等挟诈欺公,妄生异议,擅为更改,变乱成法者,斩。"④但很多官吏仍铤而走险,"以律杀人",随意褫革绅衿身份。蒋唐佑一案中的五名生员被褫革衣顶,江宁章案中的江宁章与江春澍也被褫革衣顶。这一现象在清末福建十分典型,时人称:"惟调阅各县控案,凡地方生员一经上省控官,即褫衣顶,无一免者。"⑤

除此之外,不法官员还不惜向上宪诬告生员,请求兵差协助捕剿绅民。如蒋唐佑一案,面对众绅上控,蒋唐佑"以巨绅唆使乱民叛变为词"上报。⑥ 还比

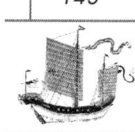

---

① [清]江宁章:《莆田江宁章案情详禀稿底》,《廿六年十一月澍陆续递督、学、藩、臬、府各宪呈》,福建师范大学图书馆藏。
② [清]江宁章:《莆田江宁章案情详禀稿底》,《二十六年十一月廿八同日递督、学、藩、臬各宪呈》,福建师范大学图书馆藏。
③ 《莆田人民公控蒋唐佑呈稿》,《初六日苏以惠等禀》,民国间抄本,福建省图书馆藏。
④ 田涛、郑秦点校:《大清律例》卷七,《吏律·公式》,《讲读律令》,北京:法律出版社,1999年。
⑤ 赵德馨主编:《张之洞全集》第四册,《奏议》,《查明许应骙参款折》,武汉:武汉大学出版社,2008年,第136页。
⑥ 宋增佑:《江梅阳侍御轶事》,[清]江春霖:《江春霖集》,附录,马来西亚:马来西亚兴安会馆总会文化委员会,1990年,第42页。

如前文提及的光绪二十八年(1902年)许应骙回护仙游县令王士骏借摊捐庚子赔款浮收一案,等等。

(二)诬告生员:报复又噬肥

清代闽省办案诬告生员堪称普遍,尤其是"闽中下南四府"①。谢金銮曾言:

今泉漳之俗,凡有控案,必列生员,曰某某抢夺杀人,而生员喝令也;某某掳禁勒赎,而生员主谋也。且族党相倾,则必尽录其乡其族之衿监,虽深山闭门,不谙世事者,皆所不免。甚有其人已死于一二年之前,而控者不知,犹列其名姓者。②

徐宗干亦称:"台地恶习,有构讼者,必将同族之文武生员,指名列控,勿论其虚实,盖欲其出而贿息也。或畏累则匿不敢出,官吏不察,以抗传斥革,愈不敢出矣。"③至清代中后期,办案混拘生员已经成为闽省的一个通例,道光《罗源县志》与道光《惠安县志》不约而同地记载:

闽省地方办理案件,有因擒犯不获,率据差役混禀,将事外之生员传唤跟拘之事,漳泉尤为特甚,且有硬派族长、房长名目,不依本族齿序,由县给票,将生员点充之事,殊非功令所有。④

对此,谢金銮哀叹:"求其不捕生员者,十不得一,究其终也,求其明正生员于罪者,亦十不得一,呜呼,由其后之十不得一可知生员之非其罪也,而纷纷索捕者何为也?"⑤蒋唐佑与江宁章两案均可为官吏的诬告生员现象找到点解释。

1.诬告的目的

首先,快报复。蒋唐佑案中,蒋唐佑不仅混拘生员、派差勇拘捕诸生,更可以将生员关押茅房,其报复心理可见。且混拘生员,不管生员如何反映,官吏均可以借此打击其势力,谢金銮称:"控生员,则传之而至可以困辱之;传之不

---

① 薛凝度:《云霄命盗杂论》,[清]薛凝度修,吴文林等纂:《(嘉庆)云霄厅志》卷三,《命盗》,嘉庆二十一年(1816年)修,民国二十四年(1935年)重排印本。
② [清]谢金銮:《泉漳治法论》,《重士》,1965年冬据同治七年(1868年)重刊本抄本。
③ [清]徐宗干:《斯未信斋杂录》卷四,《君子轩偶记》,收录台湾银行经济研究室编:《台湾文献丛刊》第九十三种,台北:台湾银行经济研究室,1959年。
④ [清]庐凤芩修,林春溥纂:《(道光)新修罗源县志》卷十一,《学校》,道光十一年(1831年)刻本。[清]娄云纂修:《(道光)惠安县续志》,据民国二十五年(1936年)林鸿辉铅印本影印,第16页。
⑤ [清]谢金銮:《泉漳治法论》,《自序》,1965年冬据同治七年(1868年)重刊本抄本。

至,可以革其衣顶。"①江宁章一案,吕兆瑛同样想借诬告报复,所以褫革绅衿衣顶,并令绅衿投保在案。②

其次,饱私囊。一旦生员被诬在案,若不出钱贿赂尸亲与官府,紧随而来的捕役必"先尽室远遁空其庐,令与兵役至,索人不得,则焚其庐舍,殃其鸡犬鱼烂而未已"③,损失更大。所以生员对此"盖欲其出而贿息也"④十分清晰,往往破财消灾,此现象被《福建省例》概括为"择肥而噬之计"⑤。且相对于富户,生员更是理想的诬告对象。因为闽省"士习刁顽,往往不畏官法"⑥,且常"恃符抗法,或持州县之短长,砌词妄控;或揽他人之词讼,插唆行私"⑦,诬告生员在情理上更为易行。蒋唐佑案中,蒋唐佑诬告柏汝钰、陈南金、李树本等,结果"传闻皆以罚款罢事"⑧。而江宁章案中,江春澍亦称其被诬控入案,是因为"县主因索巨款不遂,听唆迁怒"⑨。江宁章亦称其被涉入案,是因为"委弁意未满,将移章书塾,章辞,触怒遭殴被抢"⑩。不仅如此,江春澍还列举了以往的一起苏杨氏控陈菊案,说明此案根本子虚乌有,其被诬是州县官为了赚取罚

---

① [清]谢金銮:《泉漳治法论》,《重士》,1965年冬据同治七年(1868年)重刊本抄本。
② 江春澍叹称:"近日感触暑气,不时小腹作痛,兼且下血,饮食俱减,宁章又老年人,常苦烦躁。"详见[清]江宁章:《莆田江宁章案情详禀稿底》,《本五月二十五日澍禀福州府宪》,福建师范大学图书馆藏。
③ [清]谢金銮:《泉漳治法论》,《治南狱事论》,1965年冬据同治七年(1868年)重刊本抄本。
④ [清]徐宗干:《斯未信斋杂录》卷四,《君子轩偶记》,收录台湾银行经济研究室编:《台湾文献丛刊》第九十三种,台北:台湾银行经济研究室,1959年。
⑤ 台湾银行经济研究室编辑:《福建省例》卷二十八,《刑政例下》,《办理命盗案件立定条款》,南投:台湾省文献委员会,1997年。
⑥ [清]庐凤芩修,林春溥纂:《(道光)新修罗源县志》卷十一,《学校》,道光十一年(1831年)刻本。
⑦ [清]程荣春:《桐轩案牍》,《禀安抚广条陈地方事宜事由》,福建师范大学图书馆抄本。
⑧ 《莆田人民公控蒋唐佑呈稿》,《廿七年十二月十三日控蒋县主唐佑呈稿》,民国间抄本,福建省图书馆藏。
⑨ [清]江宁章:《莆田江宁章案情详禀稿底》,《二十六年十一月廿八同日递督、学、藩、臬各宪呈》,福建师范大学图书馆藏。
⑩ [清]江宁章:《莆田江宁章案情详禀稿底》,《本年正月廿三日宁章递督宪呈》,福建师范大学图书馆藏。

银。① 所以,论起绅衿涉讼,江春澍感叹"莆邑二十年来,官吏以士民为鱼肉"②。

2.诬告的方式

虽然诬告生员能让地方官报复又噬肥,但毕竟"三尺法,吾与总督共之,谁敢私者"③。官吏诬告方式的分析,更能彰显官吏滥用法律解释权的一面。以下以江宁章一案进行分析。

其一,架起大题,借政事打击。

时人常称,"莆田俗好讼,每捏造事实,以诬陷良儒"④,对本案研究发现,此俗不仅存在于民众,亦存在于官吏人群中。且看本案中的吕兆璜如何架起大题,诬告生员。

首先,案情诬轻为重。案件起始,吕兆璜即称被劫商人陈炳如乃日商,案件涉及外洋,且有"(日本)领事迭次函催议结,悬案待款,万难刻延"⑤。现在才追赃五百二十元,只有严办此案,才能追回原款,以复日本领事。对此,江宁章反驳道:"黄启太并非日商,县混为日商之案,架起大题,其为诬详抵制,已无疑义。"⑥

其次,借政事打击。因为南日一带的地理位置,抢劫案频发且难以根绝。县令为了借此次劫匪案褫革生员,突出了生监在追赃过程中的干扰行为。认为附近居民的接赃窝盗是南日劫案不断的主要原因,因为赃物有所售,劫匪有利可图,必激发其抢劫之心。所以,要痛绝株根,"似非澈究窝藏不可"⑦。而

① [清]江宁章:《莆田江宁章案情详禀稿底》,《本三月十九日澍叩福州府谢禀》,福建师范大学图书馆藏。
② [清]江宁章:《莆田江宁章案情详禀稿底》,《廿六年十一月澍陆续递督、学、藩、臬、府各宪呈》,福建师范大学图书馆藏。
③ [清]怀荫布修,黄任、郭赓武纂:《(乾隆)泉州府志》卷四十九,《明循绩》,道光八年(1828年)补刻本。
④ 宋增佑:《江梅阳侍御轶事》,[清]江春霖:《江春霖集》,马来西亚:马来西亚兴安会馆总会文化委员会,1990年,第40页。
⑤ [清]江宁章:《莆田江宁章案情详禀稿底》,《莆田县吕兆璜禀》,福建师范大学图书馆藏。
⑥ [清]江宁章:《莆田江宁章案情详禀稿底》,《本年正月廿三日宁章递督宪呈》,福建师范大学图书馆藏。
⑦ [清]江宁章:《莆田江宁章案情详禀稿底》,《莆田县吕密禀》,福建师范大学图书馆藏。

历次追赃过程中,"非生监从中包庇,即教士出为阻挠"①,即便谆谆劝谕至舌敝唇焦,效果却不明显。所以,如果严惩江春澍与江宁章,必定能杀一儆百,遏制地方阻挠追赃的行为,因此将江春澍与江宁章"请革在案"②。生员的被褫革,让一起销赃窝盗案发展成褫革生员案。江春澍即叹言:"谚云官有两口,似此讵止两口而已耶。"③

其二,美化自己,争取舆论支持。

吕兆璜在完成"架起大题,借政事打击"论述之后,为了避免给上宪留下公报私仇的印象,不断塑造自己为民父母,为地方利益考虑的形象,即"卑职已因病请假,与若辈何所为难,良以事关要案,若不从严澈究,则窝藏者如虎负嵎,有恃无恐,而劣生亦罔知干纪,任意胡为,何以清盗源而挽颓风"④。还比如描述其下乡追赃过程时,吕兆璜对勒罚银一事秘而不宣,反加大笔墨描述其谆谆劝谕的循吏形象。如为了追赃"计有两个月劝导至舌敝唇焦,终不悔悟"⑤,遇到江宁章出头阻挠时,亦是"婉言遣去"⑥等等。

(三)利用改革契机,绝诸生京控之路

蒋唐佑案中,众绅不惮上控,却始终没有走向京控,这与清末福建省进行的地方司法改革有关。

清朝中后期,因为经济、社会、人口、政治等诸方面的变化,极大地考验了清王朝的法律体制,清廷及各省督抚纷纷采取各种尝试以适应新形势的变化,"谳局"的设立即是举措之一。谳局设立初衷是想在省府另选委员办案,既可减少因为官官相护导致的执法不公;又可避免州县上交案件被驳回后,来回解犯的拖累与花费太多,及上宪无法监督州县后续审理情况。时人称:"至于谳

---

① [清]江宁章:《莆田江宁章案情详禀稿底》,《县吕兆璜禀》,福建师范大学图书馆藏。
② [清]江宁章:《莆田江宁章案情详禀稿底》,《县吕兆璜覆》,福建师范大学图书馆藏。
③ [清]江宁章:《莆田江宁章案情详禀稿底》,《本三月十九日澍叩福州府谢禀》,福建师范大学图书馆藏。
④ [清]江宁章:《莆田江宁章案情详禀稿底》,《莆田县吕密禀》,福建师范大学图书馆藏。
⑤ [清]江宁章:《莆田江宁章案情详禀稿底》,《莆田县吕密禀》,福建师范大学图书馆藏。
⑥ [清]江宁章:《莆田江宁章案情详禀稿底》,《莆田县吕兆璜禀》,福建师范大学图书馆藏。

局之设,原因招解各案未协,若俱发回,非但长途跋涉,疏忽堪虞,且省外动须禀详请示,非如省局可以面陈请示办理。"①设想十分完美,所以清廷对各地方②的这一法律改革举措,亦多持默许态度。清廷甚至将不少京控案移交各地方谳局处理,即:"谳局为首府专司,无论京控各案,全在省府会督提调总办,暨众局员认真审办。"③从字面上看,此一地方司法改革有利于减少地方司法过程中的官官相护及借法寻租行为,但地方司法阶层却可借此契机,为借法寻租营造更为便利的环境。

因为清廷对谳局的默许态度,及将京控案件的交审,表明清廷已经将拥有的最高审判权部分下放给地方。从形式上看,这一权力是交给谳局这种"由地方性政府设立的一个没有正式'国家编制',却负责实际审判职能的部门"④,但谳局的性质决定了其不可能脱离省、府衙门而存在。因为谳局的成员遴选直接由各省督抚负责,只是地方自设机构,其经费来源亦是省府两级财政,运作亦受各省督抚制定的地方性法规和习惯规范。不仅如此,谳局的处案结果均应"呈送两院、臬司稽核",且在省里各级具有执法权的官吏当中,谳局排行最小,因为一旦遇有催审案件,是"由院随时催司,臬司催府,府催局员,斧凿相寻,不使少懈"⑤。这一性质决定了谳局实际上只是省府监督下的机关,清廷难以对其产生影响。如此一来,清廷因为谳局下放给地方的部分司法权力,实际上是增大了地方省府一级的司法特权。所以,一旦官不得其人,谳局作为中央与地方处理京控缓冲器的职能必定难以施展,反倒阻碍了绅民的京控之路。所以蒋唐佑案中,虽然有"为公呈未蒙明察,异交谳局讯办事"⑥的记录,但整

---

① 台湾银行经济研究室编辑:《福建省例》卷二十八,《刑政例下》,《各属解省案件发审章程》,南投:台湾省文献委员会,1997年。

② "谳局"也称"发审局",据李贵连等的研究,清代中后期,地方上设有"谳局"的省份有直隶、安徽、河南、江西、山东、山西、四川、浙江、江苏、广东、陕西、云南、甘肃、福建、湖北、湖南、热河、奉天、吉林等。详见李贵连、胡震:《清代发审局研究》,《比较法研究》2006年第4期。

③ 台湾银行经济研究室编辑:《福建省例》卷二十八,《刑政例下》,《清讼事宜八条》,南投:台湾省文献委员会,1997年。李贵连等考察了四川、江苏、直隶等地的发审局,亦称"京控交审案件、部驳发回之案和提审后发交案件"是发审局主要审理的案件。详见李贵连、胡震:《清代发审局研究》,《比较法研究》2006年第4期。

④ 李贵连、胡震:《清代发审局研究》,《比较法研究》2006年第4期。

⑤ 台湾银行经济研究室编辑:《福建省例》卷二十八,《刑政例下》,《清讼事宜八条》,南投:台湾省文献委员会,1997年。

⑥ 《莆田人民公控蒋唐佑呈稿》,《十二月十八日舜等禀》,民国间抄本,福建省图书馆藏。

个案卷没有留下任何谳局办理此案的意见。江宁章案中,江春澍控县主吕兆璜纳部民之女为妾一事,谳局称"未奉有宪示,不敢自主裁准",不敢依《大清律例》处理。

第三节　绅衿的诉讼意识与法律态度

在恶吏蚀法侵利过程中,绅衿或出于争利,或出于正义,面对恶吏的不法行径,进行不懈的上控。官绅法律互动的过程,展现了绅衿的诉讼意识与法律态度。同样以《莆田人民公控蒋唐佑呈稿》和《莆田江宁章案情详禀稿底》为个案分析。

一、绅衿的曲折控官道路

（一）蒋唐佑案例中绅衿的不懈上控行为概述

《莆田人民公控蒋唐佑呈稿》展现了刘玉粦等5名生员的不懈控官之路,控诉过程十分曲折。

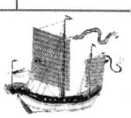

光绪二十七年(1901年)十二月十三日,刘玉粦等五名生员罗列县主蒋唐佑的八项劣迹①联名上控至臬宪与藩宪,却被斥责为事不干己、抗帮作讼、不守卧碑,引律例褫革在案。之后,众绅上控闽浙总督,反驳臬宪的"事不干己"批词,述说士人上控乃是为国计民生着想,却仍被斥责为捏词上控、挟制地方、八项劣迹控诉并无实在证据,且要求兴化府立即提集讯究。为配合府讯,众绅于二十六日上呈兴化府,详细论证了蒋唐佑八项劣迹的"在在皆然",具体指明了浮收、侵吞捐款、隐匿巨案等劣迹的详细情形及证人信息。但讯问时,府宪"证据竟未一语询及",仍要求提集人证,斥令抱病未投候的翁桐豫速到案。②

面对上宪的步步紧逼,光绪二十八年(1902年)正月初一日众绅再次上诉,但恰逢封印③,该呈并未受理。正月初二日,蒋唐佑怀印晋省,刘玉粦等仍

---

① 分别为:侵吞捐款;苛勒勇费;增税浮收;辱士类以报复;冤平民以护回守;违通分以括呈候;匿巨案以粉饰政绩;假开沟以觊久留。

② 《莆田人民公控蒋唐佑呈稿》,《廿六日粦等投到呈》,民国间抄本,福建省图书馆藏。

③ 每年年底至第二年年初大约有一个月的封印时间,不理讼。

被投候在案。苏以惠①"公愤不平",联合数百人于正月初六日金禀至府,称"自蒋邑主莅莆一载有余,纵差勇为强盗,待士庶若深仇,任性恣情,虐民蠹国,善无可述,恶不胜书",刘玉粦等人是为了"一邑之公论,非挟一己之私怨也",批判上宪为了回护蒋唐佑,竟擅改律文,以愚民众,愤言"大宪受国厚恩,各宜精忠报国,断无爱一县令,忍负朝廷",希望公平澈究此案,撤去蒋县主职位。② 对此,玉贵批道"记在下",含混而未知其具体态度。

民众的支持让众绅备受鼓舞,于初十日上呈批判府讯时的官官相护,是"吏可为而士民无所控告也"③,且引用"官民人等告讦之条"及"抗帮作证"的例文,应证苏以惠提及的官私改律例条文的恶行。但此呈仍石沉大海。正月二十三日众绅再上两封禀文,继续论述八项劣迹并非"毫无证据",而是有人证、案卷及治理现状为证。证据明显,蒋县主却仍可逍遥在外,原因即是官官相护,请求上宪能另派廉明道员监督处理此案。对于自己的连续上呈,刘玉粦再次表示乃是为了国计民生的"不得已而上控"。且有意思的是,刘玉粦禀文中还附上至莆田县、郡城隍庙与名山宫求得的签文,暗示时局状况,说明除县主乃顺应天意。对此,府宪引用了八项劣迹中的两项说明生员乃"捕风捉影",再次斥责生员"无实在证据"。④

同日,苏以惠亦上一禀文至府,以详细的数字论述了庚子赔款中莆田县应摊捐之数,及蒋唐佑于各项的浮收情况,希望上宪能选干练委员办理此案。为防止被上宪责为"抗帮作讼",苏以惠附上了"顺治九年生员卧碑"自表清白。但府宪仍以"果有此事,应由受害人出台控诉"指责苏以惠"事不干己",并扣上了"抗帮"帽子。⑤

上宪的诸多敷衍言行,让众绅对上宪失去了信心。当绅民得知蒋唐佑将于正月二十四日早上晋省时,立即前往县署衙门阻止,得知蒋令已前往三江口登轮,复赶往三江口,却并未追上,路遇县主之空轿,闹出一场毁轿殴亲勇的事件。时人记载:"一日天初明,市民束草人一(背书蒋之姓名),拥入县署,缚于树而鞭之以示辱,众不期而集者数千人。蒋于前一夜往涵候轮赴省。众阅入

---

① 苏以惠自称"老民",从其呈词可见,其有一定的号召力,亦识文字,应为生员或地方头人。
② 《莆田人民公控蒋唐佑呈稿》,《初六日苏以惠等禀》,民国间抄本,福建省图书馆藏。
③ 《莆田人民公控蒋唐佑呈稿》,《初十日粦等呈》,民国间抄本,福建省图书馆藏。
④ 《莆田人民公控蒋唐佑呈稿》,《廿三日粦等禀》《廿三日粦等呈》,民国间抄本,福建省图书馆藏。
⑤ 《莆田人民公控蒋唐佑呈稿》,《廿三日惠等禀》,民国间抄本,福建省图书馆藏。

署内一搜,乃知蒋并不在署,即飞奔到三江口,将得蒋而甘心焉。至则蒋已登轮,方启锭离岸,未及五分钟也。"①与此同日,众绅上呈许督宪称此刻蒋令的晋省,必将导致案情的难决。许督宪却以"蒋令晋省面禀,非逃也"反驳众绅。②《莆田人民公控蒋唐佑呈稿》收录的内容仅记到此,据其他史料文献可知,光绪二十九年(1903年)二月张之洞查参许应骙时,蒋唐佑才被革职。从光绪二十八年(1902年)正月二十四日到二十九年(1903年)二月的一年多时间内,蒋唐佑没有受到任何调查,张之洞称:"嗣后蒋唐佑署事期满,本管知府玉贵禀请留署,周莲深知其人地不宜,委员接署,其眷属回省,复经该府会营派兵护送,袒庇若此。查蒋唐佑得罪县民,至辱其舆从,眷口回省又虑及百姓阻闹,其为众恶所归,不独四五绅士与之为难,亦可想见。"③若无查参许应骙,此案定不了了之,甚至又是以一场官剿民反结案,江春霖称:"蒋以巨绅唆使乱民叛变为词,许督即拜折呈报,乃折弁方在途中,而李给谏之参劾,已邀俞旨。"④

(二)江宁章案例中绅衿的不懈上控行为概述

《莆田江宁章案情详禀稿底》展现了江春澍面对县主吕兆璜的控诉,进行了不懈的辩解,继而反击,控诉各级上宪的过程。

1.批判杨中楷⑤、蒋珍⑥

首先,控诉楷、珍蒙蔽县主,诬告生员。认为县主与杨中楷交往甚密,"朋比为奸"⑦。杨中楷为了公报私仇⑧,献婢女杏红为县主之妾,"传授心法"⑨,教

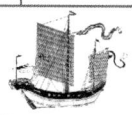

---

① 宋增佑:《江梅阳侍御轶事》,[清]江春霖:《江春霖集》,附录,马来西亚:马来西亚兴安会馆总会文化委员会,1990年,第41页。
② 《莆田人民公控蒋唐佑呈稿》,《廿四日刘ムム等禀》,民国间抄本,福建省图书馆藏。
③ 赵德馨主编:《张之洞全集》第四册,《奏议》,《查明许应骙参款折》,武汉:武汉大学出版社,2008年,第136页。
④ 宋增佑:《江梅阳侍御轶事》,[清]江春霖:《江春霖集》,附录,马来西亚:马来西亚兴安会馆总会文化委员会,1990年,第42页。
⑤ 邑举人,光绪初年曾为前邑主潘文凤(光绪三至六年在任)访闻,改名杨中楷,遁迹省垣,中己卯科举。
⑥ 本案经承。
⑦ [清]江宁章:《莆田江宁章案情详禀稿底》,《本年正月廿三日递藩宪呈》,福建师范大学图书馆藏。
⑧ 光绪十九年(1893年)杨中楷佥追书院公款时与江春澍兄弟结下宿仇。
⑨ [清]江宁章:《莆田江宁章案情详禀稿底》,《廿六年十一月澍陆续递督、学、藩、臬、府各宪呈》,福建师范大学图书馆藏。

唆县主密禀诬告江春澍。此案实际上"全由楷挟倡追公款宿嫌,县贪楷婢女杏红姿色,朋比为奸,构成此狱"①。

其次,控诉楷、珍劣迹多端。认为二人"借官索诈,鱼肉平民,府县被控累累,即枭辕控案亦不下十余起,道路侧目,莫奈伊何",是"在城霸绅"与"积年漏网蠹胥"。②却因为县官、府官的袒护,可以"文书束阁,高枕无忧"③。若不起而控诉,"教猱升木,将愈出而愈奇"④。

最后,控诉楷、珍干扰案件处理。认为"莆邑距省仅三日程,楷在城绅士,珍在官人役,卷宗均在府县衙门,提检均非难事",但案件历经六个多月,始终不能提集人卷,实在是楷、珍贿赂本案经承的结果。⑤

2.矛头转向县主,并控官官相护

随着杨中楷的去世,吕县主亦奉命移任诏安,控案形势发生了变化,江春澍的斗争矛头越来越转向县主,并控诉诸上宪执法不公及官官相护。

首先,回应县主密禀的诬告罪名,控诉县主与楷、珍狼狈为奸。

如针对县主的"视官长如髦弁,武断乡曲,蛮不讲理,平昔包揽词讼,无所不至"⑥批判,江春澍回应道:"藐视官长,藐视者何人;蛮不讲理,不讲理者何事;武断乡曲,被谁指控;包揽词讼,有何案件;无所不至,是何劣迹。"⑦认为县主与楷、珍狼狈为奸,以一己之好,评判案情,所以楷、珍虽控案累累,仍"虽劣亦优",而"厶叔侄与县主向无交关,虽优亦劣"⑧。特别是密禀上奏,让江春澍只能从上宪的批词猜测禀文内容,备感被动,痛斥道:"一详而密用两禀,阳为

---

① [清]江宁章:《莆田江宁章案情详禀稿底》,《本年三月廿八日澍呈督宪》,福建师范大学图书馆藏。

② [清]江宁章:《莆田江宁章案情详禀稿底》,《本年二月廿三日赴福州府投到,禀未收,粘枭辕递》,福建师范大学图书馆藏。

③ [清]江宁章:《莆田江宁章案情详禀稿底》,《本五月初三日澍呈枭宪吴》,福建师范大学图书馆藏。

④ [清]江宁章:《莆田江宁章案情详禀稿底》,《廿六年十一月澍陆续递督、学、藩、枭、府各宪呈》,福建师范大学图书馆藏。

⑤ [清]江宁章:《莆田江宁章案情详禀稿底》,《本五月初三日澍呈枭宪吴》,福建师范大学图书馆藏。

⑥ [清]江宁章:《莆田江宁章案情详禀稿底》,《县吕兆璜禀》,福建师范大学图书馆藏。

⑦ [清]江宁章:《莆田江宁章案情详禀稿底》,《二十六年十一月廿八同日递督、学、藩、枭各宪呈》,福建师范大学图书馆藏。

⑧ [清]江宁章:《莆田江宁章案情详禀稿底》,《本年正月廿三日递藩宪呈》,福建师范大学图书馆藏。

畏势之形，阴实以掩其砌诬之迹。"①所以当得知被诬告的十三起案件之后，江春澍不仅一一反驳②，且进一步批判县主"始则暗中主使，继曰邀绅来见，请究兵勇；终曰挺身入署，坚称非撤委回城不休。三禀各自矛盾，诬揽旧案十三起，仅三起澍曾为亲友累，余皆捏造，甚者启前府提讯不下百十起，而捏成提仅六起，澍揽五起则县详皆虚也"③，甚至请求上宪治以县主"虚诬之罪"，"盖谓县详各节质讯，果实，澍应坐罪质讯，如虚，县应坐诬"④。

其次，控诉县主违法纳杨中楷婢女为妾，应暂缓移任。

光绪二十七年（1901年）三月二十八日之后，江春澍将斗争矛头转向县主。认为吕县主为了拖延案情，令杨中楷之子毋报丁忧，隐匿楷去世消息，故能"抽身耽延时日"，导致案件"发落不得，留质不能"⑤。一旦度过此期，县主即可顺利移任诏安，到时"纵蒙传质，尽可以案件未结、钱粮未清，借词搪塞，多则一年，少亦半载，候质何时？"⑥案件完结更加艰难。且若案情不及时解决，一旦可以作证县主贪赃不法的人证去世，"则口灭矣，异时有谓澍诬蔑官长者，澍其何辞以对耶"⑦。

最后，控诉诸上宪执法不公、官官相护。

在控案起始阶段，江春澍已经流露出上宪办案不公的批判，如"学宪催提不提，臬宪饬讯不讯，府宪饬拘不拘，又诬包匿，往移县学取澍年貌籍贯通详斥革"⑧，"臬宪素称公正，公乎？正乎？敢以质之。仁宪外间传闻不一，未敢妄

---

① ［清］江宁章：《莆田江宁章案情详禀稿底》，《二十六年十一月廿八同日递督、学、藩、臬各宪呈》，福建师范大学图书馆藏。
② ［清］江宁章：《莆田江宁章案情详禀稿底》，《本三月十九日澍叩福州府谢禀》，福建师范大学图书馆藏。
③ ［清］江宁章：《莆田江宁章案情详禀稿底》，《本年四月二十八日澍呈藩宪》，福建师范大学图书馆藏。
④ ［清］江宁章：《莆田江宁章案情详禀稿底》，《本五月十八澍叩藩宪呈》，福建师范大学图书馆藏。
⑤ ［清］江宁章：《莆田江宁章案情详禀稿底》，《本五月二十日澍禀福州府宪》，福建师范大学图书馆藏。
⑥ ［清］江宁章：《莆田江宁章案情详禀稿底》，《本五月二十日澍禀福州府宪》，福建师范大学图书馆藏。
⑦ ［清］江宁章：《莆田江宁章案情详禀稿底》，《本五月初一日澍叩福州府宪禀》，福建师范大学图书馆藏。
⑧ ［清］江宁章：《莆田江宁章案情详禀稿底》，《二十六年十一月廿八同日递督、学、藩、臬各宪呈》，福建师范大学图书馆藏。

引以诬蔑官长,而所闻投鼠忌器之说,则似不为无因"①。但前期的控诉中,江春澍总加上"枭宪为县所蒙蔽"②之类避免直接得罪上宪的言辞。但上宪始终以"刁健""逞刁""哓哓饰词""狡渎"等批词批责江春澍,于是江春澍开始"善意提醒"上宪应执法以公,如"风闻执法如山,毋枉毋纵,岂肯信无凭之虚词"③、"有据者置之不问,无凭者信而弗疑,似非宪平日秉公无私本意"④等。甚至以关系闽中风气提醒上宪,称:"则词涉长官,代书无敢盖戳,异日谁知吾闽中有此廉明风宪也。"⑤但"善意提醒"并不能唤醒上宪,江春澍开始耐心尽失,严责上宪执法不公,如"知县可以诬匿,而革生不得伸理,贪污有据者可以委署优缺,而劣迹无凭者竟至冤革衣顶,纳女得赃之律可以删,诬告加等之碑不必立,世变至此,尚复何言"⑥。特别是针对县主纳杏红为婢一事,上宪指责江春澍"混行牵扯""捏饰诽谤",不容江春澍再次"干涉"此事处理。江春澍对"就事论事""混扯"进行了针锋相对的文字释意⑦,直白道出了"官官相护""钳澍之口"⑧的字样。甚至认为上宪不处理此案,及对自己的诸多批驳,实乃自己"以文字得罪"的结果,希望上宪将自己关押三个月之后,能息怒。⑨

① [清]江宁章:《莆田江宁章案情详禀稿底》,《本年二月十九日澍递学宪禀》,福建师范大学图书馆藏。
② [清]江宁章:《莆田江宁章案情详禀稿底》,《本年正月廿三日递藩宪呈》,福建师范大学图书馆藏。
③ [清]江宁章:《莆田江宁章案情详禀稿底》,《本年二月初三日递枭宪》,福建师范大学图书馆藏。
④ [清]江宁章:《莆田江宁章案情详禀稿底》,《本年二月十八日澍递枭辕呈》,福建师范大学图书馆藏。
⑤ [清]江宁章:《莆田江宁章案情详禀稿底》,《本年二月十九日澍递学宪禀》,福建师范大学图书馆藏。
⑥ [清]江宁章:《莆田江宁章案情详禀稿底》,《本五月十四日澍递福州府呈》,福建师范大学图书馆藏。
⑦ [清]江宁章:《莆田江宁章案情详禀稿底》,《本五月十八日澍叩藩宪呈》,福建师范大学图书馆藏。
⑧ [清]江宁章:《莆田江宁章案情详禀稿底》,《本六月□日澍叩藩宪周呈》,福建师范大学图书馆藏。
⑨ [清]江宁章:《莆田江宁章案情详禀稿底》,《本五月二十五日澍禀福州府宪》,福建师范大学图书馆藏。

二、绅衿的诉讼意识关系其法律角色

生员控官不仅道路曲折,且时刻面临着上宪的言语斥责、身份褫革、法律制裁等,生员的法律态度与诉讼意识直接关系其在讼案中的角色,以江宁章一案中的江宁章与江春澍面对讼案的不同姿态为例,分析生员的法律态度如何影响讼案发展与解决。

(一)江宁章:求复衣顶,主张息事宁人

虽然本案名为《莆田江宁章案情详禀稿底》,但江宁章在本案只有 5 封呈词,且集中于案件前期。其在案中的态度颇有代表性,属于"识趣"的生员代表。

如面对吕兆璜的诬告,江宁章亦有反抗的一面,反驳县主诬轻为重,揭发楷、珍的诬告。① 且称生员被殴抢未来得及申冤,已经被褫革在案,官绅相斗实在是"卵石莫敌,尚复何言"②。但面对诸上宪不断的言语斥责与身份褫革,江宁章并不敢像江春澍一样控诉各级上宪,反而将重点转向辩诬,说明自己素来名声尚好,素无控案历史,即"在学三十年,并无被控案件,在郊上村教读二十余载,亦向无干预外事"③,"年六旬余并无控案,平日安分可信,岂有少年安分老来转敢抗官"④,等等。

且面对江春澍的不懈上控,江宁章开始惧怕自己会被牵连,于是走向中立,称自己与江春澍不同,"澍虽被捏劣迹,而章别无他案"⑤。表明自己曾劝说江春澍放弃控诉,但江春澍却不听劝告,实在是"不知讼事何时得了,自揣教读为生,难堪拖累"⑥,所以请求上宪能将其与江春澍"分别申理"⑦。

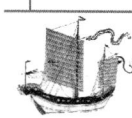

---

① [清]江宁章:《莆田江宁章案情详禀稿底》,《本年正月廿三日宁章递督宪呈》,福建师范大学图书馆藏。
② [清]江宁章:《莆田江宁章案情详禀稿底》,《本年正月廿三日宁章递督宪呈》,福建师范大学图书馆藏。
③ 原呈无题目。
④ [清]江宁章:《莆田江宁章案情详禀稿底》,《本年二月初三日递督宪》,福建师范大学图书馆藏。
⑤ 原呈无题目。
⑥ [清]江宁章:《莆田江宁章案情详禀稿底》,《本年二月初八日宁章递臬宪呈》,福建师范大学图书馆藏。
⑦ 原呈无题目。

但江宁章亦不是无条件地退缩,而是希望淡出此案的同时,重新拾回自己的身份。其称"寒儒无力再讼,只好哑口含冤",希望上宪能稍微弥补寒儒,"可能薄责书差,开复衣顶,为斯文稍存脸面"①。为此,江宁章亦不断恭维上宪,称其"明见万里,当必默鉴下情"②。"开复衣顶"在清代福建省十分普遍,《福建省例》甚至出台规定,要求地方官不得随意褫革生员与开复衣顶,即:

> 生员不得轻易斥革,案未批结,不得轻易开复也;据学院恩条称,闽省陋习,始则轻信原告,或滥听差禀,详革生员。无何,是非未明,又复递请开复。似此旋革、旋复,成何政体等语。③

但本案中,上宪并没有答应江宁章的这一请求,反继续要求江宁章与江春澍立即投案候讯。于是,江宁章终于愤怒,将批判矛头对准了诸上宪,称:

> 伏思宪批固贵奉行,民情亦宜体恤,章前呈无所多求,最上不过以赃案已完,伤痕有据,恳恩薄责书差,开复衣顶而已。此则请分别摘释,俾则得舌耕。又其次则请檄提应质,准章具保。虽督宪批饬甚严,倘蒙查案具详三请,岂无一准?乃臬宪未批准,而推饬遵批勒交,独不思章即杀人亦应与尸亲对质。章即行劫,亦应与事主对质。章即犯奸,亦应与本夫对质。今应质未提一人,而勒保将章交案,两造具备之谓何,恐非朝廷明慎折狱之意。④

但江宁章最激烈的态度也就到这里,之后,其再无呈文出现。

(二)江春澍:不懈上控,积极利用法律知识维护自身权益

如果说江宁章是"识趣"的生员,江春澍无疑是"不识趣"的,因为他的不懈上控,案件才会上达不同级别的官吏,也才能周旋七个来月。对其诉讼过程的分析,能够展现绅衿如何积极利用法律知识维护自身权益,管窥"不识趣"绅衿的诉讼意识与法律态度。

1.分析案情,选择投案对象,不懈上诉

本案江春澍求助的上宪包括闽浙总督、福建臬宪、藩宪、学宪、福州府知

---

① [清]江宁章:《莆田江宁章案情详禀稿底》,《本年二月初八日宁章递臬宪呈》,福建师范大学图书馆藏。
② [清]江宁章:《莆田江宁章案情详禀稿底》,《本年二月初三日递督宪》,福建师范大学图书馆藏。
③ 台湾银行经济研究室编辑:《福建省例》卷二十八,《刑政例下》,《禁革生员公呈保结干预官事等款》,南投:台湾省文献委员会,1997年。
④ 原呈无题目。

府、兴化府知府。按理说，臬宪是省里的风宪之官，本案亦是"归臬司衙门主政"①，江春澍的主要求助对象应是臬宪。但呈词的整理发现，江春澍在选择上呈对象时十分谨慎，臬宪只是其不得不上呈的一个主政官，而学宪与藩宪则曾一度成为江春澍的希望。

首先，求助学宪。

"学官之政以空言，县官之政以刑法"②，学政与县令在地方治理时，各司其职。且作为督察各地生员的总官，学政与士子关系较为密切。县令要褫革生员，也必须到学政处提取年龄、学籍等项资料。所以，士子一旦遇上麻烦，往往希望从学政处获得帮助。江春澍在案件的起始阶段，即对学政抱有此类心理，只是学政的不越俎态度不断击碎了江春澍的希望。

如面对江春澍的第一封呈词，学政批"仰新任县查明催提人证，秉公讯结可也"。③ 面对第二封呈词，学宪又批"该革生等果系被诬，应自赴县呈剖，庭讯自明，毋庸来辕多渎"④。虽然学宪屡次表示不越俎，但江春澍并没有放弃对学宪的希望，以下两封禀文将江春澍与学宪的周旋体现得淋漓尽致。

当觉得臬宪已经听信吕兆璜的密禀时，正月二十三日江春澍立即给学宪上了一封呈词，称"臬受县蒙，不提两造，恳代孱儒作主"。一句"孱儒"将生员的可怜状表现无疑，江春澍即希望能以此引起学宪同情，希望学宪能代士人申冤。此呈中，江春澍的言语亦较为大胆，述说臬宪单擒生员而不提集两造对质，对生员呈词的批语亦违背了治狱原则，这种种的不公平实际上是"官官相护"的结果。官绅相斗，实在是"以卵投石"。但作为士子，应有胸怀天下的己任，所以江春澍虽被诬，却"果能为莆民除此两害，厶即殉以一身，亦所不惜。若任楷、珍逍遥法外，而独以诬革，澍虽破家，县令灭门，刺史虐焰连天，天下不能令厶心服也"。所以，江春澍希望学宪能帮助生员申冤，即"幸逢文星降临，孱儒有主"。但学宪的态度再次打击了江春澍，其称："该革生等果有被诬情事，则内省不疚，尽可赴案质讯，勿庸来辕多渎"。⑤

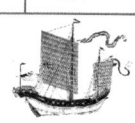

---

① ［清］江宁章：《莆田江宁章案情详禀稿底》，《本年二月二十八日递藩辕呈》，福建师范大学图书馆藏。

② ［清］谢金銮：《泉漳治法论》，《自序》，1965年冬据同治七年（1868年）重刊本抄本。

③ ［清］江宁章：《莆田江宁章案情详禀稿底》，《廿六年十一月澍陆续递督、学、藩、臬、府各宪呈》，福建师范大学图书馆藏。

④ ［清］江宁章：《莆田江宁章案情详禀稿底》，《二十六年十一月廿八同日递督、学、藩、臬各宪呈》，福建师范大学图书馆藏。

⑤ ［清］江宁章：《莆田江宁章案情详禀稿底》，《本年正月廿三日澍递学宪呈》，福建师范大学图书馆藏。

且对照江春澍的各封呈文,递给学宪的呈文在批判诸上宪时言语更为大胆。如二月十九日的禀文,江春澍说明了楷、珍与县主狼狈为奸,明显是在诬告江春澍,但诸上宪却放着证据不理,明显是执法不公,即"臬宪素称公正,公乎?正乎?敢以质之,仁宪外间传闻不一,未敢妄引以诬蔑官长,而所闻投鼠忌器之说,则似不为无因"。结果,此呈"词涉长官,代书无敢盖戳",江春澍只能将其递给学宪,希望学宪能虑及闽中风气,为生员做主。无奈,此呈还是得到了"不准渎禀,毋庸多渎"的回批。① 之后,江春澍对学宪彻底失去信心。

其次,求助藩宪。

江春澍认为,主管案件的臬宪已经被县主蒙蔽,"市虎成三,厶已无望昭雪"②,而学宪又持不越俎的态度,只好把希望投向"会同查照"此案的藩宪。无奈藩宪频繁的"哓哓不已,此非胆玩而何"③批词,让江春澍日渐丧失了对藩宪的希望。在二月初八日的呈文中,江春澍针对藩宪的这一批词做了最后努力,说明上宪的执法不公,已经让自己"归家无路""投诉无门",希望藩宪之前的驳斥只是"一时为潜愬所蒙,如曾母之投杼之比度,仁明必不始终偏听"。但此类恭维并没有改变藩宪的态度,藩宪的"该革生果能内省不疚,即当赴府投审,乃犹不自悔悟,竟敢饰非文过,哓哓不已,此非胆玩而何"④批词,打破了江春澍对藩宪的希望。之后,虽然江春澍继续上呈藩宪,但态度已经大不如前。

最后,求助福州府知府。

学宪、藩宪不越俎,臬宪又为县主蒙蔽,所以,当江春澍接到臬宪的"乃不投候福州府审办,辄又赴司混渎"⑤批词后,江春澍将争取对象转向了福州府知府。但福州府知府在此事上的"不越俎"态度更为明显。在没有得到臬宪的正式"授权"之前,福州府甚至不收江春澍的呈词。即便得到了臬宪的明确指示,福州府仍摆出一副只遵上宪批示办事的姿态。如江春澍与江宁章投保候质之后,江春澍因为楷、珍人卷迟迟不提来对质,且县主即将移任诏安,于是不

---

① [清]江宁章:《莆田江宁章案情详禀稿底》,《本年二月十九日澍递学宪禀》,福建师范大学图书馆藏。

② [清]江宁章:《莆田江宁章案情详禀稿底》,《本年正月廿三日递藩宪吴》,福建师范大学图书馆藏。

③ [清]江宁章:《莆田江宁章案情详禀稿底》,《本年二月初八日递藩宪呈》,福建师范大学图书馆藏。

④ [清]江宁章:《莆田江宁章案情详禀稿底》,《本年二月初八日递藩宪辕呈》,福建师范大学图书馆藏。

⑤ [清]江宁章:《莆田江宁章案情详禀稿底》,《本年二月十八日澍递臬辕呈》,福建师范大学图书馆藏。

断上请保释在外,但福州府却称"该革生等系奉臬宪发府看管,准否取保,应候详请宪示办理可也"①。对此,江春澍十分恼火,称:

> 仰见仁恩优渥,何庸更赘一辞,但澍等虽系臬宪发交,实则取具保结,自行投到,案情未讯,澍实无罪可坐,人卷未齐,应听在保候审。其所以发交收管者,度不过以澍词愤激,冒渎尊严,而宁章则连累而及耳。……澍纵以文字得罪,管押三月,亦应息怒,仁宪准澍等取保,谅臬宪断无不准也。②

一通慷慨激昂言辞之后,福州府果真允许其具保在外。

2.请求上宪公平对待涉案两造

请求上宪速提集人卷,"比较究坐,以昭公允"③是江春澍呈词的一个重要思想。不管是控诉楷、珍的诬告,还是控诉县主的劣迹,江春澍均希望上宪能提集人卷,与楷、珍、县主公平对质。但这一正常要求,却迟迟得不到回复,为此江春澍与诸上宪才有了来回31封的对文。

如江春澍与江宁章候质已经两个月,楷、珍仍逍遥法外,吕县主更可以移任诏安,所以江春澍称:"知县可以诬良,而革生不得伸理;贪污有据者,可以委署优缺,而劣迹无凭者竟至冤革衣顶;纳女得赃之律可以删,诬告加等之碑不必去,世变至此,尚复何言。"④且面对江春澍的"官吏诬告"批判,上宪始终未提集案卷与人证对质。江春澍又感叹:

> 厶既无主使把持包匿,即被诬详斥革,亦堪共谅,更何事复行冒渎,顾伏读严擒贪官酷吏,剪除势恶土豪二语,国家所以驾驭官绅士民,原无轻重,厶若把持,则势恶土豪也,死有余辜,何论之革,澍若无把持,而县主因索巨款不遂,听唆迁怒,则亦贪官酷吏也,王法应无可逭。⑤

为了求得上宪公平对待官绅,江春澍不断请求上宪能将自己与县主公开放于法律面前,称:"澍如有罪,即请发落;若无罪,即与开复;县主可以留质,澍

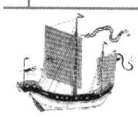

---

① [清]江宁章:《莆田江宁章案情详禀稿底》,《本五月二十日澍禀福州府宪》,福建师范大学图书馆藏。
② [清]江宁章:《莆田江宁章案情详禀稿底》,《本五月二十五日澍禀福州府宪》,福建师范大学图书馆藏。
③ [清]江宁章:《莆田江宁章案情详禀稿底》,《本年正月廿三日递藩宪呈》,福建师范大学图书馆藏。
④ [清]江宁章:《莆田江宁章案情详禀稿底》,《本年五月十四日澍禀福州府》,福建师范大学图书馆藏。
⑤ [清]江宁章:《莆田江宁章案情详禀稿底》,《二十六年十一月廿八同日递督、学、藩、臬各宪呈》,福建师范大学图书馆藏。

仍在所候审，县主不可留质，即准澍保释在外。"①要求上宪能执法以公，分清案情，公平判处，即："盖谓县详各节质讯，果实，澍应坐罪，质讯如虚，县应坐诬，仰见至公无私。"②

3.以法律知识反问上宪

案件处理过程中，江春澍不断反问案件的不合理性，质问上宪执法不公，以争取舆论支持。如针对提集人卷对质一事，江春澍与江宁章已于二月底投府候质，但楷、珍的人卷却始终不见踪影。对此，江春澍不断反问上宪，"楷、珍果有受屈，应令来辕剖诉，岂容混呈延解，以二百里之近程，一二人之要质，饬提三十余日而不到，澍羁候诚不足恤，不知委宪札于何地"，如此则"讼累何时得了"③。到了四月份，江春澍又反问上宪："现澍叔侄在所候质已经两个月，楷、珍及卷宗饬提未到。"④到了五月份，江春澍终于按捺不住，怒称：

> 计自十一月上控，已阅六月，二月钞投来，又过六旬，业经两次催提人卷，均未解到，伏思莆距省仅三日程，楷在城绅士，珍在官人役，卷宗在府县衙门，提检均非难事，何至两次催提，时过六旬，尚未解到。⑤

《莆田江宁章案情详禀稿底》遍布此类控诉上宪执法不公的例子。

也即是说，绅衿诉讼意识的表达不等于简单宣扬法律知识，其根据讼案形势选择诉讼对象、申诉对象、诉讼措辞等均是其诉讼意识的表达。

三、绅衿的法律知识影响其法律互动

官绅纠葛过程中，面对官吏的滥用执法权，绅衿往往借助舆论与其法律知识反驳，运用各种方式争取朝廷、上宪及民众的支持。希望借舆论的力量，通过法律的武器，孤立涉讼官吏。官吏的官官相护与生员的不懈上诉，展现的是清代法律在地方实践过程中的权力与舆论力量的较量。

---

① [清]江宁章：《莆田江宁章案情详禀稿底》，《本年五月十四日澍禀福州府》《本年五月二十日澍禀福州府》，福建师范大学图书馆藏。

② [清]江宁章：《莆田江宁章案情详禀稿底》，《本五月十八日澍叩藩宪呈》，福建师范大学图书馆藏。

③ [清]江宁章：《莆田江宁章案情详禀稿底》，《本三月十九日澍叩福州府谢禀》，福建师范大学图书馆藏。

④ [清]江宁章：《莆田江宁章案情详禀稿底》，《本年四月二十八日澍呈藩宪》，福建师范大学图书馆藏。

⑤ [清]江宁章：《莆田江宁章案情详禀稿底》，《本五月初三日澍呈臬宪吴》，福建师范大学图书馆藏。

（一）夸耀上宪，分解官官同盟，以舆论力量制约上宪

1.利用"美言"缓和与上宪的矛盾

蒋唐佑案中，众绅虽然熟知兴化府知府玉贵、臬司杨文鼎、藩司周莲及闽浙总督许应骙的名声与为官特点，却于案件起始阶段，不断夸耀上宪，分解官官同盟。如众绅的头几封呈词，夸耀杨臬司"爱民若子，执法以公……心肠正直"①，夸耀玉贵"明慎折狱"②，之所以错革绅衿，只是暂为劣官"欺蒙"罢了。此类言辞既发泄了对上宪执法不公的愤怒，又表明执法不公并非其素质缺陷，避免案件一开始即得罪上官，希望借婉言分解官官同盟。以执法应持平的舆论力量给上宪压力，希望上宪能"表率僚属""以察吏治""安国家与莆民"。

江宁章一案亦是如此。案件一开始，上宪即对江春澍投以不信任的目光，始终都在批判江春澍。江春澍为了避免一开始即得罪上宪，不断恭维上宪，如"其诬易辨，仁宪明镜高悬，暂虽受蒙，终当照见"③、"此不过一时为谮愬所蒙"④、"仁宪明见万里"⑤、"似非仁宪平日秉公无私本意"⑥。希望通过这些言辞缓和与上宪的矛盾，争取上宪支持，化解官官相护的同盟。

2.争取国家舆论的支持

士子，作为国家官吏储备人才及地方的知识阶层，地方官对其应礼遇有加。地方官辱及士人，即是践踏文人权威，易引起士人与朝廷的共同愤怒。即便是在约束生员行为过程中，清廷强调地方官不可"因一时之喜怒，任性加刑"，否则"照违令律议处"⑦。郑兆瀛也曾劝说"生员莫轻打"，因为"干系诸生

---

① 《莆田人民公控蒋唐佑呈稿》，《廿七年十二月十三日控蒋县主唐佑呈稿》，民国间抄本，福建省图书馆藏。
② 《莆田人民公控蒋唐佑呈稿》，《正月初一日粦等呈》，民国间抄本，福建省图书馆藏。
③ [清]江宁章：《莆田江宁章案情详禀稿底》，《二十七年正月廿三日递藩宪呈》，福建师范大学图书馆藏。
④ [清]江宁章：《莆田江宁章案情详禀稿底》，《二十七年二月初八日递藩宪呈》，福建师范大学图书馆藏。
⑤ [清]江宁章：《莆田江宁章案情详禀稿底》，《本年二月初三日递督宪》，福建师范大学图书馆藏。
⑥ [清]江宁章：《莆田江宁章案情详禀稿底》，《二十七年二月十八日澍递臬辕呈》，福建师范大学图书馆藏。
⑦ 台湾银行经济研究室编辑：《福建省例》卷二十八，《刑政例下》，《禁革生员公呈保结干预公事等款》，南投：台湾省文献委员会，1997年。

体面,且前程难量"①。所以众绅控诉蒋唐佑八项劣迹时,突出其竟于考试生童时,带勇持械入场,"实以无父无君命题";一旦生员小有过错,则大加凌辱,曾将生员押捕关所,甚至关押茅房,派差勇拘办。这些侮辱士人的行为,彰显了蒋唐佑"无父无君"思想,希望由此激起仕宦与清廷对蒋唐佑的愤怒。江宁章与江春澍控诉吕县令时,也不断以"孱儒"自封,突出此案中绅衿的"卵石莫敌",希望因此唤起舆论支持。②

3."天意"的运用

如蒋唐佑案中,众绅论及蒋唐佑积怨太深,民不敢反抗,天怒人怨的结果就是上天以自然灾害警示上宪,曰:"由是怨积成仇,□□致戾,水溢旱干,为自来所未有,虎灾鼠疫到处而皆。"③还比如上宪以诸多借口回护蒋唐佑,斥责生员连续上控时,刘玉舞引用了他到莆邑、郡城隍庙及名山宫的求拜结果,以签文暗示"三军夺帅正此时"④,让此次除县主行为多了一层"顺应天意"的成分。这种神力的借助往往能争取到更多的舆论支持,毕竟古代社会"王法所不能及者,仗神力以辅之"⑤的思想十分普遍。且绅衿希望以此报应论警示诸上宪执法以公,以免"刑官无后"⑥。

(二)塑造生员形象,反驳上宪批词

上宪的诸多回护,让众绅发现单靠舆论力量难以分化官官联盟,孤立涉讼县令。于是开始塑造生员的正面形象,批驳诸上宪批词的不合理。

如蒋唐佑一案,众绅控诉道,作为四民之首,忧国忧民是生员应有之责,且范仲淹的忧乐天下情怀历来均是官民颂扬的,为何本案中努力为民请命的生员成了事不干己的抗帮做讼之徒?这是生员塑造自身形象,抨击上宪批词中很有说服力的一点。且看众绅如何展开:看到蒋唐佑的八项恶行,众绅"目击

---

① [清]郑兆瀛编:《慎刑篇》,《五莫轻打》,民国二十年(1931年)刻本。
② [清]江宁章:《莆田江宁章案情详禀稿底》,《二十六年十一月廿八同日递督、学、藩、臬各宪呈》《本年正月廿三日宁章递督宪呈》,福建师范大学图书馆藏。
③ 《莆田人民公控蒋唐佑呈稿》,《廿七年十二月十三日控蒋县主唐佑呈稿》,民国间抄本,福建省图书馆藏。
④ 《莆田人民公控蒋唐佑呈稿》,《廿三日犇等禀》,民国间抄本,福建省图书馆藏。
⑤ [清]徐宗干:《斯未信斋文编》卷三,《官牍》,《告城隍文》,咸丰五年(1855年)刻本。
⑥ [清]郑兆瀛编:《慎刑篇》,《关圣帝君劝居官慎刑文》,民国二十年(1931年)刻本。

草菅,心伤桑梓,譬燕雀之处查虑有焚巢之祸"①。如此之贪吏,"一日不去,地方一日不安,即厶及邑人一日无生之日"②。而士又为四民之首,"不能不为民请命"③。所以控诉蒋县主恶行,是"出一邑之公论,非挟一己之私怨也"④。此等行为,合乎卧碑的"和国爱民"一条,又如何称得上是不守卧碑。⑤ 况且刘玉舞等5名生员向来恪守卧碑,尚无包揽词讼之事,府县案卷可查,"惟秉性憨直,遇有关系地方公事,曾代鸣不平而已"⑥。既然范仲淹提倡的士人忧乐天下情怀,历来为人颂扬,"厶亦秀才也,岂不能同忧乐于天下?"⑦况所陈蒋县主的八项劣迹,"此实关系国计民生起见,而不暇其事之干己否也"⑧。为了正义,"衣顶不足惜,罹罪不足惧,只此区区为国为民之心,上可对天地,中可质□明,下可告士庶,不避冒渎"⑨。但面对生员的如此胸怀,诸上宪则官官相护,办案不公,"钳民之口也"⑩,实在是"贪吏可为,而士民无所控告也"⑪。如此之上宪受国厚恩,却徇私舞弊,实在是"忍负朝廷"⑫。

再看江宁章一案,江春澍于论词中不断强调自己忠、孝、义俱全。忠,体现在为了除地方恶势力,不惜为此付出生命,如"果能为莆民除此二害,厶即殉以

---

① 《莆田人民公控蒋唐佑呈稿》,《廿七年十二月十三日控蒋县主唐佑呈稿》,民国间抄本,福建省图书馆藏。
② 《莆田人民公控蒋唐佑呈稿》,《十二月十八日舞等禀》,民国间抄本,福建省图书馆藏。
③ 《莆田人民公控蒋唐佑呈稿》,《十二月十八日舞等禀》,民国间抄本,福建省图书馆藏。
④ 《莆田人民公控蒋唐佑呈稿》,《正月初一日舞等呈》,民国间抄本,福建省图书馆藏。
⑤ 《莆田人民公控蒋唐佑呈稿》,《廿三日舞等呈》,民国间抄本,福建省图书馆藏。
⑥ 《莆田人民公控蒋唐佑呈稿》,《十二月十八日舞等禀》,民国间抄本,福建省图书馆藏。
⑦ 《莆田人民公控蒋唐佑呈稿》,《十二月十八日舞等禀》,民国间抄本,福建省图书馆藏。
⑧ 《莆田人民公控蒋唐佑呈稿》,《廿三日舞等呈》,民国间抄本,福建省图书馆藏。
⑨ 《莆田人民公控蒋唐佑呈稿》,《十二月十八日舞等禀》,民国间抄本,福建省图书馆藏。
⑩ 《莆田人民公控蒋唐佑呈稿》,《正月廿二日举人肖睿颐等禀》,民国间抄本,福建省图书馆藏。
⑪ 《莆田人民公控蒋唐佑呈稿》,《初十日舞等呈》,民国间抄本,福建省图书馆藏。
⑫ 《莆田人民公控蒋唐佑呈稿》,《初六日苏以惠等禀》,民国间抄本,福建省图书馆藏。

一身亦所不惜,若任楷、珍逍遥法外,而独以诬革,澍虽破家,县令灭门,刺史虐焰,天不能令厶心服也"①。孝,体现在衣顶不足惜,只是可怜了老母的担忧,如"一身诚不足惜,如忧及老亲"②,"既已革厶衣顶,复将破厶身家"③,"讼累不休,致辜老母倚门之望"④,等等。义,体现在自己被诬不要紧,但一定要为兄长讨回公道,如"复株厶兄弟,若不赴案剖明,则楷等教猱升木,将愈出而愈奇,而邑主含沙射人,且愈酷而愈毒,其被厶以司马向魋之恶者,祸犹小,而诬厶兄以郑伯瘝生之罪者,祸更大也,厶兄身列清班,岂容横遭污蔑"⑤等。忠孝义的论述,塑造了江春澍的高尚品质。但其背后可能只是一种简单的报复心理,江春澍曾不避讳地说:"县主不歧诬澍劣迹,澍必不告发县主纳部民女,一歧诬一告发,以怨报怨,理则直也。"⑥

不仅如此,江春澍还不断诉说"无奈上诉",反驳上宪的"多渎"责备。当江春澍的呈词遭到"何必急为辩渎""哓哓不已""不准渎禀""毋多渎"责备时,江春澍不断重复自己乃"叠诉莫伸"⑦,是"被诬弗甘,不避批斥,仍复冒渎,恳恩察情"⑧。甚至不惜苦化自己的处境,极力渲染上诉乃走投无路时的选择,如"本不敢再渎,但同日呈叩枭辕,已准将抱告郑明押跟在案,仁宪又饬府严擒,是使澍归家无路也,归既不得,又谕令毋许再渎,是更使澍投诉无门也"⑨。且称如果上宪执法以公,澍根本不必如此上控,即"感佩莫名,何敢再渎,但伏念

---

① [清]江宁章:《莆田江宁章案情详禀稿底》,《本年正月廿三日澍递学宪呈》,福建师范大学图书馆藏。

② [清]江宁章:《莆田江宁章案情详禀稿底》,《本年二月十八日澍递臬辕呈》,福建师范大学图书馆藏。

③ [清]江宁章:《莆田江宁章案情详禀稿底》,《本年二月初八日递藩宪呈》,福建师范大学图书馆藏。

④ [清]江宁章:《莆田江宁章案情详禀稿底》,《本年二月二十八日递藩辕呈》,福建师范大学图书馆藏。

⑤ [清]江宁章:《莆田江宁章案情详禀稿底》,《廿六年十一月澍陆续递督、学、藩、臬、府各宪呈》,福建师范大学图书馆藏。

⑥ [清]江宁章:《莆田江宁章案情详禀稿底》,《本六月□日澍叩藩宪周呈》,福建师范大学图书馆藏。

⑦ [清]江宁章:《莆田江宁章案情详禀稿底》,《本年二月廿三日赴福州府投到,禀未收,粘臬辕递》,福建师范大学图书馆藏。

⑧ [清]江宁章:《莆田江宁章案情详禀稿底》,《二十七年二月初三日递臬宪呈》,福建师范大学图书馆藏。

⑨ [清]江宁章:《莆田江宁章案情详禀稿底》,《二十七年二月初八日递藩宪呈》,福建师范大学图书馆藏。

渎请饬检枭辕案卷,既蒙批仰核饬办理,检卷自在言下,无劳更赘一词,至云案外之人,不合拖累"①。

通过以上形象塑造,绅衿努力争取"公众同情",希望通过将公众的情感卷入国家和社会、法律事务,让"集体同情成为一种新的、影响深刻的道德和政治权威,它能影响司法程序并决定现代中国法律何去何从。更广泛地说,这个新的公众群体代表了一种正义,这种正义比腐败、无能的政府所提供的正义更为优越"②。也就是说,绅衿希望通过舆论力量对抗地方官的权力滥用。

(三)解释法律,抨击上宪执法不公

执法人的不公,造成"国家制律本无不好,显系不平也"③。对执法人的失望不等于对法律信心的尽失,绅民往往通过解释法律知识反击执法人,发挥"笔""舌"优势,置官吏于徇私舞弊的负面形象。如蒋唐佑案中,众绅针对上宪的"事不干己""抗帮作讼""不守卧碑"等批词进行了全面的反驳,不仅解释法律术语,且引用实例说明罪名的不成立。如针对"事不干己",众绅反驳如下:

> 侵吞捐款,浮收税例,事干蠹国……谁忠无愤,干己此一也;纵亲勇、凌辱士类……兔死狐悲,可为寒心,干己此二也;冤抑平民……则民无所控诉……械斗相寻报复,城火殃鱼……干己此三也;隐匿巨案,岂觊久留,以民命为草菅,以民膏为鱼肉,士首四民,不能不为民请命,干己此四也。④

针锋相对的法律术语解释,让上宪常常以刁健、胆玩批斥生员,而生员则以各种问句"反问"官吏。如蒋唐佑一案中,众绅被褫革衣顶后,刘玉粦反问:"刁生劣监应办,贪酷官吏岂不应办?"⑤在罗列详细证据批驳督宪的"并无实在证据"批词后,众绅又反问:"并无证据,厶等固应斥革,如有证据,不敢理,厶

---

① [清]江宁章:《莆田江宁章案情详禀稿底》,《四月十八日呈督宪》,福建师范大学图书馆藏。
② [美]林郁沁著,陈湘静译:《施剑翘复仇案:民国时期公众同情的兴起与影响》,南京:江苏人民出版社,2011年,第227页。
③ 《莆田人民公控蒋唐佑呈稿》,《十二月十八日粦等禀》,民国间抄本,福建省图书馆藏。
④ 《莆田人民公控蒋唐佑呈稿》,《十二月十八日粦等禀》,民国间抄本,福建省图书馆藏。
⑤ 《莆田人民公控蒋唐佑呈稿》,《十二月十八日粦等禀》,民国间抄本,福建省图书馆藏。

等尔应革,但不知县主应究否?"①这一"法律知识反问"在江宁章案中更为明显。

江宁章案中,江春澍针对上宪的批词进行了针锋相对的反驳,不断质问上宪。如针对县主的"视官长如髦弁,武断乡曲,蛮不讲理,平昔包揽词讼,无所不至"②批责,江春澍回道:"藐视官长,藐视者何人;蛮不讲理,不讲理者何事;武断乡曲,被谁指控;包揽词讼,有何案件;无所不至,是何劣迹。"③针对福州府的不收禀行为,江春澍反击道:"伏思命盗重犯犹许自首,澍等自揣即照县详,尚未杀人行劫,何必定要擒拿,不容投候?"④针对藩宪的不能内省不疚,仍饰词狡辩的批示,江春澍回应道:"内省不疚,君子所难,章句小儒岂易语此,若云不自悔悟,饰非文过,则澍虽不肖,亦颇读书明理,何敢怙终如是,前呈明谓词则非饰,而仁宪仍斥澍文饰,此则不早投到,以致见疑内讼而已,尚复何辩,士大夫所以历险阻危疑,而不改其操者,恃胆识耳。"⑤针对臬宪的"劣迹多端"批责,江春澍则反驳道:"窃计迹而曰劣,应以曲直为衡,端而曰多,应以案件核算,无论若何,诬厶比之楷、珍控案累累,端向不多,迹亦未劣。"⑥种种质问、反驳当中,江春澍道出了"官官相护"⑦、"钳澍之口"⑧、"以律杀人"⑨的字眼,其结

---

① 《莆田人民公控蒋唐佑呈稿》,《廿六日燊等投到禀》,民国间抄本,福建省图书馆藏。

② [清]江宁章:《莆田江宁章案情详禀稿底》,《县吕兆璜禀》,福建师范大学图书馆藏。

③ [清]江宁章:《莆田江宁章案情详禀稿底》,《二十六年十一月廿八同日递督、学、藩、臬各宪呈》,福建师范大学图书馆藏。

④ [清]江宁章:《莆田江宁章案情详禀稿底》,《本二月廿四日澍叩府宪未收粘叩臬宪禀》,福建师范大学图书馆藏。

⑤ [清]江宁章:《莆田江宁章案情详禀稿底》,《本年二月二十八日递藩辕呈》,福建师范大学图书馆藏。

⑥ [清]江宁章:《莆田江宁章案情详禀稿底》,《本年正月廿三日澍递学宪呈》,福建师范大学图书馆藏。

⑦ [清]江宁章:《莆田江宁章案情详禀稿底》,《本年正月廿三日澍递学宪呈》,福建师范大学图书馆藏。

⑧ [清]江宁章:《莆田江宁章案情详禀稿底》,《本六月□日澍叩藩宪周呈》,福建师范大学图书馆藏。

⑨ [清]江宁章:《莆田江宁章案情详禀稿底》,《本五月十八日澍叩臬宪吴》,福建师范大学图书馆藏。

果自然就是"文字得罪"①。

除此之外,江春澍还不断解释法律术语,辩驳了上宪批词的不合理。在此方面,江春澍与上宪玩文字游戏的成分最为明显。如面对"提集讯究"的批文,诸上宪始终单擒澍叔侄,却不涉及楷、珍的人卷,于是江春澍控诉:"非提两造,何以言集,似不得以单擒厶叔侄。"②面对"刁健"的批文,江春澍不断解释"刁健"的含义,称:"伏思,无因缠讼牵扯,谓之刁,得已缠讼,谓之健,厶横遭诬详饬擒,则讼出于不得已,因被楷、珍谋陷,呈请检卷比较,则又非无因牵扯,刁健之罪似宜见。"③以此反驳上宪的批责。再比如当江春澍控诉吕县主纳妾行为时,上宪反对提讯杏红,认为其是"案外之人",为此,江春澍反驳道:"至云案外之人,不合拖累,则杏红为媒,县听楷诬澍实为杏红所饵,不究杏红,则案之端委不明,不讯杏红父母,则案之虚实莫辩,人虽案外,事则案内。"④

一旦文字反击不能遏止官吏行为,京控以寻求更高一级执法力量支持就紧随而来。⑤ 一旦京控,不管案情是否得以昭雪,绅民都能得到些许胜利感。因为一旦京控,

> 至京师而情伪歧出,失其本真,虽有皋陶不能究诘,且督抚总核一省之讼,而不暇遍为听,京之三法司总核天下之讼,愈不暇遍为听,况讼经载,其隐情必深,其机谋必幻,其株连必众,近者数日,远者数十日,诛一胥,纠一吏,少则累及数员,多则累及数十员,纵能洞烛奸邪,实有不易平

---

① [清]江宁章:《莆田江宁章案情详禀稿底》,《本五月二十五日澍禀福州府呈》,福建师范大学图书馆藏。
② [清]江宁章:《莆田江宁章案情详禀稿底》,《本年正月廿三日澍递学宪呈》,福建师范大学图书馆藏。
③ [清]江宁章:《莆田江宁章案情详禀稿底》,《本年二月初三日递臬宪呈》,福建师范大学图书馆藏。
④ [清]江宁章:《莆田江宁章案情详禀稿底》,《四月十八日呈督宪》,福建师范大学图书馆藏。
⑤ 时人对官吏不才引发京控多有描述,曰:"盖闽省地方官于词讼事件,率多漫不经心。放告则委诸捕衙,呈词辄滥行批准。出票之后,置若罔闻,因此奸刁棍徒,稔知其故,凭空构造,肆行陷害。而衙蠹借以鱼肉乡懦,票到手即为支钱凭据,多方索诈,不饱其欲,即搁擱不提,每有被告之人,经年累月,求审不得,即幸而集讯,又苦于言语不通,情难上达。覆盆之下,不平则鸣。是以上诉京控之案,纷至沓来。"详见台湾银行经济研究室编辑:《福建省例》卷二十八,《刑政例下》,《各属清理词讼,严定考核功过及裁汰白役》,南投:台湾省文献委员会,1997年。

反之势。①

这种京控累官的行为在清代福建省并不罕见,陈盛韶治闽期间曾感叹诏安县民遇事不告官,却屡屡"酿成掳禁械斗京控重案"②。陈盛韶的解释是,二都地僻,民不知有官衙。但民不知衙门,却知道京控,就十分值得细思了。或许民非真不知衙门,只是不信衙门罢了。因为诏安诸令遇事往往派官兵下乡剿民,对乡民骚扰极大,民因此恨官,常以蛊毒报复官吏,即:

> 官会营至挚其颈,火其屋,搜其室,鸡犬罄空,旁及亲属,积月累日,兵差费盈万,率然而退,民不知官之以法来,但以欲来也,阴谋以蛊之,兵差往往中毒,将弁亦有遇毒者,后遂为重戒矣。③

所以,以往邑令到诏安县二都官坡寨巡察,必一路携银碗银匙银箸等物,且一路不敢饮水。官民之间的关系已经到达此类地步,民众又如何能寄希望于官吏。既然官吏不能为民办事,何不以京控累官。且历史亦证明,京控往往"累及官长"④,诏安"历任官受其累"⑤。

第四节　民众的诉讼意识与法律角色

《建安周元章控吴秉照案》《崇安胡锡轩呈控衷锡猷卷宗》《府宪崇安县孀妇黄氏具控原署台湾教谕吴镇一案》三起个案均是民告绅衿事件,⑥可以从中窥视民众的诉讼意识与法律角色。

一、从民间词状语言特点看民众的诉讼意识与法律角色

对民间词状共同风格的分析,容易得出清代福建省不同人群积极利用法律的结论。因为不管是民众还是绅衿,其涉讼时均会采取各种诉讼策略以希望获得胜诉。

---

① 《府判录存》之路德序,转引自张小也:《健讼之人与地方公共事务》,《清史研究》2004年第2期。
② [清]陈盛韶:《问俗录》卷四,《诏安县》,《红花岭》,道光十三年(1833年)刊本。
③ [清]陈盛韶:《问俗录》卷四,《诏安县》,《蛊毒》,道光十三年(1833年)刊本。
④ [清]陈盛韶:《问俗录》卷四,《诏安县》,《京控》,道光十三年(1833年)刊本。
⑤ [清]陈盛韶:《问俗录》卷四,《诏安县》,《红花岭》,道光十三年(1833年)刊本。
⑥ 三起案件简述见本书第三章第一节。

(一) 突出己弱

突出己弱,以博取司法官吏的同情是清人面对讼状的常有姿态,是民众追求胜诉的常见策略。如嘉庆二十三年(1818年)六月初八日至道光元年(1821年)五月十九日崇安县星村发生的民人周元章控诉绅衿吴秉照拐藏发妻一案,周元章首张状纸即称"为冤非泣提豪劣莫究事",乃"泣叩"府衙请求办理。当县衙审问吴秉照,吴秉照亦称自己"纳妾"虽然有干法纪,却并非出于淫欲,而是"命蹇无子,每思不孝,无后为大"思虑下的"无奈"举措。当这一"孝举"一再被冤,还将被斥革身份时,吴秉照称"生一介功名,一旦遭豪棍仇害贿赂,县详学详两请斥革,弊大至此,冤惨殊甚",所以"一字一泪"上呈诉词。① 可见,不管是原告告状,还是被告反驳,突出己弱及突出己冤均是涉讼人的第一反应。

一旦涉讼的一方来自异省,突出"异省孤弱"即是讼词强调的重点,如道光元年(1821年)十二月十三日至道光二年(1822年)五月二十八日江西籍县民胡锡轩上控本地势豪衷锡猷带领妇女占领其行屋一案,胡锡轩于案中不断强调自己"异省孤弱,只得吞声"②。还比如道光四年(1824年)八月二十四日至道光五年(1825年)十月十三日饶黄氏控诉原台湾教谕吴镇强占其店内什物一案,饶黄氏更是将"异省""孤孀"作为强调重点,将自己的"可怜"状况展现得淋漓尽致。如道光四年(1824年)七月初三日,饶黄氏第二次上控府衙时,称"异省孤孀,遭此势害,控理莫奈,冤无伸日"。八月十三日,其第三次向府衙递呈时,再称"女流异地孤寡"③,唯有祈叩圣恩。

(二) 突出对方强横

强调己弱的同时,塑造对方强横,无疑更能博取官吏的同情。如周元章一案,周元章不断控诉绅衿吴秉照"恃符违法""恃金作胆",称"名教中人,乃敢恃符拐奸良妇,罔法已极"④。胡锡轩一案,胡锡轩称衷锡猷"终朝出入斯署,武断乡曲,居民畏惧如神",并于案件发生之后,于府城遍布党类,"终夕寻杀锡轩

---

① 〔清〕周元章:《建安周元章控吴秉照案》,福建省图书馆藏抄本。
② 〔清〕胡锡轩:《崇安胡锡轩呈控衷锡猷卷宗》,道光五年(1825年)抄本,福建省图书馆藏。
③ 〔清〕《府宪崇安县孀妇黄氏具控原署台湾教谕吴镇一案》,道光二年(1822年)抄本,福建省图书馆藏。
④ 〔清〕周元章:《建安周元章控吴秉照案》,福建省图书馆藏抄本。

之命",一旦锡轩步入府城,可能遭此势党毒手。① 还比如饶黄氏一案,饶黄氏称原台湾教谕吴镇为"势宦""顿起枭心""夫故欺氏"②等。

面对民众对官绅"强横"的控诉,官绅总以"恃弱逞刁"反驳。如饶黄氏一案,吴镇反批饶黄氏恃妇逞刁,"听伊夫弟饶老俚并倚兄弟黄延首、黄松首等插唆,恃妇撒泼,飘进该店坐索讹诈",实在是"贪心未泯"③,等等。

不管是传统意义上的弱者控诉强者强横,还是强者反驳弱者"恃弱逞刁",其出发点均是互相指责对方不法,寺田浩明的研究即指出,"清代的打官司尽管确实不意味着特定化的'权力主张',但显然也是人民的两造向地方上的一位权威(地方官)指明特定的对手,并相互指责对方不法不当的一种行为"④。双方互相指责背后的文字套路还是较为明显的。

(三)突出上诉的无可奈何

不管民众是否是因为自身利益受损而无奈上控,只要诉诸法律,就破坏了儒家官吏推崇的"以和为贵""重义轻利"的道德典范与社会秩序建立原则,官吏往往会以"健讼"批判民众,称"黠且悍者无事不伸"⑤。一旦民众越过下级衙门,直接上诉至更高一级衙门,其诉词通常直指下级衙门的官吏司法不公、受贿纵犯,直接威胁官吏仕途考成。所以历来各级官吏对民众越诉最为反感,批判诸多,清律甚至规定:"凡军民词讼,皆需自下而上呈告,若越本管官司,辄赴上司称诉者,即实亦笞五十。须本官司不受理,或受理而亏枉者,方赴上司呈告。"⑥所以,一旦民众感觉县衙审理不公正,需越诉至府、省衙时,其状词往往得突出"越诉"的无可奈何。以饶黄氏一案为例。

道光五年(1825年)四月十六日,饶黄氏向府宪上呈的第一封诉词即直称

---

① [清]胡锡轩:《崇安胡锡轩呈控衷锡猷卷宗》,道光五年(1825年)抄本,福建省图书馆藏。

② [清]《府宪崇安县孀妇黄氏具控原署台湾教谕吴镇一案》,道光二年(1822年)抄本,福建省图书馆藏。

③ [清]《府宪崇安县孀妇黄氏具控原署台湾教谕吴镇一案》,道光二年(1822年)抄本,福建省图书馆藏。

④ [日]寺田浩明:《权利与冤抑:清代听讼和民众的民事法秩序》,[日]滋贺秀三等著,王亚新、梁治平编,范愉、陈少峰译:《明清时期的民事审判与民间契约》,北京:法律出版社,1998年,第215页。

⑤ 路德:《邱叔山府判录存序》,[清]盛康编:《皇朝经世文续编》卷一百一,《刑政四·治狱上》,光绪二十三年(1897年)思刊楼刊本。

⑥ 田涛、郑秦点校:《大清律例》卷三十,《刑律·诉讼》,北京:法律出版社,1999年。

自己无奈上诉,是因为前县分主捏告其遭租私逃,"氏泣诉分主,不由分说,并不追究",冤诉无门,饶黄氏只好"祈恩提讯,苏妇困逼"。到了八月十三日的第三封诉词,饶黄氏再次表达自己处境之难,"势将累毙,情迫汤火",只好"冒死再叩"。但这一"同情牌"没有打动上宪,饶黄氏在其第四封诉词中,只好诉说县受贿不公,导致其守候拖延,冤无伸日,"氏遭苦逼,求伸无门",只好再次上诉。①

(四)吹捧大老爷

民间诉状的常见结语是吹捧大老爷,夸其铁面做主,救民于水火。如胡锡轩一案,胡锡轩称张县令为"张铁面",定会"除势恶","拯救民水火"②。饶黄氏一案,饶黄氏亦希望大老爷能"铁面做主,覆讯确限差勒交,以全生命"③。民众还不断发誓,一旦官吏能还己清白,民众则将官吏当作神灵朝奉,如胡锡轩称:"顶戴大人再造深恩,刊奉长生禄位,朝夕匍叩三多。"④这种言辞一方面是希望通过吹捧,哄得大老爷判断取向上偏向己方,赢得诉讼;另一方面,则希望通过吹捧大老爷遵奉王法,提醒大老爷依法办事。如前文述说的《莆田人民公控蒋唐佑呈稿》一案,众绅通过夸耀杨臬司"爱民若子,执法以公……心肠正直",希望其能"表率僚属""以察吏治""安国家与莆民"⑤。

(五)控贿官胥

本章所引五个案件均越诉至府,越诉的理由无一例外都是官胥受贿造成县断不公。如周元章一案,周元章控诉吴秉照贿赂县主与差役,而吴秉照则控诉吴志刚乘新主上任之际,贿遍经略、门丁,冒周元章之名控诉自己。⑥再看胡锡轩一案,胡锡轩称衷锡猷家族势力庞大,"县之书差概乃衷锡猷等势威",

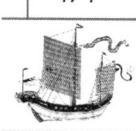

---

① [清]《府宪崇安县孀妇黄氏具控原署台湾教谕吴镇一案》,道光二年(1822年)抄本,福建省图书馆藏。
② [清]胡锡轩:《崇安胡锡轩呈控衷锡猷卷宗》,道光五年(1825年)抄本,福建省图书馆藏。
③ [清]《府宪崇安县孀妇黄氏具控原署台湾教谕吴镇一案》,道光二年(1822年)抄本,福建省图书馆藏。
④ [清]胡锡轩:《崇安胡锡轩呈控衷锡猷卷宗》,道光五年(1825年)抄本,福建省图书馆藏。
⑤ 《莆田人民公控蒋唐佑呈稿》、《廿七年十二月十三日控蒋县主唐佑呈稿》,民国间抄本,福建省图书馆藏。
⑥ [清]周元章:《建安周元章控吴秉照案》,福建省图书馆藏抄本。

"县府差书概出衷姓之门,且有匪类跟随左右"。所以,其"急呈叩崇安县叩批候讯,差讹百出,卧票不行",即便上诉申理护道蔡宪,蔡宪亦"又是一笔,批仰县讯了事",只得诉诸府宪。①

饶黄氏一案更为典型,两造互控对方贿赂官胥。如饶黄氏称其投状于分县主时,胥与门丁均被吴镇贿买,捏造饶黄氏欠租的假卷宗。所以,分主"殊被势宦布置,分主传讯不准,不追箱板什物,而反勒氏退店予镇另租"。其投状于县主时,县主亦受贿,"徇宦势不究,仅断零星箱板器物,勒氏具领,逼送完案"。即便饶黄氏不断府控,府批县断时,县衙仍被吴镇贿买,不认真办理,即"氏三叩宪辕,终抗录县察,镇恐详败露,贿承弊不录详,累氏守候,冤无伸日"等。面对此控,吴镇虽无明确表态,却也控诉饶黄氏贿县差改供。因为县审过程中,县差刘具称其"并未具领封条,查点箱板等事",是吴镇的家人李淇"竟敢暗中私窃卒等姓名,捏禀查封,私将货物堆放吴宅隔壁庄屋"。这一供词直接推翻了吴镇奉县判查封饶黄氏店屋,并扣箱板什物以抵欠租的供词。所以,吴镇称"氏知理亏,概不听讯,听清□□恃仁豪势横行出入分县舞弊,使差刘具捏禀嘱邻混结,串承改供,蒙蔽分主"。②

对民间词状语言风格的分析,很容易得出民众积极利用法律、"健讼"的结论。因为民间词状显示,清代福建省民众不仅会分析两造心理,如突出己弱、无奈上诉的同时渲染对方的强横,等等,还会分析官吏理讼心态,如前文提及的以控贿官差为诉状的切入点,其背后就充满了政治智慧。且此种控诉理由中,控诉差役又远远多于控诉官吏,其根源即在于民众对官吏理讼心得的把握。一旦差役涉讼,官吏往往容易陷入两难局面,因为"大凡作昏官者,率以袒差厉民为受赇帮狱之根源,而作清官者,又皆以伸民以差为沽名讨好之门面。是则甘为小人者固毫无公理,而号称君子者,亦未免私心"③。也就是说,差役一旦被告,处罚差役对昏官与清官均是"明智选择",昏官可借此推卸贪污之名,清官则可借此树立名声。控诉对象的分析,展现了民众积极涉讼时的主动性一面。但如果仔细分析民间词状的语言风格形成的原因,会对民众的诉讼态度有更为客观的认识。

① [清]胡锡轩:《崇安胡锡轩呈控衷锡猷卷宗》,道光五年(1825年)抄本,福建省图书馆藏。
② [清]《府宪崇安县孀妇黄氏具控原署台湾教谕吴镇一案》,道光二年(1822年)抄本,福建省图书馆藏。
③ [清]樊增祥:《樊山政书》卷十八,《批临潼县禀》,北京:中华书局,2007年。

二、客观看待民众诉讼意识与法律态度

虽然温海波的研究指出,明清时期民众具备三四百字的识字量,"民众具备这些层次的识字能力,足以处理社会经济活动中的重要事务"①。但目前我们尚没有直接证据证明上述民众状词究竟出自民人自己之手,还是讼师雕琢的结果。但不可否认的是,上述状词不管是格式还是语言均大量借用"万宝全书"等民间日用类书中"词状门"开列的套词格式,写作的格式化十分明显。

(一)民间词状体例:"十段锦"的痕迹十分明显

"十段锦"是日用类书概括的诉状体例,包括朱书、缘起、期由、计由、成败、得失、证由、截语、结局、事释,②民间诉讼录记载的词状有典型的"十段锦"痕迹。以胡锡轩一案的第一封呈状为例:

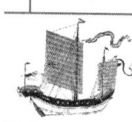

建宁府正堂王　为恃符欺异、领妇占殴等事(朱书)。道光元年十二月廿三日,蒙芜署分巡道蔡　批痼,该县民胡锡轩呈称,缘民籍江西省建昌府,兄弟两人,胞兄培轩历贸崇安星村有年。祸因嘉庆廿二年,买星村大歪岭林荣光行屋一所,店面二,植去价纹银四千二百两。廿四年,光又找断纹银八百两,共成五千两税契抄呈。廿五年,行屋后层,年久将塌,又费千金架造,讵光又敢阻造□□,县主亲友据息了案,管业四载,年岁给租买□□□无异(缘起)。今五月间(期由),飘有本地生员裘锡猷等带领妇女擅至行内,客遭逐出,租者赶来家告知(计由)。奈兄物故,民贸楚省,家赶奔回告知。惊异往查飘占情由,竟不眸面,步入该行细瞧,行变赌局鸦族,片中层放着棺木一口,一班妇女在厅(成败)。本欲向论,切思异乡,怒坠势网,吞声而出(得失)。询问店邻,痼言放赌鸦片业已数月,棺木九月旬裘族死一十二岁儿子,衿等固招入行,希图占行之(证由)。计且查该衿终朝出入斯署,武断乡曲,居民畏惧如神,情难枚举,况(民)兄弟与被从无一面,隔省路远千里,痼情禀县差拘被殴。莫何奔府,仍批仰县,藐视如故(截语)。切思王法无私,岂容势衿如此妄为(结局)!只得抄契哭叩,大人

---

① 温海波:《识字津梁:明清以来的杂字流传与民众读写》,厦门:厦门大学博士学位论文,2017年。

② 《万书渊海》第十七卷,《状式门》,东京:汲古书屋,2001年。

张铁面,赏准提剪除势恶,良善安枕(事释)。①

具体词状中,可能"十段锦"的各内容要素前后陈述顺序有所变化,但一般都会囊括这些写作要素。

且日用类书对如何将此写作技巧贯串入词状写作,又有另文指导。如状词的"朱语"只要"四字或二字",根据事情不同,说明"状告甚事"即可。前文所引的胡锡轩案的第一封呈状,就用"恃符欺异、领妇占殴"言简意赅概括案件要素。"朱语"之后详细介绍两造情况及案件由来,写作过程中得有"情绪","如人命贼情则云冤遇冤因,如婚姻田土等事下则云祸遇、祸因"等。词状最后一定要以"切思、痛思、哭思"等字"突出己弱"与"上控的无可奈何"②。对照本节第一部分概述的周元章、胡锡轩、饶黄氏的状纸特点,明显可见民间词状的体例与格式的程式化。

(二)民间词状语言:"词状朱语"的痕迹十分明显

民间日用类书对控诉不同群体应用不同的名词做过概括,称为"词状朱语"。如"告衙门"可用"奸吏、刀吏、权书、奸书、积吏、虎差、鳄快、具蠹、驵霸、妄入民罪、玩法改招、侮弊变法、抗法盗案、蔑法匿卷、悟浩瀚招、埋案吞民"字眼;"告皂隶"可用"蔑官为势、倚势虐良、狐媚鸠张、杜口鼠吞"字眼;"告乡官"可用"势官、鳄官、薛官、土豪、陆梁跋扈、暴妖鼓鬣、逞势飨横、倚官凌民、借势贪淫"字眼;"告大富"可用"巨豪、富豪、豪恶富蠹、鳄豪、枭豪、奸豪、棘生枝节、钱神肆势、恃豪虎淫、大财洛势、狼虎相济、狼狈相依"字眼;"告强徒"可用"翼虎、枭恶、奸狼、凶恶、乡党、乡霸、刀恶、乡害、辄称轻生、逞凶殴打、侮断乡曲、盗害地方、肆酗淫害、十虎三彪、五虎三赞"字眼;"告生员"可用"学害、儒兽、罔遵卧碑、蔑违教条、淫贴校规、衣冠禽兽"字眼;"切情"可用"只得、不已、无奈、冒死"字眼;"称官"可用"叩天、匍叩、投台、恳台"字眼;"求怜"可用"作主、乞怜、乞赐、俯怜、俯赐、垂怜"字眼;"结尾"可用"上告、叩告、哀告、切禀"字眼。③回望前文概述的周元章、胡锡轩、饶黄氏的案卷查询,明显感受到不同案卷的词状语言充满"词状朱语"痕迹。

如饶黄氏一案控的是"势豪",其状词依托版本即是"土豪类"。饶黄氏称呼吴镇为"势宦",求官处理本案时用了"切情""称官""求怜""乞亲"四种技巧,

---

① [清]胡锡轩:《崇安胡锡轩呈控衷锡猷卷宗》,道光五年(1825年)抄本,福建省图书馆藏。
② 《五车万宝全书》卷十六,《词状门》,东京:汲古书屋,2001年。
③ 《新刻增补万宝全书》卷二十一,《状式》,乾隆六年(1741年)刻本。

其称"伏乞大老爷劈豪抑势,提卷核讯","冤无伸日,累追愈迫,受屈莫正,情难比待,不已再祷大老爷舍准亲提究追","饶黄氏为势累毙,情迫汤火,冒死再叩","不已三叩"①等。描述吴镇劣迹时,饶黄氏甚至滥用了"日用类书·词状门",控诉吴镇"势宦之家,毁弃平民祖先脊地"②。这种罪行与吴镇夺取其货物并无多大关联,但饶黄氏却意外控诉在案,可能有意无意滥用了"日用类书·词状门"指南,即控诉土豪类"后段"写作的指南,"鸠集狼党捆绑为家,非刑拷打监禁绝食,勒写基屋田产,坟地发冢拆屋平为地土,伊得租利,坑祖骸骨暴露,情惨黑天"③。

也即是说,民间词状的写作,深受"日用类书·词状门"的指导。当然,这些词状是否出自专业做状人之手,案件是否有讼师的参与,我们无从得知。但其对"日用类书·词状门"的模仿痕迹,却说明了我们不能根据字面上百姓的积极涉讼态度得出百姓"健讼"的结论。因为如果是民众做状,民众可能只是简单模仿日用类书;如果是讼师做状,此诉状表达的就并非普通民众诉讼意识。而且,在讼案整理过程中,我们发现不少案件中的民众上诉只是在为他人作嫁衣,其身份往往被利用。

(三)民众身份的被利用

绅衿作为地方的特殊阶层,有特定的身份要求,如"生员不守学规,好讼多事具斥革,按律发落,不准纳赎","代人扛帮作证,审属虚诬,该地方应行详请褫革衣顶,照教唆词讼罪上各加一等治罪,其讯明事属有因,并非妄词妄证者,亦将该生严加戒饬"④等。一旦生员涉讼,官吏可以严厉斥责,结果知县笔尖一扫,"绅衿银顶青衫,付诸一掷"⑤。

所以,官吏总是不断劝谕绅衿安分守己,要敦行,"切勿内听妇言,外交损友,以致兄弟不和,贻父母忧";要积德,"恃有护符,扛帮词讼,挟制官长,结交

---

① [清]《府宪崇安县孀妇黄氏具控原署台湾教谕吴镇一案》,道光二年(1822年)抄本,福建省图书馆藏。
② [清]《府宪崇安县孀妇黄氏具控原署台湾教谕吴镇一案》,道光二年(1822年)抄本,福建省图书馆藏。
③ 《五车万宝全书》卷十六,《词状门》,东京:汲古书屋,2001年。
④ [清]特登额:《钦定礼部则例》卷五七,道光二十四年(1844年)刻本。
⑤ 陈全伦、毕可娟、吕晓东主编:《徐公谳词》,《余份告张起明等案》,济南:齐鲁书社,2001年。

胥役,甚至与棍徒为密友,岂但剥丧功名,久且身家不保"。① 如此言行要求下,绅衿通常只能藏于幕后,买通民众上告异己。民告绅衿的背后常常是绅衿之间的矛盾,周元章一案即是如此。嘉庆二十三年(1818年)六月初八日周元章控诉绅衿吴秉照拐藏发妻,九月十八日吴秉照就揭发该案是绅衿吴志刚冒用周元章之名,挟仇报复自己,案件直接从民告绅衿的纠纷变成了绅衿之间的互控。② 所以,此类案件表面上呈现了民众的法律意识,但实际上此法律意识也有很强的他塑成分。

第五节　小结:清代福建省官绅民诉讼意识与法律态度反思

应该说明的是,本章分析的人群并未包含清代福建省所有时期、所有涉讼群体。如官吏阶层,本章分析的仅是晚清的恶吏,第四章将结合徐士林与王廷抡办案留下的判牍资料,对循吏的诉讼态度与法律意识展开实证研究。还比如绅衿,本章分析的是晚清为追求正义不懈上诉的绅衿(姑且称之为"儒绅"),刁监劣绅的诉讼意识与法律态度涉猎较少。本章先概括晚清福建省恶吏、儒绅与普通民众的诉讼意识与法律态度。

首先,恶吏的诉讼意识与法律态度。

虽然本章分析的是清代中后期的恶吏,但官吏作恶普遍存在于清代地方政府机构,不管是清代中前期还是中后期的恶吏,其以讼为利薮的诉讼意识与法律态度十分相似。

私利竞求无疑是恶吏以讼为利薮的最主要原因。这种私利包括经济利益的攫取,也包括政治仕途的追求。为谋求可观的经济利益与政治权力,恶吏可以置法律条文不顾,纵容差役滋讼。终清一代闽地屡禁不绝的"诬富"现象就是恶吏以讼为利薮,攫取经济利益的典型体现。

私利的竞求刺激了恶吏蚀法的主动性,而清代中央与地方运作与沟通过程中的制度缺陷,又增强了其蚀法的可能性。清代地方政府是清代法律在地方运作的"解释人"与"执行者",地方官的司法理念与司法实践直接关系到案件曲直的判定。但官吏执法过程中遇到的"一人政府"的无奈、事繁任艰、位卑权重、地方财政不足等难题,清廷并无法从制度上给予改善,只能靠官吏个人

---

① [清]徐宗干:《斯未信斋文编》卷六,《官牍》,《试院谕诸生》,咸丰五年(1855年)刻本。
② [清]周元章:《建安周元章控吴秉照案》,福建省图书馆抄本。

为官素质去化解。一旦官吏为官素质堪忧,怠政,甚至蚀法侵利自然随之发生。虽然此举违背清廷制度规定,但地方官把握地方法律运行与记述的话语权,垄断清廷对地方了解的信息来源,熟悉官场陋习并努力营造官官相护的权力关系网等现象的普遍存在,让官吏蚀法受惩罚的可能性降低不少。相较于蚀法带来的可观利益,不少恶吏定然会铤而走险走向蚀法侵利。虽然本章引用的蒋唐佑、江宁章两个案例中,绅衿均批判恶吏不懂法,滥用法律解释权。但并非所有恶吏均不懂法,只是相对于法律条文,恶吏对官场权力斗争套路更为熟悉,法逐渐成为其斗争的利器之一,而非其守护对象。

一旦恶吏决定蚀法,州县制度设置、法律条文、官官相护的官场陋习、地方政府垄断等制度缺陷均可能成为其不法的护符与保障。蚀法的过程中,彰显了恶吏以讼为利薮的诉讼意识与法律态度。

其次,儒绅的诉讼意识与法律态度。

同理,本章分析的儒绅是清代中后期的儒绅,但清代中前期的儒绅的护法意识和行径与清代中后期的儒绅十分相似,也是积极利用知识积累与舆论力量对抗恶吏蚀法行径。官绅法律互动过程中,儒绅的法律意识与法律态度得以彰显。

儒绅虽然不主张地方"多讼",但也并不"惧讼",其对待法律的态度较为科学,将法律作为监督官吏、维护社会正义的利器。儒绅正确的诉讼意识首先建立在其对自身身份所负有的社会责任的认同,希望凭借自己的知识积累与社会影响力,监督官吏行为,行使辅政职责。其自身的知识积累为其发挥社会责任提供了有力保障,与官吏诉讼的经历也是儒绅自我保护意识增强的一种训练。

但碍于官绅之间权力的不对等,在儒绅与恶吏诉讼纠纷过程中,儒绅并非仅仅凭借法律条文来保障自身权利,也会打破自身秉持的"少讼""无讼"观念,广泛寻求国家保障、社会舆论支持,不断升级讼案,扩大事件的影响力,这种近乎"健讼"的做法往往打击了不法官吏的蚀法行为。所以有清一代,各地官吏对生员联合涉讼警惕性极高,《福建省例》即称:"生员不准公呈保结也。凡地方有举报名宦、乡贤、孝子、节妇及乡饮、大宾等事,原准绅衿联名具呈。至于命盗及一切案件,应听地方官审拟具详。虽同官一城,无承审之责者,尚不得越俎而代,今以绅士公呈一纸,欲擅夺州县之权,从此植党营私,势必流为门户声气。"①此条例深得地方官赞同,徐宗干治台期间,即颁布"禁联名具呈示",

---

① 台湾银行经济研究室编辑:《福建省例》卷二十八,《刑政例下》,《禁革生员公呈保结干预官事等款》,南投:台湾省文献委员会,1997年。

称:"生监事非切己,出头干预,即属不守训规,虽所诉得实,仍应斥革。"①地方官吏对生员联名上控的警惕态度,客观上也彰显了儒绅联名上控的威力。

最后,民众的诉讼意识与法律态度。

虽然如郭于华先生研究所称,民众作为历史的主体,在史料中却往往缺失:

> 他们虽然作为农业社会的人口主体,在各种宏大的历史叙事中却从来是无声者和无名者,是少有文字记述其历史的群体;他们即使偶尔出现在历史记录中,也不是作为历史的参与者,而是作为征召、税收、劳动、土地产出和谷物收获的贡献者,因而只是在统计学意义上以数字形式出现的无名者。②

但涉及民众诉讼的零星资料的概述,还是让我们看到清代福建省民众活跃的法律形象。他们会突出己弱与上诉的无可奈何,大肆宣扬对方的蛮横与贿赂官差;他们会适时歌颂理讼官吏,也会暗示理讼官吏应秉公执法。这些迹象都显示清代福建省民众具备一定的诉讼意识。遗憾的是,因为资料缺乏,我们还是无法确定清代福建省民众的法律行为出自自发的比例较多,还是讼师唆使的比例较多。但毫无疑问的是,有清一代福建省民众的法律行为增多了,该群体的诉讼意识也在逐步构建。

---

① [清]徐宗干:《斯未信斋文编》卷三,《官牍》,《禁联名具呈示》,咸丰五年(1855年)刻本。

② 郭于华:《"弱者的武器":研究农民政治的底层视角》,[美]詹姆斯·C.斯科特著,郑广怀译:《弱者的武器》,南京:译林出版社,2007年,第477页。

第四章

从循吏灵活执法反思清代法律的生命力
——以清代闽吏判牍为中心的考察

判牍,是明清时期地方官审理地方案件时留下的文字记录,包括案件起因、经过及判决。清代福建省的判牍资料不多,本章拟以《巡漳谳词》(雍乾时期,漳州府)、《临汀考言》(康熙年间,汀州府)、《斯未信斋文编》(道咸时期,台湾府)为代表,思考清代福建省循吏的诉讼意识与执法情况,透过循吏灵活执法反思中央法与地方惯习之间的关系,反思清代法律的生命力。

第一节 判牍资料研究区域司法实践的意义

谳词是地方官员处理地方案件的记录,亦称看语或审单。谳词的记录有一定的模式可行,清代著名循吏黄六鸿总结道:

> 其法或先断一语而后序事,或先序事而后断,必须前后照应,有贴状附审者亦须一一序入,而又要不失首词位置,犹乎作文之有轻重也,大约据招供以序事,依律例以断罪,辩论精详使无驳,实能事毕矣。①

为了使案件上报到上司机关时不被驳回,地方司法官吏特别重视谳词的写作,所谓"先确定所拟适用的制定法规则,然后决定剪裁的内容,对情节、供词、人证、物证、书证,甚至伤痕、尸体的检验结果,都可以大刀阔斧地删削。这样既天衣无缝,铸成铁案,又能左右逢源,回旋有路,非但犯人无从翻异,就是同为办案老手的上级幕友也难以识破"②。循吏的谳词写作往往会遵循文书

---

① [清]黄六鸿:《福惠全书》卷十二,《释看语》,康熙三十八年(1699年)刊本。
② 高浣月:《清代刑名幕友研究》,北京:中国政法大学出版社,2000年,第73～81页。

写作规范,在交代清楚案件的同时,巧妙展示其地方社会治理成效。

首先,遵循文书写作规范。

如王廷抡的《临汀考言》在记述纠纷缘起与发展过程时,十分遵循"前嫌——猝遇——口角——斗殴——人命"的叙述模式。如宁化县民温贤殴杀缌麻叔平一案,康熙三十四年(1695年)温贤与温武、温平因搭盖茅厕,互起争端,温平以"号填妻命"等事控诉温武,温武以假命抄家等事复控于府,府审时,因温平父子匿不到案,案悬未决。到了康熙三十七年(1698年),二人猝遇路上,仇人相见,口角相争,遂而互相斗殴,最终温平身受重伤,立时毙命。① 还比如永定县的郭恒九殴杀简君伟一案,康熙三十七年(1698年),简茂煌因青黄不接向邻村谢士庆借谷八斗,路过郭恒九家时,郭家因为家贫且告贷无门,强借简茂煌米谷,定以秋收后清偿。茂煌见对方"赤贫老叟","噭噭之状",不敢与之计较,遂将米谷留下。回家后告诉父亲简君伟,君伟以一家八口还待此米谷救命,自顾不暇,岂能转借他人,心生不满。之后,简君伟再次向谢家借谷四斗,回来路上猝遇郭恒九,遂与之理论。简君伟指责郭恒九"恃刁强借",称其乃抢夺,郭恒九坚称其秋后会偿还,二人争论不止。于是开始互相诋骂对方,之后恒九情绪激动,挥拳击打简君伟,导致简君伟重伤倒地,次日殒命。② 这些案件记述过程中,很好遵循了"前嫌——猝遇——口角——斗殴——人命"的叙述模式,此叙述模式在档案中同样十分普遍,第五章的研究会进一步揭示此点。格式规范的谳词写作,让上宪感受到地方官理讼清楚且程序规范,减少被驳案的概率,提高地方社会治理效率。

其次,巧妙彰显地方社会治理成效。

除了遵循文书写作规范外,循吏的判牍还会巧妙彰显其地方社会治理成效。以《临汀考言》为例,王廷抡十分重视分清小民是刁而犯法,还是贫而犯法。如武平县钟律音杀媳图赖钟龙光一案。钟律音向来不务正业,家素贫穷,康熙三十五年(1696年)钟律音强割族人钟龙光的佃户所种之早谷,致佃户无力交租于钟龙光,于是佃户将钟律音上控至县。钟律音因穷,无从筹措钱谷交还,残忍杀媳李氏,图赖钟龙光。③ 还比如康熙三十五年(1696年)武平县孀妇

---

① [清]王廷抡:《临汀考言》卷八,《审谳》,《宁化县民温贤殴杀缌麻叔平》,康熙三十九年(1700年)刻本。

② [清]王廷抡:《临汀考言》卷八,《审谳》,《永定县民郭恒九殴杀简君伟》,康熙三十九年(1700年)刻本。

③ [清]王廷抡:《临汀考言》卷九,《审谳》,《武平县钟律音杀媳图赖钟龙光》,康熙三十九年(1700年)刻本。

曾氏被姑遣嫁吞金自尽一案，王廷抡也强调曾氏不愿改嫁李祥，就是因为李祥家穷，所以才会听从其兄主使，于县衙堂上吞金自尽。①"贫而犯法"的强调，突出了百姓犯法的无可奈何，可减少上宪责备地方官化导地方风俗不力。所以，强调百姓犯案"半由恶习，半由贫穷"，是清代福建省官吏叙述民众犯法的常见表述，《福建省例》即称：

> 闽省以剽悍之俗，处积疲之余，加以生齿日繁，生计日蹙，富者朘削积委而周知任哗，贫者穷急愁苦而无可告诉。宁不知产业久经杜绝，不过借词以求升斗之需；亦明知毒草非可轻当，方具拼死而搏妻孥之活。其间半为饥寒所迫，半由恶习所移。②

此叙述模式在档案文献同样十分普遍。

可见谳词的写作程式化明显，也充满了谳词作者的文字修辞。邱澎生就认为，虽然判牍也记录部分官员的审判事务，但其体例更近似官员个人的"文集"；即使汇刊多位官员判牍的书籍，编辑用意也多半近于表扬名家判案的"合集"。相对而言，这些判牍偏重表彰审判者个人善于书写判词的名气与才气。③徐忠明则更具启示性谈道："司法实践记录本身也是一种表达，也是一个修辞技巧，甚至有意'作伪'或者'虚构'的问题。"甚至认为，中国古代的司法实践应有两套话语系统：一是原被两造都能听懂的日常口语，二是读书出身的文人官僚把它当作文章写作锻炼，堆砌辞藻的书面判词。这些判牍反映出来的司法实践，也有一个"真实"与"虚构"的问题。④

虽然判牍充满文字修辞，但还是大致彰显了官吏理讼的过程及技巧，展现了循吏的理讼智慧及地方司法实践的困境。可以借此思考循吏的理讼程序及司法审判标准，感受地方司法实践的一般特征，并反思清代法律的生命力问题。

---

① ［清］王廷抡：《临汀考言》卷九，《审谳》，《武平县孀妇曾氏被姑遣嫁吞金自尽》，康熙三十九年（1700年）刻本。
② 台湾银行经济研究室编辑：《福建省例》卷二十八，《刑政例下》，《禁服毒草毙命图赖》，南投：台湾省文献委员会，1997年。
③ 邱澎生：《刑案汇览中的法律推理》，邱澎生：《当法律遇上经济：明清中国的商业法律》，台北：五南图书出版公司，2008年，第136页。
④ 论述司法实践的"真实"与"虚构"问题，如徐忠明的《案例、故事与明清时期的司法文化》（北京：法律出版社，2006年）一书收录多篇文章。

第二节　判牍记载反映地方司法实践困境

清代福建省判牍资料不多,幸运的是《巡漳谳词》与《临汀考言》留下了大量的案件记录。本节拟选择《巡漳谳词》与《临汀考言》思考清代福建省地方司法实践过程中遇到的难题。

《巡漳谳词》是徐士林于雍正十二年至乾隆元年(1734—1736 年)任职汀漳道期间留下的断案记录,全书记录了 32 起纠纷,涉及婚讼、水利、田产、钱债、坟地、山场、房产纠纷,及斗殴、命盗案件,谳词记录颇为详细。《临汀考言》是王廷抡于康熙三十五年(1696 年)外放汀州府时留下的断案记录,全书记载了 93 起纠纷,涉及户婚田土、人命盗窃、山场钱债等纠纷类型。透过《巡漳谳词》与《临汀考言》记载的案件类型,可以管窥闽南与闽西纠纷类型的差异,以实际案例实证性展示不同纠纷类型撩动官府神经的不同。① 并通过概括两本资料记载的案件类型、纠纷涉及的人际关系、纠纷的上告情况及处理情况,思考地方官理讼过程中如何取证,如何选择判案标准,由此反思地方基层官吏的司法实践情况。

一、判牍的文字记载反映地方社会治理难题

首先依据《巡漳谳词》与《临汀考言》,概括其中记载的纠纷类型。

表 4-1　《巡漳谳词》与《临汀考言》涉及的纠纷类型概括

纠纷类型	《巡漳谳词》	《临汀考言》
婚讼	《林礼告苏送等案》 《黄氏告黄讲等案》 《廖绍告刘临等案》 《蔡仁告张英等案》 《陈氏告刘全等案》	《武平县孀妇曾氏被姑遣嫁吞金自尽》 《永定县民廖友孟等诬告人命》 《归化县叶应荣一女两许》 《上杭县民陈盛玉盗嫁黄茂仲妻范氏》 《清流县民李惟粹央人代诳聘赖我化之女为妻》 《武平县民黄三孜瞒主盗嫁伊媳》 《永定县民吴振干奸娶孀妇陈氏》

---

① 本书第一章地方志资料的分析,论述了不同纠纷类型撩动官府神经的程度不同,所以闽南与闽西虽然诉讼数量相差无几,闽南却比闽西更受骂名。本章对判牍资料的分析,将以实例再次说明此结论。

续表

纠纷类型		《巡漳谳词》	《临汀考言》
农田水利	水利纠纷	《许准告谢芳恩等案（南靖县）》	《清流县民吴山东殴杀黄茶生》
	田产纠纷	《龙溪县民戴佳告韩飞渭等案》 《永定县生员谢润堂占蒸税案》 《龙岩县监生林联魁告翁希谦等案》 《郭性岳告黄学尹案》 《陈日驹告陈长人案》 《林逢春告王抻等案》 《张程等公呈张顿等案》 《沈瑞告赵威案》	《宁化县民王发弑父图赖邹敬建，暨王宁都等杀死李应用、曾万二命》 《宁化县民温贤殴杀缌麻叔平》 《归化县民曾文右等殴杀王兆晨》 《永定县民黄正中诬告人命解审中途病故》 《上杭县民张梦仁诬告抢夺诈赃》 《清流县民罗时兴诬告抢夺诈赃》 《清流县民温绣潢诬告诈赃》 《归化县民夏应运等诬告夏彝诈赃》 《武平县民蓝丛山诬告蓝纯善侵占尝田》 《武平县民谢常卿谢元卿兄弟争产斗殴》 《清流县民余卓生违例越诉》
	祀产	《龙溪县民涂锡仁告涂右文等案》	
钱债	钱债	《龙溪县民陈逸禀帮役庄小富案》 《龙溪县吏员杨光盛告王品等案》 《林老告郑祖案》 《余份告张起明等案》	《宁化县民王发弑父图赖邹敬建，暨王宁都等杀死李应用、曾万二命》 《宁化县张煜故杀再从弟国任》 《上杭县民邓公瑾威逼傅氏服毒身死》 《清流县典史张锡志受赃枉法》 《上杭县讼师丘娄上等赃罪》 《武平县民舒辛生等借命诈财》 《武平县民李献生诬首人命》 《上杭县民陈谦吉诬告曹盛玉被盗杀死》 《上杭县民邓士荣捏造假契诬告饶上锡》 《上杭县民罗时荣诬告丘玉华一案请息》 《长汀县民邓万献抗租诬告田主》 《武平生员蓝琳挺撞县官》 《清流县生员刘上因殴辱驿丞》 《江西布客吴六合告黄天衢移丧夺租》 《长汀县民马晋锡等揭借周本也棉花过期不楚》 《长汀县民曾庆予等那用银两追出造完太平石桥》 《上杭县民林章甫私立斗头》

续表

纠纷类型		《巡漳谳词》	《临汀考言》
窃盗	盗卖物品		《宁化县民曾尺殴杀王氏》 《宁化县民曾二禾殴杀陈武》
	偷窃	《南靖县民黄光绍等告吴朗等案》 《海澄县民杨兴告王卫等案》	《武平县民廖可先诬告人命》
	抢劫		《宁化县民罗遂等私立斗头聚众杀官》 《长汀县民符章玉图财谋杀项元郎》 《永定县郭恒九殴杀简君伟》 《长汀县招解赖廷光等强盗得财杀伤人》
	索诈		《武平县民蓝时昌等谋杀小功叔生现图赖饶九弘》 《清流县民黄元宗等谋杀罗秀生》 《上杭县民李瑗指告侄女奸情诈财》
诬告	诬奸		《长汀县民郑子仁奸所杀妻王氏》 《武平县民丘开秀杀女告奸》 《武平县民王翼人诬告诈赃》 《武平县民钟伯仁诬首林胜卿欺奸弟妇》 《上杭县民李瑗指告侄女奸情诈财》
	诬告 (其他)	《海澄县民杨兴告王卫等案》	《清流县民黄元宗等谋杀罗秀生》 《宁化县张煜故杀再从弟国任》 《上杭县民张梦仁诬告抢夺诈赃》 《清流县民罗时兴诬告抢夺诈赃》 《宁化县民雷万诬告官役诈赃》 《归化县民夏应运等诬告夏彝诈赃》 《上杭县民邓士荣捏造假契诬告饶上锡》 《永定县民卢琼华诬告纵兵抄掠》 《长汀县民杨惟通等贪贿诬告夫役苦累》 《上杭县民罗时荣诬告丘玉华一案请息》 《武平县民刘岐生等诬告勒令代完赃银》 《武平县民蓝丛山诬告蓝纯善侵占尝田》 《长汀县民邓万献抗租诬告田主》 《武平生员蓝琳挺撞县官》 《武平县监生林赵璧鸡奸江福九》 《归化县民罗可立等歃血告状》

续表

纠纷类型		《巡漳谳词》	《临汀考言》
诬告	诬盗		《永定县民何兆琼诬良为盗》 《上杭县民陈成章诬告黄锡我等诬贼拷诈》 《归化县民张德先挟仇诬禀张居先抢犯伤差》 《宁化县民俞永清诬告赖自生等抢散仓谷》
	讼师唆使	《吴陶若告陈国等案》	《上杭县讼师丘娄上等赃罪》 《归化县民夏应运等诬告夏彝诈赃》 《长汀县民邓志万侵占陈玉锦坟地》
	诬告人命（图赖）	《龙溪县民杨场告陈端等案》	《宁化县民王发弑父图赖邹敬建，暨王宁都等杀死李应用、曾万二命》 《武平县民蓝时昌等谋杀小功叔生现图赖饶九弘》 《宁化县民温贤殴杀缌麻叔平》 《宁化县民朱取盗砍柴山拒捕杀死曾士才》 《宁化县民卢坚稳过失杀张贱》 《武平县民丘开秀杀女告奸》 《武平县钟律音杀媳图赖钟龙光》 《上杭县民邓公瑾威逼傅氏服毒身死》 《清流县典史张锡志受赃枉法》 《永定县民廖友孟等诬告人命》 《长汀县民徐贵寿诬告人命》 《永定县民黄正中诬告人命解审中途病故》 《武平县民廖可先诬告人命》 《武平县民朱成文诬告人命逃脱案结》 《武平县民舒辛生等借命诈财》 《上杭县民罗乙郎借命妄告》 《上杭县民李景先借命诬告》 《清流县民许清泰借命妄告》 《武平县民李献生诬首人命》 《武平县民陈象坤捏报人命希图诈财》 《上杭县民陈谦吉诬告曹盛玉被盗杀死》

续表

纠纷类型	《巡漳谳词》	《临汀考言》
山场	《龙岩民杨明忠告黄文献等案》 《龙溪县贡生邱岳告黄莘等案》 《龙岩县民林景庵告李允标等案》	《宁化县民张笃等支解张好》 《宁化县民朱取盗砍柴山拒捕杀死曾士才》 《清流县民黄振阳等盗砍伍云章山木》 《清流县民罗建侯盗卖陶以祎山场树木》 《武平县民朱成文诬告人命逃脱案结》 《长汀县民邓志万侵占陈玉锦坆地》 《武平县民钟明占地背约》 《清流县民伍细眼混占黄子如山木》 《长汀县民俞仕昭等诬告戴晋人飘占坟山》
人命 （未图赖）	《龙溪县民杨场告陈端等案》 《曾志斌杀死曾阿祖案》	《宁化县民张笃等支解张好》 《宁化县民罗遂等私立斗头聚众杀官》 《上杭县民妇吴氏等谋毒蓝氏，误杀赖玉佩父子》 《长汀县民符章玉图财谋杀项元郎》 《清流县民黄元宗等谋杀罗秀生》 《宁化县张煜故杀再从弟国任》 《武平县民修德生殴杀小功兄凤生》 《永定县民郭恒九殴杀简君伟》 《宁化县民曾尺殴杀王氏》 《宁化县民曾二禾殴杀陈武》 《归化县民曾文右等殴杀王兆晨》 《上杭县民黄弦老等殴杀黄秀甫》 《清流县民吴山东殴杀黄茶生》 《宁化县民伊爵殴死伊大眼解审中途病故》 《上杭县民陈益生聚众抢犯致丘冯养落水身死》 《长汀县民郑子仁奸所杀妻王氏》 《武平县孀妇曾氏被姑遣嫁吞金自尽》 《长汀县招解赖廷光等强盗得财杀伤人》
人口买卖		《上杭县民妇吴氏等谋毒蓝氏，误杀赖玉佩父子》 《长汀县民韦干初略卖人口》 《长汀县民徐贵寿诬告人命》

续表

纠纷类型	《巡漳谳词》	《临汀考言》
房产	《诏安县民李天告叶丑案》 《漳平县民陈振告郭文燕等案》 《龙岩县民陈宾俊告苏梓明等案》 《南靖县民郭博告许世征等案》 《吴陶若告陈国等案》 《陈阳告朱迭等案》	《武平县民修德生殴杀小功兄凤生》 《宁化县民伊爵殴死伊大眼解审中途病故》 《宁化县民雷万诬告官役诈赃》 《长汀县民张君耀等隐占兵房》 《上杭县民张洄生倚舅欺甥》
鸡奸		《武平县监生林赵璧鸡奸江福九》
民抗(辱、控)官	《龙溪县民陈逸禀帮役庄小富案》	《宁化县民罗遂等私立斗头聚众杀官》 《归化县民赖文兹等鼓众围衙挟官发谷》 《宁化县民伊禾等鼓众平仓》 《宁化县民吴正辅受贿请旌黜生伊志远》
绅衿不法滋讼	《永定县生员谢润堂占蒸税案》 《龙岩县监生林联魁告翁希谦等案》 《龙溪县吏员杨光盛告王品等案》 《龙溪县贡生邱岳告黄荦等案》 《陈日驹告陈长人案》 《林逢春告王抻等案》 《余份告张起明等案》 《张程等公呈张顿等案》	《宁化县民符章玉图财谋杀项元郎》 《宁化县黜衿赖芳庇盗窝赃教唆词讼》 《清流县典史张锡志受贿枉法》 《宁化县民伊奎诈欺取财》 《宁化县民吴正辅受贿请旌黜生伊志远》 《上杭县民王德玉诓银沉信》 《清流县民许清泰借命妄告》 《清流县民罗时兴诬告抢夺诈赃》 《上杭县民李瑗指告侄女奸情诈财》 《上杭县民邓士荣捏造假契诬告饶上锡》 《武平生员蓝琳挺撞县官》 《清流县劣衿曾之撰殴本管长官》 《清流县生员刘上因殴辱驿臣》 《清流县民伍细眼混占黄子如山木》 《永定县生员赖照经等擅徙集场私抽地税》 《武平县监生林赵璧鸡奸江福九》 《永定县生员张文元抗粮》 《上杭县生监陈上临等公举朱巡检违例受词》

资料来源:王廷抡:《临汀考言》;徐士林:《巡漳谳词》。

从表 4-1 的纠纷类型概括可见,户婚田土、命盗等案仍是清代福建省地方社会的主要纠纷类型。125 起案件中,诬告案 52 起(22 起人命诬告、30 起其他诬告案);命案 42 起(22 起诬告人命案、20 起各种因素引发的人命案),二者所占比例均较高。此外绅衿滋讼 26 起,钱债纠纷 21 起,田产纠纷 19 起,山场、婚讼各12起,房产纠纷11起,数量亦相对较多。对比户婚田土细故与人命案件,判牍资料还是更热衷于记载人命案件的审理。因为判牍既是案件记录,也是官员个人文集,相较于户婚田土细故,命盗重案的审理过程肯定更能彰显官吏的理讼和地方社会治理智慧。命案与户婚田土细故的差别待遇再次说明了不同纠纷类型撩动官府理讼神经不同。

不仅不同纠纷撩动官府的理讼神经不同,《巡漳谳词》与《临汀考言》案件类型的对比分析,还发现官吏对何种纠纷尤为敏感,与该地的地方社会环境特点直接相关。如《临汀考言》中"诬告"案件所占比例最高,有49起,占总数的52.6%;《巡漳谳词》记载的诬告案件却只有3起,占总数的9.4%。《临汀考言》中田产纠纷共11起,占总数的11.8%,房产纠纷共5起,占总数的4.3%;《巡漳谳词》中的田产纠纷共8起,占总数的25%,房产纠纷6起,占总数的18.7%。① 也就是说,判牍显示了闽南多田土纠纷、闽西多图赖案的法律场景,这一结论与本书第一章地方志的统计结果大致吻合。所以,根据判牍资料"有所侧重"的记载,可以分析各地不同的社会问题。

如《临汀考言》记载了大量的诬告案件,包括诬奸、诬盗、诬告命案,及讼师唆使几大类,其中又以诬告命案数量最多,共21起,占诬告案总数的40.4%。当然,图赖诬告并非汀郡特色,闽省各地均不同程度存在此弊,如南靖县称:

> 照得靖邑恶习,重财轻生,凡有亲属被人致毙,而刁诈尸亲,辄即串同匪棍,借命居奇,沿户科索,必欲饱其欲壑而后已。稍不遂欲,即将殷实良民以及素嫌隙之人,一并罗织混控,或牵告百余人,或数十人,随手开列,任意牵株,甚有得贿私和,反将正凶除名不告者。至于病故、自尽之案,无不称为谋故、殴毙,有伤有证,满纸糊言。总以笔官一验,方快其意。②

《福建省例》就将图赖称为"闽省恶习"③,称闽地民人"或因口角微嫌,或由田亩典卖,不论业已断绝,强凑强尽,一有不遂其欲,即挟毒草拼命,图勒厚赀"④。但正如本书第一章的分析,闽西因为遍产毒草,图赖案件尤其多。王廷抡即称,图赖是康熙年间汀州地区的主要地方社会问题之一。图赖诬告能

---

① 应该说明的是,判牍中有不少案件是一案分属多种纠纷类型,故表4-1中不少案件被重复计算。
② 南靖县地方志编纂委员会整理:《清代官文范稿》,《禁混控讹诈告示》,漳州:南靖县地方志编纂委员会,2005年,第11页。
③ 台湾银行经济研究室编辑:《福建省例》卷二十八,《刑政例下》,《禁服毒草毙命图赖》,南投:台湾省文献委员会,1997年。
④ 台湾银行经济研究室编辑:《福建省例》卷二十八,《刑政例下》,《禁服毒草毙命图赖》,南投:台湾省文献委员会,1997年。

进入官府眼帘,且在各地文献中均留下浓重的笔墨,与诬告案背后涉及的地方治理难题紧密相关。所以与第一章地方志资料的研究视角不同,本章对《临汀考言》的分析,能从地方官吏的视角进一步展示闽西官吏重视图赖案件的审理与记载的原因。

首先,图赖与人命直接相关。

不管是真命图赖,还是假命图赖,图赖的发生与人命紧密相关。而人命案件的审理又直接关系地方官考成,因为相较于钱债"细故",人命乃大事。① 且图赖的发生往往又与讼师唆使紧密相关,如康熙三十四年(1695年)上杭县民曾荣兰曾为林宗玉盖造土楼,后曾荣兰前往广东。康熙三十六年(1697年)曾荣兰妻陈氏向宗玉索取工资,宗玉不给,曾荣兰妻子陈氏遂手持毒草前往林翰家争闹,以图赖相威胁。宗玉与陈氏二人扭打,弄坏陈氏裙子。宗玉妻子给陈氏银两与裙子,希望平息争端。宗玉却认为陈氏拿来的草只是为了恐吓他们,未必有毒,"夺而食之",次日殒命。宗玉儿子林瀚将事情告知丘娄上,丘娄上唆使林瀚控雪父冤。林瀚认为事情源于父亲自己误食断肠草,"非真命,乃误伤",不欲兴词构讼。丘娄上反而前往曾荣兰家,要荣兰取银两与裙子,控诉林瀚强奸陈氏,曾荣兰亦不敢虚词诬告。丘娄上捏称乡约已上禀林翰父亲之命案,唆使曾荣兰出头诬控林翰强奸其妻以减罪,曾荣兰误以为真,上告至县。之后,丘娄上令丘品上复至林翰家中,唆其以父命上告。结果,原被两造"彼此告词皆出于娄上之主裁,而成于品上之刀笔"。② 可见,"人命"是讼师将户婚田土细故"闹大"的最好方法。

图赖与讼师唆讼紧密相连,加大地方官理讼难度,地方官自然会花浓重笔墨批判此现象,希望通过道德警示能够减少地方图赖行为。

其次,图赖与抄抢、越诉等问题直接相关。

从《临汀考言》记载的案件整理过程中发现,图赖案的发生通常伴随着抄抢、越诉事件。这种图赖有真命图赖,也有假命图赖,甚至还有刻意制造人命展开图赖。举数例说明。

真命图赖、抄抢。如宁化县朱取与曾士才本无仇隙,康熙三十五年(1696年)正月,朱取盗砍士才柴薪,士才发现,二人扭打,士才被杀,曾家移尸抄抢朱

---

① [清]褚瑛:《州县初仕小补》卷上,《亲验命案》,光绪十年(1884年)森宝阁排印本。
② [清]王廷抡:《临汀考言》卷十一,《审谳》,《上杭县讼师丘娄上等赃罪》,康熙三十九年(1700年)刻本。

家。① 王廷抡称这是其莅任汀州府以来处理的众多图赖抄抢案中,唯一一起"真命而抄抢"②。

刻意制造人命图赖,进而抄抢。如宁化县的王发与邹敬建比邻而居,王发亲戚邓攸曾欠敬建田租未楚,控县追比,因而怀隙。康熙三十五年(1696年)王发乘邹敬建修盖门楼,前往指责邹侵占其家花台,并携父、母前往争闹,接着藏父于族弟之家,捏命案控县,悬案未审,自虑情虚,杀父图赖,并抄抢邹家,将前往说和的李应用掳至家中,勒索赎金。③ 还比如武平县民蓝生现身死一案,蓝生现、蓝生茂都是武平县归一图七甲之里户,有户下甲首饶九弘等,因饶姓长期遭受蓝姓欺凌,于是在康熙三十五年(1696年)府宪推行"许民出户"之例后,饶姓遂入归三图七甲立户当差。蓝生茂心生不满,向饶九弘索取出户礼银,饶姓不遂其欲。蓝生茂怒,欲报复饶姓。随即以清算饶姓欠粮为由,令族人前往饶姓住处索取,并怂恿族人蓝生现吃下伴有断肠草的米粿,制造人命,图赖、抄抢饶姓。④

自殒其身,尸亲借命抄抢。如康熙三十四年(1695年)武平县修氏与钟屿发生纠纷,钟屿殴打修氏,修氏借伤,自殒其身,尸亲借命抄抢。⑤ 还比如上杭县邓公瑾威逼傅氏服毒身死一案。傅氏与其夫罗日宾租种邓家田产,康熙三十六年(1697年)傅氏前往交租,因欠数过多,二者发生纠纷,邓公瑾谩骂傅氏,并与邓公麟一起殴打傅氏,傅氏抱愤归家,藏毒于身,再往邓家,二人扭打,傅氏毒发身亡。尸亲以强奸控诉邓家,且借命图赖、抄抢。⑥

不管是真命图赖还是假命图赖,上述案例显示,图赖已然成为清代福建省汀州府的普遍现象,王廷抡即感叹:

汀民赋性凶顽,凡遇一切人命,不论是真是假,于未经告官之先,尸亲

---

① [清]王廷抡:《临汀考言》卷十一,《审谳》,《宁化县民伊奎诈欺取财》,康熙三十九年(1700年)刻本。
② [清]王廷抡:《临汀考言》卷六,《详议》,《咨访利弊八条议》,康熙三十九年(1700年)刻本。
③ [清]王廷抡:《临汀考言》卷八,《审谳》,《宁化县民王发弑父图赖邹敬建暨王宁都等杀死李应用、曾万二命》,康熙三十九年(1700年)刻本。
④ [清]王廷抡:《临汀考言》卷八,《审谳》,《武平县民蓝时昌等谋杀小功叔生现,图赖饶九弘》,康熙三十九年(1700年)刻本。
⑤ [清]王廷抡:《临汀考言》卷十八,《批答》,《批武平县招详钟屿致死修氏》,康熙三十九年(1700年)刻本。
⑥ [清]王廷抡:《临汀考言》卷九,《审谳》,《上杭县民邓公瑾威逼傅氏服毒身死》,康熙三十九年(1700年)刻本。

率领多人抬尸于凶犯之家,擒男捉女,破屋洗巢,所有家资什物,任其席卷无遗,辱及事外之同居,抢及无辜之邻右,是以凡有命案,无不以抄抢为诉也。①

图赖的发生总伴随着抄抢事件,是人犯诉讼策略的一种体现,因为真命图赖则抱必死之心,无妨再加抄抢一罪,假命图赖则抓住地方官姑息不忍之心,即:

> 乃承审之官,每逢命案之真者,必曰如此凶徒,固当身家不保,竟置抄抢于不问,若遇假命图赖,明知抄抢是真,则又曰彼死者含屈九泉,何忍使生者复置重典,但存一时之姑息,不顾事后之效尤,而山僻乡愚,相沿成习,竟以抄抢为得计。②

所以王廷抡痛斥道,汀州地区"凡有命案,无不以抄抢为诉也"③。

图赖伴随抄抢,往往扩大案情,甚至引来宗族间械斗,扰乱地方社会秩序;图赖伴随越诉,则挑战正常诉讼程序,也会给地方官治理带来麻烦,自然也会引发地方官的诸多批判。如武平县的朱成文诬告人命逃脱一案。朱成文是朱则先之子,与朱四满是同宗,因争卖山林,双方已有前仇。康熙三十五年(1696年)十月二十五日,朱则先与朱四满路上相遇,发生口角,林上举为双方解纷,双方散去。康熙三十六年(1697年)正月十一日,朱则先身故,朱成文在殓埋父亲十来日之后,捏词上控至县,指责林上举主使殴打其父亲,才会导致其父亲身亡。该县不察刁诬,令上举出银两做烧埋之费,上举不服判处,朱成文则以杀父命之词赴府妄控。之后,又自虑情虚,惧怕反坐,随即逃匿。④ 还比如永定县民廖景林身死一案,廖景林与巫兆硕原属儿女姻亲,因康熙三十三年(1694年)廖景林儿子廖友孟偷窃兆硕银米,两家结仇。康熙三十五年(1696年)兆硕在去族人家路上遇到廖景林父子,兆硕责怪廖家还欠其孙女聘礼金,廖家父子凶殴兆硕至重伤。廖景林心虚,遂私自服毒,跑到兆硕家楼上,以命

---

① [清]王廷抡:《临汀考言》卷六,《详议》,《咨访利弊八条议》,康熙三十九年(1700年)刻本。

② [清]王廷抡:《临汀考言》卷六,《详议》,《咨访利弊八条议》,康熙三十九年(1700年)刻本。

③ [清]王廷抡:《临汀考言》卷六,《详议》,《咨访利弊八条议》,康熙三十九年(1700年)刻本。

④ [清]王廷抡:《临汀考言》卷十二,《审谳》,《武平县民朱成文诬告人命逃脱案结》,康熙三十九年(1700年)刻本。

图赖。廖友孟见父身亡,以"活杀父命事"越诉至府。①

可见,图赖能如此撩动官吏心弦,源于此类纠纷的发生往往与讼师唆讼、人命纠缠不清,易扩大案情且扰乱地方社会治理,给地方官的为政生涯带来更大的挑战与风险。王廷抡即称,诬告与越诉是汀州地区最难理的八大问题之一。② 加上闽西遍产毒草,图赖颇为频繁,俨然成了地方积弊,地方官自然为此留下诸多描述和批判的文字。所以根据判牍资料"有所侧重"的记载,还可以分析各地不同的社会问题。

二、判牍的案件分类反映地方"精准"审判的困扰

虽然判牍资料不热衷于记载户婚田土纠纷,却努力建构纠纷的多种类型及复杂形式。如婚讼包括了诈婚、逼婚、盗婚、另嫁等类型,诬告案包括了诬奸、诬盗、图赖、诬告等类型,田土纠纷包括了田界、租佃、典卖、赎典、找价等类型,盗案包括了偷窃、抢劫等类型,奸情案件包括了强奸、逼奸、杀奸、和奸、通奸、卖奸、鸡奸等类型。这说明官吏理讼过程中在分清案件类型基础上,必须不断对纠纷的各要素进行"细化",仔细斟酌案发原因与过程,才能做到"精准"审判。但在严重依靠"口供"审判的年代,许多案发原因与过程的判定难度不小。以徐士林、王廷抡处理的婚讼、图赖案为例,实证性说明清代法律运作日渐"细则化"如何影响地方司法实践。

(一)图赖案的"细则化"

图赖的目的有三,即泄愤报复、索诈人财、掩饰脱罪,但图赖的过程却纷繁多样,最终司法结果也不尽相同。

第一,不小心杀人,尽量减缓罪行。若命案的发生是因为一方不小心杀人,对方尸亲也借命图赖了,此类杀人犯的处罚可一定程度减缓。如宁化县张煜杀再从弟国任一案,张煜与张国任因为催缴会银,口角结仇。康熙三十五年(1696年)八月二十二日,张国任与张煜路上相遇,说起旧仇,双方情绪激动,当街争闹,张煜顿起杀机,用刀刺杀张国任。张国任重伤,回家不久就毙命。张国任兄长张国标替弟控诉过程中,罗列他人,株连控诉,且贿赂作作,诬重情

---

① [清]王廷抡:《临汀考言》卷十二,《审谳》,《永定县民廖友孟等诬告人命》,康熙三十九年(1700年)刻本。

② [清]王廷抡:《临汀考言》卷六,《详议》,《咨访利弊八条议》,康熙三十九年(1700年)刻本。

节,突出张煜的蓄谋杀人,借命图赖。面对此类案件,虽然张煜制造了人命,但王廷抡还是不断强调其是"迫于殴辱,自揣力不能胜,顿起必杀之心,以图解脱之计",批判张国标"欲加之罪,信口指扳"。最终判处结果也对张煜给予一定缓减,对张国标进行道德责备,但姑念其弟已死,还是进行了姑宽,未追究其贿赂件作情节。①

第二,故意杀人,加重刑罚。若命案的出现是故意制造人命,且故意制造人命目的就是图赖对方,此类杀人犯直接按律严处。如前文所述的康熙三十五年(1696年)宁化县王发弑父,图赖邹敬建一案,王发本来是藏父于族弟之家,捏命图赖,因"自虑情虚,恐难制胜",竟然亲自毒死父亲,变为真命图赖。为了实现图赖抄抢目的,甚至还借命居奇,多次转移父亲尸体,实在是"天理不容",最后王发也按律法规定,凌迟处死。② 还比如前文提及的康熙三十五年(1696年)武平县蓝生茂毒死堂弟蓝生现一案,蓝生茂在用伴有断肠草的米粿毒害蓝生现的情况下,认为蓝生现"虽经服毒,若无重伤,难指饶家",竟然继续用石块狠击蓝生现,致其当场毙命。如此不顾亲情,且手段残忍,实在无法宽恕,所以直接判处蓝生茂绞刑。③

再比如武平县丘开秀杀女告奸一案。丘开秀有一女儿,名为细珠,已许配给上杭县民周启元为媳,尚未于归。康熙三十四年(1695年)八月十四日邻人钟丙老调奸细妹未成,开秀借此诈银十二两,双方已经议和。后来丘开秀又怕这一消息被周启元所知,索性自己告诉周启元,并令周启元前往上杭县上控,钟丙老的父亲钟太生也因此越诉至府。丘开秀一看案情闹大,但实际上"奸情无,诈骗有",害怕自己败诉,"遂起杀女之心"。十一月十三日将细妹用棍毒殴至死,然后移尸钟丙老家门口,对外宣传其带女经过钟家门口,女儿被钟家人殴打至死,之后丘开秀不断上控。王廷抡称:"以天伦至性,不顾幼女之名节,受贿寝息于前,欲嫁他人之奇祸,立时殴毙于后,其狠毒无耻,虽虎狼不是过矣。"但因为该案是父亲打死女儿,丘开秀并未受到"一命偿一命"的惩罚。最终判处结果是:"本应通详各宪,按律反坐,姑念案内无辜拖累日久,从宽重责四十板,枷号两个月,仍追原得财礼银十二两给周启元收领,诈骗原赃十二两

---

① [清]王廷抡:《临汀考言》卷八,《审谳》,《宁化县张煜故杀再从弟国任》,康熙三十九年(1700年)刻本。

② [清]王廷抡:《临汀考言》卷八,《审谳》,《宁化县民王发弑父图赖邹敬建暨王宁都等杀死李应用、曾万二命》,康熙三十九年(1700年)刻本。

③ [清]王廷抡:《临汀考言》卷八,《审谳》,《武平县民蓝时昌等谋杀小功叔生现,图赖饶九弘》,康熙三十九年(1700年)刻本。

照数追出入官,俟枷号满日听候发落。"①

第三,讼师唆使,重点处罚讼师。若命案的出现、升级与讼师唆使密切相关,地方官处罚重点往往是讼师。如前文所述的康熙三十五年(1696年)正月,朱取杀死曾士才,曾家移尸抄抢朱家,在讼师伊奎的唆使下,案件不断升级。该案中朱取杀死曾士才是真人命案件,但王廷抡仅按照留徙人犯例,依限发遣朱取,整个谳词大量篇幅用来分析伊奎罪行及处罚结果。②

第四,自殒其身,尽量姑宽,平衡情理法。若命案的出现是人犯自殒身亡,图赖对方,人犯处罚可以"破财"方式,平衡情理法。如上文提及的康熙三十六年(1697年)上杭县邓公瑾威逼傅氏服毒身死一案,傅氏与邓公瑾因为交租发生纠纷,邓公瑾谩骂傅氏,并与邓公麟一起殴打傅氏,氏抱愤归家,藏毒于身,再往邓家,二人扭打,傅氏毒发身亡。虽然傅氏之死不是因为邓家兄弟殴打所致,但二者脱离不开关系。所以,判处是"依县拟本条正律,予以满杖,追给埋葬银两,此亦平情准法,非敢故为轻纵也"③。还比如康熙三十五年(1696年)武平县李献生诬首人命一案,林文蕃曾与林日旺因为田租发生口角,林文蕃之妻饶氏忿愤不甘,服毒殒命,文蕃及嵩生解救不及,投约地,掩埋。但李献生却借命生事,诬控嵩生于县,县昏庸误判,嵩生家人只得赴府上控。王廷抡本想重罚李献生,但姑念李献生并未从中得赃款,也无关人命,最后还是"姑宽","各重枷责,以儆无良"。④

第五,冒认尸亲,借命图赖,按律严究反坐之罪。若命案的出现是因为人犯冒认尸亲,借命图赖,官吏往往按律法严究反坐之罪,以儆效尤。如上杭县的陈谦吉诬告曹盛玉被盗杀死一案,康熙三十五年(1696年)盛玉借赖志福之谷未偿,赖志福坐索咆哮,盛玉受辱轻生。盛玉妻子包氏认为盛玉是因为贫苦才轻生,不欲图赖,想自行殓葬。陈谦吉却借命唆使包氏上告,且株连多人。王廷抡痛批陈谦吉,并按律究拟反坐之罪,以儆效尤。⑤ 当然,如果遇到国家

---

① [清]王廷抡:《临汀考言》卷九,《审谳》,《武平县民丘开秀杀女告奸》,康熙三十九年(1700年)刻本。

② [清]王廷抡:《临汀考言》卷十一,《审谳》,《宁化县民伊奎诈欺取财》,康熙三十九年(1700年)刻本。

③ [清]王廷抡:《临汀考言》卷九,《审谳》,《上杭县民邓公瑾威逼傅氏服毒身死》,康熙三十九年(1700年)刻本。

④ [清]王廷抡:《临汀考言》卷十二,《审谳》,《武平县民李献生诬首人命》,康熙三十九年(1700年)刻本。

⑤ [清]王廷抡:《临汀考言》卷十二,《审谳》,《上杭县民陈谦吉诬告曹盛玉被盗杀死》,康熙三十九年(1700年)刻本。

宽宥盛恩,或者人犯年纪太大,官吏还是会酌情减免人犯处罚。如上杭县李景先借命诬告一案,先将本案人物关系做个介绍,郑氏是李景先族嫂,郑氏再醮,生下丘井生,丘井生是蓝佩居继弟。康熙三十五年(1696年)丘井生与蓝佩居发生口角,丘井生服毒轻生。因丘井生是郑氏再醮后所生孩子,与李景先已然没有关系,但李景先却"冒认为侄",借命图赖,令蓝佩居出棺殡殓,并索取银钱三两二钱,蓝佩居"以继弟之累,甘心忍受"。李景先看蓝佩居"弱肉可啖",竟在丘井生殡埋之后,"复以杀命控县,希图勒诈"。王廷抡称李景先本应重罚,只是适逢"宽宥"盛恩,最后"枷杖",追回赃银,收入县库。①

上述列举个案均是图赖,但因为事件缘起不一,经过不同,地方官司法实践过程中,必须不断对纠纷的各要素进行"细化",才能做出恰当的处罚。可见,法律规定的细则化加大了地方司法审判难度。再以婚讼案审理为例说明。

(二)婚讼的"细则化"

婚讼的案起原因与过程亦复杂多样,包括了"诈婚""逼婚""盗婚""另嫁"等,不同的案起原因往往导致不同的案件处罚结果。

第一,诈婚。诈婚案件的审理,往往需究清诈婚是否属实,判处结果往往追回诈婚者的财礼钱,并加以薄责,处罚不会太重。如清流县的李惟粹央人代相,诓聘赖我化之女为妻一案。康熙三十五年(1696年),李惟粹中年未娶,游手长汀时相中赖我化之女,欲聘为妻,请人说媒。赖我化慎选夫婿,必先见人,李惟粹遂请兄之子(仅十五岁)代为相见。赖我化见其翩翩少年,十分满意,双方由此定下月老之约,赖我化也收下李家给的八两财礼银。之后,赖我化继续访闻李惟粹情况,始知被骗,随即以匹配不均为由,控县。县判未出,李惟粹即以"嫌贫退婚"为由控至府。最终王廷抡判处婚约无效,收回赖我化的八两财礼银,并薄惩李惟粹。② 还比如雍正五年(1727年)漳州府龙溪县李翃假冒林礼之名,谎报身份骗婚,女家识破后拒婚,李翃诬告女家嫌贫拒婚一案。该案案情和处罚结果均与李惟粹一案十分相似,徐士林最终也是追回财礼银,薄惩李翃。③

---

① [清]王廷抡:《临汀考言》卷十二,《审谳》,《上杭县民李景先借命妄告》,康熙三十九年(1700年)刻本。

② [清]王廷抡:《临汀考言》卷十五,《审谳》,《清流县民李惟粹央人代相诓聘赖我化之女为妻》,康熙三十九年(1700年)刻本。

③ 陈全伦、毕可娟、吕晓东主编:《徐公谳词》,《林礼告苏送等案》,济南:齐鲁书社,2001年。

第二，另嫁。另嫁案件的处理往往是薄责主谋人，追回财礼银。但女子究竟应归前夫，还是后夫，需由审案人根据案情酌定。如归化县叶应荣一女两许案。康熙三十六年(1697年)，叶应荣将女儿许配给兴生，兴生聘金未偿清，后来应荣赌于榕城，欠债，遂另找媒人，将女改许江通元，令江通元入赘，兴生知情，控县，复控府。王廷抡最终薄责叶应荣，追回财礼银，将女子判归兴生(前夫)。① 还比如雍正九年(1731年)漳州府海澄县的韦理与陈言娘定下婚约，准备于雍正十一年(1733年)成婚。因韦理浪荡成性，且欠下的聘金也不愿交齐，陈言娘的母亲吴氏十分不满，加上索取不到聘金，自然十分愤怒。此时恰有府衙差役黄讲要给其弟弟黄论续娶，就伙同媒人何扬前往陈言娘家说媒。吴氏竟不顾先前婚约，擅自将女儿嫁给黄论。事后韦理家知道这一情况，韦理母亲黄氏控诉黄讲强行霸占其儿媳，由此引发黄氏、吴氏、黄讲三方之间的互相诬控。徐士林最终处罚了黄讲与媒人何扬，陈言娘因为与黄论生活已久，就判给黄论(后夫)，但令黄家出钱二十两交给韦理，做另外娶亲之费。②

盗嫁案亦是如此，地方官往往需斟酌案情，才能判定女子应判给前夫还是后夫。如上杭县的陈盛玉盗嫁黄茂仲妻范氏一案，黄仲茂自幼随母嫁入陈昌玉家，成人后与继父去江西省做生意，康熙二十九年(1690年)，凭媒娶范氏，婚后又前往赣州贸易，昌玉之兄盛玉即盗卖其妻范氏，仲茂知道后控县，因范氏与后夫移居古田，县提未获，案悬未结。仲茂复控道，行府查报。王廷抡判处范氏断给黄茂仲(前夫)领回，原准备严处陈昌玉，因恰逢赦恩，"本道檄饬援赦销案"，各犯应得罪名均赦免。③

第三，逼嫁。违背妇女守节意愿逼嫁，本应重罚，但审判官吏还是会根据案情酌情调整。如武平县孀妇曾氏被姑遣嫁吞金自尽一案。康熙三十五年(1696年)，武平县的曾氏守寡已有二十四载，竟被婆婆改嫁于商人。曾氏不从，曾氏兄长上控县衙，曾氏于县堂上吞金自尽。就案件简介来看，曾氏婆婆理应受重罚，但王廷抡审理之下，发现案件另有隐情，最终处罚并不算严苛。因为案件缘起于曾氏守节的二十四年间，一直用其夫遗产接济娘家，康熙三十五年(1696年)甚至要变卖其婆婆刘氏赡田。刘氏不遂其愿，曾氏反而于族人

---

① [清]王廷抡：《临汀考言》卷十五，《审谳》，《归化县民叶应荣一女两许》，康熙三十九年(1700年)刻本。
② 陈全伦、毕可娟、吕晓东主编：《徐公谳词》，《黄氏告黄讲等案》，济南：齐鲁书社，2001年。
③ [清]王廷抡：《临汀考言》卷十五，《审谳》，《上杭县民陈盛玉盗嫁黄茂仲妻范氏》，康熙三十九年(1700年)刻本。

间抱怨自己的处境,称自己"苦于孀居""乖于睦族"。刘氏见曾氏"全无善后之谋",怕其扰得家室不宁,遂与族人钟硕人商量,改嫁曾氏予李祥初。曾氏见李祥初家穷,不愿改嫁,其兄遂唆使其上控,并于县衙堂上吞金自尽。最终王廷抡判处钟家出钱殓埋曾氏,并枷号钟硕人与李祥初。①

不同的案件起因直接关系犯罪类型,进而又影响判决结果,因此知县与知府在审断案件时,需花很多精力分清案发原因与经过。但清代法律的"细则化"越来越明显,官吏审案难度自然也逐步提升。以杀人案件为例,清代乾隆名幕王又槐对谋杀、故杀、斗杀做过区分,称谋杀是"蓄念于未杀之先",故杀是"起意于临杀之时",斗杀是"势处仓皇,无必致死",特别是"故杀"与"斗杀","二者情形不一,临时须当分辨,若差之毫厘,失之千里矣"②。同理,审判官吏为了区分抢劫与盗窃、强奸与和奸,往往也陷入无穷无尽的证据搜寻、证词查证等审案过程。清代法律的"细则化",无疑加大了案审难度,这点在第五章第二节将进一步阐述。

三、判牍的上告频率反映绅民法律态度

虽然本书第二章第二节关于"清代闽吏积极探索'节约理讼'措施"的研究指出,清代福建省各级政府多主张发挥族正、族副的协助治理功能,希望乡民的户婚田土细故能首先提交族正处调解,不得直接诉诸县衙。但对《临汀考言》与《巡漳谳词》的统计发现,不少户婚田土细故还是直接诉至县衙,此时民众为了求得县衙审理,往往还会将户婚田土细故妆成人命重案上控。本书第一章的表1-5已依据《巡漳谳词》与《临汀考言》概括过绅民上告频率,虽然绅民控诉3次以上的案件并不多,屡次上告更为少见,但遇事直接控县,或两次控诉却十分频繁。如《巡漳谳词》的32起案件中,遇事直接控县的有6起;先控至县,继而控诉至府的有14起。《临汀考言》的93起案件中,遇事直接控县的有30起;先控至县,继而控诉至府的有58起。可见绅民遇事求助官府的频率还是蛮高,以《临汀考言》记载的数类案件为例。

第一,绅民控诉官差的案件,往往会经历县衙与府衙二次控诉。

如果控诉的是县官,绅民通常直接赴府,本书第三章引用的蒋唐佑与江宁章两案均是如此。但如果绅民控诉的是县差、巡检、典史等官吏,绅民可能先

---

① [清]王廷抡:《临汀考言》卷九,《审谳》,《武平县孀妇曾氏被姑遣嫁吞金自尽》,康熙三十九年(1700年)刻本。
② [清]王又槐:《办案要略》,《论命案》,光绪十八年(1892年)浙江书局刊本。

赴县控,县控无果,再赴府控。如康熙三十五年(1696年)武平县大禾乡的蓝丛山一案,大禾乡乃蓝氏聚族而居之地,田产本层级相连,且有界址。后来因为山水暴涨,田产不清,族众约定重划山界,丛山因此生贪心想霸占纯善之田,即以重划田界不均控县,县未审。族众再立约表明界线,丛山复冒籍长汀,以蠹役装头驾词控府,府因事涉田土细故,批长汀县审。① 当然,也不排除不少绅民遇到此类案件的直接反映是奔赴府衙。如康熙三十五年(1696年)宁化县绅衿赖芳于地方素行不法,持绅衿身份起灭词讼,把持官府。后来赖芳匿盗贿差,贿差不成,则唆使母亲赴府诬告棍蠹串捕。② 还比如上杭县的生员陈上临控诉巡检朱得元一案,上杭、永定相界处设有一巡检,负责缉盗,不受民词。康熙三十五年(1696年)曾有永定生员刘嗣复以民众赌博事具诉,巡检以不受词讼为由,报县,县不理。生员怀恨在心,后来窥得巡检有擅受吴彦弘之控案,即以欺宪藐法事赴府具控,公报私仇。③

第二,县令汇报绅民为乱的案件,往往直接求助府衙。

如康熙年间归化县青黄不接,米价稍长,县开仓发粜,数日而止,赖文兹等勾结十三人,发匿名揭帖,于城隍庙聚众滋事,蜂拥县衙,不容县官出署,禁绝薪水米菜,逼令县令再卖三千石,并再次围衙呐喊,县令没法,只好再次发粜。事后,县令上报府衙,上告赖文兹等光棍歃血结盟。④

第三,绅民受冤,往往会经历县衙与府衙二次控诉。

因为绅民认为县衙申冤无望,只能越诉至府。如康熙三十五年(1696年)武平县李献生诬首人命一案,林文蕃曾与林日旺因为田租发生口角,林文蕃之妻饶氏愤愤不甘,服毒殒命,文蕃及嵩生解救不及,投约地,掩埋。但李献生却借命生事,诬控嵩生于县,县昏庸误判,嵩生家人只得赴府上控。⑤ 还比如康熙三十五年(1696年)上杭县民邓士荣捏造假契诬告饶上锡一案,上杭县劣衿邓士荣见细民饶上锡骤得乃叔资财,捏造锡之叔欠其父谷价,要求上锡偿还,

---

① [清]王廷抡:《临汀考言》卷十三,《审谳》,《武平县民蓝丛山诬告蓝纯善侵占尝田》,康熙三十九年(1700年)刻本。
② [清]王廷抡:《临汀考言》卷十一,《审谳》,《宁化县黜衿赖芳庇盗窝赃教唆词讼》,康熙三十九年(1700年)刻本。
③ [清]王廷抡:《临汀考言》卷十五,《审谳》,《上杭县生监陈上临等公举朱巡检违例受词》,康熙三十九年(1700年)刻本。
④ [清]王廷抡:《临汀考言》卷十,《审谳》,《归化县民赖文兹等鼓众围衙挟官发谷》,康熙三十九年(1700年)刻本。
⑤ [清]王廷抡:《临汀考言》卷十二,《审谳》,《武平县民李献生诬首人命》,康熙三十九年(1700年)刻本。

勾结佐贰控县,上锡被迫府控。①

第四,被告不管是理直还是理曲,见原告已经控县,通常直接奔赴府越诉。

如康熙年间清流县的罗宾臣一案,罗宾臣早年于江西赣州做生意,稍有积财,随即交钱给其弟弟罗建侯买置山场田产,收息养家,二人无分彼此。后来宾臣因折木负债,无奈鬻产清偿,而建侯将原买契券一手握定,不肯交出,兄弟成仇。后经父亲等人调和,建侯将山场田产还给宾臣。康熙二十五年(1686年),罗宾臣因逋欠所迫,将山木卖一片给浙客陶瑞兴,树木听其砍伐。砍了一半之后,陶瑞兴返回浙江,雇人看守山林。之后不久,罗宾臣去世,建侯以瑞兴远在浙中,且山林原契仍有其名,思图吞占。但又怕屈于公论,不敢自行买卖。故出继儿子予兄长,令寡嫂出头,盗卖山林予廖公汉。恰瑞兴之侄来闽,刚给山林上过执照。所以廖公汉买了山林后,前往县衙给山林上执照受阻。廖公汉不等县审结果,直接擅行砍伐,瑞兴侄子控县,廖控府。②

以上四种情况中,除了第二种情况绅民往往直接府控外,其他三种情况的诉讼过程中,绅民通常会奔赴县衙,随着案件的继续发展,才会逐步上控府衙。如果两造觉得府衙也申冤无望,省控乃至京控即紧随而来。所以,虽然清廷有明文规定府县之间审理案件的类型不同,如细故只能在县衙处理,命盗重要才可能进入府衙的视野,但实际生活中,绅民为了求得案件进入官吏视野,还是不断妆大事件,进而混告。虽然这种"健讼"姿态不值得提倡,但确实也体现了"法""官府权威"在绅民心中还是解决问题的权威依据。

第三节 判牍资料所见清代福建省循吏的理讼智慧

本书第三章分析了清代福建省恶吏的诉讼意识与法律态度,本小节借助对《巡漳谳词》《临汀考言》等判牍资料记载的案件与官吏理讼经验的分析,管窥循吏的理讼智慧,概括清代福建省循吏的诉讼意识与法律态度。

---

① [清]王廷抡:《临汀考言》卷十三,《审谳》,《上杭县民邓士荣捏造假契诬告饶上锡》,康熙三十九年(1700年)刻本。

② [清]王廷抡:《临汀考言》卷十,《审谳》,《清流县民罗建侯盗卖陶以祎山场树木》,康熙三十九年(1700年)刻本。

一、排除万难,厘清案情

排除万难,厘清案情是循吏理讼的关键环节。以《巡漳谳词》为例,不管徐士林最终是依法还是依照地方惯习做出判处结果,厘清案情均是断案的第一步。为了厘清案情,徐士林详细记载断案过程中取证、甄别证据真假、推断案情发展的详细经过,可借此思考地方官的灵活司法实践过程。

(一)支解词讼:口供对照,找出案断死穴

案件上诉至县衙,知县一旦立案,首先得阅读两造的词状。因为民间词状充满"套话的普遍使用,模式化的情节组合,从讼师秘本借来词汇"①等缺陷,地方官首先得厘清状词真伪。虽然日本学者唐泽靖彦认为"地方官吏几乎都不必对混入诉状中的那些虚构性内容感到厌烦"②,但《巡漳谳词》给我们的信息则是不少案件纠葛不清,徐士林不时地发出"官私镠辖,九易星霜""竟如云雾障碍,白日鬼魅矣"③的感叹。特别是案件拖延数年之后,更呈现复杂状态,因为"讼久则词纷"④。为了断案,地方司法官吏首先必须支解两造架构的故事,去粗取精,找出案件的出路与死穴;否则就陷入两造渲染故事情节中,全无头绪,混作一团。

支解讼状的切入点很多,可以根据状纸与前判的记录,思考其中的可疑之处,但主要切入点还是口供。按照清代法律规定,如果没有被告的口供,一般是不能定罪的,《大清会典事例》载:"鞫狱官详别讯问,务得输服供词,毋得节引,众证明白即同狱成之律,遽请定案。"⑤康熙名吏黄六鸿亦称,"问拟罪案止以初招为主,招状又以口供为主","看语必以口供为凭"⑥。日本学者滋贺秀

---

① [日]唐泽靖彦著,牛杰译:《清代的诉状及其制作者》,《北大法律评论》2009年第10卷第1辑。
② [日]唐泽靖彦著,牛杰译:《清代的诉状及其制作者》,《北大法律评论》2009年第10卷第1辑。
③ 陈全伦、毕可娟、吕晓东主编:《徐公谳词》,《林礼告苏送等案》,济南:齐鲁书社,2001年。
④ 欧阳佣民修,陈衍纂:《(民国)闽侯县志》,卷八四,《循吏五下》,民国二十二年(1933年)刊本。
⑤ [清]昆冈等修,刘启端等纂:《钦定大清会典事例》卷七百三十九,光绪二十五年(1899年)重印本。
⑥ [清]黄六鸿:《福惠全书》卷十二,《问拟余论》,康熙三十八年(1699年)刊本。

三甚至将传统中国的证据规则称为"口供主义"原则,认为只有例外情况才允许根据不是口供的其他证据来断罪。① 口供不仅是案断最后定罪的凭证,亦是地方官经理案件、获悉案情、广泛取证的开始。但因为送达府宪的案件已经经过州县官的修辞,黄六鸿就曾劝说州县官在形成看语时,需雕琢人犯口供:

> 若口供杂乱无绪,不妨略叙简净,有意晦不明,不妨略改醒亮,但不得混删要紧承招问罪字眼,口供要俗话,不可添出太文字句,口供酌定仍合该书誊过,并原稿缴进,不可存遗在外,致滋口实。②

所以府宪官吏重审案件时,不能仅凭州县官上报的口供,还需将其与人犯、人证的口供对照,寻找破绽的关键点。

1.口供的前后异词

如"林礼告苏送等案",李翮化名林礼,谎称只有三十八岁,前往苏家骗婚。为了征得实际年龄,历任县令反复盘问,李翮则"县审供'女③十四岁',道审则供'女十一岁'"④,徐士林一下识破了李翮想借减少女儿的岁数来减少自己岁数的诡计。还比如陈日驹告陈长人一案,陈长人之父将塘田与垅田典于叶必端,陈得人⑤承租。后来陈得人多次将田典于他人,陈长人欲向叶必端赎回田时,引发了争夺塘田与垅田纠纷。陈日驹(塘田的最后典主)为占得此田,串通陈得人诬告。该案纠缠八年,"案几盈尺",历经余、吕、长、庄等数位县令及府衙,案情纠葛不清。徐士林不断审问当事人,对照两造的供词,终于发现要分清这份田产到底归谁管理,只要分辨出该田产是公田还是私田,以及授受中的是非就可以了。两造在此问题上的前后异词,让徐士林很快找到案件侦破点,徐士林为此详细记下其口供对照经过:当雍正五年(1727年)三月,陈长人开始告状时,供称自己是继承了父亲的水田,并未说明是从父亲那抓阄分的产业。十月初四日的供状中则称,这田是父亲的产业,父亲去世后无论是增加典价还是赎回,应由兄弟五人立契约才能进行交付或接收。后来吕县令两次审问陈长人,他都说是自己分下的私田。而雍正七年(1729年)六月陈周人⑥等的供词中称这田是兄弟三人公分的,契约里还写明子仁、子惠、子敏等。这种

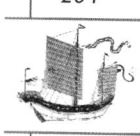

---

① [日]滋贺秀三:《中国法文化的考察》,[日]滋贺秀三等著,王亚新、梁治平编,范愉、陈少峰译:《明清时期的民事审判与民间契约》,北京:法律出版社,1998年,第10页。
② [清]黄六鸿:《福惠全书》卷十二,《问拟余论》,康熙三十八年(1699年)刊本。
③ 指李翮前妻遗留下来的女儿。
④ 陈全伦、毕可娟、吕晓东主编:《徐公谳词》,《林礼告苏送等案》,济南:齐鲁书社,2001年。
⑤ 陈长人兄弟,叶必端女婿。
⑥ 陈长人兄弟。

前后矛盾的供词立马引起徐士林注意,称:"忽私忽公,忽四忽三,果何以故?"陈得人之子陈闻衣亦是如此,雍正五年(1727年),余县令审讯时,陈闻衣并未说是抓阄分的私田,雍正六年(1728年)吕县令初审时,陈闻衣还当场承认是公田。七月的复审中,陈闻衣亦未供认抓阄的是私田,到了雍正七年(1729年)六月二十五日的复审,陈闻衣仍承认是公田,到了雍正八年(1730年)二月十九日,却突然一改前供,称祖父典给叶姓之后,将这份田产分给了他父亲,还让其母亲叶氏出面告状,称此田乃母亲的嫁妆等。陈闻衣的翻供加剧了案情复杂,徐士林只好更广泛求证,在得到叶氏弟弟的"叶氏出嫁在先,此田出典在后"一语后,真相大概昭然若揭了。徐士林称:"奁田则不阄分,阄分则非奁田,如果系典后分授之业,五年间叶氏何不正言明争,而乃撰出一段迂曲诡辞乎?闻衣私田之说,悖谬更甚。"由此断定这份田地未经抓阄而分,是陈家公田。①

在"南靖县民黄光绍等告吴朗等案"中,徐士林用了同样的方法寻找案件侦破点,事后他总结道,若审判过程中人犯的口供先后互异,闪烁支离,"其中不无教供勾串情弊"②。

2. 口供的增删

因为清代的诉状一经地方官批示,状纸将会贴于衙门前公示,这样一来,案件的相关人员均能看到诉状的内容及官府对该诉状的批示,于是据此增删口供事件常有发生。

如"龙溪县吏员杨光盛告王品等案",王品与杨光盛等合伙做生意失败,光盛要钱,王品却以无存为词,推脱搪塞,杨光盛控县,王品儿子以"督院稿房"身份代父辩诉。此案被搁置长达三年之久,光盛赴道台上告,且增加一条,诉"林在骗其银一十八两"。受审时,却满口支吾,不知所云,徐士林怒言:"涣人钻营事败,而又欲倍获其利,何其贪也!更可异者,光盛县控三载,并无一字波及林在,而道词忽添林在骗银一十八两……刁哉老棍。"③还比如"漳平县民陈振告郭文燕等案"中,郭文燕持假据指称陈振久佃图占,陈振则执契书指称郭文燕借假据夺屋,双方互控三年,鲍县令居审未结,陶县令则草率断文燕胜诉,陈振不甘,控至道台。徐士林亲验了两造契票与口供,称:"更可异者,文燕县控县

---

① 陈全伦、毕可娟、吕晓东主编:《徐公谳词》,《陈日驹告陈长人案》,济南:齐鲁书社,2001年。

② 陈全伦、毕可娟、吕晓东主编:《徐公谳词》,《南靖县民黄光绍等告吴朗等案》,济南:齐鲁书社,2001年。

③ 陈全伦、毕可娟、吕晓东主编:《徐公谳词》,《龙溪县吏员杨光盛告王品等案》,济南:齐鲁书社,2001年。

审,止称有票有字,并未言及四十九年修葺料单。至本道提审,忽诉称料单现在。前之所无,后之所有,显属荒唐。"待拿到郭文燕的料单后,发现"纸虽做旧,而墨迹甚新",由此识破郭文燕伎俩。①

删减证词同样易引起司法官吏的注意。同样以上文提及的"漳平县民陈振告郭文燕等案"为例,县供中郭文燕称郭正台为族内人,当看到县衙的记录里载有"神牌并无郭正台其人"以后,到道衙审讯时,郭文燕竟然混赖族内并没有郭正台这个人,徐士林怒称"忽有忽无,信口狡辩,自以为得计,而不知前后自相矛盾"②。

3.邻人乡保口供对照

"林逢春告王抻等案"中,林逢春与王抻为邻居,林逢春早年曾以房屋作抵押借了王抻四百两银子,连本带利,按理都应还清,但他却诡称王抻扩房占地,连年刁告。扩房占地,邻人自然有目共睹,徐士林取证于邻人吴日进等,全部供称王抻的楼房是依照旧房地址起建的,徐士林借证词加以亲勘,林逢春败诉。③

当事人口供的对照亦是取证途径之一。如前文提及的"黄氏告黄讲等案",韦理与陈言娘有婚约在先,因韦理浪荡成性,陈言娘母亲思悔婚,恰有黄讲图谋为弟续娶,故假造婚书、媒人等,上控韦理。案中韦理虽属有理一方,却图谋骗回更多聘金,于是胡编聘金数,韦理与母亲黄氏的供词由此矛盾重重。徐士林即称:"子供全完,母供尾欠……为韦理者盖私心窃计,纵不得妻,或可得财,多其数以留后步,竟不顾前后之刺谬……韦理母子因贪成痴,供词多舛。以常法断之,其不败乃局者几希。"④

通过案件局内、局外人口供的对照,徐士林逐渐找出案件的可疑之处,支解两造架构的故事情节,再根据证物的搜集、契据的甄别,地方官对案件两造的谁是谁非日渐清晰。

---

① 陈全伦、毕可娟、吕晓东主编:《徐公谳词》,《漳平县民陈振告郭文燕等案》,济南:齐鲁书社,2001年。
② 陈全伦、毕可娟、吕晓东主编:《徐公谳词》,《漳平县民陈振告郭文燕等案》,济南:齐鲁书社,2001年。
③ 陈全伦、毕可娟、吕晓东主编:《徐公谳词》,《林逢春告王抻等案》,济南:齐鲁书社,2001年。
④ 陈全伦、毕可娟、吕晓东主编:《徐公谳词》,《黄氏告黄讲等案》,济南:齐鲁书社,2001年。

(二)众证明白:广搜证物,小心求证

虽然口供能让地方官了解到案情的方方面面,且从中获取案件相关证物的信息,但民众在诉讼过程中往往运用种种策略,假供连篇。徐忠明对此深有研究,认为"诉说己方良善和无辜""凸现对方的强横与凶恶""夸张案件的事实和情节"是民众"虚构"词状的主要伎俩。① 对《巡漳谳词》的分析确实也发现,绅民"夸大其词"十分普遍。如为了达到"诉冤"的效果,两造往往真假掺和,案情更为扑朔迷离。以"海澄县民杨兴告王卫等案"为例,王卫偷窃杨兴是事实,杨兴亦曾与王懋德之父王奇到王卫家搜赃。事情闹到县里,杨兴则捏称与营兵张大来、蔡弼与王懋德之父王奇一同搜查的假证,希望借官兵的参与,让自己证词更为有力。却因军营回复并无此事,致使王卫反以此为借口狡辩。② 一旦碰上滥用刑罚的司法官吏,口供的证据价值就明显降低。如"龙溪县民杨场告陈端等案"中,徐士林对县断"徐恰刀戳杨质重伤,严成祖代陈端割破头皮,装伤抵赖",并无异议。只是对"陈端用刀戳伤杨质背后"一点,疑点甚多。因为在场人证并未看见,县差役验伤报告亦未提及,由此肯定,这是陈端在县审时"畏刑混承"的结果。③ 如若案件拖延数年,证人乃至当事人的去世也会给司法官吏断案带来不便。如"龙溪县民戴佳告韩飞渭等案"中,韩飞渭持假契,隐匿原有田产,强占公有产业,捏称田产是从吴税处买来。而吴税已经去世,又无后代,根本无法对证;④ 还比如"诏安县民李天告叶丑等案",李天听人唆使,假造契据,伪称叶丑之屋是其祖业,就是借着居中作证的都已去世,年代久远又没有凭证这一漏洞而捏控。⑤ 正是因为口供取证有如上缺陷,循吏在案断过程中除了口供取证外,还应广泛搜集证物,小心甄别各证物的真伪。

不同类型的纠纷案件有不同的取证素材。如审理斗殴、命案时,验伤、验尸报告必不可免,偷窃案件则重视"人赃俱获",而争产纠纷则重视碑刻与契约

---

① 徐忠明:《虚构与真实:明清时期司法档案的修饰策略》,《案例、故事与明清时期的司法文化》,北京:法律出版社,2006年,第10页。
② 陈全伦、毕可娟、吕晓东主编:《徐公谳词》,《海澄县民杨兴告王卫等案》,济南:齐鲁书社,2001年。
③ 陈全伦、毕可娟、吕晓东主编:《徐公谳词》,《龙溪县民杨场告陈端等案》,济南:齐鲁书社,2001年。
④ 陈全伦、毕可娟、吕晓东主编:《徐公谳词》,《龙溪县民戴佳告韩飞渭等案》,济南:齐鲁书社,2001年。
⑤ 陈全伦、毕可娟、吕晓东主编:《徐公谳词》,《诏安县民李天告叶丑等案》,济南:齐鲁书社,2001年。

文书。《巡漳谳词》中不时出现的"是否欠债有据""争产抱契,愚夫皆知""夫争控山场,其有契界者,断以契界,其无契界而历来掌管有据者,即断以历掌之界。如既无契界,又无历掌确据,屡争不止,即就现在之形势酌断"等言辞,均说明了契据是争产纠纷裁断的重要凭证。

既然证物关系纠纷最终裁定,两造为获得胜诉,常常制造假契,互指对方为伪造。如"永定县生员谢润堂占蒸税案",谢润堂持簿册为证,论争祭田已拨归他所有,指责谢景立持的合同是假的。而谢景立亦持合同为证,论争祭田只令谢润堂暂收两年,指责谢润堂的簿册是假的。① 还如"许准告谢恩芳等案",许谢二姓为了争水利,互相均展出"石碑"为证,互指对方为假造。徐士林感叹:"讵意二姓构讼,自明迄今,许姓执嘉靖四十五年府详'不许分溉'之碑记,谢姓执万历七年县详'照旧争利'之碑记,互指为假,争端不息。"② 加上契据可能年久失存,很多讼案因此陷入困境。如"龙溪县贡生邱岳告黄辇等案",邱、黄争坟山,但因历年已久,地契无存,坟山四至与边界十分模糊,两造所给坟图又各异,让此案一直悬而未决,经手此案的几位县令,判语也是错漏百出。③ 所以,为了最终裁断的公允,地方官在广搜证物基础上,更要小心甄别,以求众证明白。徐士林主要甄别契据方法如下:

1.契据写作格式的熟稔

契约文书有一定的写作格式,虽然徐士林亦感叹"恐乡间约字,未必如此周到"④,但契据、族谱等写作格式的错误,很容易引起司法官吏的怀疑。如"南靖县民郭博告许世征等案",许世征为冒占族人房产,捏称契据的中证人是许潜,但契内却无中证人一项,被徐士林称为"许世征之奸弊此其一"⑤。

族谱的甄别亦是如此。如"龙岩县民陈宾俊告苏梓明等案",陈宾俊捏告陈拔俊霸占房产所有权,当陈拔俊出示各类契约文书时,陈宾俊只提供了一本族谱。徐士林分析道,家谱内的永祖就是陈中白,如果家谱是陈中白编写的,

---

① 陈全伦、毕可娟、吕晓东主编:《徐公谳词》,《永定县生员谢润堂占蒸税案》,济南:齐鲁书社,2001年。
② 陈全伦、毕可娟、吕晓东主编:《徐公谳词》,《许准告谢芳恩等案》,济南:齐鲁书社,2001年。
③ 陈全伦、毕可娟、吕晓东主编:《徐公谳词》,《龙溪县贡生邱岳告黄辇等案》,济南:齐鲁书社,2001年。
④ 陈全伦、毕可娟、吕晓东主编:《徐公谳词》,《诏安县民李天告叶丑等案》,济南:齐鲁书社,2001年。
⑤ 陈全伦、毕可娟、吕晓东主编:《徐公谳词》,《南靖县民郭博告许世征等案》,济南:齐鲁书社,2001年。

为什么称其妻李氏为"妣",称其儿媳邓氏也为"妣"?且陈中白先于李氏去世,不可能记载身后之事。更明显的是家谱最后一页,横竖都有红格,空白是专门留出续填世系的,结果却记载了马磁丘房基,"成何谱式"。且此页字迹与首页迥然不同,内又有"陈中白公为记"一句,"自称为公,有是理乎?"由此断定"是首页记序,或出中白之手,而后页屋基,实出宾俊之笔明矣",于是判定陈宾俊败诉。①

2.契据字迹的对照

字迹的核对要虑及"形体丰神",因为每个人字体的形体、丰骨、神韵迥然有异,即便极力模仿,也未必"形体丰神"都一样,且书法风格也不会随时间而变化太多。因此,据字迹核对、甄别契据真假是地方司法官吏的普遍做法。

如"余份告张起明"一案,徐士林责备余份字迹与卷宗中粘贴的收条,不论从字的间架、笔画、笔锋均迥然不同,"从未有一人手笔经五六年而竟如是之绝无形似者",余份从官司初始即处于下风。② 还比如"诏安县民李天告叶丑等案",李天为冒占叶丑之房,称叶丑的房是其祖父抵押给陈和姐,陈和姐又抵押给叶丑的父亲。他持有陈和姐议约和字据。徐士林即称,陈和姐与他儿子陈斌虽已去世,但两人生前都能书写,他们的字迹肯定会散见于邻里乡族。也许还有其他买卖交易需写立字据,必定留有字迹的地方很多。所以令双方与乡保邻里证人等,查送一两份,对比一下即可知晓。③

3.契纸新旧的甄别

不少争产纠纷上溯到祖辈一代,将新纸以各种方式制造成旧纸的假象,是地方司法官吏需提防的一点。

如"诏安县民李天告叶丑等案",李天为争产,伪造了顺治己亥年(顺治十六年,1659年)出钱抵押陈伟的一纸房契。徐士林仔细甄别,发现有两个"伟"字,都是洗补另改的,纸上的水痕、斑记仍然留存,光下照看更加清晰。再将契纸通身翻看,字字墨不透纸,由此断定该契乃将新纸揉旧,进而洗补改字的伪契。④ 还比如"龙溪县民林景庵告李允标等案",林景庵持假契争夺李姓林地

---

① 陈全伦、毕可娟、吕晓东主编:《徐公谳词》,《龙岩县民陈宾俊告苏梓明等案》,济南:齐鲁书社,2001年。
② 陈全伦、毕可娟、吕晓东主编:《徐公谳词》,《余份告张起明等案》,济南:齐鲁书社,2001年。
③ 陈全伦、毕可娟、吕晓东主编:《徐公谳词》,《诏安县民李天告叶丑等案》,济南:齐鲁书社,2001年。
④ 陈全伦、毕可娟、吕晓东主编:《徐公谳词》,《诏安县民李天告叶丑等案》,济南:齐鲁书社,2001年。

所有权。其中一假契内有许多凿孔,似是年久被虫所蛀。当徐士林将此契折叠起来看,竟没有一对小孔吻合,暗笑"人工虽巧,不及蠹鱼"①。

4.契纸上的字是否洗补更改

于真契上做伪亦是契纸造假的常用手段。如上文提及的"诏安县民李天告叶丑等案"中,徐士林通过光下照看,发现李天所呈契纸上有水痕斑迹,明显是洗补更改了契纸上的字。② 还比如"南靖县民郭博告许世征等案",许世征所呈的郭杞代笔的假契亦被徐士林批判得体无完肤,经过如下:郭杞代笔写的一个契约,前面记着胎借银十六两,后面批注只收到六两,一纸之内互相矛盾。在衙门审问世征时,郭杞蒙混供称,"十"字是他写错了。徐士林批判道,契上记载的银两数最为要紧,添写改写一字,就会滋生疑窦,如果郭杞写错,为何不及时更换而将错就错?仔细查阅契据,注有收银六两,"六"字之上,旁边挖了一个小孔,甚属可疑,等看了契约三行落脚三字,与契内的字大小不同,笔迹也有差异,它的中间一行落脚字为十六两的"拾"字,首行落脚添了一个"厝"字,第三行落脚处添了一个"管"字,而第四行起头处已有一个"管"字。才知道写契之时,带笔者预留下空脚,过后又添了"拾"字,左右两行不得不添两个字来使竖行长短相配。后面注明收银之数,也在旁边添一个"拾"字,以符合契内记载之数。等到质讯审查时,许世征胆怯心虚,恐怕填写的"拾"字露出破绽,又挖去了"拾"字,于是蒙混称契内"拾"字为错写。③

契据的甄别直接关系案断平允与否,而契据甄别的过程与效果又取决于地方官的司法素质。谳词中不乏地方官按此办法仔细分析契据,却被后来官吏指为错判的事例。如"龙岩县民林景庵告李允标等案",庄县令坚持认为苏允彩将卖契中的林字改为苏字了,徐士林却挖苦道"再三谛视,实不知庄令是何慧眼"。认为苏与林二字,"字画迥别,左边木字,改禾字尚易,右边木字,改鱼字实难",而如今契内的苏字虽然经描改过,却右边黑白分明,丝毫看不到"木"字形迹。再对比原契内容与字迹,认为这个苏字应该是写契时错写成"本家"时描改而成的。④

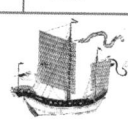

---

① 陈全伦、毕可娟、吕晓东主编:《徐公谳词》,《龙溪县民林景庵告李允标等案》,济南:齐鲁书社,2001年。

② 陈全伦、毕可娟、吕晓东主编:《徐公谳词》,《诏安县民李天告叶丑等案》,济南:齐鲁书社,2001年。

③ 陈全伦、毕可娟、吕晓东主编:《徐公谳词》,《南靖县民郭博告许世征等案》,济南:齐鲁书社,2001年。

④ 陈全伦、毕可娟、吕晓东主编:《徐公谳词》,《龙岩县民林景庵告李允标等案》,济南:齐鲁书社,2001年。

(三)重构案情:置身局内外,大胆假设

"大胆假设,小心求证",是地方官断案的经验总结。在口供、证物的搜集与甄别过程中,地方官不可避免要运用自己的理解架构案情的缘起与发展状况。对案情的大胆推测,又反过来刺激地方官下一步证据的搜集与案情的架构。如果两造最终能接受地方官架构的故事,人犯自愿认罪画押,地方官则完成了案断过程。当然,如果人犯的认罪画押是建立在地方官威刑逼供基础上,地方官架构出的故事情节则定有背离案件真实之处。或许正是因为地方官断案过程中夹杂了太多的主观推测,历来研究者认为,"所谓案件的真相,既非案件的客观事实,也非案件的法律事实,说到底,它仅仅是法官依照证据,参酌事理作出的认定而已"①。但不可否认的一点是,即便是今天的案审,亦夹杂着法官据证据来架构案情这一环节。建立在小心求证基础上的"大胆假设",是断案必不可少的一个环节,其对司法官吏的理讼素质要求同样很高。以徐士林为例,为了断案,他常常置身案件局内外,不断改变角色,推理案情发展。

1.置身案件局内推测

把自己置身案件之中,推测当事人的心理。如"林礼告苏送等案",徐士林侦得李翩的骗婚诡计之后,对愿娘的心事有一段推测:

> 盖愿娘许配之时,年已十七,绿窗自喜,终身仰望,得其人矣。既而阿兄访得底里,心窃忧愤,以为变易名姓,殆非良人;老大头颅,难成佳偶;且继姑在堂,前妻已遭毒手,能无惴惴?兼有前妻之女,易生闲言,不愿为后妻,更不愿为继母。反复思之,无一可者,是以宁甘身付波臣,而必不愿与翩偕伉俪。②

事后,徐士林还沾沾自喜道:"闺阁隐情,可揣而得。"③可见,徐士林并不认为自己建立在小心求证基础上重构出的故事有失真之处。

还比如"黄氏告黄讲等案",黄氏与韦理母子虽有理,供词却错漏百出。徐士林通过两造口供的对照及邻里的求证,置身韦理的处境,思考韦理母子自相矛盾供词出现的原因,即"为韦理者盖私心窃计,纵不得妻,或可得财,多其数

---

① 徐忠明:《小事闹大与大事化小:解读一份清代民事调解的法庭记录》,《案例、故事与明清时期的司法文化》,北京:法律出版社,2006年,第29页。
② 陈全伦、毕可娟、吕晓东主编:《徐公谳词》,《林礼告苏送等案》,济南:齐鲁书社,2001年。
③ 陈全伦、毕可娟、吕晓东主编:《徐公谳词》,《林礼告苏送等案》,济南:齐鲁书社,2001年。

以留后步,竟不顾前后之刺谬,当下之互异矣"①。通过换位思考,置身案件局内推测,徐士林认为自己厘清了案情原委,实现了公平断案。

2.置身受害者立场推测

谚云"不平则鸣",一旦碰上拖延至三四年才忽而上控的案例,徐士林常常将自己置身于受害者立场,思考"何不控于当时,而争于现在",将此类滞后性控案当作捏控的案例十分普遍。

如"龙岩县民陈宾俊告苏梓明等案",陈宾俊捏告陈拔俊霸占房基所有权,徐士林反问,如果房基所有权真为宾俊所有,为什么乾三(拔俊之父)佃地基、赎地基、拿钱盖房,都出自乾三一人之手,而宾俊的父亲却不过问,过了六十年,宾俊才出头控告争执呢?②还比如"林逢春告王抻等案"中,林逢春诬告王抻建房占地,徐士林则反问他,王抻扩房占地是在五月,为何林逢春十一月才上控,林逢春称七月他离家参加省试,徐士林则称:"而八月内试毕回家,何以并无言说?直至十一月王抻节次控县批覆,逢春始行控诉?"质疑林逢春控诉的合理性。③

再比如"海澄县民杨兴告王卫等案",王卫偷窃杨兴家内物品,杨兴捏称同地保、乡长搜出了王卫偷窃赃物,王卫否认偷窃,反诬告杨兴因风水事阻其建屋。徐士林仔细侦查案情反问,如果王卫等真无偷窃,为何三月初八日杨姓阻挠其建屋时,竟不出头控告。且在三月十一日被杨兴控诉为贼之后,亦甘心隐忍。"既不以诬贼拥搜,投知乡保,又不以诬贼垫赃,鸣控官司?直俊程令差拘,隔久半月至三月十六日,乃始出头具诉耶?"④

虽然以控案的时效性来断定人犯是否诬控有一定牵强之处,毕竟中国古代许多民众遇及纠纷,是到忍无可忍的情况下才诉诸法律。但如果结合其他证据,将自己置身受害者身份思考何不控于当时而争于现在,则可以逐步理清案情不合情理之处。

3.置身案件局外推测

除了将自己置身案件当事人角度之外,徐士林还常利用常人经验推断案

---

① 陈全伦、毕可娟、吕晓东主编:《徐公谳词》,《黄氏告黄讲等案》,济南:齐鲁书社,2001年。
② 陈全伦、毕可娟、吕晓东主编:《徐公谳词》,《龙岩县民陈宾俊告苏梓明等案》,济南:齐鲁书社,2001年。
③ 陈全伦、毕可娟、吕晓东主编:《徐公谳词》,《林逢春告王抻等案》,济南:齐鲁书社,2001年。
④ 陈全伦、毕可娟、吕晓东主编:《徐公谳词》,《海澄县民杨兴告王卫等案》,济南:齐鲁书社,2001年。

件的可疑之处。

如"永定县生员谢润堂占蒸税案"中,谢润堂谎称三十桶祭田是祖父拨归他永久占有,有簿册为证。从案件接手的第一刻开始,徐士林即疑其不合情理,曰:

> 但以祭田余存谷石,视族中之有志读书者,酌量帮助,或按其谷数,令收取一二年,以资贫乏,此敦本睦族,鼓励读书之意,情理当然。若因族人入学,竟将祀产拨给,永远管业,情理之所不顺,即为族众之所必争。①

还比如"漳平县民陈振告郭文燕等案",郭文燕持假契指称陈振久佃图占,企图冒占陈振房产。徐士林仔细分析,认为要认清此屋是不是陈租佃的,只需搞清从前郭姓有无收房租即可,毕竟"天下无佃屋不纳租之理,更无佃屋七十余年,业主不收租,反听佃人收租之理"②。"廖绍告刘临等案"亦是如此,廖绍为生活所困,叫妻兄刘临卖去妻子,事后却希望夫妻团圆,所以诬告刘临。徐士林一针见血道,即便廖绍当时不在家,但廖家与刘临家相隔不过十里地,与叶胜(廖绍妻再嫁之夫)之家相隔也不过二十里,假如刘临卖掉妹妹,廖家怎能不听到风声,且几年来都不闻不问,不可能有如此不合常理之事。③

以上概述可见,不管是对照口供,还是甄别证物真伪,还是置身案件内外重构案情,徐士林的理讼智慧彰显无遗。虽然邱澎生、徐忠明等学者的研究指明,官吏常常修饰判牍文字,彰显其政治智慧,但不可否认的是,从徐士林断案过程中,我们确实感受到他能够在纷繁复杂、真假掺和的各方证词、证据中,厘清理讼思路。能够排除万难,厘清案情,就是循吏理讼能力的初步体现。

二、平衡情理,强调律法

循吏的理讼智慧不仅体现在理讼过程中排除万难,厘清案情,还体现在理讼结果能够平允民情,维护地方社会秩序。所以循吏在厘清案情后,往往能很好地平衡情理法,做出有利地方社会治理的判决。

---

① 陈全伦、毕可娟、吕晓东主编:《徐公谳词》,《永定县生员谢润堂占蒸税案》,济南:齐鲁书社,2001年。
② 陈全伦、毕可娟、吕晓东主编:《徐公谳词》,《漳平县民陈振告郭文燕等案》,济南:齐鲁书社,2001年。
③ 陈全伦、毕可娟、吕晓东主编:《徐公谳词》,《廖绍告刘临等案》,济南:齐鲁书社,2001年。

(一)"情理"的空间

《临汀考言》记载了93起案件,王廷抡任职前期依法审判居多,越到后期越倾向"姑宽"或"薄责,以自新"。93起案件中,"姑宽"案件达44起,占总数的47.3%。态度转变的背后充满了理政技巧,因为新官上任,需严厉执法以立威信,防止民众认为官吏软弱可欺。但如果官吏一味治案以严,很容易因此得罪绅民。康熙朝名吏黄六鸿曾以治理地方的两起经历,说明官吏理讼应"亦严亦宽",应"忍性气",毋"任事太真,疾恶太甚",处理地方公事应"使两家之意平"。① 王廷抡的前期严厉执法,后期倾向"姑宽""薄责,以自新",就是希望既可压制恶势力欺官,又可拉拢人心。《巡漳谳词》也呈现了徐士林"亦宽亦严"的理讼思路,32起案件中,"姑宽"案件有11起,占总数的34.4%。对官吏"姑宽"的理由分析,可进一步感受循吏断案"情理"的空间。

第一,人犯得失平衡是官吏评估是否"姑宽"的标准之一。

虽然人犯做错,但若人犯在案中已经历了亲人死亡之事,人犯判处可能就会"姑宽"。如清流县民许清泰借命妄告一案,许清泰抗粮不纳,差役赖标屡次催缴都没有结果。恰逢许清泰儿子许昌任来县,赖标即捉捕许昌任,逼许清泰尽快完粮。许昌任乘赖标不注意,私自逃脱,渡河时溺水身亡。许清泰借命赴府上控,并称其并未欠粮。王廷抡查清案情,称"许清泰借命妄告,本应按律反坐,但念其子溺死",姑宽,薄责,释放。② 还比如前文提及的宁化县张煜故杀再从弟国任一案,张国任身死,张国标替弟张国任控诉过程中,罗列他人,株连控诉,且贿赂作件,诬重情节,突出张煜的蓄谋杀人,借命图赖。面对此案,王

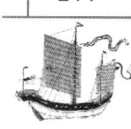

---

① 黄六鸿这两大经历如下:第一个是对包粮劣衿的处罚。劣绅某包粮达二十余年,历任却无人敢过问,"迨鸿至,令里长开报欠户,拘讯之,唯叩头号泣而不敢言,欲责之,乃言恶衿劣状并所以包揽拖欠之故,鸿闻之不胜眦裂发指,立命补牒公举,与诸欠户对簿,彼愤众遽敢撄锋,乃起而批举首之颊。鸿遂大怒,立请教官,褫其衣杖之于庭而通申各宪"。事情虽解决了,但是结果"鸿果获罪地方",治理过程中障碍重重。第二个亦是对劣绅的处罚。劣绅某"平日把持衙门,包揽赋税,无异彼生,其本邑更名地粮花户半归劣手,而勋之更名粮独多",此时,黄六鸿不再像前一个例子中那样,直接将矛头对准劣绅,而是总结了前一个经验,更改策略,之后达到的则是完全不同的效果。黄六鸿得意地对自己新策略及达到效果记载如下,"金劣姓为催头,劣一日登堂,面求更名他姓,鸿不许,劣争辩良久,词色颇不逊,鸿怒填胸臆辄欲掀案挞之因创畴昔彼生之事。屡遏而止,乃好言慰之出,而催头卒不更,是后更名粮,卒如额全完"。不仅如此,黄六鸿还在地方留下了极好的官声。详见[清]黄六鸿:《福惠全书》卷四,《莅任部二》,康熙三十八年(1699年)刊本。

② [清]王廷抡:《临汀考言》卷十二,《审谳》,《清流县民许清泰借命妄告案》,康熙三十九年(1700年)刻本。

廷抡认为张国标虽然贿赂作伪,且株连牵告,"本当究拟",但"念伊弟已死非命,姑从宽宥"。①

或者虽然人犯于案中并未经历亲人死亡,但经济损失明显,审案官吏也会权衡得失,进行姑宽。如宁化县民俞永清诬告赖自生等抢散仓谷一案。康熙三十五年(1696年)四月宁化县民俞永清仓谷被抢,俞永清侄子俞星惠前往仓库查看时,抢匪已经逃亡。俞星惠遂以邻居赖自生抢谷控诉至县,县令并未查清,便枷号赖自生,希望薄责以儆效尤。俞永清认为县令的惩罚已经代表县令也认定赖自生抢谷,便控诉至于府,希望赖姓合族共赔其仓谷。王廷抡查清案情,指责赖自生诬告,"本应按律反坐,姑念被抢有因,从宽责惩逐释"。②

但若人犯犯的是杀人大罪,即便情有可原,也难得到"姑宽"谅解。如上杭县民妇吴氏等谋毒蓝氏误杀赖玉佩父子一案,吴氏探知罗氏久而不孕,恰蓝氏将生,即向罗氏献计装胎,说服蓝氏卖子,其间吴氏向罗氏不断索钱,却不付给蓝氏,蓝氏失子失银,有要抱回孩子之语,罗氏亦有想与蓝氏对质之言,吴氏怕计谋败露,于是想杀蓝氏灭口,遂教罗氏以断肠草毒蓝氏,结果却误杀赖玉佩父子。案中,罗氏的犯案,源于吴氏的挑唆,罗氏亦是案中受害者之一。但王廷抡审断时,却认为罗氏犯罪情似可原,论法实无可恕,于是将罗氏绞死,儿子收归蓝氏收养。③

第二,案情的社会影响是官吏评估是否"姑宽"的标准之一。

案情的社会影响包括对社会风化的影响,官吏希望通过薄责,以儆效尤,改善社会风化。如王廷抡审理的"武平县民舒辛生等借命诈财"一案,舒行九早年卖一田产给周士英,后来因贫,找周士英找价,周士英不遂其意,舒行九回家后服毒自尽。舒行九族弟舒辛生得知此事,唆使舒行九儿子舒福生借命捏词县控周士英。恰值岁暮之时,周士英恐其图赖,托舒奕芳调处,给舒福生五两银子作为埋葬之需。舒福生次日掩埋其父亲,二人息讼。不久,舒辛生欲壑难填,再次以"杀兄埋尸"事上控。王廷抡查清案情后,认为本应重处舒行九,却"姑念山僻无知,责惩枷示,以为刁健之戒"。④ 希望借此惩罚,以儆效尤,改

---

① [清]王廷抡:《临汀考言》卷八,《审谳》,《宁化县张煜故杀再从弟国任》,康熙三十九年(1700年)刻本。

② [清]王廷抡:《临汀考言》卷十一,《审谳》,《宁化县民俞永清诬告赖自生等抢散仓谷》,康熙三十九年(1700年)刻本。

③ [清]王廷抡:《临汀考言》卷八,《审谳》,《上杭县民妇吴氏等谋毒蓝氏误杀赖玉佩父子》,康熙三十九年(1700年)刻本。

④ [清]王廷抡:《临汀考言》卷十二,《审谳》,《武平县民舒辛生等借命诈财》,康熙三十九年(1700年)刻本。

善社会风化。

案情的社会影响还包括社会和睦环境的维护,很多案件最终考虑到邻里和睦、宗族情谊的维系,最终都没有严惩人犯,而是进行"姑宽"薄责。如前文论及的武平县钟律音杀媳图赖钟龙光一案。钟律音强割族人钟龙光的佃户所种之早谷,致佃户无力交租于钟龙光,于是佃户将钟律音上控至县。钟律音因穷,无从筹措钱谷交还,残忍杀媳李氏,图赖钟龙光。王廷抡虽然也觉得钟律音"行同狐鼠,毒胜虎狼,真亡命无赖之徒也",但考虑到,"故杀子孙图赖人者,罪止二等杖徒,而原报宗房必致解审拖累,况律音与龙光原属一本,若必究及田禾尽法重处,则律音中怀恨愈深,将来之报复愈毒",于是薄责枷号,从宽处理,"使其改过自新,以敦伦彝之好","以全族谊"。① 以相似理由姑宽判处的还有王廷抡审理的"武平县生员蓝琳挺撞县官""武平县民谢常卿谢元卿兄弟争产斗殴""武平县民钟明占地背约""上杭县民张涧生倚舅欺甥"等案。

案情的社会影响还包括对人犯未来生活希望的期许,希望在惩罚人犯的同时,不会断其后路,由此带来更多社会问题。如永定县吴振乾奸娶孀妇陈氏一案,康熙三十五年(1696年)陈氏丈夫张思穆去世,陈氏与邻居吴振乾日久生情,令陈玉生等向张思穆胞弟张思雍说合,双方未立婚书,也未交兑财礼,置六礼于不顾,公然同室而居。张思雍两次控县,并赴府控。王廷抡判处结果是,"本应按律离异,姑念奸情审无确情,若必泥法断离,恐陈氏再嫁他人辗转飘零,反似落花无主",所以断令吴振乾出钱三十两作为财礼钱交给思雍,吴振乾去挑濬东河,薄责以示惩罚。② 还比如上杭县民林章甫私立斗头一案,林章甫收租时,欺凌田主,不仅违禁收租,且捏词诬告,但王廷抡最终还是决定姑宽,就是因为林章甫乃"初犯"③,不愿留有案底影响其未来生活。还比如徐士林审理的"永定县生员谢润堂占蒸税案",谢润堂捏造事实,想要占领族人拨出的作为祭祀用的钱粮,徐士林本想革除其功名,但也姑念其"初犯",最后只是按照学规打了五十大板,通知县学,保留其功名,给其改过自新的机会。④

第三,人犯犯案时的客观条件是官吏评估是否"姑宽"的标准之一。

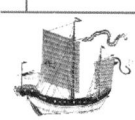

---

① [清]王廷抡:《临汀考言》卷九,《审谳》,《武平县钟律音杀媳图赖钟龙光》,康熙三十九年(1700年)刻本。
② [清]王廷抡:《临汀考言》卷十五,《审谳》,《永定县吴振乾奸娶孀妇陈氏》,康熙三十九年(1700年)刻本。
③ [清]王廷抡:《临汀考言》卷十五,《审谳》,《上杭县民林章甫私立斗头》,康熙三十九年(1700年)刻本。
④ 陈全伦、毕可娟、吕晓东主编:《徐公谳词》,《永定县生员谢润堂占蒸税案》,济南:齐鲁书社,2001年。

人犯犯案的客观条件包括身体健康、年龄、犯案时间、身份等几个方面。

年龄很容易成为官吏决定是否"姑宽"的评判点。如果人犯年纪过大，最终姑宽判处的可能性极大。以宁化县民卢坚稳过失杀张贱一案为例，康熙三十六年（1697年）张贱与卢坚稳一同在五通庙看戏，张贱坐于栏杆之上，卢坚稳坐于栏杆之下，因栏木朽折，张贱自上跌下，碰到卢坚稳，卢坚稳失足踢到张贱腰胯，二人并没有互殴。张贱哥哥张瑞麟看到弟弟受伤，希图诈骗，将张贱送到卢坚稳家，勒其医治。卢坚稳留张贱调养，不料伤势加重，两日后殒命。张瑞麟由此捏词控县，并令祖母周氏出面和卢坚稳之母蔡氏谈议和条件，蔡氏同意给丧葬费，张瑞麟和祖母周氏前往县衙息讼。一个多月后，张瑞麟又以真命案赴府上控。王廷抡审得实情，处罚了相关人员，但论及周氏的处罚时，王廷抡称，"本应按律反坐，追赃"，"姑念周氏老迈龙钟"，且勒索得来的钱财已经花费，若照数追回，"周氏必致累毙，从宽免追"，最终决定姑宽，免追回银钱。①王廷抡因为人犯年老，姑宽判处的还有"永定县民何兆琼诬良为盗""武平县民廖可先诬告人命"等案。相似情况在徐士林的《巡漳谳词》中同样能看到，如"蔡仁告张英等案"，龙溪县民凤娘于雍正元年（1723年）嫁给蔡仁的弟弟蔡才，成婚后，蔡才远去他乡，毫无音信。几年过去了，蔡才母亲陈氏因家贫难以度日，想让儿媳凤娘改嫁。凤娘母亲徐氏择张志雄为女婿，讲明聘礼十二银圆，归还陈氏原先的聘礼，本次当着媒人的面先交二元，剩下十元以后陆续交清。可陈氏的儿子蔡仁不满徐氏想在剩下的十元聘金中扣下两元作为凤娘再嫁的衣服费用，就让陈氏出面吵闹，徐氏与张志雄由此上控至县。案件审理过程中，约正王有智先是袒护蔡仁，后来又作伪证，教唆蔡仁上控，"本应一体究处，姑念老迈，暂宽逐释，仍革去约正，严加管束"②。徐士林审理的案件中，同样因为人犯年老而姑宽的还有"诏安县民李天告叶丑等案""龙岩县监生林联魁告翁希谦等案"。"年老姑宽"往往是念及人犯年龄过大，难以承受杖责等刑法，是审案官吏仁慈的表现。"年幼无知"而姑宽，就体现了审案官吏的社会责任意识，给年轻人改过自新机会。前文提及的王廷抡审理的"武平县民舒辛生等借命诈财"一案，舒福生在舒辛九唆使下，借父命图赖，王廷抡最终却"姑念

---

① ［清］王廷抡：《临汀考言》卷九，《审谳》，《宁化县民卢坚稳过失杀张贱》，康熙三十九年（1700年）刻本。

② 陈全伦、毕可娟、吕晓东主编：《徐公谳词》，《蔡仁告张英等案》，济南：齐鲁书社，2001年。

年幼无知",薄责,免追还银两,希望其改过自新。①

犯案的时间同样是官吏"姑宽"的重要参照点。如果人犯犯案时间恰逢国家赦恩大典,官吏"姑宽"处罚的可能性就极大。王廷抡处理的"清流县民罗时兴诬告抢夺诈赃""永定县生员张文元抗粮"等案均是遇到"赦恩",官吏"姑宽"的典型案例。不仅在国家赦恩大典时,官吏会姑宽,遇到"岁暮""春耕"等地方社会重要时节,官吏决定"姑宽"处罚的可能性也很大。如王廷抡审理的归化县民夏应运等诬告夏彝诈赃一案,因康熙元年(1662年)夏应运父亲夏云茂将四亩田诡寄于夏彝之父夏茂生户内,茂生曾受津贴之费。后来夏云茂抗粮不完,连累夏彝历年赔纳,康熙十六年(1677年),夏彝具呈该县,退还原得之贴费,县令责令夏应运兄弟收割过户,但四亩田中,夏应运只收回两亩,继续连累夏彝代完钱粮。夏彝赔累不堪,继续控县,夏应运自知理亏,立约立即全部收回诡寄田亩。事后,夏应运又突然挟仇,以"恶衿屠诈赃"等事赴府具控。王廷抡审得案情后,虽称夏应运"健讼刁徒",本应按律反坐,"姑念时逢岁暮,量从宽典除"。② 还比如武平县民刘岐生等诬告勒令代完赃银一案,虽然王廷抡也批判刘岐生"均非善类,实皆好争刁讼之棍徒",但实际处罚时,也是称"时值春耕之际",只将其薄惩。③ 还比如武平县民钟明占地背约一案,钟明占地背约,"本应惩创","姑念收货之时,农事方殷,且系逼近墓邻,从宽免究,以全两家和好",最终还是追回银两,薄责钟明而已。④ 上述几个案例记载的均是"岁暮""春耕"等地方社会重要时节,官吏决定"姑宽"处罚,从中可以感受到,相对于严格依法处置,官吏考虑更多的还是地方社会治理的政绩、地方社会秩序的维护。

除此之外,如绅衿身份的保护也让官吏常常"姑宽"。王廷抡处理的"上杭县民张梦仁诬告抢夺诈赃""武平县谢常卿谢元卿兄弟争产斗殴"等案,都是

---

① [清]王廷抡:《临汀考言》卷十二,《审谳》,《武平县民舒辛生等借命诈财》,康熙三十九年(1700年)刻本。
② [清]王廷抡:《临汀考言》卷十三,《审谳》,《归化县民夏应运等诬告夏彝诈赃》,康熙三十九年(1700年)刻本。
③ [清]王廷抡:《临汀考言》卷十三,《审谳》,《武平县民刘岐生等诬告勒令代完赃银》,康熙三十九年(1700年)刻本。
④ [清]王廷抡:《临汀考言》卷十四,《审谳》,《武平县民钟明占地背约》,康熙三十九年(1700年)刻本。

因为人犯"叨列国雍"①、"新列胶庠"②而决定"姑宽"。

从王廷抡与徐士林"姑宽"的判处可发现,"依法审判"虽是官吏理讼的最基本要求,却并不是最准确的做法,甚至有点"纸上谈兵"的味道。因为地方官作为国家法律在地方社会的执行人,其需考虑的除了法律的遵守、法律权威的保障,还有地方社会秩序的维护、地方社会治理与考成之间关系的考量。后者的考量,让其审断案件时往往决定"姑宽",缓和两造之间的关系,给地方和谐的社会秩序的构建与维护增添"和平"因子。

虽然清代福建省循吏常常做出"姑宽"处罚,但并没有一个严格的、确定的"姑宽"标准。除了上文提及的几个主要"姑宽"参照准则外,类似"乡愚"③、"不知情"④、"未得赃"⑤、"悔过的态度"⑥等方面的原因均是官吏决定"姑宽"的参照理由。但从另一个角度来说,恰是因为"姑宽"标准模糊且笼统,给执法官吏断案时的"情理"考虑提供了较为灵活的空间。"姑宽"准则的模糊与"情理"空间的灵活,无疑加大了清代国家法律与地方社会的融合力度,增强了清代法律的灵活性与适用性。

(二)立足地方,广泛参照地方惯习

除了"姑宽"外,《巡漳谳词》与《临汀考言》还记载了大量徐士林与王廷抡据"地方惯习"取证的例子。以徐士林的《巡漳谳词》为例,不管是口供取证、契

---

① [清]王廷抡:《临汀考言》卷十三,《审谳》,《上杭县民张梦仁诬告抢夺诈赃》,康熙三十九年(1700年)刻本。

② [清]王廷抡:《临汀考言》卷十四,《审谳》,《武平县民谢常卿谢元卿兄弟争产斗殴》,康熙三十九年(1700年)刻本。

③ 详见[清]王廷抡:《临汀考言》卷十一,《审谳》,《归化县民张德先挟仇诬禀张居先抢犯伤差》;《临汀考言》卷十二,《审谳》,《武平县民舒辛生等借命诈财》;《临汀考言》卷十三,《审谳》,《上杭县民罗时荣诬告丘玉华一案》;《临汀考言》卷十四,《审谳》,《永定县生员赖照经等擅徒集场私抽地税》,康熙三十九年(1700年)刻本。

④ 详见[清]王廷抡:《临汀考言》卷十二,《审谳》,《永定县民廖友孟等诬告人命》,康熙三十九年(1700年)刻本。

⑤ 详见陈全伦、毕可娟、吕晓东主编:《徐公谳词》,《龙溪县吏员杨光盛告王品等案》,济南:齐鲁书社,2001年。[清]王廷抡:《临汀考言》卷十二,《审谳》,《武平县民李献生诬首人命》;《临汀考言》卷十二,《审谳》,《武平县民陈象坤捏报人命希图诈财》;《临汀考言》卷十三,《审谳》,《上杭县民邓士荣捏造假契诬告饶上锡》,康熙三十九年(1700年)刻本。

⑥ 详见陈全伦、毕可娟、吕晓东主编:《徐公谳词》,《龙岩县监生林联魁告翁希谦等案》,济南:齐鲁书社,2001年。[清]王廷抡:《临汀考言》卷十四,《审谳》,《清流县生员刘上因殴辱驿丞》,康熙三十九年(1700年)刻本。

据甄别还是案情重构,"不合常理"均是徐士林寻找案断的主要侦破点,而"不合常理"的判断思路即有悖地方惯习。如"吴陶若告陈国"案中,吴陶若曾帮助吴氏上控,夺得吴氏丈夫弟弟陈国的房产,吴氏许诺将房屋借其居住作为酬谢。事后,吴氏与吴陶若反目,吴氏假称吴陶若租房欠租,且偷契占屋。吴陶若恼羞成怒,借吴氏寄放在他家的买房契约,制造假卖房契据,称此屋乃吴氏卖给吴陶若。案中,徐士林根据闽地惯习甄别契据,认为如果据吴陶若所言,吴氏在买得陈侯、陈昂两份房后,立即又转卖吴陶若,陈侯与陈昂当亲眼看到这件事,可是既不签字画押,也不索要礼品,"恐闽省无此人情"。① 还比如"永定县生员谢润堂占蒸税案",徐士林思考的方向亦是"将祀产永久拨归一人所有,乃情理之所不顺"②。《巡漳谳词》中频频出现的"凡买卖田产,或先出典于他人,立契成交之时,未能当下取赎,即于买价内扣除典价,议令买主措备取赎。价清,则买主执业;价未清,则仍典主执业,两不相碍。此各处买田之通例也"③,"以漳属向有租地盖屋,卖屋不卖地之土例也"④,"先租后售,民间交易常事"⑤,"弃妻而用手印,此诚乡俗相沿陋习"⑥等言辞,均是徐士林从民间惯习推测案情发展的实例。

即便地方司法实践过程中,民间惯习与中央法有矛盾冲突地方,循吏亦会灵活游离于二者之间,做出"成本最小,收效最大"的审判。如乡间不少民众为了省去纳税支出,往往买了产业却多年不上交契税,一遇争讼,就赶紧上税。久而久之,这一陋习成了乡间惯例。徐士林在处理"龙岩县民林景庵告李允标等案"时,即感叹:"民间愚氓,希图省费,有买产而数年不税契者,更有买产而数十年不税契者,一遇争讼,联翩投税,往往皆然。"⑦这一做法本违背了法律

---

① 陈全伦、毕可娟、吕晓东主编:《徐公谳词》,《吴陶若告陈国等案》,济南:齐鲁书社,2001年。

② 陈全伦、毕可娟、吕晓东主编:《徐公谳词》,《永定县生员谢润堂占蒸税案》,济南:齐鲁书社,2001年。

③ 陈全伦、毕可娟、吕晓东主编:《徐公谳词》,《沈瑞告赵威案》,济南:齐鲁书社,2001年。

④ 陈全伦、毕可娟、吕晓东主编:《徐公谳词》,《南靖县民郭博告许世征等案》,济南:齐鲁书社,2001年。

⑤ 陈全伦、毕可娟、吕晓东主编:《徐公谳词》,《漳平县民陈振告郭文燕等案》,济南:齐鲁书社,2001年。

⑥ 陈全伦、毕可娟、吕晓东主编:《徐公谳词》,《廖绍告刘临等案》,济南:齐鲁书社,2001年。

⑦ 陈全伦、毕可娟、吕晓东主编:《徐公谳词》,《龙岩县民林景庵告李允标等案》,济南:齐鲁书社,2001年。

规定,但徐士林在甄别其他证物基础上,仍承认了补税新契的合法性,以免案件迟延不结。

也正因为民间惯习参与审判备受肯定,清廷各层官吏均劝州县官到任后应不断深入民间采风,希望官吏"每听一事,须于堂下稠人广众中择传老成数人,体问风俗,然后折中剖断,自然情法兼到",如此一来,"一日解一事,百日可解百事,不数月诸事了然。不惟理事中肯,亦令下如流水矣"①。

当然,官吏地方司法实践过程中"广泛参考乡间惯习"并不等于对乡间惯习的全盘接受。徐士林审断过程中,往往会虑及乡间约字的不甚规范特点,广搜其他证物来佐证。如"诏安县民李天告叶丑等案",李天为占据叶丑房产,伪造契据称叶丑之房是其祖业,有权赎回。案经两任县令,断案结果完全不同。李天称房屋乃他祖上产业,他祖父抵押给了陈和姐,后来陈和姐又将房屋中一部分抵押给了叶丑父亲,立有契据,曰"所有转典叶屋听其日后自向叶家赎取"。徐士林反复思考,认为此屋既是陈和姐祖业,为何又带李姓的地税银四钱,而且还逐年收取?称"本道每见南人房屋,若系卖绝,则契开随带地基,或几亩,或几分;而典屋则有收税土例。间尝询访其故,或云典价轻而许赎,故契内不开随带地基,而每年收税"。但因"各省风土不同,此说自难概论",亦无法判定房产归属。叶丑的控词亦是如此,叶丑既然称此房为李姓祖业,李姓抵屋给陈姓,陈姓又转抵叶姓,李姓要回赎房产的契据,应有叶姓的签名才可,而李天所持之契并无叶丑父亲签名。这一控诉应当说扼要有力,徐士林却又叹道"恐乡间约字,未必如此周到",只好继续搜集证据裁断。②

可见,地方惯习虽然能给地方官的断案取证提供不少线索,但民间惯习与中央法之间始终存在差距。如清例规定:

> 凡民人告争坟山,近年者以印契为凭,如系远年之业,须将山地字号、亩数及库贮鳞册,并完粮印串逐一丈勘查对,果相符合,即断令营业。若查勘不符,又无完粮印串,其所执远年旧契及碑谱等项,均不得执为凭据。即将滥控侵占之人,按例治罪。③

但乡间却强调欠债应该有据,争产应该抱契,重视契据、碑谱在山场、坟地纠纷裁断中的作用。一旦中央法与民间惯习出现矛盾时,循吏又会如何坚守?

---

① [清]汪辉祖:《学治臆说》卷上,《初任须体问风俗》,同治十年(1871年)慎间堂刻汪龙庄先生遗书本。
② 陈全伦、毕可娟、吕晓东主编:《徐公谳词》,《诏安县民李天告叶丑等案》,济南:齐鲁书社,2001年。
③ [清]薛允升:《读例存疑》,《户律》,北京:中国人民公安大学出版社,1994年。

（三）变通执法仍需律例依据

清代福建省循吏的"姑宽"与"参照地方惯习，灵活执法"确实增强了清代法律与地方社会的适应度，但一旦二者与清律规定发生严重冲突时，"中央法"就成了地方官吏断案最主要的依据。

如王廷抡断案虽然重用"姑宽"，但一旦面对抗官案与犯尊长案件，"亦严亦宽"与"姑宽"的审断处置即不适用，"依法审判"又成了他的最常用选择。如王廷抡处理的归化县民赖文兹等鼓众围衙挟官发谷一案，赖文兹反对官府发粜不足，勾结十三人，于城隍庙聚众滋事蜂拥县衙，不容县官出署，禁绝薪水米菜，逼令县令再卖三千石，结果县令比照刁民挟制官吏律判处赖文兹。① 还比如武平县民修德生殴杀小功兄凤生一案，修德生与凤生争房纠纷，互相争闹，修德生失手杀人。虽然德生并非有意故杀，又无俟钩索而明者，该县仍依照斗殴卑幼殴杀小功尊长律，将德生斩抵。②

徐士林也是如此，虽然他断案过程中总以民间惯习作为取证、审判的标准，甚至批判恪守律文的地方官是"拘文牵义，实为不知律"③，但他也不断强调"律例"的重要性。如前文列举的"诏安县民李天告叶丑"一案，两造既通过当地惯习选择了自己的证据，又通过正规法指责对方证据的不足。地方官也综合了地方惯习思考两造提供的证据，但当两造证据不能令彼此信服时，地方官也只能通过最正规的审案路径做出案情的审判。也就是说，一旦"多元"的证据没法打动官吏，法律即成了两造及地方官考虑的最主要标准。所以说，地方循吏在变通律例、灵活执法的同时，对中央法的坚守同样没有被丢弃。

所以表面上看，中央法与地方惯习有诸多矛盾之处，但在实际运行中，不管是清廷还是地方官均致力于二者的合作与协调。

首先，清廷从维护法律统一性的角度冠以部分民间惯习正统化。

清代以来，国家法律臻于完善的一个明显特征就是"律""例"不断增多。"例"的产生是为了"辅法而植事"，如民事审判过程中，为了更好地解决纠纷裁断，清廷不断地将成案"例"化，所以清代以来，"例""说贴""通行"之类具有一

---

① ［清］王廷抡：《临汀考言》卷十，《审谳》，《归化县民赖文兹等鼓众围衙挟官发谷》，康熙三十九年（1700年）刻本。
② ［清］王廷抡：《临汀考言》卷八，《审谳》，《武平县民修德生殴杀小功兄凤生》，康熙三十九年（1700年）刻本。
③ 陈全伦、毕可娟、吕晓东主编：《徐公谳词》，《林礼告苏送等案》，济南：齐鲁书社，2001年。

定法律效力的条文日益增多。清廷希望通过成案的例化,冠以一部分民间惯习予正统性,从而维护法律的统一性。结果清廷对"契约"及其他乡间约字的承认,实际上即是默许了地方自我运行中滋生出的规则。清廷对无契占产的闹事者的惩罚,更让地方自我运行中滋生出的规则有了一定意义上的法律效应。徐忠明的研究就指出:

> 民间契约倒像是帝国法律的一个底盘,一种语境,而帝国法律则是对这种契约安排的维护。换句话说,一旦有人违反契约,并且被控告到衙门,将会受到帝国法律的惩罚;正是通过惩罚,契约关系才能得到重新确认和维护。这里,我们可以发现,尽管传统中国的国家权力具有"吞噬"社会权力的特征,但是,社会权力与国家权力之间仍有必要的分工。①

通过吸纳合理的民间自治经验,并将民间合理做法冠予正统化,清廷实现了与地方社会的良性互动。

其次,地方官灵活游离于中央法与民间惯习方为"治狱有方"。

在现代法律解释学上,"任何法律适用于具体的对象,都经历了一个解释的过程"②,因为"法律文本的本意往往不能,甚至不可能以纯粹客观的面貌由文本的解读者加以把握和准确地复原"③。地方官就是民事审判过程中法律的解释者,能否灵活游离于中央法与民间惯习之中,直接关系基层司法实践的好坏。前文列举的徐士林与王廷抡的治狱经验,都直观地说明了这点。所以,地方官灵活游离于中央法与民间惯习,并非展现了"清代国家意图改良社会风俗尝试之'失败'"④,恰是地方官"治狱有方"的侧面体现。

也就是说,清代的地方司法实践,并非仅仅单凭中央法或地方惯习,二者在整个司法实践中往往灵活交杂在一起。前人的研究对地方惯习在民事审判

---

① 徐忠明:《诉讼与伸冤:明清时期的民间法律意识》,《案例、故事与明清时期的司法文化》,北京:法律出版社,2006年,第251页。
② 王志强:《论清代的地方法规:以清代省例为中心》,《中国学术》2001年第3期。
③ 朱苏力:《解释的难题:对几种法律文本解释方法的追问》,梁治平编:《法律解释问题》,北京:法律出版社,1998年。
④ 因为民间惯习的地方性,依民间惯习审判被一些学者认为乃"清代国家意图改良社会风俗尝试之'失败'"。如苏成捷通过清代卖妻现象的专门研究,指出清代审判官处理卖妻案件时的普通方法,与其说是固守法律,倒不如说是根据个别案件的具体情况,来寻求情与法之间的平衡,尽管其中"法"的作用可能还较"情"更为重要,由此认为"清代审判官这种因事制宜的方法,反映了清代国家意图改良社会风俗尝试之'失败'"。详见苏成捷:《清代县衙的卖妻案件审判:以272件巴县、南部与宝坻县案子为例证》,邱澎生、陈熙远编:《明清法律运作中的权力与文化》,台北:联经出版公司,2009年。

中的重要性亦多有揭示,但多集中于思考地方官是靠"情理法"中的哪一项做出定罪的判断,其结论自然见仁见智。在此,我们认为,地方司法实践过程中,中央法与民间惯习虽然表里不如一,却往往殊途同归。

第四节　小结:从循吏灵活执法反思清代法律的生命力

对清代福建省循吏地方司法实践过程的考察,明显展示了循吏的诉讼意识与法律态度。他们往往主动熟悉中央律法,强调"多看律例,成案尤宜多看"①。在此基础上,深入地方,了解民间习俗与地方惯习。主张融合中央法与地方惯习,实现灵活执法,致力于更好地维护地方社会秩序。且在这批地方循吏眼中,"法律"不再是刻板的条文规定,而是其地方社会治理、维护社会秩序的有效手段。其诉讼意识与法律态度,直接关系到基层社会治理。因为具体法律实践中,虽然官绅民关系紧张,但他们的对立关系并非绝对,官绅民都在不断调整自己的法律角色与人际关系。特别是地方政府,承担着联合国家与地方社会的重要功能。多数地方官吏在法律场域都会充分认识中央法与地方惯习的异同点,通过灵活执法,找到二者的平衡点,最终实现对地方绅民的有效管理。地方绅民的法律活动,既彰显了地方群体的利益要求,也在不同程度上影响着中央法,甚至可能由此形成某类地方惯习,弥补中央法的不足,结果提高了清代法律与地方社会的适应度。在官绅民、在清律与地方惯习的张力与合力博弈中,基层社会不断积累着社会治理经验。

从循吏的灵活执法过程,我们也看到了清代法律的生命力。清代法律并非铁板一块,其不少法律条文其实已经给地方社会的灵活执法提供了一定的解释空间。如清律本来规定严禁卖妻,认为其有伤风化。但若是"因贫卖妻",则可以根据案情"分别治罪"。这一有商量空间的法律条文,到了地方司法实践过程中,自然会有适应地方社会的不同解释出台。如福建省因为"因贫卖妻"十分普遍,若一律严禁此行为,地方官执法难度巨大。所以清代福建省在具体司法实践过程中,就灵活解读了"因贫卖妻,分别治罪"的条文规定,结合地方实际,对此条律文重新解释为"有本夫贫极颠连,两图活命或因父母病故,棺殓无资,甘心舍妻,或因本夫病危,需费莫措,势迫出身者",则应考虑夫家贫不得已卖妻的因素,照不应重律拟杖八十,妇人仍归后夫,如若无虑及此因素,

---

① [清]翁传照:《书生初见》,清光绪刊本。

则应按律问拟。① 并将此条文刊入《福建省例》，让其具备了中央法的解释权威。

具体地方官司法实践过程中，清代法律的生命力也并不体现在官吏对"依法审判"的恪守，而是体现在法律与地方社会的适应程度。有清一代不管是清廷还是地方循吏，往往灵活看待中央法与地方惯习之间的关系，意识到二者之间并不存在根本的冲突，而是可以努力实现殊途同归。所以，清廷并未排斥审判依据的多样性，甚至将一些有悖国家法律，却有利民众生活的规则以"成案"或"省例"方式合法化，赵旭东即称："法律就是习俗中被国家给予制度化的那个部分，同时，这种制度化的法律又会随着时间的延续而转变成为民间习俗的一部分。"②岸本美绪的研究也称：

> 我们必须认识到，清朝国家本身并不忽视地方多样性。清朝政府对地方多样性的尊重，与其说是认可了可与国家法抗衡的地区性"民间法""习惯法"的存在，不如说是体现了国家为使其普遍性的法律更加机动灵活、润物无声地渗透于全国各个角落而做的不断努力。③

当然，这种清廷睁只眼闭只眼的态度，可能并不是为了承认地方固有的法律，"而在于尽量寻求实质上的普遍性和公平性"④，但却造就了法律灵活性的特点。地方官吏也会努力糅合中央法与地方惯习，在不违背中央法权威的基础上，实现地方社会秩序的有效维护。

---

① 台湾银行经济研究室编辑：《福建省例》卷二十七，《刑政例上》，《因贫卖妻，分别治罪，别有他故，依律问拟》，南投：台湾省文献委员会，1997年。

② 赵旭东：《权力与公正：乡土社会的纠纷解决与权威多元》，天津：天津古籍出版社，2003年，第315页。

③ 岸本美绪：《冒捐冒考诉讼与清代地方社会》，邱澎生、陈熙远编：《明清法律运作中的权力与文化》，台北：联经出版公司，2009年，第164页。

④ 岸本美绪：《冒捐冒考诉讼与清代地方社会》，邱澎生、陈熙远编：《明清法律运作中的权力与文化》，台北：联经出版公司，2009年，第166页。

第五章

从档案文献反思清代法律表达与实践的矛盾统一

——以清代福建省讼争相关档案为中心的考察

档案,一般被认为是实践,是法律条文在地方运作的具体描述。黄宗智等学者利用巴县、宝坻县、淡新档案,分析清代法律运作的表达与实践的背离。本书更倾向将其当作另一种表达,认为其虽非地方官扭曲与杜撰的案审记录,却是一种文字修辞的结果。本章借用中国第一历史档案馆收录的部分清代福建省档案材料,概括民众的控诉模式与官吏的理讼表达模式,分析造成此类记述特点的主要原因,认为清代福建省官绅民的法律形象都存在法律表达与实践的背离,但又统一于地方社会秩序的维护与地方社会治理。这种矛盾统一的关系折射了清代官绅民始终在不断调整自己的法律角色与人际关系,展现了清代地方社会的自我调整、修复能力。

第一节 档案文献研究区域司法实践的资料意义

司法档案,是法律条文在地方运作的过程与结果的记述,其虽非地方官扭曲与杜撰的案审记录,却也是一种文字修辞的结果。深受美国学者戴维斯(Natalie Davis)的《档案的虚构》研究结论的启发,越来越多学者开始思考档案"人为制造"的问题,并思考档案"人为制造"背后的法律、社会、制度等方面的影响因素,另辟蹊径切入区域司法实践研究,唐泽靖彦、赵晓力、李典蓉、毛立平、邱澎生等在此方面都做出杰出的思考。①

本章使用的司法档案多来自中国第一历史档案馆,其虽与判牍资料类似,均是地方官吏审案记录,但本章所涉案件多上达到清廷,地方官吏案审记录的侧重点与判牍资料不同。判牍资料侧重于描述官吏能够立足地方,灵活执法,姑宽理讼,架构充满理讼智慧的循吏形象。而司法档案一方面留下了详细的叙供,概括民众的控诉模式,可作为理解民众诉讼意识与法律态度的重要参考资料;另一方面,司法档案又乐于塑造依法审判的官吏形象,可倚此反思地方司法实践过程中,"官方的表达和法律制度的实际运作"如何实现"既矛盾又统一"②,并由此思考地方司法实践过程中出现的法律与社会问题。

第二节　民众"愚而讼"与"健讼"的矛盾统一

不管是地方志、官箴书、治闽政书,还是《福建省例》,都喜欢感叹"民愚而讼"。如官箴书称"小民犯法由于不知律例,而不知律例由于未经见闻"③,风俗录称"(民)非敢于犯法,不知有法也"④,《福建省例》称"深山穷谷,愚民平日深居简出,既不素习礼义,又不知晓法律……动辄聚众持械互相斗杀"⑤,地方志感叹僻地小民,不知法度⑥,等等。但档案文献中的"健讼"民众并非愚昧而讼,他们的供词、诉讼对象选择都充满了技巧。

---

① 详见[日]唐泽靖彦著,牛杰译:《清代的诉状及其制作者》,《北大法律评论》2009年第10卷第1辑;[日]唐泽靖彦:《从口供到成文记录:以清代案件为例》,黄宗智、尤陈俊主编:《从诉讼档案出发:中国的法律、社会与文化》,北京:法律出版社,2009年。赵晓力:《关系、事件、行动策略和法律的叙事》,王铭铭、王斯福主编:《乡土社会的秩序、公正与权威》,北京:中国政法大学出版社,1997年。李典蓉:《被掩盖的声音:从一件疯病京控案探讨清代司法档案的制作》,《北大法律评论》2009年第10卷第1辑。邱澎生:《刑案汇览中的法律推理》,《当法律遇上经济:明清中国的商业法律》,台北:五南图书出版公司,2008年。

② [美]黄宗智:《清代的法律、社会与文化:民法的表达与实践》,重版代序,上海:上海书店出版社,2007年,第9页。

③ [清]何耿绳:《学治一得编》,《管见偶存》,道光二十一年(1841年)眉寿堂刊本。

④ [清]陈盛韶:《问俗录》卷四,《诏安县》,道光十三年(1833年)刊本。

⑤ 台湾银行经济研究室编辑:《福建省例》卷二十七,《刑政例上》,《劝诫械斗》,南投:台湾省文献委员会,1997年。

⑥ 王守仁:《添设平和县治疏》,[清]黄许桂主修:《(道光)平和县志》卷六,《艺文志》,厦门:厦门大学出版社,2008年。

一、突出弱者形象的"供词"技巧

本书第四章通过徐士林断案记录的分析,说明了口供对地方官断案的重要性,其不仅是案断最后定罪的凭证,亦是地方官经理案件、获悉案情、广泛取证的开始,所以叙供的写作尤其重视口供。吴佩林的研究指出,"一般而言,叙供与两造呈词的基本事实大体相当,但也有不少大相径庭的案卷存在"①。不管叙供是否真实呈现人犯与证人的口供,它都是我们了解案情的重要依托材料之一。就目前查阅的"刑科题本"(清代福建省)与《晚清福建刑案汇览》所获得的案件记录而言,突出"弱者形象"是民众口供的重要特征之一。

如强调案件缘于"因贫犯法"。大清律例规定,命案不准民间私和,命案私和,应处以重罚,但清代福建省却常常看到命案私和案例。一旦命案私和被揭发,"因贫犯法"就成了人犯口供的常见话语。如乾隆二十一年(1756年)诸罗县民张春等因补车分水不允,起衅伤毙韩送一案,案后张春惧怕,邀乡保与胞兄去劝韩寿私和,韩寿果真受银私和。案件被揭发后,韩寿只好以贫困为辩驳点,称:"小的想起贫穷,嫂子柯氏无可度活,所以应允。"②还比如乾隆三十年(1765年)闽县民高士桂因索欠起衅伤毙林一姜一案,林一姜妻子受银私和被揭发后,亦称:"小妇人要来告官究,是林孝义……劝说丈夫已死了,告官无益,如今高士桂情愿把丈夫欠的会钱三千陆百文免还,又肯出钱二十千文给小妇人收殓丈夫尸骸,余钱听小妇人留存吃用的话,小妇人因家里穷苦,就许允了。"③"因贫犯法",贫而接受私和才匿报命案,这类口供让民众的犯法多了一丝人生无奈,民众可以借此唤起官吏的同情,减少被罚的可能性。

还比如强调案件缘于"顿起杀机"的意外伤人。"顿起杀机"的意外伤人,突出了小民"意气用事"的性格弱点,可避免被控蓄意杀人或性情残忍,减少被重罚的可能性。如《晚清福建刑案汇览》记载的闽县民刘旺旺等各自赶殴致毙潘纪辉等五命一案,刘旺旺等有洲地一块,报垦升科,领有执照,后来因为陆续坍塌,未去报豁,虚赔粮额。道光六至七年(1826—1827年),刘姓新垦沙洲例

---

① 吴佩林:《清代中后期州县衙门"叙供"的文书制作:以〈南部档案〉为中心》,《历史研究》2017年第5期。
② [清]钟音:《题为审明诸罗县民张春等因补车分水不允起衅伤毙韩送私和收埋案,依律分别定拟请旨事》,乾隆二十一年五月二十二日,档号:02-01-07-05386-002。
③ [清]定长:《题为审理闽县民高士桂因索欠起衅伤毙林一姜私和匿报案,依律拟绞监候请旨事》,乾隆三十年七月三十日,档号:02-01-07-06065-005。

应拨补,故刘姓将新老洲一并开垦,种草卫田,潘姓因田在附近,生图占之心,拔草搬回,恰刘姓持铁锹等农具赶往田地工作,见此场景,喊捕,互殴,结果伤及五命,整案"并非预谋纠斗"。① 即便案件源于两造有前嫌而"故杀",人犯口供也要突出酿成命案乃一时气愤,是情急之下的无奈选择。如晚清将乐县民谢倡有故杀张德茂身死一案,谢倡有常向张德茂借钱米,开始有借有还,后来因借钱未还,复来借米,德茂不肯。时恰米价昂贵,县令不许乡米运出乡,而茂却卖米于邻乡,倡有得知,纠人前往拦阻,茂斥其不还钱,拟送官追欠,倡有情急,顿起杀机。且看倡有的口供描述:

> 德茂扭住小的要送官追欠,小的挣不脱身,一时气忿,起意把他杀死,就拔取身旁小刀,用力戳伤张德茂左腿……委因欠钱被扭送挣扎不脱,一时气忿,起意杀死,实非预谋杀害也。②

刑科题本亦普遍存在"贫而犯法""顿起杀机""意外伤人"的记录,且案件记述模式同样是两造"素无前嫌",因为某事起冲突,因邻人、地保或县官初断后暂时平息争端,却"心怀不甘";某天两造偶遇,触起前嫌,开始口角,进而互殴,一时失手,酿成命案。面对此类口供,尸亲通常极力反驳,认为"偶遇"只是凶犯的借口。如道光四年(1824年)清流县民谢廷瑑京控堂叔谢洪传纠同谢洪贤等谋杀伊胞弟一案,谢廷瑑与谢洪贤素无前嫌,后因经济问题双方起纠纷,县断未平。后来两造因为葬地又起纠纷,仇怨不浅。嘉庆二十五年(1820年)四月初三日,谢廷瑑兄弟三人起身往江西打锡,适遇谢洪贤带尖刀欲赴山砍树,仇人相遇,"触起讼嫌,即行斥骂",谢廷瑑顶撞,双方口角,继而互殴,双方亲友赶来帮护,最终谢廷瑑胞弟谢廷瑗被尖刀刺杀,身亡。面对谢洪贤的"偶遇"口供,尸亲认为谢洪贤并非带尖刀前往砍树,"谢廷瑑以伊弟兄早出打锡,谢洪贤何由预知,适行带刀撞遇,因见同居之谢江氏、谢霍盖母子平日常至谢洪贤家,疑被通信"③。

二、频繁的控诉官差

清代"刑科题本"(福建省)记载了一类数量不菲的民诉官案件,其中有民

---

① [清]佚名编:《晚清福建刑案汇览》,《闽县民刘旺旺等各自赶殴致毙潘纪辉等五命》,抄本。
② [清]佚名编:《晚清福建刑案汇览》,《将乐县民谢倡有故杀张德茂身死一案》,抄本。
③ [清]孙尔准:《奏为审明清流县民谢廷瑑京控堂叔谢洪传纠同谢洪贤等谋杀伊胞弟等情案,按律定拟事》,道光四年四月十三日,档号:04-01-01-0666-015。

众被迫上控,也有主动上控,甚至诬告上控,均呈现了闽民活跃的法律形象。

(一)控诉官吏受贿纵犯

官吏受贿纵犯是民众越诉的常见理由,如果县衙捕获人犯,却迟迟不肯审理,民众通常以"官吏受贿纵犯"越诉。如道光七年(1827年)诏安县民廖康京控廖宽杀人时,廖康称"凶犯已获,该县不为提解详检"①,只好京控。还比如嘉庆十六年(1811年)民妇刘沈氏呈控袁正幅有妻更娶,转卖长汀县一案,刘沈氏同样称京控是源于"历控福建省各上司,尚未提审",怀疑府县官吏有受贿情事②等。具体而言,这类控诉主要有以下三种情形。

首先,官胥不法纵犯。

如嘉庆二十二年(1817年),宁化县民妇徐李氏京控县令、差役不法,称徐荣悬扎死徐超宗后,徐李氏控县,徐荣悬被传讯,后来"有贡生刘跃川串通县书蒙混,将徐荣悬释放"。徐李氏为此再控县,县不究,所以徐李氏才以"控县不为拟"赴京控。③还比如道光十四年(1834年),瓯宁县贡生王肇修因为知县隐匿县役、巡检非法勒索番银,不报上宪,怒而京控④,等等。

其次,民众"疑而上控"。

如嘉庆二十一年(1816年)安溪县民李润控诉刘路杀父时,哭诉道,案悬八载,历控督抚衙门未经审结,于是"心疑官役贿纵",即以"官吏相贿,纵舞弊等情"京控。⑤还比如道光五年(1825年)永春州民人林梧京控其弟被林暖、林榜等围杀毙命一案,林暖逃而未获,林昆被保释,且林昆之父、林榜之妻俱经到案验伤,该州并不押令跟交凶犯,于是林梧"疑林暖家串差纵犯",即以"贿通门丁熊三等改供"为由京控。⑥还比如道光元年(1821年)漳州府龙溪县监生李

---

① [清]孙尔准:《奏为审明诏安县廖康遭抱告京控互殴各毙一命案,按律定拟事》,道光七年,档号:04-01-08-0040-014。
② [清]张师诚:《奏为遵旨审明民妇刘沈氏呈控袁正幅有妻更娶转卖长汀县受贿和等情一案,按律定拟事》,嘉庆十六年十一月二十四日,档号:04-01-01-0531-008。
③ [清]王绍兰:《奏为审明宁化县民妇徐李氏遣报告徐宗煖京控徐荣悬扎死徐超宗该县不为拟抵案,按律定拟事》,嘉庆二十二年五月二十八日,档号:04-01-01-0573-037。
④ [清]魏元烺:《奏为特参建安县知县武耀曾于县属房村巡检庄廷桂被控诈赃不即揭报,请分别革审撤任事》,道光十四年十月二十八日,档号:04-01-01-0759-001。
⑤ [清]王绍兰:《奏为遵旨严审安溪县民人李润呈控刘路等铳伤伊父李昆毙命官吏贿纵舞弊案,按律定拟事》,嘉庆二十一年正月三十日,档号:04-01-01-0565-018。
⑥ [清]孙尔准:《奏为遵旨审明永春州民人林梧京控伊弟林暖等围杀毙命等情一案,分别定拟事》,道光五年四月二十八日,档号:04-01-01-0676-022。

盘铭遣抱告京控李都等戳伤伊胞弟毙命一案,李盘铭见人犯日久未获,"心疑差役贿纵,又见李邑、李都先后释放,疑系道府丁役得贿纵凶,随捏造李城等用番银三千五百元,布赂道府县丁役包纵等情",遣抱告京控。① 道光元年(1821年)安溪县民李浩京控李箴等铳伤其兄毙命一案,李浩亦疑凶犯日久未获,遂心疑差役受贿包纵。② 道光十三年(1833年)南安县民梁起京控王疵等掳禁勒赎铳毙伊父时,亦称县差受贿庇纵③,等等。

最后,民众捏告官差不法。

如同治六年(1867年),瓯宁县人李淙沛怀疑李芒杰在伊山偷窃竹笋,二人互骂,李芒杰妻父张华灼前来调解,与李淙沛互殴,伤毙李淙沛。张华灼儿子为替父洗脱罪名,连连诬控,称"县差江陇等四次攻抢吊拷,勒索,被诈制钱二百余千",又捏称"县胥徐组海串通内丁诈赃未遂""该县左祖诈赃、刑虐"④等。

(二)控诉官吏制造冤案

官吏错判是案审中常有之事,如果官吏不惜考成,为求真相可能推翻前谳,继续访求案件。但因为"官无毁笔"⑤,许多官吏面对错案,常常默认,甚至制造证据成就冤案,档案中不少民众针对此点做诉词。

首先,控诉官吏制造冤案。

如嘉庆十六年(1811年)建安县粮书饶允明侵用粮银,并蒙蔽知县张绍周,张县令反将无干之陈传明比追,导致陈传明在狱自尽。事后,张县令复听书吏张迁延建议,捏造了饶允明与陈传明伙贩松板被陈传明侵占。⑥ 还比如道光二年(1822年),建阳县知县李从龙见建阳米贩稀少,粮价骤昂,令县中富

---

① [清]颜检:《奏为遵旨审明漳州府龙溪县监生李盘铭遣抱告京控李都等戳伤胞弟毙命等案,按律定拟事》,道光元年四月二十一日,档号:04-01-01-0619-031。

② [清]颜检:《奏为审明安溪县民李浩京控李箴铳伤其兄毙命等情等案,按律定拟事》,道光元年四月二十一日,档号:04-01-01-0619-032。

③ [清]魏元烺:《奏为审明南安县民梁起京控王庇等掳禁勒赎铳毙伊父等情案,拟律定拟事》,道光十二年正月十三日,档号:04-01-01-0748-005。

④ [清]李福泰:《奏为审明张联洲京控张华灼等殴伤李淙沛身死,按律定拟事》,同治六年三月二十八日,档号:04-01-01-0898-015。

⑤ 陈全伦、毕可娟、吕晓东主编:《徐公谳词》,《龙岩民杨明忠告黄文献等案》,济南:齐鲁书社,2001年。

⑥ [清]张师诚:《奏为审明建安县知县张绍周受蒙蔽致死人命,复听从书吏改卷捏详一案,依律定拟事》,嘉庆十六年闰四月二十三日,档号:03-2219-017。

户轮流平粜。连斗盛因第一次出粜时被挑剔米有碎湿,在第二次轮粜时不复出粜,李从龙即以抗粜捕捉连斗盛。后来李从龙因贫民仍恳求补粜,断令连斗盛等自买好米,在乡补粜,令差役将连斗盛取保释回。李从龙之门丁李五因连斗盛不具遵依,恐其保回延宕,嘱令通知伊家人补粜明白,方许释回。其间,连斗盛因胃痛旧病复发延医,调治未齐,病逝。李从龙为掩饰处理不当,即以连才佬(连斗盛之子)谋毒伊父连斗盛身死上报知府。后来又以"旋即访查连斗盛系服县役翁高所买鸦片中毒毙命,并非连才佬谋害"上报知府。抚臣即批"该署县审办人命重案随意颠倒,全难凭信,其原验中毒情形,恐亦未必确实",批责知县重审此案。①

还比如诏安县知县鞠清美纵役酿祸一案,嘉庆四年(1799年)吴井串同胥吏钟禄利用吴江孝尸体图诈同村殷富吴趋。案件被揭发后,钟禄通过门丁怂恿知县鞠清美出票拘拿吴趋、吴禹,吴趋等逃避,钟禄即拘拿吴细胞叔吴厂做人质,勒令吴细等出钱赎回。吴细以伊叔吴厂无辜被押,心怀不甘,五月二十七日掳禁另一差役许镇,与县衙讲条件互换人质。鞠清美得知,大怒,动用兵力亲赴查拿,导致一场纠纷,兵役因此受伤。因"事难掩饰,又恐据实禀报,有干参处,随将吴厂、吴邈释放,捏称县令在擒拿吴就行劫吴艺一案过程中,吴就纠众抗拒等情,并将无干之吴追等十三人一并牵入,张大其词,希图掩饰"②。

在控诉官吏制造冤案过程中,民众还控诉官吏利用时机打击异己。如乾隆十年(1745年),福建巡抚周学健处理武平县闹堂塞署一案。案件源于乾隆九年(1744年)三月十四日,武平县知县严文谟与上杭县知县史图会,审理民妇邓王氏控告刘禄麟致死伊夫邓美生一案。邓王氏为夫求冤,屡控县衙,严文谟不理,邓王氏为此沿街求乞诉冤,"通县民人皆为抱忿"。审案当日,因两官会审,民众"争欲聚观","是日县民扶老挈幼,先后趋集者多至数千,自早至暮环拥不散"。当观审民众看到严文谟审案不公,且"复欲刑夹"时,邓王氏歇家钟大禾等大声喊嚷"严知县审事不公,不该夹讯",邓家之人拾石掷至案前,一时附和者轰然而起,演变成一场聚众闹署事件。若将此案上报,严文谟定被革职治罪,严文谟即开始制造假案掩饰此过。不仅如此,严文谟还抓住此时机打

---

① [清]叶世倬:《奏为遵旨确验连斗盛骨殖并无受毒并审明建阳县知县李从龙颠倒命案实情,按律定拟事》,道光二年六月二十八日,档号:04-01-26-0044-042。

② [清]汪志伊:《奏为审拟诏安县知县鞠清美纵役酿案捏禀狡饰一案事》,嘉庆四年十二月二十四日,档号:03-1478-075。

击异己,将先前因短价沽买仓谷时得罪的王奠洲及邓王氏的代书钟英汉编入故事①,称武生王国藩即王奠洲、监生钟业峻、讼棍钟英汉三人,因讼事邀约多人闹堂塞署,"臣以生监约众抗官,情尤可恶,即经咨革"②。结果审明严文谟乃借生监闹堂塞署以掩饰治案不当,引发众怒之罪。

其次,控诉官吏匿报命案。

如道光十五年(1835年),李日高被盗扳买赃衣,建安县巡检庄廷桂擅受民词,私押李日高于署内,诈番银一百余圆,原告及丁役均供认不讳。知县武耀曾不但未严惩此事,且有心徇庇此案,并不据实揭报。③ 还比如乾隆五十六年(1791年)连江县巽屿墩地保因与在配军犯张文吉口角起衅,殴伤张文吉身死,地保反捏报病毙赴县呈报。县令彭祖瑀不仅不讯究,且委典史何星源前往代验,而仵作陈忠受则受贿捏报,彭祖瑀见尸亲无告发仵作之弊,竟匿不上报此案。④ 很明显,官吏的匿报案件源于想规避处分,避重就轻。为了杜绝此状,清廷不断重申知县责任,痛斥"窃照知县一官身膺民社,遇有人命案件呈报到官,理直亲身诣验,至事关在官人役,尤应详加穷究,以杜弊混",希望督抚严惩此事,"以儆官邪而惩贪墨"⑤,但结果常常防不胜防。上宪对官吏的这种避重就轻上报亦深有感触,如乾隆五十六年(1791年)诏安县民黄汉等械斗伤毙四命,案件上达督抚时,福建巡抚浦霖称:"臣以黄汉等纠众持械凶殴致毙四命,显系两家各有预谋纠斗,其在场助殴之犯亦恐不止此数人,地方官规避处分,不无化大为小,颟顸率报情事。"⑥

(三)控诉官差办案草率

刑科题本中的案件起源多是细故,因为官吏的草率而滋成大案是民众上

---

① [清]周学健:《奏为武平县闹堂塞署一案,檄调新任汀漳龙道严审,按律定拟参革知县严文谟解省收禁事》,乾隆十年三月二十六日,档号:04-01-01-0125-009。
② [清]周学健:《奏为汀州府属武平县聚众闹署一案,檄将汀漳龙道雅尔哈善粮驿道明福会同审拟事》,乾隆十年二月二十六日,档号:04-01-01-0126-028。
③ [清]魏元烺:《奏为遵旨审明建安县巡检庄廷桂被控诈赃,知县武耀曾失察一案,分别定拟事》,档号:04-01-010768-011。
④ [清]浦霖:《奏为特参连江县知县彭祖瑀并典史何星源失察命案讳匿不报,请旨革审事》,乾隆五十六年十月初七日,档号:04-01-26-0011-051。
⑤ [清]魏元烺:《奏为特参建安县知县武耀曾于县属房村巡检庄廷桂被控诈赃不即揭报,请分别革审撤任事》,道光十四年十月二十八日,档号:04-01-01-0759-001。
⑥ [清]浦霖:《奏为审明诏安县民黄汉等械斗伤毙四命案,按例定拟事》,乾隆五十六年四月二十九日,档号:04-01-26-0011-011。

诉的另一特点。官吏的草率办案主要有以下几种类型。

首先,官吏放纵丁役不法。

如乾隆五十六年(1791年)长汀县知县李林下乡验路毙无名男尸时,违例多带丁役下乡,且放纵丁役勒索地保与村中殷富,最后酿成丁役私擒殷富勒索保钱。李林又斥革殷绅,殷绅向臬司衙门具控,酿成京控案。①

其次,官吏滥委佐贰审案。

如嘉庆十八年(1813年),连城县知县忠贵滥委佐贰办案,导致一场两姓坟地纠纷演变为两姓焚杀案。案中黄姓与杨姓坟地相连,并无一定界限,唯界内杨辉一穴最大,各坟均有松杉树木,杨辉坟后荫树被砍十数株,且坟有被砍树压倒痕迹,坟边还堆有一具黄姓棺柩。所以嘉庆十三年(1808年)三月,武生杨平等具控黄文提等拔去杨辉坟茔界石,且砍伐杨辉坟荫树,经前县邓令劝和暂息。但不久邓令病故,两造劝和文书尚未呈缴,杨平见势于本年五月赴府具控,府批县审,新令忠贵照前邓令判处做裁决,两造不服,各怀讼嫌。至嘉庆十四年(1809年)十一月二十九日,黄英三等又砍杨姓坟树四株,杨姓纠集二十七人往擒,将黄桂纯带回,关在祠堂以冀赔处。黄姓亦纠集多人前往杨姓宗祠图抢黄桂纯,殴伤杨姓族人,双方矛盾进一步扩大。杨姓将黄桂纯、黄陈保、黄二姑三人送县请究,并控黄姓打坏祠屋。忠贵委典史勘覆,未讯结此案。嘉庆十五年(1810年)正月十一日,杨姓又与黄姓起冲突,黄姓复砍杨姓坟树,杨平再次控县。忠贵又委巡检沈志权查勘,二十四日黄姓纠集多人往砍杨姓坟树,压坏坟冢。杨姓亦纠集多人前往拦阻,殴死黄姓一人,黄姓将被殴死之黄规汝尸体抬放于杨姓祖祠内,杨姓惧怕杀人伤罪,亦自杀族内一人,图赖黄姓,双方纠纷才引起县衙关注。虽然此案中,忠贵称其委典史与巡检勘验案件,是因为自己"另有查擒会匪之案"②。但府宪还是不断批评案件源于忠贵"滥委佐杂代勘"③,并将忠贵解任质审。

再次,官差滥用刑罚。

不可否认,刑罚有其可取之处,可以借用行政权威加快案审的速度。但也

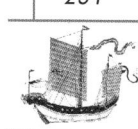

---

① [清]浦霖:《奏为特参前署连江县长汀县县丞李林昏愦失察带丁索诈,请旨革职事》,乾隆五十六年十一月初四日,档号:04-01-01-0440-016。

② [清]张师诚:《奏为遵旨审明连城县杨黄二姓控争坟山,旋成焚杀重案,分别定拟事》,嘉庆十八年八月初五日,档号:04-01-08-0030-007。

③ [清]张师诚:《奏为特参连江县知县忠贵滥委佐杂代勘致酿焚杀重案等情,解任质讯事》,嘉庆十七年八月二十日,档号:03-2469-012;《奏为特参前任连城县知县忠贵滥委佐杂代勘旋成焚杀重案,请解任质审事》,嘉庆十七年八月二十一日,档号:04-01-26-0027-030。

正因为刑罚的这一特性,让许多官吏为谋己利或草率结案,常常滥用刑威,民众对此批判不少。如乾隆四十五年(1780年)七月十六日,福鼎县知县张道昌处理县民张阿满被杀一案①,案报至县时,知县张道昌疑有致死移尸情事,即捕林士立及胞兄林士谦,林氏兄弟初坚供不讳,后迫于刑逼,林士谦"畏刑诬服","随以牛系公共之物,伊不愿售卖,致与张阿满争置,经林士立劝释留□,伊被置不甘,潜用烟刀杀害移尸,其长衫马褂同血污席荐烧毁,钱文花用,布袋系令林阿江丢弃山坡"。此案情架构十分逼真,府讯时,却发现此案情乃"县以刑逼"的结果。②

还比如差役滥用私刑,乾隆五十六年(1791年),顺昌县谢兆青患病请乡邻刘又机前往土地祠祈保,病愈后却未酬神,后来刘又机之子患病,刘潘氏归咎谢兆青,并言语斥责。谢兆青不依,又到刘家理论,彼此争闹,刘又机之子受惊吓,次日病故,刘又机即怀恨上控。差役拘捕谢兆青过程中,勒索差礼银五两,谢兆青不允,差役陈忠即将谢兆青关入空屋,将门反扣,谢兆青情急中于房内自缢殒命。③

控诉官吏受贿纵犯、制造冤案、办案草率是档案论述民众控诉官吏的几种方式。遗憾的是,我们只能通过档案叙述了解民众的控诉语言,而档案叙供又有特定的写作套路,如将人犯与人证口供转化为文字叙供时,供词不可文绉绉,亦不可过于粗俗;供词不可含混不清、言辞过多,亦不可过于言简意赅④,这一写作技巧多少掩盖了民众上控的真实意愿的表达。但从频繁的控诉官差案件中,我们也可以微弱感知民众并非均畏法,不少民众已经积极求法保障自身利益。除此之外,档案文献中的民众诉讼,还有一定的控诉技巧分析。

三、民众控诉技巧分析

(一)"化小为大"与"化大为小"的选择

民众上告过程中,会根据形势要么数案合做一案,要么一案分成数案,分

---

① 张阿满向林士立购买牸牛一只,先交定金,约定交完余款时牵牛,时至张阿满带足现金前往牵牛,却连日未回,后发现已被杀身死。

② [清]富纲:《奏为特参福鼎县知县张道昌草率通详,几成冤狱,请旨革职事》,乾隆四十五年七月十六日,档号:04-01-26-0008-041。

③ [清]浦霖:《奏为特参前书顺昌县事试用知县李撷芳滥差毙命,请革职严审事》,乾隆五十六年十一月十八日,档号:04-01-12-0234-002。

④ [清]王又槐:《办案要略》,《叙供》,光绪十八年(1892年)浙江书局刊本。

别上告。合告或分告的标准即是民众控诉的便利程度,及案件能激起官府重视度的评估。

首先,民众出于"节约""便利"原则,将数案混做一案上诉。如道光三年(1823年)正月戴树京控陈锡与陈丕显等因争水起衅,陈锡党同陈潜陇等将族人戴遂掳杀抢尸,并令族侄戴广掳去族兄戴孙、戴幅,伊胞弟戴杉逃避不及,被尔殴毙。福建巡抚复查此案时,发现案件涉及的三命并非同一案,而是三案。第一案发生于嘉庆二十二年(1817年)八月十六日,只殴毙了戴遂。当时戴夫助与陈淋同在溪边筰水,中午时戴好回家食饭,令戴遂在田看守水车,戴遂与陈潜陇谈到陈淋与戴夫助争水之事,各祖族人,致相争闹,陈潜陇殴毙戴遂。事发之后,陈潜陇畏罪,伙同陈衷,埋尸灭迹。第二案发生于同年九月初,戴杉与陈水争田水,将陈水殴伤,陈水被殴不甘,纠族人进行报复,殴戴杉致命。第三案祸起于同年九月二十五日,戴、陈二姓在田收割稻草,互殴,戴广殒命。之后,戴杉之兄戴树外出归家,查知凶犯无获,尸身又无下落,弟命无偿,欲行京控。戴好、戴建闻知,欲一同前往,后因患病不能同行,央恳戴树代控,戴树念系同族,因一人不能分呈,遂将戴遂、戴杉、戴广三命串作一词,仍载陈氏原控情词,赴京控。①

其次,民众诬轻为重,将数案混做一案上诉。如道光十三年(1833年),南安县民梁起京控王疵等掳禁勒赎、铳毙伊父一命,案件缘起于道光四年(1824年)二月二十二日,王青山携带竹铳同王疵、王铃赴山打兽,王青山见有野猪跑入树林,用竹铳点放,适梁真在山樵采,从树林后走过,因树林深密,两不相见,王青山铳伤梁真毙命。王青山惧罪出钱私和,求免报官,梁家同意。事后梁鸿题向王青山索讨,王青山以私和人命已久,料难翻告,进而赖账。梁鸿题吵闹不休,王青山挟恨在心。是年六月十七日梁鸿题赴府县考试,路过王青山门首,王青山起意掳赎泄愤,邀侄王长庚相帮,将梁鸿题掳禁家内,梁章兼只好备银取赎。事后,梁章兼心怀不甘,起意控告,又因梁真命案私和已久,难以出控,故将上二案捏作一案,称梁真、梁鸿题赴试被王疵、王长庚等掳禁勒赎,梁鸿题当时放回,梁真于七月二十四日逃脱,王疵追捕梁真过程中,铳毙梁真。②

可见,"合告"可以加重案情,可以旧案重告,可以节约上告成本,达到上告者的目的。而适时的"分告"则可洗脱或减轻自己罪名,同样达到控诉对方的

---

① [清]叶世倬:《奏为审明京控命案获犯陈衷等分别定拟事》,道光三年正月十六日,档号:04-01-08-0037-006。

② [清]魏元烺:《奏为审明南安县民梁起京控王庇等掳禁勒赎铳毙伊父等情案,拟律定拟事》,道光十二年正月十三日,档号:04-01-01-0748-005。

目的。

如道光二年(1822年)安溪县民李年京控王算等杀毙伊兄一案,案件源起于李栋等因王算盖屋混称伤碍伊祖坟风水,向索花红银两不遂,纠邀多人连夜持械前往拆屋,李栋用刀砍门进内,喊令众人拥进焚拆,王算等辄于墙内点放竹铳,李栋转身欲跑,复被王艮、王蚊用刀砍伤,倒地身死,王静打伤李槟,王算打伤李洋,各身死。案件上报之后,府、县批"王姓亦非势弱,更难得无纠谋械斗,借词拆屋蒙混讳饰情弊"。所以李年京控时,称"若将三人生死各伤一起报县,恐县疑系械斗,将李姓人押究,不如将李栋、李洋二命先行呈报"。所以,这起两姓纠斗案,成了两起案件,一是李栋、李洋被王姓铳伤、毙命,二是捏称李槟往山挑柴回家,路遇王静持铳打雀,误拼争闹,被王静铳伤殒命,"将三案分作两案通报"。①

还比如嘉庆十六年(1811年)七月,闽县民人李以养于十四年(1809年)八月十二日误砍黄姓山树,被黄昌华吊打,十三日李以养路遇李来冬、李来朝等,邀往践踏黄姓田禾泄愤,致相争殴。李正宝棍殴黄昌华右手腕,李来冬铳伤黄滚滚右脚面,并戳伤黄昌怀左腿等,李以养亦殴伤黄永吉头上,结果黄滚滚、黄昌华先后殒命。黄滚滚身死之时,伊父黄永丰老病卧床,伊母黄施氏即向夫侄黄昌吉商量,黄昌吉以帮护被伤,恐难抵偿,主使该氏隐匿同日受伤情由,捏作黄滚滚挑谷堆米,被李冬来殴伤,于是一案分做两案②上报。

可见,民众面对控诉,可以根据形势将案情虚实结合,据最有利自己的形势进行上控。当然,因为史料的限制,我们无法究清民众的此类"化大为小""化小为大"的诉讼策略是否有讼师的参与,但从档案字面上看,官吏描述下的民众涉讼确实并非"愚而讼"。

(二)"有意"的再犯

民众犯法或出于无心,或出于无知,犯案后为了掩饰罪行,通常又选择进一步的犯法。如嘉庆十五年(1810年)武平县民刘廷兆欲葬母棺于太窝山,林礼文以该处已葬有祖坟,恐碍风水进而阻葬。两姓纠纷产生,控至县衙,县断

---

① [清]叶世倬:《奏为审明部驳安溪县民李年京控王算等杀毙伊兄县役纵凶案,按律定拟事》,道光二年七月二十八日,档号:04-01-01-0633-011。
② 案一是嘉庆十四年(1809年)八月十五日,黄施氏儿子黄滚滚挑谷堆米被李冬来殴伤身死,黄昌怀帮护亦被殴伤;案二是生员黄万果报嘉庆十四年(1809年)八月十三日,伊侄黄昌华赴山采薪,被李来朝、李以养等殴伤身死。详见[清]张师诚:《奏为特参闽县知县言尚煜审案草率,请解任质审事》,嘉庆十六年七月二十日,档号:04-01-26-0025-001。

此处为官山，林姓因葬地已久，听从仍葬，刘廷兆不许新葬。后来林姓人前往扫墓，见刘廷兆母棺仍在，漫骂其不移母棺，有碍走路，刘廷兆怒而伤人，致死林礼文、林胜元、林映元三命。事后，刘廷兆惧罪，起意烧毁母棺，希图抵制，再犯大罪。① 还比如乾隆三十九年（1774 年）同安县民郭迈因为盖屋占地，郭评等出来阻较，郭评儿子郭挑将郭迈儿子郭伦推跌昏倒，经郭迈扶回，没过几日，郭评听到郭迈家啼哭，疑郭迈儿子殒命，惧怕涉罪，即杀死族内患有羊痫风的李成娘，图赖郭迈等杀人在前，因此涉案。②

上述案件看起来似乎有点荒唐，但此类人犯在选择继续犯法时，不乏经过了仔细的思考。如该如何掩饰自己的罪行，如何减轻自身的处罚，如何加大对对方的控诉力度，等等。即便是有意的"再犯"以掩饰罪行，其再次伤害的人选也有经过一定的选择。如上文提及的郭评一案，郭评决议图赖对方时，选择杀害的人也是族内患有羊痫风的李成娘。这种情况其实普遍存在于清代刑科题本，很多图赖案中，无辜被杀的往往是族内患有残疾、年老或有不良嗜好的人，这与人犯的主观选择脱离不开关系。

（三）"抗不到案"规避责罚

不管是朱批奏折还是刑科题本，"人证外逃""抗不到案""案件无法审讯"之类的记录十分普遍。且抗不到案件的主体不仅有告养在籍的官吏③、绅衿④，还有普通百姓。特别是沿海地区，百姓可以借助海疆地理位置，直接逃窜出海，抗不到案，嘉庆十五年（1810 年）福建巡抚张师诚就说："漳泉民人犯

---

① ［清］张师诚：《奏为审明刘廷兆等犯致毙三命复起意烧毁母棺希图抵制案，依律定拟事》，嘉庆十五年七月十一日，档号：04-01-26-0022-034。
② ［清］余文仪：《题为审理同安县民郭评因帮阻筑墙盖屋起衅杀死侄妇李成娘图赖一案，依律拟绞监候请旨事》，乾隆三十九年八月初六日，档号：02-01-07-06967-007。
③ 如嘉庆十五年（1810 年）告养在籍的安徽庐州府知府张祥云侵占民地，致伤人命一案，晋江县知县面对府衙及汀漳龙道的讯问，均以"人证未齐，两造各执一词，未能定案"回答。后来晋江县令重审此案，众人口供均指向了张祥云，张祥云仍可借官职始终不赴审，"直至委员守催紧迫"，张祥云才赴省投到。详见［清］张师诚：《奏为特参告养在籍原任安徽庐州府知府张祥云肇衅酿命，请革职衔事》，嘉庆十五年十月二十八日，档号：04-01-26-0023-034。
④ 如本书第三章分析的《建安周元章控吴秉照案》《崇安胡锡轩呈控衷锡獸卷宗》《府宪崇安县孀妇黄氏具控原署台湾教谕吴镇一案》三个民间诉讼录中，生员抗不到案的现象均有体现。如周元章一案，周元章称吴秉照"恃符抗拘不已"。饶黄氏一案，饶黄氏称李淇恃其家人吴镇乃台湾教谕，屡次抗不到案。胡锡轩一案，胡锡轩称衷锡獸"恃符抗翻，延不到案"等。

案,闻擒紧急,往往窜逃入海。"①本书第二章第二节也从州县财政困难角度思考了闽民逃窜出海,抗不到案,加剧闽讼难理。

犯证普遍抗不到案,人证未齐,众证不一,官吏审讯时,疑犯可"恃无质证,均不承认"②;或者于审讯时,混指在逃未获之疑犯为首犯,导致冤假错案出现。嘉庆十二年(1807年)福建巡抚张师诚就劝府县一定要拘齐人证,以免"人证未齐,无凭质实,定□必须传到,原告证佐质讯确供,庶不致省枉"③。但人证始终未能拘齐的背景下,许多案审无法进行,结果自然积案严重。如嘉庆二十三年(1818年)安溪县知县谭清瑞因人证未齐,未理案件拖延十四年之久,被史致光批评,且以玩延罪名革职质审。④ 嘉庆二十四年(1819年),泉州民人黄戏纠众劫杀父叔三命一案,则因人犯逃亡台湾,案件拖延二十三年不结。⑤ 嘉庆二十年(1815年)林国呈控叶瑞等迫毙祖母张氏,并杀死亲父林冉一案,亦"案悬二十年之久,迄未审结"⑥。道光十一年(1831年)淡水厅民人黄房呈控林在喝令林哲等杀毙其侄一案,亦"叠次呈催至今未获一犯,案悬十七载,沉冤莫伸"⑦等。

人证未齐,案件迟延不结,审案官吏只能请求"展限"。如前文提及的谢廷瑰京控堂叔谢洪传殴毙胞弟一案,因要证谢立一出外未回,谢洪传等远扬未获,府县只好"详明咨部展限"⑧。清廷也对这一展限请求予以理解,称"如实

---

① [清]张师诚:《奏为遵旨派员查拿惠安县械斗命犯庄三等现办情形事》,嘉庆十五年二月十五日,档号:04-01-01-0524-032。
② [清]王绍兰:《奏为遵旨审明林国呈控叶瑞等迫毙祖母张氏并杀死亲父林冉各命,按律定拟事》,嘉庆二十年十月二十九日,档号:04-01-26-0035-046。
③ [清]张师诚:《奏为漳泉二府命盗积案已办各件事》,嘉庆十二年十月初十日,档号:03-2356-019。
④ [清]史致光:《奏为遵旨查明现任安溪县知县谭清瑞延玩命案请革职事》,嘉庆二十三年十一月二十四日,档号:04-01-26-0035-016。
⑤ [清]史致光:《奏为遵旨审明泉州民人黄戏纠众劫杀父叔三命,地方官延案不结案,按律定拟事》,嘉庆二十四年五月二十五日,档号:04-01-01-0589-014。
⑥ [清]王绍兰:《奏为遵旨审明林国呈控叶瑞等迫毙祖母张氏并杀死亲父林冉各命,按律定拟事》,嘉庆二十年十月二十九日,档号:04-01-26-0035-046。
⑦ [清]魏元烺:《奏为遵旨查明淡水厅民人黄房呈控林在喝令林哲等杀毙其侄案审拟获犯及尸亲翻控情形事》,道光十一年九月二十一日,档号:04-01-01-0729-002。
⑧ [清]孙尔准:《奏为审明清流县民谢廷瑰京控堂叔谢洪传纠同谢洪贤等谋杀伊胞弟等情案,按律定拟事》,道光四年四月十三日,档号:04-01-01-0666-015。

因要证未到,未能依限完结,准予展限"①。但一味地展限,导致了案件拖延与积压。嘉庆十一年(1806年)福建巡抚温承惠面对闽省漳泉二府的积案,即称:

> 及收阅民人呈词,竟有命盗案内,人犯禁押十余年或六七年,未经审结者。随详查审案内人命,案内多系原告指名呈控,而现获之犯,或借尸亲挟嫌牵株,坚不承认,或仅认轻伤,称系在逃之人下手致死。抢掠案内现获或称盗非同伙,或认事后分赃,案内各犯有数年前业经提省委审,及该道府□控提讯,因赃证未明,犯证未齐,并有原告亦复躲避未到,不能就犯完谳,仍收各犯交回擒押,饬擒犯证质实究……正犯外逃未获,以致现犯久羁,未结。②

积案不结,给诉讼两造带来了无限讼累,且可能进一步升级讼案。因为许多人为了求得申冤,可能选择越诉或者京控解决问题。如嘉庆二十一年(1816年)安溪县民人李润京控刘路等铳伤伊父李昆毙命一案,"案悬八载,历控督抚衙门未经审结",李润即以"官吏相贿,纵舞弊"京控。③ 还比如道光七年(1827年)诏安县民廖康京控一案,廖康亦称其在督抚衙门控告多次,案悬七载而未决,且案中"凶犯已获,该县不为提解详检",只好京控。④

四、"民愚而讼"与"健讼"的矛盾统一

上述档案中民众诉讼形象与策略的分析,很容易得出闽民"健讼"的结论,与地方志、官箴书中频繁出现的"民愚而讼"观点似有出入。所以表面上看,民众在文献中的诉讼形象(姑且称"表达")与实际的诉讼行为(姑且称"实践")似有矛盾,但实际上二者还是统一于官吏的主观构建。因为不管是"民愚而讼"还是闽民"健讼",均是官吏主观表达的结果。我们因为资料限制,暂时没法准确判定上述福建省民众的积极用法是否有讼师的广泛参与。但值得肯定的是,相对于绝大多数清代福建省百姓而言,上述案件涉及的健讼民众,在数量

---

① [清]王凯泰:《奏为福建省京控咨交未结案件人证远出查未到,请展限审结事》,同治十年六月二十八日,档号:04-01-01-0904-018。

② [清]温承惠:《奏为漳泉府属未结命盗案参劾前任总督事》,嘉庆十一年六月二十九日,档号:03-2285-007。

③ [清]王绍兰:《奏为遵旨严审安溪县民人李润呈控刘路等铳伤伊父李昆毙命,官吏贿纵舞弊案,按律定拟事》,嘉庆二十一年正月三十日,档号:04-01-01-0565-018。

④ [清]孙尔准:《奏为审明诏安县廖康遭抱告京控互殴各毙一命案,按律定拟事》,道光七年,档号:04-01-08-0040-014。

上还是有限的,绝大多数的百姓并未呈现如此积极的用法行为。但在官吏的各类文献中,各级官吏均乐于塑造"既健讼又寡讼"、既"愚而讼",又充满诉讼技巧的"健讼"矛盾形象。因为"健讼"的刻意强调,官吏可以展示自己地方治理有方,即便民众充满诉讼技巧,官吏照样能够厘清案情,做出正确的审判。而"愚而讼"的刻意强调,又可以突出小民意气用事的性格特点,减少地方官因为理讼不善被上宪责罚的可能。乾隆五十六年(1791年),福建巡抚浦霖就批责闽吏的规避处分心思,称闽吏常常"规避处分,不无化大为小,颠顸率报情事"①。于是民众留在案卷中的自然是"又愚又精"的矛盾形象,嘉庆年间担任福建省多地教谕的谢金銮就感叹"闽俗之刁乃败于官口",称:

> 为民父母者,奚忍而致此毒耶,然而官则告于太史及人人,曰百姓诚刁悍,虽孔孟复生,莫能教化也。呜呼,民果顽嚣不可教化耶?吾闻往数十年有史必大者,令晋江,一芥不敢,每食不过蔬菜,以峻法束吏,以诚求察民情,行之二年庭无讼牍,泉人至今思之,是岂易民而理者耶?②

不过如同第一章的研究所称,从部分民众积极利用法律的行为中,我们还是可以感知,到了清代,社会各群体已经意识到"法"的存在、"法"的权威,已经在有意识地利用法律。这种利用不一定是正面利用,可能是出于对法的权威的误解,认为法可以震慑住他人,所以"滥用"。但不管是积极正确的利用,还是滥用,均呈现出百姓对法律权威的认可。只是这种对法的认可与运用很少能给中央与地方官衙自豪感,认为自己"送法下乡"的努力取得成功,反而因此得出民刁、民风变坏的结论,于是各类官方文献往往以"健讼""愚而讼"批判之。所以,本章对档案资料的分析,同样可以得出此结论,清代福建省百姓的法律意识提高了,利用法律的行为也增多了,但其上控并非完全的"愚而讼",也不是纯粹的"健讼",还是围绕生计,为保护自身生存资源的斗争。不管是"健讼"还是"民愚而讼",多是官吏主观意识构建的结果。

第三节 官吏"依法审判"与"灵活执法"的矛盾统一

本书第二章对治闽政书的分析说明了官吏会据实际情况灵活执法,以减

---

① [清]浦霖:《奏为审明诏安县民黄汉等械斗伤毙四命案,按例定拟事》,乾隆五十六年四月二十九日,档号:04-01-26-0011-011。

② [清]谢金銮:《泉漳治法论》,《治南狱事论》,1965年冬据同治七年(1868年)重刊本抄本。

少州县制度缺陷对地方司法实践的负面影响。第四章对判牍资料的分析,亦说明了循吏会立足地方,融合中央法与地方惯习,选择最节约的纠纷处理原则。官吏的灵活执法,有助于地方社会治理与地方社会秩序的维护,同时也源于"依法审判"规定本身存在的制度缺陷。依法审判与灵活执法其实并非简单体现为清代法律运作过程中表达与实践的背离,而是恰好体现了二者的矛盾统一。因为依法审判与灵活执法看似矛盾,但统一于地方官的区域司法实践,统一于实现地方社会治理与官吏考成的双赢。

一、清代律例"细则化",依法审判难度加深

本书第四章第二节通过对判牍记载的案件的整理,以实际案例说明了法律运作"细则化"加大地方司法实践难度,本节将从律文规定角度进一步说明清代律例"细则化"带来的司法难题。

清代律例条文繁多,且规定细密,非潜心研究难以精通,道光朝名吏何士祁称:"至律义精密,例文繁杂,非潜心根究,终难贯通。"[①]但清代地方官并不专门负责刑名案件,还得处理其他地方政务,其用于周悉清代律例的时间与精力十分有限,即便咸同名吏胡林翼也感叹:"法律太繁,则恐精力或有不及,大清律易遵而例难尽悉,刑律易悉,而吏部处分例难尽悉。"[②]所以何士祁劝说地方官吏,如果不能通贯律例,"则名例田宅、婚姻钱债、盗贼人命、斗殴诉讼、诈伪犯奸、杂犯断狱诬告诸条,必宜参究,省志律例不可不读"[③]。但实际运作中,官吏即便熟悉了律文,要将律例付诸实施,同样面临不少问题。因为立法过程中,律例条文对罪行的规定十分细密而琐碎,地方官往往须费很多时间与精力去甄别罪行,才能定以相应罪名。

以命案为例,斗殴、故杀、谋殴、谋杀均可能导致命案,如何从命案中甄别罪行,并定以相应罪名,常常困扰地方官。为了解决这一困境,清代乾隆名幕王又槐将这些概念做了详细区分,并刊刻于官箴书,以指导官吏办案,试见几条论述:

---

① 何士祁:《候补二十一则》,[清]盛康编:《皇朝经世文续编》卷二十五,《吏政八·守令中》,光绪二十三年(1897年)思刊楼刊本。
② 胡林翼:《致左季高书》,[清]盛康编:《皇朝经世文续编》卷十九,《吏政二·吏论下》,光绪二十三年(1897年)思刊楼刊本。
③ 何士祁:《候补二十一则》,[清]盛康编:《皇朝经世文续编》卷二十五,《吏政八·守令中》,光绪二十三年(1897年)思刊楼刊本。

斗殴者,彼此互争而搏击之谓也,必临时有争斗之事,互殴之形,方谓斗殴。若先有争端,业已分散,复图殴打泄忿,则为谋殴。商诸他人同往帮助,则为同谋共殴。或怀积怨深仇,或图财渔色,设计阴谋,致人于死,则为谋杀。同谋下手则为加功。

彼此互殴而不觉其下手过重,邂逅至死,及被死者追迫失措,随手掷殴,并被死者推压,因而扭跌踢伤等类,皆为斗杀。若死者徒手未敌,而凶手即伤其致命处所,立时殒命,抑或连伤数次皆重,又狠殴致命而死,则为故杀。

谋杀者,蓄念于未杀之先。故杀者,起意于临杀之时。谋杀则定计而行,死者猝不及防,势不能敌,或以金刃,或以毒药,或以他物,或驱赴水火,或伺于隐僻处所,即时致死,并无争斗情形,方谓谋杀。若张扬声势,先较论而后下手,虽执有凶器,只是谋殴,不得错认谋杀也。故杀乃因斗殴、谋殴而起,或因忆及夙嫌,或因畏其报复,或虑其控官难制,或恶其无耻滋事,或恐其贻祸受害。在兄弟或利其赀财肥己,在夫妻或恨其妒悍不驯,临时起意,故打重伤、多伤,伤及致死处所而死者是也。①

可见,谋杀、斗杀、斗殴、谋殴、故杀均有不同的犯罪特征,官吏断案必须详细勘察案情细节,才能做出正确判断。但要区分此类罪名,只能分辨人犯的犯罪动机,因为谋杀是"蓄念于未杀之先",故杀是"起意于临杀之时",但人犯犯罪动机的判定倚靠的是人犯的供状及法官的推理,主观色彩很强。且人犯往往也会根据案情发展混改其犯案动机。清人李渔在处理地方"奸情"案件时,就感叹"人犯"犯案动机难以确定,他说:

又无奈强奸之真伪最难辨析,有其初原属和奸,迨事发变羞,因羞成怼,而以强奸告者;有因争宠二好,由爱生妒,由妒致争,而以强奸首者;有亲夫原属卖奸,因奸夫财尽力竭,不能饱其豁壑,又恋恋不舍,拒绝无由,故告强奸以图割绝者;又有报仇雪怨,而苦于理屈词穷,不能保其必胜,故用妻子为诬赖计,令彼无从置辨者。此等诈妄之情,实难枚举。②

不仅如此,即便分清了罪行,如何量罪定刑仍困扰着官吏。以斗殴案审理为例,"用手足殴人而未致外伤者,笞二十。手足殴人而致外伤,或用器物殴人未致外伤者,笞三十。以器物致人外伤者,笞四十"③。所以,官吏审案得仔细

---

① [清]王又槐:《办案要略》,《论命案》,光绪十八年(1892年)浙江书局刊本。
② 李渔:《慎狱刍言》,[清]贺长龄编:《皇朝经世文编》卷九十四,《刑政五·治狱下》,光绪十七年(1891年)上海广百宋齐桥印。
③ 田涛、郑秦点校:《大清律例》,《斗殴》,北京:法律出版社,1999年。

分清何人以何武器致何伤,亦得分清何伤才是致命之伤。这种判定亦主要依据人犯、人证口供,若是案发时场景混乱,或多人械斗,可能连在场的人犯都难以分清是何人发出致命一伤。所以,官吏办案总得花大力气揪出致命一伤。如道光九年(1829年)宁德县民林志老等因越界挖蛏争闹,殴毙方进郎等六命,福建巡抚韩克均花了大量笔墨分析"何处是致命一伤","谁才是致命凶手"。①

所以说,清代法律虽然臻于至善,但是已经出现了"细则化"的倾向。季卫东即称,在法律解释技术落后的情况下,成文法条文却不断走向细密、琐碎的现象。②为了量罪定刑,清代地方官不仅须分清法律条文,且要学会对号入座,一旦案件事实模棱两可,成文法又精细、琐碎,官吏面对繁杂且划一的律例与多变的地方情形,往往陷入不知应依何条律文审判的困境中。为了地方社会治理与考成的双赢,官吏在地方司法实践过程中,只能灵活执法。咸丰名吏方大湜认为,案审只要理清了案情,考究明白应用何例、何律,"再就本地风俗,准情酌理而变通之,庶不与律例十分相背"③即可。甚至有些地方官灵活运用"不应为"律条,将难以归入既定罪名的犯罪行为统一冠以"不应为"之罪,光绪朝刑部尚书薛允升称:"今则刑章日繁,无事不用条例,而犹有贪其简便,引用此律者,其陷人岂不更多乎。"④还比如地方官特别热衷于"比照"手法,认为"拟罪全凭律例,律乃一代之典章,例为因时之断制,故有例须照例行,无例方照律行,例律俱无,则用比照法,凡有比照,须活拟上请,不得径请断决"⑤。徐忠明即将这种行为称为地方法律建设的节省原则,认为不同地方政府之间采取法律移植与彼此借鉴的方法是"为了节省法制建设的成本,或者说本着省俭的原则"⑥。不管"比照"是否出于节省原则,确是"依法审判"难以实施情况下,地方官灵活执法的变通。

灵活执法,可以展现官吏的理讼技能,为何官吏上报叙供至清廷时,又要以程式化的叙供掩盖其灵活执法的实践?其背后有深刻的法律、社会、政治

---

① [清]韩克均:《题为审理宁德县民林志老等因越界挖蛏争闹殴毙方进郎等六命案,依律分别定拟请旨事》,道光九年五月十五日,档号:02-01-07-10865-020。
② 季卫东:《法治秩序的建构》,北京:中国政法大学出版社,1999年,第59页。
③ [清]方大湜:《平平言》卷二,《本案用何律例须考究明白》,光绪十八年(1892年)资州官廨刊本。
④ [清]薛允升:《读律存疑重刊本》,台北:台北成文出版社,1970年,第731页。
⑤ 潘杓灿:《刑名十六字义》,[清]贺长龄:《皇朝经世文编》卷九十一,《刑政二·律例上》,光绪十七年(1891年)上海广百宋斋印。
⑥ 徐忠明:《地方法制研究的视角和方法》,《政法论坛》2010年第1期。

因素。

二、文本"依法审判"与现实"灵活执法"的矛盾统一

灵活执法,有利于地方社会治理与地方社会秩序的维护,但稍有不慎,可能会被清廷或上宪批判。如乾隆二十三年(1758年)正月二十四日,长汀县江观发之妻罗氏被观发殴伤自缢一案,案件源于观发之妻罗氏不肯为之烧水,观发怒殴罗氏,伤甚轻微。罗氏心伤,辄轻生自尽。县判时虑及江观发殴妻在先,将江观发拟以答责。府衙复审此案时,却批责县令"添出律例未有之条",认为"律载夫殴骂妻妾因自尽者勿论","例载夫与妻角口,以致妻自尽无伤痕者毋庸议,殴有重伤者,其夫杖八十",如今江观发殴妻只致轻伤,应毋庸议,故改判江观发无罪。① 但若官吏地方执法过程中,严格执行"依法审判",不顾各省不同风土人情,可能处理不好讼争,结果又影响考成。所以,地方司法实践过程中,官吏往往进行变通,灵活综合法律条文与地方实况执法,但上报文书时,又往往套用模式化的叙供,以"依法审判"应付上司审核。结果留在档案中的自然是程式化明显的文字资料,以"叙供"写作为例。

叙供是"衙门书吏对当事人供称的案件事实予以叙述,它是在口供的基础上完成的,是对案件事实的综合说明,是揭示证据及证据方法的主要途径"②,是后人了解案情的主要凭借。但叙供的写作格式化十分明显。

首先,重视口供的描述。且口供的叙述顺序都有讲究,乾隆名幕王又槐称:

> 叙次先地保,而后邻证,及轻罪人犯,末则最重之犯,乃常格也。然内中有先后深知之要证,经手之要犯,必须于地保邻证之下先行叙出,提纲挈领,然后各犯照供分认,方有眉目,又不可拘泥常格,此即案中前后层次之法也。③

这与我们在刑科题本中看到的叙供叙述模式十分吻合。④

其次,重视案件打斗过程及伤口、验尸报告的描述。档案叙供十分重视案

---

① 台湾银行经济研究室编辑:《福建省例》卷二十八,《刑政例下》,《夫殴妻妾轻伤,因而自尽,照律勿论》,南投:台湾省文献委员会,1997年。
② 汪世荣:《中国古代判词研究》,北京:中国政法大学出版社,1997年,第139页。
③ [清]王又槐:《办案要略》,《叙供》,光绪十八年(1892年)浙江书局刊本。
④ 清代"刑科题本"(福建卷)的司法档案十分固定遵从了"地保——尸亲——见证——案犯"的写作顺序,叙述语言也十分相似。

中人物的打斗过程及仵作的验尸报告,且论述人物打斗过程时,有一个十分明显的冲突记述模式,即两造(有)无前嫌,因为某事发生冲突,何人劝解和息,后来两造偶遇于某处,触起前嫌,互骂,进而互殴,失手伤毙人命。不仅如此,刑科题本还特别重视仵作验尸报告,详述尸伤严重程度、分析何处为致命之伤等,这与前文论述的清代法律"细则化"直接相关。王又槐即称:"大凡上司驳案,多因其案内尸伤情节、口供及情罪较勘,实有可驳之处,方加批饬。"①详述案件打斗过程及伤口、验尸报告,是基层官吏免去驳案麻烦的重要方法之一。

最后,重视援引律例。叙供的末尾通常是援引律例,且突出"依法审判"的特点,这与官方文书写作技巧同样息息相关。王又槐称:

> 作文以题目为主,叙供以律例为主,案一到手,核其情节,何处更重,应引何律何例,犹如讲究,此章书旨重在何句,此一题旨又重在何字也,情重则罪重,情轻则罪轻,若罪轻而情重,罪重而情轻,牵扯案外繁冗,干碍别条律例,无异虚题犯实,典题犯枯,拖泥带水,漏下连上之文也。②

是否引用律例,引用是否恰当,是上司驳案的重要依据,这点在清代刑科题本及判牍等案件记录中均有明显体现。

正是因为地方官有以"依法审判"文字掩盖"灵活执法"现实的需求,现实中才会出现大量指导官吏写作"叙供"的指南书籍。如乾隆名幕王又槐的《办案要略》详细记载了犯供写作方法、叙供写作顺序与方法、口供的称谓、叙供如何增删口供,以使"疑处不落笔";并详述了如何增删案情以对应律例、如何将口头的口供转变为书面供词、案情如何据需要增减及详略等技巧。还有乾隆名幕万维翰的《幕学举要》也总结了各类讼案的写作模式与技巧。③ 比如成书于道光年间、传抄于一线办案幕友之手的《刑幕要略》,也是详细记述了"叙供"写作方法,称"必须将其起衅之处,逐一描摹,逐一逼拶,使该犯实有情不可遏之势,方免驳诘",文字上"不宜太文",也不能太多土语,"设或竟有土语不能删者,必须供内随叙随解,庶阅者了然于目"④。邱澎生的研究就指出,很多法律书籍是教人发现、搜集、看待与处理案情"真相"的,且教授的侧重点不同:

> 《折狱明珠》编者寓"律意"于"讼状"之中,其所架构出来的"案情"与"法条"关系是:预先揣想何种法律条文最能配合案情,从而写成一份足以兼顾"事理、律意、文词"的讼状,进而说服承审官员打赢官司,可谓是"以

---

① [清]王又槐:《办案要略》,《论驳案》,光绪十八年(1892年)浙江书局刊本。
② [清]王又槐:《办案要略》,《叙供》,光绪十八年(1892年)浙江书局刊本。
③ [清]万维翰:《幕学举要》,光绪十八年(1892年)浙江书局刊本。
④ [清]不著撰人:《刑幕要略》,《办案》,光绪十八年(1892年)浙江书局刊本。

案例为主，法条为客"。《刑案汇览》注重"案例"与"法条"间如何协调与贯通，既调整法条解释内容以使涉案当事人的刑责轻重合宜，甚至要主动发现法律漏洞、增修法律条文，可谓是"主、客互用"。《审看拟式》则强调如何将"法条"合宜地摆放在"案例"中，至于两者是否真在内容上通贯协调，便不是编者真正措意的重点，可谓是"以法条为主，案例为客"。①

有清一代，各类指导官胥、幕友如何书写档案文献的指南书籍的大量涌现，也侧面反映了清代各地各级官吏以"依法审判"文字掩盖"灵活执法"现实的现象的普遍存在。咸丰时期刑部官员何桂芳就曾认为这一现象的普遍存在影响了上级官吏了解案情原貌，所以申请办案禁删原文，他说：

> 臣部核覆各省案件，每年不下数千起，而情节相似者，比比皆是。不特参观一省之案，前与后如出一辙，即合校各省之案，彼与此亦多雷同，其所叙供内，只寥寥数语，驳之无隙，实皆移情就案，悉属故套，推原其故，总由州县谙习刑名者少，又自顾考成，任令幕友删减供招，希图化大为小。②

但本改革建议并未真正在地方落实。

虽然以"依法审判"文字掩盖"灵活执法"现实，有碍上宪了解案情原貌。但如此做法，既能让循吏立足地方，发挥人治优势，化解州县制度缺陷、清代法律细则化等带来的司法难题，能以最为便捷、高效的方式治理地方，维护地方社会秩序，实现地方社会治理与考成的双赢。所以，在循吏的地方司法实践中，"依法审判"与"灵活执法"是实现了矛盾的统一。二者的矛盾统一，也体现了清代地方司法实践过程中，法律的表达与实践不一定是背离的，二者是有矛盾，但又最终统一于地方社会治理与地方社会秩序的维护。

第四节 小结：从档案文献反思清代法律表达与实践的矛盾统一

档案中的民众形象与官吏行为分析可见，不管是档案记载的对象，还是档案的记载者，其于现实生活中的法律行为与文献中的法律形象均存在着"实践"与"表达"的差异。档案中的民众法律行为活跃，但档案文献总以"愚而讼"

---

① 邱澎生：《刑案汇览中的法律推理》，《当法律遇上经济：明清中国的商业法律》，台北：五南图书出版公司，2008年，第169~170页。

② 刑部：《申禁办案删改原供疏》，[清]盛康编：《皇朝经世文续编》卷一百二，《刑部五·治狱中》，光绪二十三年（1897年）思刊楼刊本。

或"健讼"笼统概括之。二者之间似有矛盾,但最终统一于官吏的主观意识建构。官吏不管是记载民众"健讼",还是"愚而讼",还是"寡讼",均渗透其对民众行为的主观理解及自身利益的考量。因为"健讼"的刻意强调,官吏可以展示自己地方治理有方,即便民众充满诉讼技巧,官吏照样能够厘清案情,做出正确的审判。而"愚而讼"的刻意强调,又可以突出小民意气用事的性格特点,减少地方官因为理讼不善被上宪责罚的可能。"寡讼"的强调,又最符合清廷对民间社会治理现状的愿景。这些主观因素影响下,档案中的民众在行为上总是健讼,在形象上又是"愚而讼"。

官吏作为档案文献的记载者,其以"依法审判"的文字表述掩盖"灵活执法"的区域司法实践,二者也是看似矛盾,但又最终统一于地方社会治理与地方社会秩序的维护。因为在帝制时代,官吏受清帝架构的官僚体系约束,需坚持以官方话语体系和意识形态架构其法律理解与实践。但在清廷的考核中,清廷对利益的考虑同样十分明显,法律也是清廷维护地方社会秩序的工具。只要地方官在执法过程中,不背离中央法律,其糅合中央法与地方惯习的灵活执法行为,有利于地方社会秩序的维护,也有利于清代法律制度的完善和与时俱进,清廷自然也不会多加干涉。所以,"依法审判"与"灵活执法"看似清代法律表达与实践的背离,但最终还是统一于地方社会秩序的维护与地方社会治理。

所以,虽然清代福建省官绅民的法律形象都存在法律表达与实践的背离,但恰是这种矛盾统一的关系折射了清代官绅民始终在不断调整自己的法律角色与人际关系,展现了清代地方社会的自我调整、修复能力。

结　语

本书意识到文本的生产过程中融入了多种复杂的社会因素，力求以文本为坐标，以法律社会为视角，通过概括不同类型文本的语言与观点特点，推究影响文本制造的法律、社会、制度因素。并根据不同文本关于讼争的不同描述，概括清代福建省民间诉讼的特点，分析清代福建省区域司法实践的影响因素。经过前列各章的实证研究，本书致力于在以下几个方面做集中思考。

第一，清代福建省诉讼环境的考察离不开"文本"与"真实"的考辨。

不管是地方志、治闽政书、闽吏判牍还是清代福建省诉讼档案，"健讼"均是各类文献描述清代福建省诉讼环境的常用字眼，但各类文献的写作特点与成书目的均赋予"健讼"评价诸多主观意识。

如方志作为地方文化知识的基本工具书，以从正面阐述地方历史文化资源为主，较为特别的是清代福建省很多方志描述了当地的"既健讼又寡讼"的矛盾图景，这与清代地方志"厚古薄今""努力向中央美制靠拢""文字相袭""褒贬相见"等编纂特点直接相关。除了"既健讼又寡讼"的矛盾描述外，"健讼"仍是清代福建省多数地方志概述本地诉讼环境的主要话语。透过清代福建省地方志记载的"健讼"的概念解析与类型考察可见，虽然清代福建省绅民诉讼频率与规模均较前代增长，但"为生计而讼"的特点十分明显。这与清代福建省商业化倾向日益明显、人地矛盾日益紧张等经济环境直接相关，其中不乏很多绅民"倚法与国家制度互动"的正确利用法律行为。只是绅民一旦诉诸法律，便破坏了儒家官吏"和为贵"的治理理念。保障（或竞求）生存资源的斗争，又破坏了官吏推崇的"重义轻利"的儒家文化观念。所以，不管绅民是否正确利用法律，儒家官吏总以"健讼"评价之。此时的"健讼"评价更像儒家官吏治理理念与地方社会现实冲突时做出的主观批判，其背后的主观色彩十分浓厚。且儒家官吏也对"健讼"批判寄予改善社会风化的主观目的，希望借此批判让部分绅民反思自己行为，甚至召起有志维护地方社会秩序的绅衿加大劝谕百姓的力度，更好地维护地方社会治理安定。也就是说，方志中"健讼""寡讼"评价的背后，均含有大量的官吏主观意识，需谨慎使用。

　　还比如治闽政书、档案、判牍均出自官吏手笔，官吏的考成追求直接影响此类文本的写作。如治闽政书充满了"穷而求卸""病而求卸""难而求卸"等抱怨，直接控诉海疆治理困境及州县制度缺陷加剧闽讼难理。通过此类抱怨，闽吏由此开脱理讼不善的责任。除此之外，治闽政书还极力宣扬官吏的治理能力，详述了闽吏为了应付上述治理困境，往往据个人秉性、案情、理讼经验、地方惯习灵活执法，以"人治"缓和州县司法运作难题。不管是借制度缺陷开脱治理不善之责，还是描述灵活执法，治闽政书的文字核心是服务于官吏理政形象的塑造。而档案与判牍则以实例展现了闽吏理讼过程中的所思所想，二类资料的共性是充满了程式化的描述，但两者也有差别，判牍更侧重描述官吏的灵活执法，而档案则更侧重表达官吏的"依法审判"。从两类文本的对比可见，官吏理讼的终极目标是追求地方治理稳定及自身考成能够实现双赢。因为官吏灵活执法，可以缓和州县制度缺陷、法律制度缺陷带来的司法难题，有利于地方社会稳定。但"依法审判"又是官吏执法的基本要求，于档案中塑造依法审判的形象，可以减少案件被驳的情况。"依法审判"与"灵活执法"看似矛盾，但实际上统一于地方社会秩序的维护与地方官考成的追求。

　　由此可见，文本制造者的主观意识，让其出于不同的宣扬目的而偏重记载社会的某一特点，结果文本与真实之间往往存在些许差异。所以，推究文本制作背后的法律与社会语境，综合不同文本的对比分析，多维度窥视清代福建省丰富的法律生活场景就显得尤为必要。

　　第二，律讼形象折射基层百态。

　　文本制造者不同的身份与写作目的，还直接关系文本中各类涉讼人群的法律形象构建，不同的律讼形象又折射了基层百态。

　　如在清代官绅制作的文集或公文中，常给福建民众贴上"闽人喜讼"的负面标签，在他们的笔下，福建民众往往因愚昧无知、好气使性、贪图小利而兴讼。而在民众的状词中，则是"孱弱"的小民不断乞求大老爷垂怜，诸如"异省孤弱""冤无伸日""势将累毙""情迫汤火""冒死再叩"等在民间诉讼文书中频繁出现。因民众教育程度难以追溯，我们很难考证其状词究竟是出自讼师之手，或是诉主借用"万宝全书"等民间日用类书中"词状门"开列的套词格式。但综合地方志、官吏政书等文献不难发现，无论民众的法律诉求正当与否，其诉讼行为总会引来官绅批判，被冠以"民刁""健讼""民风变坏"的评价。所以，"闽人喜讼"虽然有一定的客观背景，但官吏乡绅的固执偏见似乎是这种负面评价产生的主要原因。

在古代,话语权由官员士绅阶层独享,所以民众的"喜讼"形象更易被广泛传播。但在民众与绅衿的话语中,官吏的形象往往被描述为"怠玩""收受贿赂""纵容差役不法""滥用刑罚""官官相护""以律杀人""被差蒙蔽"等。朝廷和部分闽省官吏,也对当时的闽地吏治多存贬义。如乾隆二十五年(1760年)福建巡抚吴士功怒骂闽吏"视坐堂为畏途",导致积案不断;① 乾隆四十八年(1783年)福建巡抚雅德批责闽吏"办事每多迟玩",以人犯犯病为借口,希图延长案审时限,并希望臬司衙门大加惩创此劣行。② 基层官吏对闽吏素质也多有批判,如嘉庆年间曾在闽南多地担任教谕的谢金銮称,闽省官吏"凡有下乡皆为得钱而来,不得钱不知有百姓也"③。

地方绅衿在司法活动中,往往充当官吏幕僚或民众代诉人。但据资料反映,他们的形象亦不甚佳。如地方官多指责绅衿"不守卧碑""抗帮作讼""刁健""混渎",协助甚至鼓动"刁民"兴诉闹事,以便从中渔利;民众多指责绅衿为"劣绅",控诉他们借助政治地位以及与官府的关系"恃符侵利"。但在绅衿自我表述中,其诉讼行为或是遭受不公待遇的一介"孱儒"在"求伸无门"情况下"一字一泪"的"无奈叩天",或是秉持读书人"为生民立命"的道义担当而发起的为民请命。如本书第三章分析的"莆田人民公控蒋唐佑一案",众绅控诉县主蒋唐佑"增税浮收",却反被各级上宪批判"事不干己、抗帮作讼"时,众绅以范仲淹的忧乐天下情怀自比,称作为四民之首,忧国忧民是生员应有之责,"和国爱民"情怀让其要继续上诉,"为民请命"。

可见文本制作者出于不同的身份立场与写作目的,对涉讼人群做出充满主观色彩、甚至相互矛盾的诉讼形象描述。在司法活动中,官员、乡绅、民众建构的彼我形象,实则反映了三者在国家治理活动中的位置关系及社会生活实态。知识群体(官员及乡绅)给福建民众粘贴的"喜讼"标签,民众对"贪官""劣绅"的控诉,既折射出"劳心者"与"劳力者"之间"治"与"被治"的政治关系,也体现了清代福建司法实践的地方特点;官员与乡绅之间的相互"抹黑",似从司法层面反映了知识群体内部"在朝者"与"在野者"之间错综复杂的政治关联。

综合而言,不管是官吏、绅衿还是普通民众,均有积极"蚀法争利"的人群,也有积极正面利用法律的人群,以及惧法而远离法律的人群,其诉讼意识与法

---

① [清]吴士功:《奏为钦遵圣谕清理词讼又届一年期满事》,乾隆二十五年十一月十六日,档号:04-01-12-0104-068。

② 台湾银行经济研究室编辑:《福建省例》卷二十八,《刑政例下》,《承审命盗重案,不得借扣犯病日期容展》,南投:台湾省文献委员会,1997年。

③ [清]谢金銮:《泉漳治法论》,《亲民》,1965年冬据同治七年(1868年)重刊本抄本。

律态度截然不同。如循吏积极探索灵活执法途径,努力将法律作为维护地方社会秩序的有力工具。恶吏则利用清代州县制度缺陷、法律缺陷、海疆治理难题"蚀法争利",法律成了其谋私利的护符。绅衿也是如此,有排除万难维护法律权威、保障绅民利益的"良绅";也有倚重身份特权与知识特权,钻制度之空、"蚀法侵利"的劣绅。普通百姓的诉讼意识也是如此,有以讼为利薮的刁民,亦有正面利用法律保障自身利益的人群,当然也有惧法而远离法律者。三个群体中,是"蚀法"者还是"维法"者、"惧法"者的比例较高,目前的资料现状让我们无从回答此问题。特别是古代社会,因为普通民众受教育程度较低,文献中较难找到纯粹的民众"发声"。掌握话语权的官绅的文字资料,又明显是犯了以偏概全的错误,所以普通民众的整体诉讼意识更难概括。但可以肯定的一点是,清代福建省绅民诉讼数量与规模较前代确实有所增长。但诉讼数量增多并不简单等同于"健讼",可以认为清代闽人法律意识明显增强了。因为面对纠纷,民众并非被动接受,而是会有意识地选择究竟是要接受乡民调解、民间惯习仲裁,还是直接武力冲突,或者诉诸中央法。最终表明,在清代的福建省,法律已经能够成为绝大多数百姓争取的资源之一。因为相较于地方调解、地方惯习等多元化的民间纠纷解决方式,法律的权威性会被更多人认同,这本身就是中央与地方政府法律建设的最主要目的之一。所以,如果说民众积极诉诸法律的行为称得上"健讼"的话,那"健讼"并不是一个贬义词。因为相较纯粹的械斗、命案,它更不易对地方社会的稳定造成冲击。且民众利用法律维护自身权益的活动,也促使闽吏积极糅合中央法与地方惯习,促进了清代法律与时俱进的更新,也给地方官社会治理能力的提高提供了绝好的"实习机会",其对社会发展并非毫无益处。

第三,"因地施法"提高治理效率。

地方惯习与中央法的殊途同归,也是本书力图树立的一个观点。过去受西方影响,学界多强调中央法与地方惯习间的差异乃至对立。在中国,这一关系往往并不表现为相互对立与冲突,而是彼此补充,各得其所。梁治平先生的研究指出:"民间法,与国家法之间既互相渗透、配合,又彼此抵触、冲突的复杂关系。"①确实,因为清代地方审判活动与地方官的社会治理过程往往合二为一,为了更好地治理地方社会,地方官往往立足地方,有意缓和中央法与地方惯习之间的矛盾。

以福建省地方官理讼为例。清代福建省地域特色明显,有庞大的宗族组织、较为商业化的沿海经济、日益增多的海外交流和形式多样的方言习俗。在

---

① 梁治平:《清代习惯法》,导言,桂林:广西师范大学出版社,2015年,第2页。

具体的区域司法实践中,地方官吏往往需充分考虑当地的特殊情况变通处理。如本书第四章研读《巡漳谳词》时,明显感觉雍正年间徐士林经理福建汀漳道时,经常遇到朝廷律法与当地风俗人情不相符合的情况,如在房屋买卖中,"漳属向有租地盖屋"的习惯,所以房产交易需与地产交易有所区分,即"卖屋不卖地"。所以,徐氏在办案过程中遇到法有明文"闽省"却"无此人情"时,往往将当地实情也作为取证依据,并认为如仅对律文"拘文牵义",恰是"不知律"的表现。

福建与中原地区山水隔阻,族群成分复杂,习俗语言各异,常被形容为"汉夷杂处"之地。因此在这里顺利推行朝廷律法成为地方官的重要任务。道光年间先后任职福建建阳、古田、仙游、诏安、邵武等地的陈盛韶认为,治理地方要遵循"顺势而为"的原则,即"为政之道,顺而治之则易,逆而强之则难"①,主张在顺应地方风俗人情的基础上"以夷治夷,因其俗而抚恤则安"②。如推行律法时过于"事无巨细""事事执例",则"反致纷纷争讼,嚣然不靖"③。陈氏将治理心得总结成《问俗录》一书。该书记载了大量"因地施法"的实例,如面对仙游、建阳频繁的宗族械斗、田讼及坟讼,陈盛韶并没有动用国家机器强制解散当地的强宗大族,而是"选立族正,责成父兄,法周官调人之设,以解民厄难"④。面对台湾闽人与粤人的持续械斗,陈盛韶主张"交由地方处理",让地方官于闽人与粤人中各选一位有家产、才干和声望的人充当总理,总理根据纠纷程度轻重采取相应措施,"遇两有嫌衅,即出为理处。倘已成讼端,即为酌情度势,分断平允,彼此输服。如已成分类,即迅速会营弹压"⑤。王廷抡甫任汀州府知府时,面对频繁的户婚田土、人命盗窃、山场钱债等纠纷,严格依法审判,但当意识到这些纠纷直接关系百姓生活,且在商业化较为明显的福建地区较为普遍后,他倾向采用"姑宽"或"薄责,以自新"等"攻心"式治理策略,收效甚广。

虽然朝廷对地方官听讼活动的基本要求是"依法审判",但福建由于历史和自然因素,地域特征较为明显。所以地方官吏在司法实践中兼顾当地特性,并以较为宽容的态度对待地方惯习与朝廷律法的差异;在具体的执法过程中,多元的审判依据和"因地施法"的治理策略,不但未削弱朝廷律法权威,反而强

---

① [清]陈盛韶:《问俗录》卷四,《诏安县》,《苗媳》,道光十三年(1833年)刊本。
② [清]陈盛韶:《问俗录》卷六,《鹿港厅》,《番社》,道光十三年(1833年)刊本。
③ [清]陈盛韶:《问俗录》卷六,《鹿港厅》,《番社》,道光十三年(1833年)刊本。
④ [清]陈盛韶:《问俗录》卷三,《仙游县》,《竹乂》,道光十三年(1833年)刊本。
⑤ [清]陈盛韶:《问俗录》卷六,《鹿港厅》,《分类械斗》,道光十三年(1833年)刊本。

化了朝廷对地方的控制,收到了较好的治理效果。所以,清代法律的生命力并非体现为"依法审判"的恪守,而体现在法律与地方的适应程度。清代地方官能立足地方,因地施法,清代审判依据的多元化,恰说明了清代法律与地方的适应程度较高。

第四,变通执法需要律例依据。

福建地方官吏敢于广泛借鉴地方惯习参与审判,与朝廷对"因地施法"的默许态度密切相关。有清一代,为了更好地解决纠纷裁断,朝廷甚至将一些有悖国家法律却有利民众生活的惯习以"成案"或"省例"方式合法化。如卖妻行为有伤风化,清律对卖妻的处罚有详细规定。但具体落实到地方社会时,因贫卖妻十分普遍,地方官如果执着于清律,案审时往往会陷入"情理两难"的困境。所以朝廷特许浙江、福建等省将"因贫卖妻,分别治罪,别有他故,依律问拟"刊入本省省例,化解了律法与地方特例的冲突。朝廷对"契约"及其他民间惯习的承认,实际上就是默许了地方社会运行中滋生出来的自主性规则,但这一做法并没有否定中央法的权威,因为不管是地方官执法还是普通绅民涉法,"制度"都是其寻求的最主要、"最正统"依据。而且,清代福建省地方社会日益呈现出此种现象,地方审判依据越多元,中央法的权威越突出。

以地方官执法而言,其审判依据可以多元,但法律条文还是朝廷评价地方官司法实践的最重要标准。如本书第五章第二节列举的乾隆年间长汀县民江观发之妻罗氏自缢一案,观发之妻罗氏不肯为之烧水,观发怒殴罗氏,伤甚轻微。罗氏心伤,轻生自尽。知县虑及江观发殴妻在先,拟予笞责。府衙复审此案时,批责县令对江观发的处罚于律无据,因为"律载夫殴骂妻妾因自尽者勿论","例载夫与妻角口,以致妻自尽无伤痕者毋庸议,殴有重伤者,其夫杖八十",而江观发殴妻只致轻伤,所以县衙的判罚实为"添出律例未有之条"。因此府衙根据前述律条,改判江观发无罪。还比如第四章第三节引用的徐士林《巡漳谳词》所载的"诏安县民李天告叶丑"一案,面对李天与叶丑均结合当地惯习解释了自己的证据,又通过清律认可的契约样式寻找对方契据的漏洞。当两造证据不能令彼此信服时,地方官也只能通过乡保人证口供对照、契据字迹真伪辨别等最正统的问审方法做出案情的审判。也就是说,一旦"多元"的证据没法打动官吏,符合法律要求即成了两造及地方官考虑的最主要标准。

有清一代,福建地方官吏在判案中虽然视当地世风民情而对具体的执法内容有所变通,朝廷从安定民心和便宜行事的角度也会对地方特例"网开一面",但地方官对律法与民情的协调仍被限于法律允许的范围之内,更不能与根本原则冲突过甚:"自理词讼,原不必事事照例。但本案情节,应用何律何例,必须考究明白。再就本地风俗,准情酌理而变通之,庶不与律例十分相背。"①

再以绅民诉讼过程为例,其纠纷解决途径可以多元,但官方判决仍是赋予案件处理结果最有可能被两造遵循的保障。所以,当民间调解、契约等地方证据无法最终调解纠纷时,两造往往也是诉诸法律,寻求官府的"依法审判",以法的权威,赋予案件处理结果的执行力。

上述种种均侧面体现了清代法律在地方的灵活执法,审判依据的多元化并非意味着中央法的失败,反而彰显了清代中央法的灵活性。

法律的推进是清代国家对地方社会治理的有效路径之一。因为其重要性,清代国家高度强调"依法审判",高度强调的结果是忽略了对地方特性的考虑。且为了把控地方司法实践环节,清代国家把地方司法活动与地方官的仕途考评、地方社会治理评估紧密结合,从制度体系保证了"依法审判"的贯彻实施。但恰恰也是这些制度促使地方官走向灵活执法,将地方司法实践与其地方社会治理紧密结合。结果地方政府可能为了实现地方安静,对中央法进行地方化的解释,或者融入具体的区域司法环境,找到清律与地方法律环境的平衡点、官绅民和谐相处的平衡点,实现对地方社会的有效治理。清代地方政府的这一活动不仅逐步提高了清代法律与地方社会的适应度,且让地方社会治理形成了有各自区域特色的地方弹性。

---

① [清]方大湜:《平平言》卷二,《本案用何律例须考究明白》,光绪十八年(1892年)资州官廨刊本。

参考文献

一、古籍文献

(一)古籍

[明]余自强:《治谱》,崇祯十二年(1639年)呈祥馆重刊本。
[明]叶春及:《惠安政书》,福州:福建人民出版社,1987年。
[明]王应山:《闽都记》,福州:海风出版社,2001年。
[清]台湾银行经济研究室编辑:《福建省例》,南投:台湾省文献委员会,1997年。
[清]薛允升:《唐明律合编》,北京:法律出版社,1999年。
[清]薛允升:《读律存疑重刊本》,台北:台北成文出版社,1970年。
[清]特登额:《钦定礼部则例》,道光二十四年(1844年)刻本。
[清]祝庆祺:《刑案汇览三编》,北京:北京古籍出版社,2004年。
[清]沈家本:《寄簃文存》,宣统元年(1909年)铅印本。
[清]王廷抡:《临汀考言》,康熙三十九年(1700年)刻本。
[清]徐宗干:《斯未信斋文编》,咸丰五年(1855年)刻本。
[清]吴宏:《纸上经纶》,康熙六十年(1721年)刻本。
[清]黄贻楫编:《李石渠先生治闽政略》,光绪六年(1880年)晋江黄谋烈梅石山房木活字印本。
[清]谢金銮:《泉漳治法论》,1965年冬据同治七年(1868年)重刊本抄本。
[清]陈盛韶:《问俗录》,道光十三年(1833年)刊本。
[清]郑兆瀛编:《慎刑篇》,民国二十年(1931年)刻本。
[清]程荣春:《桐轩案牍》,福建师范大学图书馆抄本。
[清]程荣春:《泉州从政纪略》,同治五年(1866年)刊本。
[清]古丰州人撰:《泉俗刺激篇》,福建省图书馆抄本。

［清］陈瑸：《陈清端公文稿》，道光六年（1826 年）沸上东署不负斋刻本。

［清］沈储：《舌击编》，厦门：厦门大学出版社，2014 年。

［清］王家勤：《王靖毅公年谱》，北京：北京图书馆出版社，1999 年。

［清］陈寿祺：《二韭室诗余别集》，北京：中华书局，1985 年。

［清］李彦章：《润经堂自治官书》，道光九年（1829 年）刻本。

［清］谢金銮：《教谕语》，福建师范大学图书馆藏。

［清］吴子光：《台湾纪事》，收录台湾银行经济研究室编：《台湾文献丛刊》第三十六种，台北：台湾银行经济研究室，1959 年。

［清］朱克简：《按闽奏议》，收录陈支平主编：《台湾文献汇刊》，第 2 辑第 13 册，厦门：厦门大学出版社，2004 年。

［清］季麒光：《东宁政事集》，收录陈支平主编：《台湾文献汇刊》，第 4 辑第 2 册，厦门：厦门大学出版社，2004 年。

［清］德福：《闽政领要》，收录陈支平主编：《台湾文献汇刊》，第 4 辑第 15 册，厦门：厦门大学出版社，2004 年。

［清］不著撰人：《湖南省例成案》，据日本东京大学东洋文化研究所刊本影印，收录杨一凡编：《清代成案选编》甲编，北京：社会科学文献出版社，2014 年。

［清］卢金城注：《江春霖御史奏稿简注》，厦门：厦门大学出版社，2001 年。

［清］江春霖：《江春霖集》，马来西亚：马来西亚兴安会馆总会文化委员会，1990 年。

［清］里人何求：《闽都别记》，福州：福建人民出版社，1987 年。

［清］周亮工：《闽小纪》，福州：福建人民出版社，1985 年。

［清］施鸿保：《闽杂记》，福州：福建人民出版社，1985 年。

［清］贺长龄编：《皇朝经世文编》，光绪十七年（1891 年）上海广百宋齐桥印。

［清］盛康编：《皇朝经世文续编》，光绪二十三年（1897 年）思刊楼刊本。

［清］王景贤：《牧民赘语》，羲停山馆集本。

［清］刘衡：《庸吏庸言》，同治七年（1868 年）楚北崇文书局刊本。

［清］刘衡：《州县须知》，道光刊本。

［清］汪辉祖：《学治臆说》，同治十年（1871 年）慎间堂刻汪龙庄先生遗书本。

［清］蓝鼎元：《鹿洲公案》，北京：群众出版社，1985 年。

［清］黄六鸿：《福惠全书》，康熙三十八年（1699 年）刊本。

［清］刘兆麒：《总制浙闽文檄》，康熙十一年（1672 年）刻本。

［清］何耿绳：《学治一得编》，道光二十一年(1841年)眉寿堂刊本。
［清］樊增祥：《樊山政书》，北京：中华书局，2007年。
［清］褚瑛：《州县初仕小补》，光绪十年(1884年)森宝阁排印本。
［清］盘峤野人：《居官寡过录》，青照堂丛书本。
［清］不著撰人：《外官新任辑要》，清钞本。
［清］王又槐：《办案要略》，光绪十八年(1892年)浙江书局刊本。
［清］方大湜：《平平言》，光绪十八年(1892年)资州官廨刊本。
［清］壁昌：《牧令要诀》，道光刊本。
［清］万维翰：《幕学举要》，光绪十八年(1892年)浙江书局刊本。
［清］陆陇其：《莅政摘要》，光绪八年(1882年)津河广仁堂刊本。
［清］翁传照：《书生初见》，光绪刊本。
［清］张鉴瀛：《宦乡要则》，光绪十六年(1890年)刊本。
［清］不著撰人：《刑幕要略》，光绪十八年(1892年)浙江书局刊本。
赵尔巽：《清史稿》，北京：中华书局，1977年。
南靖县地方志编纂委员会整理：《清代官文范稿》，漳州：南靖县地方志编纂委员会，2005年。
陈全伦、毕可娟、吕晓东主编：《徐公谳词》，济南：齐鲁书社，2001年。
田涛、郑秦点校：《大清律例》，北京：法律出版社，1999年。
杨一凡、徐立志主编：《历代判例判牍》，北京：中国社会科学出版社，2005年。
杨一凡、刘笃才主编：《中国古代地方法律文献》，北京：世界图书出版公司，2006年。
赵德馨主编：《张之洞全集》，武汉：武汉大学出版社，2008年。

(二)地方志

［清］徐景熹修，鲁曾煜、施廷枢等纂：《(乾隆)福州府志》，乾隆十九年(1754年)刊本。

［清］王琛等修，张景祁等纂：《(光绪)重纂邵武府志》，光绪二十六年(1900年)刊本。

［清］李拔纂修：《(乾隆)福宁府志》，乾隆二十七年(1762年)修，光绪六年(1880年)重刊本。

［清］曾曰瑛等修，李绂等纂：《(乾隆)汀州府志》，乾隆十七年(1752年)修，同治六年(1867年)刊本。

［清］张景祁等纂修：《(光绪)福安县志》，光绪十年(1884年)刊本。

［清］周凯纂修：《（道光）厦门志》，道光十九年（1839年）刊本。

［清］方鼎等修，朱升元等纂：《（乾隆）晋江县志》，乾隆三十年（1765年）刊本。

［清］吴之铤修，周学曾、尤逊恭等纂：《（道光）晋江县志》，道光十年（1830年）刊本。

［清］陈焱等修，俞荔等纂：《（乾隆）永福县志》，乾隆十四年（1749年）刊本。

［清］彭衍堂等修，陈文衡等纂：《（道光）龙岩州志》，道光十五年（1835年）修，光绪十六年（1890年）重刊本。

［清］刘国光等修，谢昌霖等纂：《（光绪）长汀县志》，光绪五年（1879年）刊本。

［清］李世熊等纂修：《（同治）宁化县志》，同治八年（1869年）重刊本。

［清］薛凝度修，吴文林等纂：《（嘉庆）云霄厅志》，嘉庆二十一年（1816年）修，民国二十四年（1935年）重排印本。

［清］吴宜燮修，黄惠纂：《（乾隆）龙溪县志》，乾隆二十七年（1762年）修，光绪五年（1879年）补刊本。

［清］王柏修，昌天锦等纂：《（康熙）平和县志》，康熙五十八年（1719年）修，光绪十五年（1889年）刊本。

［清］陈锳等修，叶廷推等纂：《（乾隆）海澄县志》，乾隆二十七年（1762年）刊本。

［清］蔡世钹修，林得震等纂：《（道光）漳平县志》，道光十年（1830年）修，民国二十四年（1935年）重印本。

［清］邓其文纂修：《（康熙）瓯宁县志》，康熙三十三年（1694年）刊本。

［清］翁天祜等修，翁昭泰纂：《（光绪）浦城县志》，光绪二十六年（1900年）刊本。

［清］万友正纂修，黄家鼎纂：《（乾隆）马巷厅志》，乾隆四十二年（1777年）修，光绪十九年（1893年）补刊本。

［清］傅尔泰修，陶元藻纂：《（乾隆）延平府志》，乾隆三十年（1765年）修，同治十二年（1873年）重刊本。

［清］辛竟可修，林咸吉等纂：《（乾隆）古田县志》，乾隆十六年（1751年）刊本。

［清］董钟骥修，陈天枢等纂：《（光绪）宁洋县志》，光绪元年（1875年）刊本。

［清］陈汝咸修，林登虎纂：《（康熙）漳浦县志》，康熙三十九年（1700年）

修,民国十七年(1928年)刊本。

［清］赵廷玑修,柳上芝等纂:《(康熙)寿宁县志》,康熙二十五年(1686年)刊本。

［清］许庭梧等修,谢钟瑾等纂:《(道光)顺昌县志》,道光十二年(1832年)修,光绪七年(1881年)重刊本。

［清］盛朝辅等原修,李麟瑞等增修:《(光绪)光泽县志》,光绪二十三年(1897年)刊本。

［清］郑一崧修,颜璘等纂:《(乾隆)永春州志》,乾隆五十二年(1787年)刊本。

［清］谭抡等纂修:《(嘉庆)福鼎县志》,嘉庆十一年(1806年)刊本。

［清］裘树荣修,吴九叙等纂:《(雍正)永安县志》,雍正十年(1732年)修,道光十三年(1833年)重刊本。

［清］吕渭英修,郑祖庚等纂:《(光绪)闽县乡土志》,光绪二十九年(1903年)刊本。

［清］吕渭英修,郑祖庚等纂:《(光绪)侯官县乡土志》,光绪二十九年(1903年)刊本。

［清］孙义修,陈树兰纂:《(道光)永安县续志》,道光十四年(1834年)刊本。

［清］潘振辰等纂修:《(康熙)松溪县志》,康熙三十九年(1700年)修,民国十七年(1928年)重印本。

［清］张懋建修,赖翰颙等纂:《(乾隆)长泰县志》,乾隆十三年(1748年)修,民国二十年(1931年)重刊本。

［清］李龙官、徐尚忠修纂:《(乾隆)连城县志》,乾隆十六年(1751年)刊本。

［清］林焜熿修纂:《(光绪)金门志》,台湾中华丛书委员会印行,1956年。

［清］黄恬主修:《(嘉庆)新修浦城县志》,嘉庆十三年(1808年)刊本。

［清］鲁鼎梅主修:《(乾隆)德化县志》,乾隆十二年(1747年)刊本。

［清］王椿等修,叶和侃等纂:《(乾隆)仙游县志》,乾隆三十六年(1771年)修,同治十二年(1873年)重刊本。

［清］吴裕仁纂修:《(嘉庆)惠安县志》,据民国二十五年(1936年)林鸿辉铅印本影印。

［清］娄云纂修:《(道光)惠安县续志》,据民国二十五年(1936年)林鸿辉铅印本影印。

［清］刘旷纂修,赵良生续纂修:《(康熙)武平县志》,据民国十九年(1930

[清]饶安鼎修,林昂、李修卿纂:《(乾隆)福清县志》,据光绪二十四年(1898年)刘玉璋刻本影印。

[清]王楠修,林乔蕃、王世臣纂:《(康熙)罗源县志》,康熙六十一年(1722年)刻本。

[清]庐凤苓修,林春溥纂:《(道光)新修罗源县志》,道光十一年(1831年)刻本。

[清]李维钰、沈定均续修,吴联薰增纂:《(光绪)漳州府志》,光绪三年(1877年)芝山书院刻本。

[清]秦炯纂修:《(康熙)诏安县志》,据同治十三年(1874年)刻本影印。

[清]怀荫布修,黄任、郭赓武纂:《(乾隆)泉州府志》,道光八年(1828年)补刻本。

[清]卢建其修,张君宾、胡家琪纂:《(乾隆)宁德县志》,乾隆四十六年(1781年)刻本。

[清]徐观海主修:《(乾隆)将乐县志》,厦门:厦门大学出版社,2009年。

[清]黄许桂主修:《(道光)平和县志》,厦门:厦门大学出版社,2008年。

[清]林善庆主修:《(民国)清流县志》,福州:福建地图出版社,1989年。

[清]洪济修,江应昌等纂:《(康熙)泰宁县志》,康熙十一年(1672年)问心堂刻本。

[清]张琦修,邹山、蔡登龙纂:《(康熙)建宁府志》,据康熙三十二年(1693年)刻本影印。

[清]庄成修:《(乾隆)安溪县志》,厦门:厦门大学出版社,2012年。

曹刚等修,邱景雍纂:《(民国)连江县志》,民国十六年(1927年)排印本。

董秉清等修,王绍沂纂:《(民国)永泰县志》,民国十一年(1922年)排印本。

高登艇、潘先龙修,刘敬等纂:《(民国)顺昌县志》,据民国二十五年(1936年)铅印本影印。

陈一堃修,邓光瀛纂:《(民国)连城县志》,民国二十七年(1938年)石印本。

欧阳佣民修,陈衍纂:《(民国)闽侯县志》,民国二十二年(1933年)刊本。

黄履思纂修:《(民国)平潭县志》,民国十二年(1923年)排印本。

林学增等修,吴锡璜等纂:《(民国)同安县志》,民国十八年(1929年)排印本。

马龢鸣等修,杜翰生等纂:《(民国)龙岩县志》,民国九年(1920年)排印本。

詹宣献等修,蔡振坚等纂:《(民国)建瓯县志》,民国十八年(1929年)排印本。

钱鸿文等修,李熙等纂:《(民国)政和县志》,民国八年(1919年)排印本。

杨宗彩修,刘训嫦纂:《(民国)闽清县志》,民国十年(1921年)排印本。

罗汝泽等修,徐友梧等纂:《(民国)霞浦县志》,民国十八年(1929年)排印本。

钱江修,范毓桂纂,吴海清续修,张书简续纂:《(民国)建宁县志》,民国八年(1919年)排印本。

吴栻等修,蔡建贤等纂:《(民国)南平县志》,民国十年(1921年)排印本。

陈朝宗修,王光张纂:《(民国)大田县志》,民国二十年(1931年)排印本。

卢兴邦修,洪清芳纂:《(民国)尤溪县志》,民国十六年(1927年)排印本。

郑翘松纂修:《(民国)永春县志》,民国十九年(1930年)排印本。

梁伯荫修,罗克涵纂:《(民国)沙县志》,民国十七年(1928年)排印本。

王维梁修,廖立元纂:《(民国)明溪县志》,民国三十二年(1943年)排印本。

徐炳文修,郑丰稔纂:《(民国)云霄县志》,民国三十六年(1947年)排印本。

何树德修,黄恩波、张宗铭纂,陆章铨续纂:《(民国)屏南县志》,民国九年(1920年)修。

孟昭涵修,李驹等纂:《(民国)长乐县志》,民国六年(1917年)福建印刷所铅印本。

陈荫祖修,吴名世纂:《(民国)诏安县志》,据民国三十一年(1942年)诏安青年印务公司铅印本影印。

张汉等修,丘复等纂:《(民国)上杭县志》,据民国二十八年(1939年)上杭启文书局铅印本影印。

苏镜潭纂修:《(民国)南安县志》,民国四年(1915年)刊本。

郑丰稔总编纂:《(民国)南靖县志》,民国三十七年(1948年)刊本。

(三)民间诉讼录、档案、日用类书等

[清]佚名编:《晚清福建刑案汇览》,抄本。

[清]周元章:《建安周元章控吴秉照案》,福建省图书馆藏抄本。

[清]胡锡轩:《崇安胡锡轩呈控衷锡猷卷宗》,道光五年(1825年)抄本,福建省图书馆藏。

［清］江宁章:《莆田江宁章案情详禀稿底》,福建师范大学图书馆藏。

［清］《府宪崇安县孀妇黄氏具控原署台湾教谕吴镇一案》,道光二年(1822年)抄本,福建省图书馆藏。

［清］《莆田人民公控蒋唐佑呈稿》,民国间抄本,福建省图书馆藏。

蔡川居士等辑:《雍正朱批奏折选辑》,台北:大通书局,1984年。

中国第一历史档案馆藏清代刑科题本关于福建省的诉讼档案。

中国第一历史档案馆藏清代朱批奏折关于福建省的诉讼档案。

中国第一历史档案馆藏清代录副关于福建省的诉讼档案。

中国第一历史档案馆编:《(光绪)朝朱批奏折》,北京:中华书局,1996年。

中国第一历史档案馆编:《乾隆朝上谕档》,北京:中国档案出版社,1998年。

中国第一历史档案馆编:《咸丰同治两朝上谕档》,桂林:广西师范大学出版社,1998年。

中国第一历史档案馆编:《嘉庆道光两朝上谕档》,桂林:广西师范大学出版社,2000年。

中国第一历史档案馆、北京师范大学历史系编选:《辛亥革命前十年间民变档案史料》,北京:中华书局,1985年。

《五车万宝全书》,东京:汲古书屋,2001年。

《万书渊海》,东京:汲古书屋,2001年。

《五车万宝全书》,东京:汲古书屋,2001年。

三山樵叟撰:《闽省近事竹枝词》,抄本。

何学威编著:《中国古代谚语词典》,长沙:湖南出版社,1991年。

［清］游戏主人:《笑林广记》,郑州:中州古籍出版社,2008年。

二、后人论著

Bradly W. Reed. *Talons and Teeth：County Clerks and Runners in the Qing Dynasty*[M]. Stanford：Stanford University Press，2000.

Matthew H. Sommer. *Sex，Law，and Society in Late Imperial China*[M]. Stanford：Stanford University Press，2000.

Kathryn Bernhardt，Philip C. C. Huang. *Civil Law in Qing and Republican China*[M]. Stanford：Stanford University Press，1994.

邱澎生、陈熙远主编:《明清法律运作中的权力与文化》,台北:联经出版公司,2009年。

邱澎生:《当法律遇上经济:明清中国的商业法律》,台北:五南图书出版公司,2008年。

吴慧芳:《万宝全书:明清时期的民间生活实录》,台北:政治大学历史系,2001年。

吴慧芳:《明清以来民间生活知识的建构与传递》,台北:学生书局,2007年。

陈登武:《从人间世到幽冥界》,北京:北京大学出版社,2007年。

熊秉真编:《让证据说话——中国篇》,台北:台北麦田出版公司,2001年。

黄应贵编:《空间与文化场域:空间之意象、实践与社会的生产》,台北:汉学研究中心,2009年。

胡炜崟:《清代闽粤乡族性冲突之研究》,台北:台湾师范大学历史研究所,1997年。

瞿同祖:《中国法律与中国社会》,北京:中华书局,2003年。

梁方仲:《中国历代户口、田地、田赋统计》,北京:中华书局,2008年。

杨国桢:《明清土地契约文书研究》,北京:中国人民大学出版社,2009年。

刘俊文主编:《日本青年学者论中国史》,上海:上海古籍出版社,1995年。

王铭铭、王斯福主编:《乡土社会的秩序、公正与权威》,北京:中国政法大学出版社,1997年。

程美宝:《地域文化与国家认同:晚清以来"广东文化"观的形成》,上海:三联书店,2006年。

傅振伦:《中国方志学通论》,北京:商务印书馆,1935年。

罗家德:《社会网分析讲义》,北京:中国社会科学出版社,2005年。

翟学伟:《中国社会中的日常权威:关系与权力的历史社会学研究》,北京:社会科学文献出版社,2004年。

来新夏主编:《清代科举人物家传资料汇编》,北京:学苑出版社,2006年。

秦晖:《实践自由》,杭州:浙江人民出版社,2004年。

霍存福:《权力场:中国政治的智慧》,沈阳:沈阳出版社,2003年。

杨懋春:《一个中国村庄:山东台头》,南京:江苏人民出版社,2001年。

周绍泉、赵华富主编:《'98国际徽学学术讨论会论文集》,合肥:安徽大学出版社,2000年。

陈支平:《民间文书与明清东南族商研究》,北京:中华书局,2009年。

王跃生:《18世纪中国婚姻家庭研究:建立在1781—1791年个案基础上的分析》,北京:法律出版社,2004年。

王跃生:《清代中期婚姻冲突透析》,北京:社会科学文献出版社,2003年。

吴欣：《清代民事诉讼与社会秩序》，北京：中华书局，2007年。

王志强：《法律多元视角下的清代国家法》，北京：北京大学出版社，2003年。

王志强：《清代国家法：多元差异与集权统一》，北京：社会科学文献出版社，2017年。

李艳君：《从冕宁县档案看清代民事诉讼制度》，昆明：云南大学出版社，2009年。

刘昕杰：《民法典如何实现：民国新繁县司法实践中的权利与习惯（1935—1949）》，北京：中国政法大学出版社，2011年。

吴佩林：《清代县域民事纠纷与法律秩序考察》，北京：中华书局，2013年。

吴佩林、蔡东洲主编：《地方档案与文献研究（第一辑）》，北京：社会科学文献出版社，2014年。

吴佩林、蔡东洲主编：《地方档案与文献研究（第二辑）》，北京：社会科学文献出版社，2016年。

吴佩林、申斌主编：《地方档案与文献研究（第三辑）》，北京：国家图书馆出版社，2017年。

付海晏：《变动社会中的法律秩序：1929—1949年鄂东民事诉讼案例研究》，武汉：华中师范大学出版社，2010年。

范金民：《明清商事纠纷与商业诉讼》，南京：南京大学出版社，2007年。

里赞：《晚清州县诉讼中的审断问题》，北京：法律出版社，2010年。

里赞：《民国基层社会纠纷及其裁断》，成都：四川大学出版社，2009年。

党江舟：《中国讼师文化》，北京：北京大学出版社，2005年。

田涛、许传玺、王宏治主编：《黄岩诉讼档案及调查报告》，北京：法律出版社，2004年。

苏力：《法律与文学》，上海：三联书店，2006年。

苏力：《法治及其本土资源》，北京：中国政法大学出版社，2004年。

龚汝富：《明清讼学研究》，北京：商务印书馆，2008年。

徐忠明：《案例、故事与明清时期的司法文化》，北京：法律出版社，2006年。

徐忠明：《包公故事：一个考察中国法律文化的视角》，北京：中国政法大学出版社，2002年。

徐忠明：《众声喧哗：明清法律文化的复调叙事》，北京：清华大学出版社，2007年。

徐忠明：《情感、循吏与明清时期司法实践》，上海：三联书店，2009年。

徐忠明:《明镜高悬:中国法律文化的多维观照》,桂林:广西师范大学出版社,2014年。

徐忠明、杜金:《传播与阅读》,北京:北京大学出版社,2012年。

卞利:《国家与社会的冲突和整合》,北京:中国政法大学出版社,2008年。

韩秀桃:《明清徽州的民间纠纷及其解决》,合肥:安徽大学出版社,2004年。

魏光奇:《有法与无法》,北京:商务印书馆,2010年。

阿风:《明清时代妇女的地位与权利》,北京:社会科学文献出版社,2009年。

阿风:《明清徽州诉讼文书研究》,上海:上海古籍出版社,2016年。

张小也:《官、民与法:明清国家与基层社会》,北京:中华书局,2007年。

赵旭东:《权力与公正》,天津:天津古籍出版社,2003年。

陈会林:《地缘社会解纷机制研究》,北京:中国政法大学出版社,2010年。

高浣月:《清代刑名幕友研究》,北京:中国政法大学出版社,2000年。

梁治平编:《法律解释问题》,北京:法律出版社,1998年。

梁治平:《清代习惯法》,桂林:广西师范大学出版社,2015年。

季卫东:《法治秩序的建构》,北京:中国政法大学出版社,1999年。

高道蕴、高鸿钧、贺卫方主编:《美国学者论中国法律传统》,北京:清华大学出版社,2004年。

陈进国:《信仰、仪式与乡土社会:风水的历史人类学探索》,北京:中国社会科学出版社,2005年。

胡震:《清代省级地方立法》,北京:社会科学文献出版社,2019年。

付春杨:《清代工商业纠纷与裁判:以巴县档案为视角》,武汉:武汉大学出版社,2016年。

春杨:《晚清乡土社会民事纠纷调解制度研究》,北京:北京大学出版社,2009年。

蔡东洲:《清代南部县衙档案研究》,北京:中华书局,2012年。

杜正贞:《近代山区社会的习惯、契约和权利:龙泉司法档案的社会史研究》,北京:中华书局,2018年。

李青:《清代档案与民事诉讼制度研究》,北京:中国政法大学出版社,2012年。

蒋铁初:《明清民事证据制度研究》,北京:中国人民公安大学出版社,2008年。

张仁善:《法律社会史的视野》,北京:法律出版社,2007年。

张世明、步德茂主编:《世界学者论中国传统法律文化》,北京:法律出版社,2009年。

尤陈俊:《法律知识的文字传播》,上海:上海人民出版社,2013年。

吴琦、肖丽红、杨露春:《清代漕粮征派与地方社会秩序》,北京:中国社会科学出版社,2017年。

范忠信:《中国法律传统的基本精神》,济南:山东人民出版社,2001年。

汪世荣:《中国古代判词研究》,北京:中国政法大学出版社,1997年。

[日]三木聪、山本英史、高桥芳郎编:《传统中国判牍资料目录》,东京:汲古书院,2010年。

[日]滋贺秀三等著,王亚新、梁治平编,范愉、陈少峰译:《明清时期的民事审判与民间契约》,北京:法律出版社,1998年。

[日]三木聪:《明清福建農村社會の研究》,札幌:北海道大學圖書刊行會,2002年。

[日]寺田浩明著,王亚新译:《权利与冤抑》,北京:清华大学出版社,2012年。

[日]棚濑孝雄著,王亚新译:《纠纷的解决与审判制度》,北京:中国政法大学出版社,2004年。

[日]中岛乐章著,郭万平、高飞译:《明代乡村纠纷与秩序:以徽州文书为中心》,南京:江苏人民出版社,2010年。

[美]林郁沁著,陈湘静译:《施剑翘复仇案:民国时期公众同情的兴起与影响》,南京:江苏人民出版社,2011年。

[美]詹姆斯·C.斯科特著,郑广怀译:《弱者的武器》,南京:译林出版社,2007年。

[美]施坚雅主编,叶光庭等译:《中华帝国晚期的城市》,北京:中华书局,2000年。

[美]娜塔莉·戴维斯著,杨逸鸿译:《档案的虚构》,台北:麦田出版社,2001年。

[美]娜塔莉·戴维斯著,刘永华译:《马丁·盖尔归来》,北京:北京大学出版社,2009年。

[美]步德茂著,张世明、刘亚丛等译:《过失杀人、市场与道德经济》,北京:社会科学出版社,2008年。

[美]黄宗智:《清代的法律、社会与文化:民法的表达与实践》,上海:上海书店出版社,2007年。

[美]黄宗智:《法典、习俗与司法实践:清代与民国的比较》,上海:上海书

店出版社,2007年。

[美]黄宗智:《过去和现在:中国民事法律实践和探索》,北京:法律出版社,2009年。

[美]黄宗智、尤陈俊主编:《从诉讼档案出发:中国的法律、社会与文化》,北京:法律出版社,2009年。

[美]白凯著,林枫译:《中国的妇女与财产:960—1949年》,上海:上海书店出版社,2003年。

[美]李怀印著,岁有生、王士皓译:《华北村治:晚清和民国时期的国家与乡村》,北京:中华书局,2008年。

[美]黄仁宇:《万历十五年》,上海:三联书店,1997年。

[美]艾马克著,王兴安译:《晚清中国的法律与地方社会:19世纪的北部台湾》,台北:播种者文化出版社,2003年。

[加]卜正民著,陈时龙译:《明代的社会与国家》,合肥:黄山书社,2009年。

[美]罗伯特·C.埃里克森著,苏力译:《无需法律的秩序》,北京:中国政法大学出版社,2003年。

[法]勒华杜拉里著,许明龙、马胜利译:《蒙塔尤》,北京:商务印书馆,2003年。

三、期刊报纸

[法]克里斯蒂昂·雅各布著,陆象淦译:《从书籍到文本:文献学比较史刍议》,《第欧根尼》2003年第1期。

[日]唐泽靖彦著,牛杰译:《清代的诉状及其制作者》,《北大法律评论》2009年第10卷第1辑。

[日]夫马进著,李力译:《讼师秘本的世界》,《北大法律评论》2010年第11卷第1辑。

王泰升:《来回穿梭于法律与历史之间》,《新史学》2010年第21卷第3期。

李文良:《番租、田底与管事:康熙下淡水社文书所见的台湾乡村社会》,《汉学研究》2009年第27卷第4期。

陈熙远:《竞渡中的社会与国家:明清节庆文化中的地域认同、民间动员与官方调控》,《"中央研究院"历史语言研究所集刊》2008年第9期。

邱澎生:《十八世纪清政府修订〈教唆词讼〉律例下的查拿讼师事件》,《"中央研究院"历史语言研究所集刊》2008 第 12 期。

李典蓉:《被掩盖的声音:从一件疯病京控案探讨清代司法档案的制作》,《北大法律评论》2009 年第 10 卷第 1 辑。

郭松义:《清代 403 宗民刑案例中的私通行为考察》,《历史研究》2000 年第 3 期。

吴佩林:《有序与无序之间:清代州县衙门的分房与串房》,《四川大学学报》2018 年第 2 期。

吴佩林:《清代中后期州县衙门"叙供"的文书制作:以〈南部档案〉为中心》,《历史研究》2017 年第 5 期。

吴佩林:《清代地方民事纠纷何以闹上衙门》,《史林》2010 年第 4 期。

吴佩林:《清代地方社会的诉讼实态》,《清史研究》2013 年第 4 期。

刘昕杰:《引"情"入法:清代州县诉讼中习惯如何影响审断》,《山东大学学报》2009 年第 1 期。

常建华:《近代闽台族正制考述》,《中国社会经济史研究》2006 年第 1 期。

俞江:《清代的继子孙责任:以顺天宝坻县刑房档为线索》,《现代法学》2007 年第 6 期。

俞江:《清代的立继规则与州县审理:以宝坻刑房档为线索》,《政法论坛》2007 年第 5 期。

邓建鹏:《讼师秘本与清代诉状的风格:以黄岩档案为考察中心》,《浙江社会科学》2005 年第 4 期。

邓建鹏:《中国法律史研究思路新探》,《法商研究》2008 年第 1 期。

邓建鹏:《从陋规现象到法定收费:清代讼费转型研究》,《中国政法大学学报》2010 年第 4 期。

王洪兵:《清代华北宗族与乡村社会秩序的建构》,《东北师大学报》2014 年第 6 期。

毛立平:《"妇愚无知":嘉道时期民事案件审理中的县官与下层妇女》,《清史研究》2012 年第 3 期。

毛立平:《档案与性别:从〈南部县衙门档案〉看州县司法档案中女性形象的建构》,《北京社会科学》2015 年第 2 期。

里赞:《中国法律史研究中的方法、材料和细节》,《法学》2009 年第 3 期。

梁治平:《法律史的视界:方法、旨趣与范式》,《中国文化》第 19、20 期。

梁治平:《中国法律史上的民间法》,《中国文化》第 15、16 期。

张仁善:《中国法律史的理论视野》,《南京大学法律评论》2001 年春季号。

杜正贞、吴铮强:《龙泉司法档案的主要特点与史料价值》,《民国档案》

2011年第1期。

杜正贞:《晚清民国山林所有权的获得与证明》,《近代史研究》2017年第4期。

杜正贞:《宋代以来寡妇立嗣权问题的再研究:基于法典、判牍和档案等史料的反思》,《文史》2014年第2期。

艾永明、方潇:《新世纪中国法律史研究的几点思考》,《中国法学》2001年第1期。

吴才茂:《明代以来清水江文书书写格式的变化与民众习惯的变迁》,《西南大学学报》2016年第4期。

邓建鹏、邱凯:《从合意到强制:清至民国清水江纠纷文书研究》,《甘肃政法学院学报》2013年第1期。

邓建鹏:《清至民国苗族林业纠纷的解决方式》,《湖北大学学报》2013年第4期。

邓建鹏:《促动与提醒:美国的中国法律史研究》,《中国社会科学报》2010年5月25日。

吴才茂:《清代清水江流域的"民治"与"法治"》,《原生态民族文化学刊》2013年第2期。

吴才茂:《清水江文书所见清代苗族女性买卖土地契约的形制与特点》,《安徽师范大学学报》2017年第3期。

张光红:《鸣神与鸣官:清代清水江流域民间纠纷多元解决机制试探》,《贵州大学学报》2017年第2期。

王宗勋:《好讼与无讼:清代清水江下游两种不同权利纠纷解决机制下的区域社会》,《贵州大学学报》2016年第6期。

钟一苇:《清水江文书中的诉讼及其交易习惯》,《贵州大学学报》2017年第6期。

潘志成、吴大华:《清代开辟苗疆后清水江流域纠纷解决机制变迁研究》,《广西民族研究》2017年第1期。

冯慧鑫:《"自发"到"法定":三寨当江与清朝苗疆秩序的构建》,《江汉论坛》2019年第2期。

林芊:《从天柱文书看侗族社会日常纠纷与协调机制》,《贵州大学学报》2014年第1期。

王笛:《新文化史、微观史和大众文化史:西方有关成果及其对中国史研究的影响》,《近代史研究》2009年第1期。

张佩国:《乡村纠纷中的国家法与民间法的互动》,《开放时代》2005年第

2期。

张仲民:《典范转移:新文化史的表达与实践》,《社会科学评论》2006年第4期。

苏力:《传统司法中的"人治"模式:从元杂剧中透视》,《政法论坛》2005年第1期。

苏力:《制度角色和制度能力》,《法商研究》2005年第1期。

苏力:《中国传统戏剧与正义观之塑造》,《法学》2005年第9期。

苏力:《窦娥的悲剧》,《中国社会科学》2005年第2期。

尤陈俊:《法制变革年代的诉讼话语与知识变迁:从民国时期的诉讼指导用书切入》,《政治论坛》2008年第3期。

尤陈俊:《明清日常生活中的讼学传播:以诉讼秘本与日用类书为中心的考察》,《法学》2007年第3期。

尤陈俊:《明清日用类书中的律学知识及其变迁》,曾宪义主编:《法律文化研究》,北京:中国人民大学出版社,2007年。

尤陈俊:《"新法律史"如何可能:美国的中国法律史研究新动向及其启示》,《开放时代》2008年第6期。

尤陈俊:《中国法律史研究在台湾:一个学术史的述评》,中南财经政法大学法律文化研究院编:《中西法律传统(第六卷)》,北京:北京大学出版社,1998年。

尤陈俊:《中国法治事业中的空间因素与性别因素》,《学习与探索》2013年第3期。

尤陈俊:《清代简约型司法体制下的"健讼"问题研究》,《法商研究》2012年第2期。

尤陈俊:《明清司法经济对民众诉讼策略的影响》,《法商》2019年第3期。

陈支平:《清代闽台商人间经济纠纷的案例分析》,《中国经济史研究》2008年第3期。

陈支平:《从〈桐轩案牍〉看清末福建地方官员的求卸之风》,收录中国第一历史档案馆编:《明清档案与历史研究论文集》,北京:新华出版社,2008年。

侯欣一:《清代南方地区民间健讼问题研究:以地方志为中心的考察》,《法学研究》2006年第4期。

乔素玲:《从地方志看土地争讼案件的审判:以广东旧方志为例》,《中国地方志》2004年第7期。

海丹、邓建鹏:《论法律史的"新"与"旧":从材料、方法与理论方面考察》,《云南大学学报》2010年第5期。

汪毅夫:《讼师唆使:清代闽省内地和台地的社会问题》,《厦门大学学报》2006年第2期。

汪毅夫:《分爨析产与闽台民间习惯法:以〈泉州、台湾张士箱家族文件汇编〉为中心的研究》,《台湾研究》2003年第4期。

汪毅夫:《试论明清时期的闽台乡约》,《中国史研究》2002年第1期。

汪毅夫:《明清乡约制度与闽台乡土社会》,《台湾研究集刊》2001年第3期。

汪毅夫:《性别压迫:"典卖其妻""买女赘婿"和"命长媳转偶"》,《福建论坛》2007年第6期。

汪毅夫:《清代福建的溺女之风与童养婚俗》,《东南学术》2007年第2期。

汪毅夫:《清代福建救济女婴的育婴堂及其同类设施》,《中国社会经济史研究》2006年第4期。

汪毅夫:《赤脚婢、奶丫头及其他:从晚清诗文看闽台两地的锢婢之风》,《福州大学学报》2007年第1期。

廖华生:《士绅阶层地方霸权的建构和维护》,《安徽史学》2008年第1期。

郑振满:《神庙祭典与社区空间秩序——莆田江口平原的例证》,《史林》1995年第1期。

郑振满:《清代福建地方财政与政府职能的演变》,《清史研究》2002年第2期。

郑振满:《清代闽南乡族械斗的演变》,《中国社会经济史研究》1998年第1期。

龚汝富:《清代江西赋税讼案浅探:以〈名花堂录〉为例》,《中国社会经济史研究》2005年第2期。

李贵连、胡震:《清代发审局研究》,《比较法研究》2006年第4期。

张研:《清代知县杜凤治对于三件命案的审理》,《清史研究》2010年第3期。

张研:《清代知县的"两套班子"》,《清史研究》2009年第2期。

朱勇:《中国古代社会基于人文精神的道德法律共同治理》,《中国社会科学》2017年第12期。

卜永坚:《清末民初江西赣南一份诉讼文书之研究》,《赣南师范学院学报》2009年第1期。

张小也:《健讼之人与地方公共事务》,《清史研究》2004年第2期。

张小也:《清代的坟山争讼:以徐士林〈守皖谳词〉为中心》,《清华大学学报》2006年第4期。

张小也:《社会冲突中的官、民与法》,《江汉论坛》2006年第4期。

张小也:《明清时期区域社会中的民事法秩序》,《中国社会科学》2005年第6期。

张小也:《儒者之刑名:清代地方官员与法律教育》,《法律史学研究》2004年第1辑。

茆巍:《清代命案私和中的法律与权力》,《社会科学研究》2016年第4期。

季云飞:《清代台湾民间械斗与清政府的对策》,《社会科学辑刊》1998年第4期。

汪雄涛:《清代州县讼事中的国家与个人》,《法学研究》2018年第5期。

汪雄涛:《明清诉讼中的"依法审判"》,《开放时代》2009年第8期。

汪雄涛:《证据定谳:明清诉讼的事实之维》,《法学评论》2009年第2期。

汪雄涛:《明清诉讼中的情理调处与利益平衡》,《政法论坛》2010年第3期。

汪雄涛:《明清判牍中的"情理"》,《法学评论》2010年第1期。

徐忠明、杜金:《清代诉讼风气的实证分析与文化解释:以地方志为中心的考察》,《清华法学》2007年第1期。

徐忠明:《关于中国法律史研究的几点省思》,《现代法学》2001年第1期。

徐忠明:《中国法律史研究的可能前景:超越西方,回归本土?》,《政法论坛》2006年第1期。

徐忠明:《明清刑讯的文学想象:一个新文化史的考察》,《华南师范大学学报》2010年第5期。

徐忠明:《中国的"法律与文学"研究述评》,《中山大学学报》2010年第6期。

徐忠明:《地方法制研究的视角和方法》,《政法论坛》2010年第1期。

徐忠明:《明清国家的法律宣传:路径与意图》,《法制与社会发展》2010年第1期。

徐忠明:《学术史的内在理路:以中国法律史为例》,《云梦学刊》2008年第4期。

徐忠明:《制作中国法律史:正史、档案与文学:关于历史哲学与方法的思考》,《学术研究》2001年第6期。

徐忠明:《关于明清时期司法档案中的虚构与真实》,《法学家》2005年第5期。

徐忠明:《小事闹大与大事化小:解读一份清代民事调解的法庭记录》,《法制与社会发展》2004年第6期。

徐忠明:《明清时期法律知识的生产、传播与接受》,《华南师范大学学报》2015年第1期。

徐忠明:《古代中国人的日常法律意识》,《北京日报》2015年1月26日。

杜金:《清代高层官员推动下的"官箴书"传播》,《华东政法大学学报》2011年第6期。

杜金:《清代皇权推动下"官箴书"的编撰与传播》,《学术研究》2011年第11期。

杜金:《怀疑与信任:清代地方官员司法权威的构建》,《现代哲学》2012年第1期。

杜金:《明清民间商业运作下的"官箴书"传播》,《法制与社会发展》2011年第3期。

杜金:《故事、图像与法律宣传》,《学术月刊》2019年第3期。

王志强:《论清代的地方法规:以清代省例为中心》,《中国学术》2001年第3期。

温海波:《识字津梁:明清以来的杂字流传与民众读写》,《中国经济史研究》2019年第3期,封二(博士论文介绍)。

张应强:《历史的社会文化逻辑》,《原生态民族文化学刊》2019年第3期。

刘正刚、杨彦立:《晚清妇女京控案探析:以台湾林戴氏为中心》,收录马明达、纪宗安编:《暨南史学(第八辑)》,桂林:广西师范大学出版社,2013年。

徐晓望:《试论清代闽粤乡族械斗》,《学术研究》1989年第5期。

陈金亮:《试论清政府治理福建民间械斗的措施》,《求是》2009年第11期。

郑小春:《清代陋规及其对基层司法和地方民情的影响》,《安徽史学》2009年第2期。

郑小春:《从徽州讼费账单看清代基层司法的陋规与潜规则》,《法商研究》2010年第2期。

王新霞、任海涛:《清代基层司法的价值追求及启示》,《兰州大学学报》2012年第6期。

洪佳期:《论中国传统司法审判中的儒家法律价值观》,《杭州师范大学学报》2013年第1期。

张锐智、张宵晓:《清代中前期官府调处制度研究》,《满族研究》2018年第4期。

李相森:《传统司法裁判中的女性因素考量》,《妇女研究论丛》2014年第3期。

吴欣:《清代妇女民事诉讼权利考析》,《社会科学》2005年第9期。

吴欣:《婚姻诉讼案件中妇女社会性别的建立》,《妇女研究论丛》2009年第4期。

任海涛:《清代基层法官的综合素质及启示》,《法学杂志》2012年第3期。

王旭杰:《中国古代官箴书中的息讼思想探析》,《宁夏社会科学》2014年第6期。

曾哲、高珂:《清代省例:地方法对中央法的分权》,《武汉大学学报》2011年第5期。

张婷:《法典、幕友与书商:论清代江南法律书籍的出版与流通》,《浙江大学学报》2015年第1期。

陈利:《知识的力量:清代幕友秘本和公开出版的律学著作对清代司法场域的影响》,《浙江大学学报》2015年第1期。

陈海滨:《清代赣南民风健讼问题研究》,《嘉应学院学报》2014年第9期。

蒋国河:《赣南闽西地区宗族规范取向的现代转型》,《古今农业》2010年第1期。

王日根:《徐士林与清初福建汀漳道的社会治理》,《福建师范大学学报》2007年第5期。

王日根:《从几起京控案看林则徐的为政风格》,《中国社会经济史研究》2006年第2期。

王日根、肖丽红:《〈莆田人民公控蒋唐佑呈稿〉所见清末生员与恶吏的斗争》,《安徽史学》2012年第1期。

王日根、张宗魁:《从〈问俗录〉看明末清前期福建社会风气》,《中国社会经济史研究》2005年第1期。

肖丽红:《区域法律社会史视角下的地方志研究》,《福建省志》2017年第2期。

肖丽红:《清代福建"健讼"反映治理困境》,《中国社会科学报》2019年4月29日。

肖丽红:《中国法律史的法史争论反思》,《中国社会科学报》2018年9月18日。

肖丽红:《清代福建的司法实践与基层治理》,《中国社会科学报》2017年11月13日。

林文凯:《地方治理与土地诉讼》,《新史学》2017年第18卷第4期。

林文凯:《清代地方诉讼空间之内与外:台湾淡新地区汉垦庄抗租控案的分析》,《台湾史研究》2017年第14卷第1期。

林文凯:《清代法律史研究的方法论检讨:"地方法律社会史"研究提出的对话》,柳立言编:《史料与法史学》,台北:"中央研究院"历史语言研究所,2016年。

四、未刊硕博论文

林文凯:《土地契约秩序与地方治理:十九世纪台湾淡新地区土地开垦与土地诉讼的历史制度分析》,台北:台湾大学社会学研究所博士学位论文,2006年。

高峰雁:《清代地方社会中的官、民与法:以清代地方官判牍中的诬告案为中心》,武汉:华中师范大学博士学位论文,2007年。

陈韵如:《帝国的尽头:淡新档案中的奸拐故事与申冤者》,台北:台湾大学法律学研究所硕士学位论文,2004年。

段文艳:《清代民间社会图赖现象之研究》,广州:暨南大学硕士学位论文,2006年。

温海波:《识字津梁:明清以来的杂字流传与民众读写》,厦门:厦门大学博士学位论文,2017年。

后　记

　　本书是教育部人文社会科学基金青年项目"清代福建省民间纠纷及其海疆社会治理""福建省高校杰出青年科研人才培养计划"的终期研究成果，截稿之际，感慨良多。

　　长期以来，我对"清代地方动乱与地方社会秩序"的研究关注较多。硕士研究生学习期间，我曾以"闹漕"为切入点，通过法律社会史、历史人类学等视角剖析漕案，考察了清代漕粮征派在基层引发的社会问题、角色互动及地方社会秩序的变化，探讨国家事务在地方社会的运行情况，《闹漕与清代地方社会秩序》获得了湖北省优秀硕士学位论文，这一小小的成功激励着我继续探讨地方社会动乱问题。恰好清代福建省区域司法实践的研究略有不足，博士生导师王日根教授鼓励我选取清代福建省民间纠纷为思考的方向。博士论文选题确定之际，曾经斗志高昂，希望这一课题研究能弥补福建省区域司法实践研究的不足。但真正进入史料查阅与整理阶段，发现此项研究确实不易，如何从福建省地方文献中寻找、概括清代福建省区域司法实践的特征一直是我研究中的一个难题，也是博士学位论文留下的一个遗憾。

　　所幸的是，博士毕业之后，我继续思考清代福建省民间纠纷与地方社会治理问题，获得了教育部人文社会科学基金青年项目、福建省高校杰出青年科研人才培养计划、福建省中青年教师课题研究等多项支持，能够继续搜集清代福建省民间纠纷相关文献，并将民间纠纷与海疆社会治理相结合，进一步探讨清代福建省民间纠纷发生、发展、解决过程中展现出的区域特性。现今要交上这份答卷，心里还是忐忑不安。整个研究过程中，虽然

我查阅了大量清代福建省地方志、闽吏文集、民间诉讼录、判牍与档案资料，但对各类文献的时间段考察、资料特点把握还是不够，田野调查展开也有不足，将清代福建省民间纠纷展现出的区域特性与他省对比研究的也还不够。希望在将来的研究过程中，我能够逐一补课，进一步完善上述研究。

本书稿的完成，离不开众位师友的帮助。首先得感谢我的博士生导师王日根教授，王老师学术精湛，为人谦和。博士学习期间，王老师总是鼓励我们扎根史料，结合学术兴趣点，寻找问题意识。工作后，王老师也时刻鞭策我们继续追随学术前沿，潜心学术研究。应该特别感谢的还有我的硕士生导师吴琦教授，2002年，我还是一个懵懵懂懂的大一学生，是在吴老师的指导下，逐步迈入明清史研究的大门，于华中师范大学七年的求学生活中，吴老师传授给我很多做学问和做人的道理。参加工作后，吴老师也总能帮我指点迷津，鼓励我不忘科研初心。感谢我的同门师兄弟（姐妹）：冯玉荣、黄永昌、赵秀丽、吕小琴、苏惠苹、陈瑶、覃寿伟、张宗魁、何锋、涂丹、徐鑫、张霞，和你们一起探讨学业、生活的日子是充实而快乐的。最后还要感谢我的家人，是你们深厚的爱激励着我不断前进。

肖丽红

2020年1月于厦门